权威·前沿·原创

皮书系列为

“十二五”“十三五”“十四五”时期国家重点出版物出版专项规划项目

BLUE BOOK

智库成果出版与传播平台

中国社会科学院创新工程学术出版资助项目

国家金融与发展实验室
National Institution for Finance & Development

中国上市公司蓝皮书
BLUE BOOK OF CHINESE LISTED COMPANIES

丛书主编 / 张 平

中国上市公司发展报告（2022）

ANNUAL REPORT ON THE DEVELOPMENT OF CHINESE LISTED COMPANIES (2022)

中国社会科学院上市公司研究中心
张 鹏 张 磊 杨耀武 张 平等 / 著

社会科学文献出版社
SOCIAL SCIENCES ACADEMIC PRESS (CHINA)

图书在版编目(CIP)数据

中国上市公司发展报告.2022/张鹏等著.--北京：
社会科学文献出版社，2022.10
（中国上市公司蓝皮书）
ISBN 978-7-5228-0675-4

Ⅰ.①中… Ⅱ.①张… Ⅲ.①上市公司-经济发展-
研究报告-中国-2022 Ⅳ.①F279.246

中国版本图书馆CIP数据核字（2022）第166634号

中国上市公司蓝皮书
中国上市公司发展报告（2022）

著　　者／张　鹏　张　磊　杨耀武　张　平等

出 版 人／王利民
组稿编辑／邓泳红
责任编辑／宋　静
责任印制／王京美

出　　版／社会科学文献出版社·皮书出版分社（010）59367127
地址：北京市北三环中路甲29号院华龙大厦　邮编：100029
网址：www.ssap.com.cn
发　　行／社会科学文献出版社（010）59367028
印　　装／天津千鹤文化传播有限公司

规　　格／开　本：787mm×1092mm　1/16
印　张：24.5　字　数：367千字
版　　次／2022年10月第1版　2022年10月第1次印刷
书　　号／ISBN 978-7-5228-0675-4
定　　价／158.00元

读者服务电话：4008918866

《中国上市公司发展报告（2022）》
编　委　会

主　编　张　平

执笔人　张　鹏　张　磊　杨耀武　杜丽虹　黄胤英
　　　　马宗明　张　平

中国社会科学院上市公司研究中心组织架构

中国社会科学院上市公司研究中心简介

中国社会科学院上市公司研究中心的前身是1996年经中国社会科学院批准成立的“中国社会科学院经济研究所上市公司研究与预测中心”。2003年经中国社会科学院批复同意改用现名，成为院级中心，中国社会科学院学部委员、经济研究所原所长张卓元研究员担任中心主任。2016年6月开始，中心主任改由中国社会科学院经济研究所研究员、中国社会科学院国家金融与发展实验室副主任张平接任。该中心为面向市场的非实体性研究机构，基本职能定位是开展上市公司理论与政策研究，向国家有关部门提供政策建议，促进我国资本市场的健康发展，推动现代企业制度的建设。

中心自成立以来开展了一系列学术活动。第一，在中心成立伊始，每年与多家全国性证券公司以及地方政府联合召开中国上市公司论坛年会。历届论坛以其议题的前沿性、代表的广泛性、信息的准确性、组织的有序性博得了广泛赞誉，成为对中国证券市场和上市公司发展产生积极影响的知名学术会议品牌。第二，多次承担中国社会科学院、经济研究所以及有关单位、地方政府的重大课题研究，先后提交了多篇有重要价值的研究报告、学术论文，其中多篇在国内核心报刊发表，受到了同行的普遍关注。第三，从2014年开始，每年撰写一部《中国上市公司发展报告》，作为“中国上市公司蓝皮书”由社会科学文献出版社正式出版。第四，人才队伍建设方面，中心依托中国社会科学院经济研究所，与企业合作成立博士后工作站，共同招收博士后研究人员，为中国上市公司和资本市场研究培养高素质人才。

主要编撰者简介

张　平　中国社会科学院经济研究所二级研究员，中国社会科学院大学经济学院教授，博士生导师，主要研究领域为中国经济增长、宏观政策和上市公司。1988 年加入中国社会科学院经济研究所，历任宏观经济室副主任、经济增长室主任、经济所所长助理、经济所副所长。现被聘任为国家金融与发展实验室副主任、中国社会科学院上市公司研究中心主任、广州绿色金融研究院理事长和院长。2010 年获得中华人民共和国国务院颁发的表彰为发展我国社会科学研究事业做出突出贡献的政府特殊津贴。"四个一批"文化名人。主编"中国上市公司蓝皮书""宏观经济蓝皮书"，主笔《中国经济增长前沿》《中国经济增长前沿Ⅱ》《中国经济增长前沿Ⅲ：中国高质量增长与治理》。作为第一执笔人荣获孙冶方经济科学奖。

张　鹏　中国社会科学院经济研究所副研究员，中国社会科学院上市公司研究中心副主任，中国社会科学院大学经济学院副教授、硕士生导师，主要研究领域为经济增长与资本市场。主持国家社科基金青年项目和中国社会科学院专项科研项目多项，参与国家社科基金重大项目、教育部社科重大项目及国家自然科学基金项目等，在《经济研究》《经济学（季刊）》《管理世界》《经济学动态》等权威核心期刊发表多篇学术论文，部分论文被《新华文摘》《人大复印报刊资料》转载，作为第一执笔人或副主编出版"中国上市公司蓝皮书"、《改革年代的经济增长与结构变迁》等著作多部，多项成果获得省部级奖项。

张　磊　中国社会科学院经济研究所研究员，中国社会科学院大学教授、硕士生导师。2007年加入中国社会科学院经济研究所，先后在宏观经济室和人工智能经济学研究室从事经济增长、金融市场和数字产业跨学科研究。现任中国社会科学院上市公司研究中心副主任，主要负责数字经济专题研究。

杨耀武　中国社会科学院经济研究所副研究员，中国社会科学院大学副教授、硕士生导师，研究方向为宏观经济学、数字经济、金融市场。曾供职于中国证监会研究部门，2018年加入中国社会科学院经济研究所。现为中国金融四十人论坛（CF40）青年论坛会员，国家金融与发展实验室经济增长与金融发展实验中心副主任。在《经济研究》、《经济学动态》、《经济科学》、*China Economic Review* 等中英文期刊发表多篇学术论文，其中部分被《新华文摘》《中国社会科学文摘》等高水平文摘类期刊转载。主持国家社科基金项目和中国博士后科学基金项目。

黄胤英　中国农业银行总行资深专员（副处级），兼任国家金融与发展研究室特聘研究员、中国社会科学院上市公司研究中心研究员、北京科萃人-机-环境系统工程学会副主任委员。主持并参与国家级、部委级、北京市多项社科基金项目；在国际EI（工程检索）期刊、《经济学动态》、《银行家》等国内外期刊发表论文数十篇；担任历年“中国上市公司蓝皮书”主要撰稿人；出版专著1部，参与撰写《金融学大辞典》。2017年获得全国优秀博士后学术成果奖，2018年被评为中国农业银行非公开发行先进个人。

杜丽虹　北京贝塔咨询中心合伙人，中国社会科学院上市公司研究中心研究员，中国社会科学院国家金融与发展实验室特聘研究员。曾为中航信托、云南信托、中航证券、民生银行、平安银行、泰康人寿、中城投资管理有限公司、万科、首创置业、远洋地产、中国对外文化集团等企业集团提供独立第三方的公司金融战略研究顾问服务，在产融结合、轻资产战略、另类投资，以及地产企业和金融机构的金融战略创新方面积累多年研究经验，曾在清华大学经济管理学院、长江商学院、北京国家会计学院等学院讲授产融结合、地产金融等领域课程。

马宗明 中国银河证券研究院策略分析师、ESG研究专员、中国社会科学院上市公司研究中心研究员。现阶段研究重点为ESG如何提高商业领域的资源配置效率且产生超额收益、资本市场支持实现“双碳”目标路径等。2019年加入银河博士后工作站，执笔撰写《亚洲合作金融协会绿色金融实践报告》（2020、2021）、《ESG与上市公司高质量发展关系研究》、《关于中国碳达峰、碳中和的实现路径的顶层设计》等多项研究课题及报告，并获得证券业协会重点课题优秀奖。加入中国银河证券之前，在加拿大有约五年教学经验（宏观经济学、衍生品、投资和投资组合管理等），曾在加拿大联邦政府的贸易和商业委员会从事研究工作。

张晓奇 纽约州州立大学Buffalo分校数学博士，中国社会科学院经济研究所博士后、助理研究员，东南大学国家发展与政策研究院特聘研究员、中国社会科学院上市公司研究中心研究员。近年来，在*International Review of Financial Analysis*、*Cities*、*China Economic Review*、*Chaos Fractals & Solitons*、*Scientific Reports*等国际知名期刊上发表研究论文十余篇，主持国家自然科学基金青年项目、教育部人文社科青年项目、中国博士后科学基金面上项目各一项。参与多项国家重点研发计划、国家社科基金重点及重大项目。

摘 要

本书指出，新冠肺炎疫情和国际地缘政治冲突大大削弱了脆弱的全球经济，各国经济呈现分化态势，全球经济周期不同步特征加强。如果 2022 年下半年疫情防控形势总体稳定，下半年中国 GDP 增速可能超过 5%，全年 GDP 增速在 4%左右。A 股上市公司微观主体经营业绩与 GDP 走势较为一致，处于产业链上游企业经营业绩要好于中游，中游要好于下游。未来资本市场改革方面，中国资本市场应继续全面深化改革开放，应持续推进股票发行注册制改革；持续加强资本市场法治供给；持续稳步推进资本市场高水平双向开放。本书进一步对中国上市公司高质量发展情况进行了评价，认为在疫情冲击和内外部环境变化导致的百年未有之大变局情势下，上市公司高质量发展表现为其韧性能力所映射的微观主体转型和转危为安、化危为机的培基、升级动力。在历年价值评估模型的基础上，更加完善细化并加入、更新多维度的衡量指标，对中国 A 股分行业上市公司进行了评估与综合排序，筛选出分行业价值较高的上市公司，构成“漂亮 100”投资组合，该投资组合回测效果良好，组合在经风险调整后收益较高，这也提示该组合集聚了中国各行业较为优质的微观主体，是中国宏观经济情势在微观上的反映。本书对中国数字经济产业上市公司发展情况进行了研究和评价。综合运用数字经济产业数据、数字核心产业上市公司年报披露数据以及由爬虫技术获得的上市公司高频和细颗粒度数字化转型数据对中国数字经济产业上市公司经营进行了详细分析，并基于风险控制、运营绩效、创新能力和估值水平等四要素体系对数字经济类上市公司进行了评价并构建数字经济投资组合。总体来说，尽管中国数字化转型面临空间受限挑战，但经过必要的政策调整，数字经济发展仍有潜力可挖，并可为数字经济投资创造良好条件。本书同时对市场较为关心的债券市场、房地产市场和 ESG 投资等进行了专题研究，基于翔实的数据和文献，对其发展态势进行了回顾总结并对未来发展进行了展望。

关键词： 上市公司　数字经济　房地产市场　债券市场　ESG

目 录

Ⅰ 总报告

Ⅱ 分报告

Ⅲ 专题报告

Ⅳ 附 录

皮书数据库阅读**使用指南**

总报告

General Report

B.1

全球经济周期不同步下的中国经济增长展望

杨耀武　张　平*

摘　要： 当前，全球经济增长的势头已被新冠肺炎疫情和国际地缘政治冲突大大削弱，2022年俄乌冲突发生后，能源、农产品价格激增，全球经济周期不同步特征加强。综合2022年上半年我国经济增速以及下半年内外需可能的变化态势，我们预计，如果下半年疫情防控形势总体稳定，下半年中国GDP增速可能超过5%，全年GDP增速可能在4%左右。从具有代表性的中国A股上市公司微观主体经营业绩来看，2021年第一季度至2022年第一季度，全部A股上市公司的营业总收入和归母净利润累计同比与GDP累计同比走势较为一致。在2020年同期基数逐季提高的情况下，2021年第一季度至第四季度，我国上市公司经营业绩和GDP增速总体呈现先快速冲高而后逐步回落的态势；2022年第一季度

* 杨耀武，中国社会科学院经济研究所副研究员；张平，中国社会科学院经济研究所研究员。

在前期基础上又有所下降。分属于产业链上、中、下游的企业利润分配存在明显差异，表现为上游好于中游、中游好于下游，这种利润分配格局在相关股票价格指数中也有明显反映。同时，分属于不同行业的上市公司利润增长也呈现明显分化。在坚持市场化、法治化的基础上，近年来，中国资本市场继续全面深化改革开放，在很多领域取得积极成效。下一步，应持续推进股票发行注册制改革；持续加强资本市场法治供给；持续稳步推进资本市场高水平双向开放。

关键词： 经济增长　经济周期　上市公司创值能力　利润分化　资本市场

2021 年到 2022 年新冠肺炎疫情持续冲击中国正常的经济发展，中国经济面对冲击表现出超强的韧性，始终保持了经济同比正增长。2022 年俄乌冲突发生后，能源、农产品价格激增，地缘政治冲突再次冲击了脆弱的全球经济，全球化放缓和全球化转向区域联盟的态势不断加强，开始显著影响全球经济，引起了各国经济的分化，全球经济周期不同步特征加强。

全球经济－政策周期不同步背后隐含了去全球化导致的长周期变化的趋势。20 世纪 90 年代开启的全球化推动了全球经济的高增长与低通胀，全球各国普遍采取了低利率和信用扩张，资金流动、资本市场活跃带动了全球经济繁荣，然而 2022 年去全球化步伐加快，全球经济增速放缓，IMF 下调了 2023 年的经济增速预期（2.9%），而通货膨胀则呈现“顽固性”，即由生产成本和供给摩擦成本提高导致通胀“顽固”。全球经济和金融活跃度下降，投资人和各国政府都在重新思考新的估值架构并尽力利用本地资本市场。

全球化也有新的议题，在俄乌冲突发生后，能源安全和再生能源的加速发展，ESG 自下而上的责任投资，供应链安全性调整，经济数字化转型和区域化联盟合作等。总之，新的挑战与新的机遇并存。

一　全球经济周期不同步

20 世纪 90 年代，全球化推动了世界经济的一体化，分工、贸易、技术扩散、资本融通效率得到大幅度提高，全球经济繁荣发展，低通胀和高成长成为全球化的标签，各国经济周期同步性特征逐步加强。2018 年以来，先是中美贸易摩擦升级，后有疫情的持续冲击，加之 2022 年的乌克兰危机，和平与发展势头减弱，全球经济分化加速，中国与发达经济体的经济周期显现出明显的不同步。一方面说明中国经济增长的自身特点和韧性强；另一方面也反映出发达经济体自身面临分化和不确定性。全球能源等大宗商品的冲击和发达经济体过度扩表的救助政策，导致全球经济的波动加剧，全球经济需要一个较长的时间才能稳定。

（一）世界主要经济体复苏周期不同步

当前，全球经济增长的势头已被新冠肺炎疫情和国际地缘政治冲突大大削弱，世界经济在 2021 年出现反弹式复苏后，2022 年和 2023 年两年的增速预计将趋于下降。这一态势不仅表现在发达经济体中，也会在新兴和发展中经济体中有所体现。只有正确认识这样的世界经济发展大势，才能对中国当下的经济发展状况做出客观理性的评价。

实际上，自新冠肺炎疫情发生以来，中国在统筹疫情防控和经济社会发展的情况下，用较短时间就实现了供给端特别是工业生产的全面恢复，进而带动了就业、消费、投资和出口的增长，成为 2020 年全球唯一实现经济正增长的主要经济体。2021 年，随着发达经济体新冠疫苗的推广和空前规模的财政、货币政策刺激效果显现，供需缺口的存在拉动了就业和生产的复苏，部分发达经济体出现较快恢复性增长；在此过程中，中国外贸出口保持高增速，境内疫情总体可控，消费复苏步伐较快，经济增速仍显著高于发达经济体。进入 2022 年，发达经济体恢复性增长的势头衰减，在全球产业链供应链恢复缓慢叠加地缘政治冲突升级的背景下，前期大规模需求扩张性政策的弊端开始显现，高企的通胀迫使发达经济体加快货币政策收紧步伐，经济增速在 2022~2023 年趋于下降已难以避免；这一时期，中国经济同样也受到国际地缘政治冲突的影响，境内疫情多点散发对经济形成相当程度的扰动，内需偏弱始终是制约经济发展的主要因素。在外需可能减弱的背景下，扩大内需是激发微观经济主体活力、扭转微观主体预期的关键。

（二）主要经济体复苏不同步的具体表象

全球一些主要经济体复苏的不同步性可通过 GDP 和物价变动来简单加以刻画。利用 2018 年第一季度至 2022 年第一季度中国、美国、欧盟、日本 GDP 指数季度时间序列，通过 HP 滤波剔除趋势项，来考察各经济体 GDP 周期波动的相关性。从表 1 可以看出，中国的 GDP 季度波动与美国、欧盟、日本的相关性非常弱，相关系数最高也仅为 0.2，而美国、欧盟、日本 GDP 季度波动之间具有非常强的正相关性，相关系数均超过 0.9。

表 1　中国、美国、欧盟、日本 GDP 周期波动的相关性

经济体	中国	美国	欧盟	日本
中国	1	0.1310	0.2046	0.1635
美国	0.1310	1	0.9749	0.9296
欧盟	0.2046	0.9749	1	0.9232
日本	0.1635	0.9296	0.9232	1

注：时间跨度为 2018 年第一季度至 2022 年第一季度。

资料来源：Wind，经笔者测算。

在全球大宗商品价格快速上涨的情况下，一些主要经济体的 PPI 走势较为一致；但由于防疫策略和政策救助重点的差异，一些主要经济体供给端和需求端恢复状况不同，造成 CPI 走势存在明显差异。利用 2018 年第一季度至 2022 年第二季度中国、美国、欧盟、日本物价指数季度时间序列，通过 HP 滤波剔除趋势项，来考察各经济体物价周期波动的相关性，可以发现：中国 PPI 季度波动与美国、欧盟、日本具有强相关性，相关系数最弱也超过

0.8（见表2）。而中国CPI季度波动与美国、欧盟之间显现出弱的负相关性，与日本CPI季度波动相关性较强（见表3）。

表2 中国、美国、欧盟、日本PPI周期波动的相关性

经济体	中国	美国	欧盟	日本
中国	1	0.9617	0.8287	0.9172
美国	0.9617	1	0.8445	0.8944
欧盟	0.8287	0.8445	1	0.9534
日本	0.9172	0.8944	0.9534	1

注：时间跨度为2018年第一季度至2022年第二季度。

资料来源：Wind，经笔者测算。

表3 中国、美国、欧盟、日本CPI周期波动的相关性

经济体	中国	美国	欧盟	日本
中国	1	-0.3516	-0.2227	0.5511
美国	-0.3516	1	0.8748	0.3389
欧盟	-0.2227	0.8748	1	0.5591
日本	0.5511	0.3389	0.5591	1

注：时间跨度为2018年第一季度至2022年第二季度。

资料来源：Wind，经笔者测算。

（三）全球经济周期不同步决定了全球宏观政策不协调，波动加大

尽管2022年第一季度和第二季度两个季度美国经济环比负增长，出现了技术性衰退，但按照NBER定义的以内需衰退决定陷入全面衰退的两个指标，即失业率和可支配收入（可支配收入-转移支付）来衡量，美国内需增长依然强劲，但技术性衰退会导致全面衰退，预计2022年第四季度或2023年第一季度美国经济进入衰退。但6月美国CPI同比上涨高达9.1%，通货膨胀是第一大挑战，美国夏季6月、7月连续加息75个BP，超常规加息希望降低需求以遏制通货膨胀，导致全球信用收缩。欧洲面临同样的物价冲击，7月加息50个BP，预计欧洲经济要进入全面衰退。

美国一方面连续加息，另一方面10年期国债到期收益率迅速下降，

2022 年 8 月 1 日已经下降到 2.55%，意味着美国全面衰退后的避险预期。但美国的信用收缩和美元指数持续上升都导致全球信用收缩。全球需求下降对中国外需是一个抑制。

中国的经济政策与发达经济体不同，主要是以刺激内需为基准，持续降准和小幅降息为中国宏观政策的特征。疫情反复和全球化经济趋势的不稳定性，也要求中国经济政策具有可持续性。大规模刺激政策不会出台。但国内房地产的“停贷”“断供”，工地复产等诸多问题困扰了国内需求。中国政策需要更灵活地针对中国问题发力，以对冲国际信用收缩的影响。

全球各国经济周期处于特别不同的阶段，导致各国的宏观政策不协调，各国汇率波动加大，直接影响了全球经济和金融的稳定性，更多尾部风险会不断暴露出来。

二　2022年中国宏观经济展望

2022 年上半年，中国经济发展面临的国际环境更趋复杂，国内疫情呈现多点散发，突发因素超出预期，经济运行出现一定程度波动。1~2 月，我国经济实现良好开局，多项经济指标较快回升；进入 3 月，受新冠肺炎疫情和俄乌冲突影响，我国经济发展面临的“三重压力”明显加大；4 月，新冠肺炎疫情对我国的影响范围进一步扩大，部分地区疫情防控措施升级，供应链产业链也受到相当程度影响，我国经济增长显著承压。5 月以来，随着我国疫情防控总体形势向好，多地生产生活秩序陆续恢复，一揽子稳定经济大盘的政策措施相继推出并落地见效；6 月，我国经济呈现企稳回升态势。总体来说，2022 年上半年，虽然受新冠肺炎疫情和俄乌冲突等超预期因素影响，但在高效统筹疫情防控和经济社会发展的情况下，中国经济实现了同比 2.5%的增长；其中，第一季度同比增长 4.8%，第二季度同比增长 0.4%，保持了同比正增长。

从三大需要对 GDP 增长的贡献率来看，疫情对消费形成了明显的扰动，在经济下行压力加大的情况下，政府主导的投资主动发力，充分发挥了拉动经济增长的关键性作用，同时在出口保持相对韧性、进口增速下降的情况下，净出口拉动经济增长的作用提升。上半年，最终消费需求、资本形成、货物和服务净出口对 GDP 增长的贡献率分别为 32.1%、32.1%、35.8%。与第一季度相比，最终消费需求对 GDP 增长的贡献率下降了 37.3 个百分点，资本形成、货物和服务净出口则分别上升 5.2 个、32.1 个百分点。在境内疫情防控形势总体向好的情况下，消费增速将逐步恢复，稳定经济增长的基础性作用将逐步显现；在实现全年经济社会发展目标挑战明显加大的情况下，促进投资较快增长仍将是贯穿全年的重点工作之一；但在发达国家货币政策收紧、前两年同期基数抬升的情况下，货物和服务净出口对经济增长的拉动作用可能会逐步趋弱。

（一）下半年经济走势

基于对下半年中国消费、投资、净出口的走势判断，我们预计中国经济 2022 年增长 4%左右。第三季度保持继续回升，但不会非常强劲；特别是受出口和房地产拖累，7 月 PMI 再次低于 50 枯荣线，但消费和服务仍处于回升态势，预计第三季度经济环比增长较高，我们设定为比近年最高值高 1 个百分点，同比接近 5%，第四季度预计环比回到历史最好水平，同比增长超过 5%，回到经济增长的正常轨道。我们预计，如果下半年疫情防控形势总体稳定，2022 年下半年中国 GDP 增速可能超过 5%，全年 GDP 增速可能在 4%左右。虽然在经历几轮的疫情冲击之后，我国经济韧性依然很强，但受到国际信用收缩和国内房地产拖累及随时会出现的疫情困扰，我国经济可能逐步向潜在增速 5%水平靠拢，考虑到 2021 年各季度基数变化以及疫情以来中国经济各季度增速变化规律，我们适当调整了 2022 年第三、四季度 GDP 环比增速的预测值（见表 4）。按照我们预测的环比推算，2022 年下半年中国 GDP 增速可能在 5%左右，全年可能实现 4%左右的增长。第三、四季度的 GDP 同比增速可能约为 4.8%、5.5%（见图 1）。一些国际组织近期也下调了 2022 年中国经济增速预测值，国际货币基金组织（IMF）7 月发布的《世界经济展望》将中国 2022 年的经济增速预测值调整为 3.3%，较 4 月的预测值下调 1.1 个百分点；亚洲开发银行（ADB）7 月发布的《2022 年亚洲发展展望》补充报告，将中国 2022 年经济增速预测值调整为 4.0%，较 4 月调降 1.0 个百分点。如果中国 2022 年全年 GDP 可以实现 4%以上的增长，那么相对于发达国家的增速，优势仍相当明显。

表 4　2015~2022 年中国经济环比增速

单位：%

年份	2015	2016	2017	2018	2019	2020	2021	2022
第一季度	1.7	1.4	1.8	1.9	1.8	−10.3	0.6	1.4
第二季度	2.0	1.9	1.7	1.6	1.3	11.7	1.5	−2.6
第三季度	1.7	1.7	1.6	1.4	1.4	3.3	0.4	4.3*
第四季度	1.6	1.6	1.6	1.4	1.2	2.4	1.4	2.4*

注：2022 年第三、四季度环比增速为预测值。

资料来源：国家统计局。

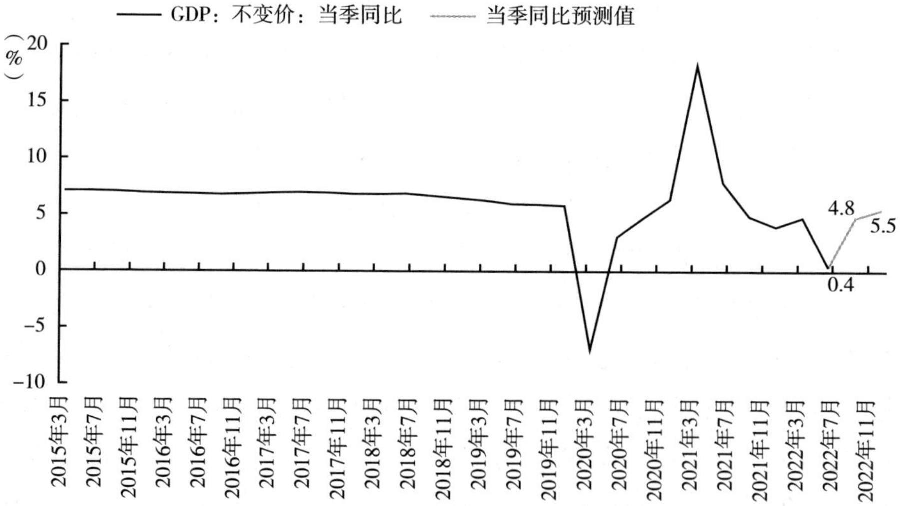

图 1　2015 年以来中国 GDP 各季度同比增速及 2022 年第三、四季度预测值

资料来源：国家统计局。

PPI－CPI 剪刀差收窄，难通胀，预计全年 CPI 涨幅会维持在 2.0%左右。物价走势方面，第三季度 CPI 预计达到 3%，有成本推动的上涨压力，但消费需求疲弱抑制了物价上涨，预计 2022 年物价涨幅达到 2.2%。下半年

PPI 可能继续逐步回落，但回落速度会受到国际地缘冲突演变态势的影响。下半年，一方面因疫情形势总体好转，服务消费价格上涨的约束缓解，另一方面前期工业品价格上涨的压力会逐步向下游工业消费品传导；同时，猪肉价格在下半年可能有所抬升，但快速上涨的可能性仍然不大。综合判断 2022 年全年 CPI 涨幅会超过上年，但仍处在相对温和的区间。受海外实物消费增速的减弱以及国际大宗商品价格已处于高位等因素影响，叠加国内保供稳价政策的持续，下半年 PPI 将继续逐步回落，但回落速度会受到国际地缘冲突演变态势的影响。

（二）上市公司业绩与宏观经济走势的高度一致性

目前，中国 A 股上市公司已经超过 4800 家，随着一批代表未来发展方向的高新技术企业登陆科创板、创业板、北交所，A 股上市公司对国民经济的代表性进一步增强，其经营情况直接影响整个国民经济质量，构成了整个宏观经济的重要微观基础。从 A 股上市公司经营业绩来看，2021 年第一季度至 2022 年第一季度，全部 A 股上市公司的营业总收入和归母净利润累计同比与 GDP 累计同比走势较为一致。在 2020 年同期基数逐季提高的情况下，2021 年第一至四季度，我国上市公司经营业绩和 GDP 增速总体呈现先快速冲高而后逐步回落的态势；2022 年第一季度在前期基础上又有所下降（见图 2）。

2021 年第一至四季度，包括原油、有色金属等在内的国际大宗商品价格总体呈现持续较快上涨态势，叠加我国在满足全球供需缺口过程中，制造业出口需求大幅提升加重了煤炭供需失衡问题，2021 年 8~9 月，我国部分地区出现了“拉闸限电”现象，加大了部分工业产品的价格上涨压力。10 月，我国 PPI 环比增幅达到 2.5%，这是 2011 年 1 月公布该数值以来的最高水平；PPI 同比涨幅则高达 13.5%，创下 1995 年 8 月以来的新高。在 PPI 快速上涨的同时，由于受下游企业竞争较为激烈和国内需求总体偏弱影响，2021 年各月我国 CPI 同比涨幅始终处于低位波动状况，全年 CPI 比上年上涨 0.9%。

在 PPI 快速上涨而 CPI 上涨缓慢的情况下，我国 PPI-CPI 剪刀差快速拉大，从 PPI 生产资料与 PPI 生活资料间的增长差来看，情况也是如此。这意

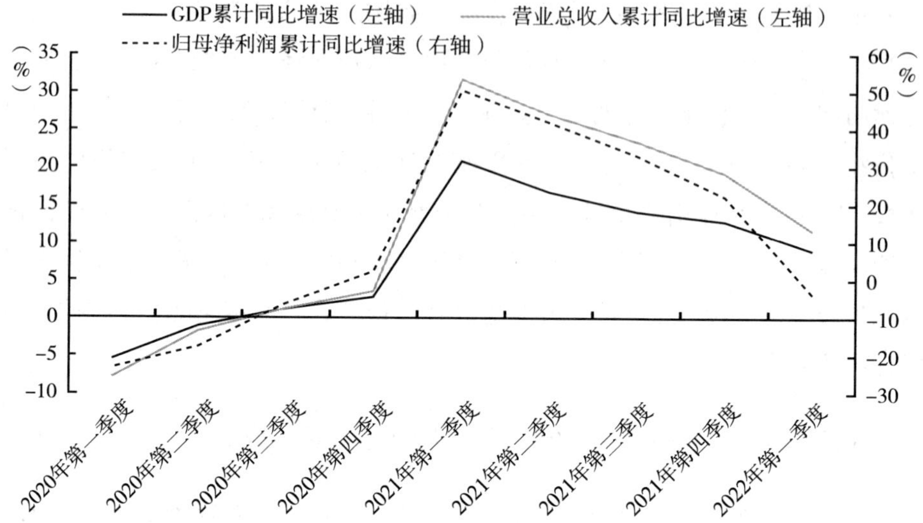

图 2　2020 年第一季度至 2022 年第一季度 A 股上市公司经营业绩与 GDP 季度累计同比增速

注：GDP 累计同比增速为名义值。

味着上游工业品价格的快速上涨很难通过下游消费品价格上涨传导出去，从而形成行业上、中、下游企业之间的显著利润差异。

2022 年第一季度，受俄乌冲突影响，原油、有色金属和粮食等国际大宗商品价格又出现快速上涨，使得我国 PPI 在经历 2021 年 12 月和 2022 年 1 月的环比下降后，又转为上涨。虽然受上年同期基数抬升影响，2022 年初以来我国 PPI 同比读数逐月走低，但如果以 2021 年 1 月的价格为基数计算上年初至 2022 年 6 月的 PPI 和 CPI 上涨情况，以消除翘尾因素对 2022 年 PPI 和 CPI 同比读数的影响，可以发现 2022 年 6 月，我国 PPI 相对于 2021 年 1 月已上涨 11.5%，而 PPI 同比读数高达 13.5%的 2020 年 10 月 PPI 较 2021 年 1 月上涨 10.5%；2022 年 6 月 CPI 相对于 2021 年 1 月仅上涨 1.6%。因此，虽然 2022 年 6 月 PPI 同比读数较 2021 年 10 月的高点已下降 7.4 个百分点，但以上年初的价格为基数，PPI 与 CPI 间的剪刀差仍高达 9.9 个百分点，比 2021 年 10 月仅收窄了 0.3 个百分点（见图 3）。

从 A 股上市公司工业行业上、中、下游 2021 年第一季度至 2022 年第一季

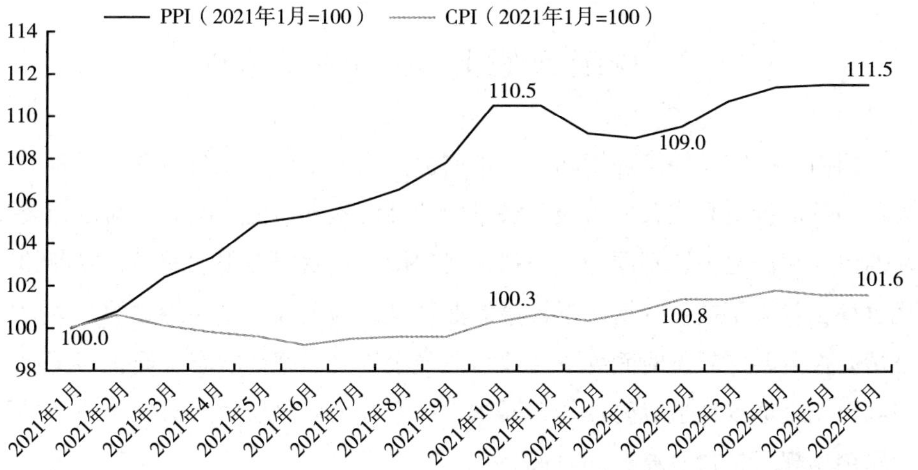

图 3　2021 年 1 月至 2022 年 6 月经基期调整的 PPI 和 CPI 走势情况

资料来源：国家统计局，经笔者测算。

度的利润走势来看，虽然上、中、下游公司 2021 年初以来利润都出现较为快速的修复，但修复速度存在明显差异（见表 5）。2022 年第一季度，工业行业上、中、下游上市公司利润近两年平均增速分别为 60. 4%、10. 1%和−4. 4%，呈现上游好于中游、中游好于下游的局面。上、中、下游行业上市公司业绩差异，在 A 股市场较为具有代表性指数的相对涨跌幅度中也有所体现。以中证上、中、下游指数为例，2021 年 1 月 4 日至 2022 年 6 月 30 日，收盘价分别上涨了 33. 8%、−4. 7%和−20. 7%，同样呈现上游高于中游、中游高于下游的特点。

表 5　工业行业 A 股上市公司分上、中、下游利润增加情况

单位：%

时间段	2021 年 第一季度	2021 年 上半年	2021 年 前三季度	2021 年 全年	2022 年 第一季度
上游行业	—	—	154. 3	146. 4	60. 4
中游行业	225. 1	89. 8	70. 2	51. 9	10. 1
下游行业	87. 0	34. 2	9. 8	0. 4	−4. 4

注：2021 年第一季度及上半年上游行业利润增长率因 2020 年第一季度及上半年利润为负，无法计算利润增长率，所以未列出。

三 中国A股上市公司业绩表现

国内外的宏观经济环境和政策走向会影响上市公司业绩表现，同时上市公司的价值创造和成长能力也反映了宏观经济基本面的情况。在新冠肺炎疫情的巨大冲击之下，不同行业公司遭受的影响程度存在很大差异，复苏的步伐也存在较大不同。疫情之下，服务业特别是需要人员密切接触的服务业因疫情防控需要，较长时间处于暂停营业或限制上座率的状态，而很多工业部门则由于全球疫情造成防疫物资需求、居家办公和物质消费对服务消费的替代作用出现了较快且充分的复苏。

（一）A股上市公司价值来源与价值创造

以上市公司净资产收益率（ROE）为核心，利用各主要财务比率之间的内在关系，可以对企业财务状况和盈利能力进行综合评价。中国A股上市公司受到资本市场制度不完善等因素影响，企业期间费用波动和税负调整成为影响企业净利润的重要因素。2021年，受新冠肺炎疫情冲击减弱和上年低基数影响，中国A股上市公司的总体市场创值能力修复。2021年，中国保持了宏观政策连续性、稳定性、可持续性，政策不“急转弯”，兼顾了稳增长和防风险需求。根据中国人民银行《2021年第四季度中国货币政策执行报告》发布的数据，2021年全年我国企业贷款加权平均利率为4.61%，比2020年下降0.1个百分点，为改革开放40多年来的最低水平。在此背景下，利用杜邦财务分析框架对净资产收益率进行分解，还原公司的息税前利润，这样可以综合分析企业市场创值能力，以及公司融资成本和税负负担对企业价值创造能力的影响。具体公式如下。

$$ROE = \left(\frac{EBIT}{\text{营业收入}} \times \frac{\text{营业收入}}{\text{总资产}} - \frac{\text{利息支出}}{\text{总资产}}\right) \times \frac{\text{总资产}}{\text{所有者权益}} \times (1 - \text{税率})$$

上式中，营运利润率中息税前利润使用净利润、财务费用与所得税之和衡量，营运利润率和传统杜邦分析中销售净利润的区别主要在于财务费用和所得税。利息支出与总资产之比可以在一定程度上代表公司的借贷成本，但现实中通常用负债或有息负债来代替总资产，这样可以更为准确地反映上市公司的实际融资成本。

中国上市公司的收益率差异在行业间表现得很明显，特别是金融与非金融上市公司，直接分析可能难以反映实体经济运行情况。为了降低行业间差异的影响，我们使用申万证券行业分类标准将房地产、银行和非银金融上市公司去除，并删除 ST 类股票，具体结果如表 6 所示。从中可以看出，在新冠肺炎疫情对经济的影响较上年减弱以及全球大宗商品价格持续走高的情况下，叠加融资成本的继续下降，2021 年 A 股上市公司净资产收益率（ROE）和总资产收益率（ROA）较上年出现了较大幅度的上升，改变了 2018 年以来总体持续走低的局面。2021 年 A 股上市公司 ROE 为 2014 年以来的最高水平。

表 6　非金融上市公司杜邦分析（剔除金融、房地产及 ST 股票）

年份	ROE^a	ROE^b	ROA^a	ROA^b	营运利润率	总资产周转率	财务费用比	权益乘数	实际税率
2012	0.0811	0.0698	0.0335	0.0289	0.0644	0.8551	0.0108	2.4199	0.2445
2013	0.0848	0.0720	0.0346	0.0294	0.0661	0.8340	0.0100	2.4482	0.2328
2014	0.0768	0.0646	0.0316	0.0266	0.0675	0.7782	0.0112	2.4321	0.2361
2015	0.0573	0.0425	0.0243	0.0180	0.0656	0.6643	0.0111	2.3596	0.2529
2016	0.0634	0.0518	0.0271	0.0222	0.0696	0.6354	0.0088	2.3394	0.2350
2017	0.0785	0.0657	0.0343	0.0287	0.0764	0.6915	0.0093	2.2889	0.2109
2018	0.0726	0.0610	0.0316	0.0265	0.0707	0.7206	0.0094	2.2985	0.2410
2019	0.0679	0.0568	0.0294	0.0246	0.0672	0.7088	0.0091	2.3082	0.2355
2020	0.0690	0.0525	0.0305	0.0232	0.0711	0.6586	0.0082	2.2585	0.2103
2021	0.0812	0.0701	0.0359	0.0310	0.0728	0.7205	0.0069	2.2616	0.2122

注：ROE^a、ROE^b 和 ROA^a、ROA^b 中 a 与 b 的区别是，a 分子为净利润，b 分子为扣除非经常性损益后的净利润。

根据 ROE 分解公式，可以看出 2021 年 A 股非金融上市公司的总体市场创值能力（营运利润率×总资产周转率）较 2020 年上升了近 56 个 BP，营运利润率增加和总资产周转率提高都对公司创造能力产生了影响；这一方面反映了 2021 年疫情对企业的生产干扰较上年减弱以及出口大幅增长带动了工业企业产能利用率的提高，另一方面也反映了上市公司产品价格变化的影响。如果将 2021 年的上市公司分为两类，第一类仅包含采矿业和上游原材料行业，第二类包含剔除第一部分的剩余上市公司，以分别考察上市公司的业绩表现；可以发现，2021 年两类上市公司的总资产周转率较上年均有所上升，但在营运利润率方面仅第一类上市公司出现上升，上升幅度为 227 个 BP，而第二类则出现了下降，下降幅度为 65 个 BP（见表 7、表 8）。从营运利润率与总资产周转率的乘积表示的上市公司市场创造能力来看，第一类上市公司市场创造能力总体较上年提高 320 个 BP，而第二类上市公司创造能力则较上年下降 16 个 BP。

2021 年，虽然疫情的影响有所减弱，但在政策不转急弯的情况下，中国上市公司的实际税率与上年基本持平；同时，金融让利继续降低了企业的融资成本，非金融上市公司的财务费用比较 2020 年下降了 13 个 BP。这有效提升了上市公司 ROA 和 ROE 水平。如果 A 股非金融上市公司的财务费用比维持在 2020 年的水平，并保持其他条件不变的话，那么 ROE 会比实际情况低约 23 个 BP。

表 7　非金融上市公司杜邦分析
（剔除金融、房地产及 ST 股票，仅包含采矿业和上游原材料）

年份	ROE^a	ROE^b	ROA^a	ROA^b	营运利润率	总资产周转率	财务费用比	权益乘数	实际税率
2018	0.0743	0.0706	0.0370	0.0352	0.0651	0.9350	0.0103	2.0075	0.2677
2019	0.0536	0.0546	0.0258	0.0263	0.0518	0.9160	0.0111	2.0754	0.2893
2020	0.0568	0.0400	0.0278	0.0196	0.0584	0.8049	0.0102	2.0391	0.2433
2021	0.1106	0.1071	0.0547	0.0530	0.0811	0.9736	0.0085	2.0211	0.2239

注：ROE^a、ROE^b 和 ROA^a、ROA^b 中 a 与 b 的区别是，a 分子为净利润，b 分子为扣除非经常性损益后的净利润。

表 8　非金融上市公司杜邦分析
（剔除金融、房地产及 ST 股票，不包含采矿业和上游原材料）

年份	ROE[a]	ROE[b]	ROA[a]	ROA[b]	营运利润率	总资产周转率	财务费用比	权益乘数	实际税率
2018	0. 0719	0. 0572	0. 0298	0. 0237	0. 0734	0. 6500	0. 0090	2. 4138	0. 2295
2019	0. 0732	0. 0576	0. 0306	0. 0241	0. 0742	0. 6427	0. 0085	2. 3939	0. 2196
2020	0. 0730	0. 0566	0. 0313	0. 0243	0. 0759	0. 6160	0. 0076	2. 3315	0. 2013
2021	0. 0719	0. 0583	0. 0307	0. 0249	0. 0694	0. 6509	0. 0064	2. 3382	0. 2063

注：ROE[a]、ROE[b] 和 ROA[a]、ROA[b] 中 a 与 b 的区别是，a 分子为净利润，b 分子为扣除非经常性损益后的净利润。

（二）不同行业公司复苏的非同步性

2021 年及 2022 年第一季度，新冠肺炎疫情对我国经济的冲击总体上减弱，但酒店餐饮、旅游等需要人员密切接触的社会服务行业还不时受到疫情扰动的影响。在部分大宗商品价格持续上涨的背景下，有色金属、基础化工、煤炭、石油化工等行业 2021 年及 2022 年第一季度利润呈现较大幅度的增长；而受疫情持续扰动影响，以酒店餐饮和旅游为主的社会服务行业，2020 年以来利润出现持续大幅负增长。一些受疫情影响较小的行业，如传媒、电子、国防军工，2021 年维持较快的增长势头。海外疫情持续和生活必需品需求增长，带动了医药生物、食品饮料等行业利润增长。在 2021 年下半年房地产行业政策收紧和销售走弱的情况下，房地产行业利润出现持续负增长。受猪肉价格下跌影响，2021 年及 2022 年第一季度，农林牧渔业出现较大幅度亏损（见图 4），行业中亏损规模居前的均为生猪养殖企业。

这些行业的利润增长情况也会一定程度上反映在公司的股价中。从各行业具有代表性指数来看，在 2021 年及 2022 年第一季度复苏较好的行业中，有色金属、基础化工、电力设备、煤炭、石油化工，各自对应的申万指数在 2021 年初至 2022 年 7 月 14 日的收盘价涨幅分别为 26. 4%、22. 4%、16. 1%、65. 4%、9. 9%；而在 2021 年及 2022 年第一季度复苏受阻的行业中，社会服务、房地产、农林牧渔各自对应的申万指数在同期的涨幅分别为−24. 0%、−17. 4%、−10. 3%。

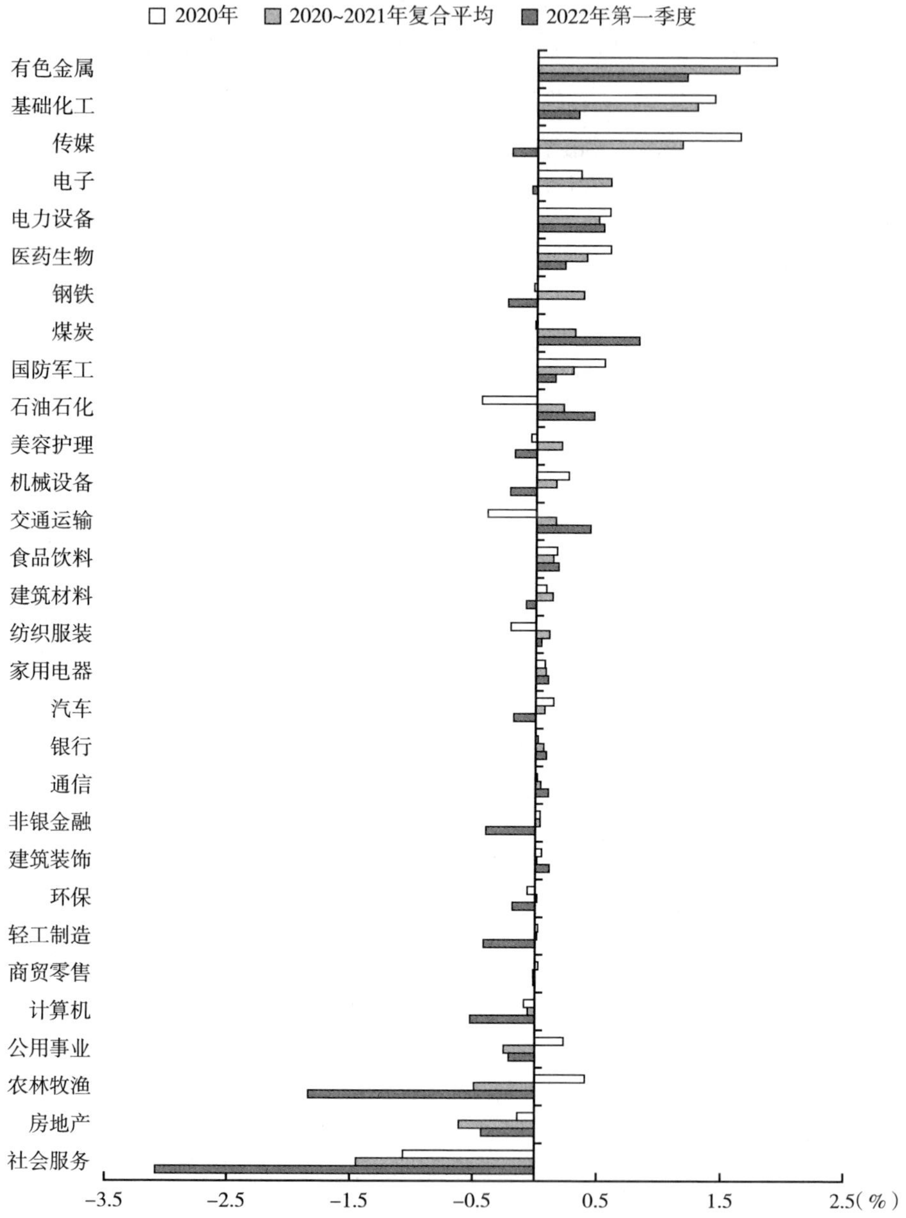

图 4　A 股上市公司 2020 年至 2022 年第一季度各行业利润增长情况

注：农林牧渔业 2021 年利润为负，2020~2021 年利润增速为两年增速的算术平均数；商贸零售 2020 年、2021 年利润均为负，2020~2021 年利润增速为两年负增长率的算术平均数。

四 继续全面深化资本市场改革开放

近年来，中国资本市场在坚持市场化、法治化的基础上，继续全面深化改革开放，着力构建中国特色现代资本市场。2021 年 9 月，经国务院批准设立的我国第一家公司制证券交易所——北京证券交易所（以下简称“北交所”）注册成立，为打造服务创新型中小企业主阵地迈出重要步伐。截至 2022 年 6 月 30 日，在北交所累计上市的企业数量已达 100 家。2017~2021 年，A 股市场首次公开发行股票（IPO）和再融资金额合计 5.2 万亿元，交易所债券市场发行 33.9 万亿元。其中，2021 年 IPO 和再融资金额合计约 1.5 万亿元，股票和交易所债券市场融资合计超 10 万亿元，均创历史新高。截至 2022 年 6 月末，A 股战略性新兴行业上市公司超过 2200 家，新一代信息技术、生物医药等高科技行业市值占比由 2017 年初的约 20%增长至约 37%，上市公司研发投入占全国企业研发支出的一半以上，上市公司作为实体经济“基本盘”、转型发展“领跑者”的角色更加凸显。投资者结构也得以逐步改善，境内专业机构投资者和外资持仓占流通市值比重由 2017 年初的 15.8%提升至 23.5%。[①] 在制度建设方面更是成绩斐然，中国多层次资本市场和资本市场结构都取得了突破性进展；同时，在统筹开放和安全的基础上，推动市场、产品和机构全方位开放。证券基金期货行业外资股比限制已全面放开。互联互通不断深化，沪深港通制度安排持续优化，交易型开放式基金（ETF）被纳入沪深港通标的落地实施，沪伦通机制对内拓展到深交所，对外拓展至德国、瑞士。A 股被纳入国际知名指数并不断提升比重，在香港推出 A 股指数期货。当前，在中国资本市场的发展过程中，挑战依然存在，如高杠杆带来的风险、缺少创新资本等。资本市场在金融体系中的战略定位为，资本市场在资源配置、风险缓释、政策传导、预期管理等方面有独特而重要的功能，是深化金融供给侧结构性改革的关键所在，在高

① Wind。

质量发展中能够发挥更大作用。在立足新发展阶段、完整准确全面贯彻新发展理念、服务构建新发展格局和高质量发展过程中，应继续坚持“建制度、不干预、零容忍”，继续全面深化资本市场改革开放，推动我国资本市场高质量发展。

一是持续推进股票发行注册制改革。注册制改革是完善要素资源市场化配置体制机制的重大改革，也是发展直接融资特别是股权融资的关键举措。自 2018 年科创板起步，到 2020 年创业板试点注册制再到 2021 年北交所成立并同步试点注册制，注册制改革在我国扎实推进，市场融资功能进一步完善。要继续坚持尊重注册制基本内涵、借鉴国际最佳实践、体现中国特色和发展阶段三原则，进一步完善以信息披露为核心的注册制安排，突出主板改革这个重中之重，加快推进发行监管转型，统筹推进发行承销、交易、并购重组、持续监管、退市等制度改革，推动各项制度安排在实践中不断发展完善。

二是持续加强资本市场法治供给，保护投资者合法权益。资本市场是法治市场，因此加强市场法治供给非常重要。要继续推动制定私募基金监管条例、上市公司监管条例、公司债券管理条例等法规，推动独立董事制度改革。继续加大对资本市场违法犯罪活动的查处和打击力度。加快健全行政执法、民事赔偿和刑事惩戒相互衔接机制，推进证券纠纷特别代表人诉讼常态化，加快行政罚没款优先用于投资者赔偿制度落地。进一步提升证券期货违法违规成本，显著增强执法震慑力。

三是持续稳步推进资本市场高水平双向开放。积极营造有利于境外中长期资金入市的市场环境，把外资引进来投资到我国股市、期货和债券市场；积极引导理念、技术、服务领先的外资金融机构包括券商、基金管理公司等进入国内市场，为投资者提供更好的服务。利用国内超大规模市场优势，加快全球优质生产要素在国内聚集。推动境外上市备案制度落地实施，积极支持符合条件的企业境外上市融资。通过资本市场对外开放，加强市场主体贯彻新发展理念的动力，引导上市公司加强科技创新，推动上市公司主动践行“双碳”目标，履行社会责任。

分 报 告

Topical Reports

B.2

中国上市公司高质量评价研究：基于韧性视角的分析

张 鹏　张晓奇*

摘　要： 在疫情冲击和内外部环境变化导致的百年未有之大变局情势下，上市公司高质量发展表现为其韧性能力所映射的微观主体转型和转危为安、化危为机的培基、升级动力。本报告发现，微观上，上市公司业绩韧性不断增强，企业成长与质量相配性提高，实现了企业安全与效率、抗风险与促转变相统一；中观上，上市公司规模韧性和质量韧性收敛分化中可以看出行业轮动潜在趋势，有利于进一步明确行业赛道特征和未来投资重点；宏观上，中国多层次资本市场体系改革与开放蹄疾步稳促进了全生命周期下不同企业韧性能力建设，为更多韧性足、竞争力强的优质微观主体脱颖而出奠定基础。基于此背景，本报告在历年价值评估模型基础上，更加完善细化并加入、更新多维度的衡量指标，诸如数字化

* 张鹏，中国社会科学院经济研究所副研究员；张晓奇，中国社会科学院经济研究所博士后。

转型、ESG 等指标，最终形成财务状况、估值与成长性、创值能力、公司治理、创新与研发等五个维度的价值评估模型。评估模型充分兼顾行业差异性和公司异质性特征并创新性地采用波动调整的方法对业绩巨幅波动的上市公司进行“惩罚”，更加合理地还原上市公司业绩增长“本质”，然后使用 2019~2021 年年报公开数据对中国 A 股分行业上市公司进行了评估与综合排序，筛选出分行业价值较高的上市公司，构成“漂亮 100”投资组合。从回测效果看，“漂亮 100”投资组合在经风险调整后收益较高，这也提示该组合集聚了中国各行业较为优质的微观主体，是中国宏观经济情势在微观上的反映。

关键词： 高质量 企业韧性 数字化 评估模型

一 引言

2020 年 10 月 9 日，国务院发布《关于进一步提高上市公司质量的意见》指出，上市公司是资本市场的基石。提高上市公司质量是推动资本市场健康发展的内在要求，是新时代加快完善社会主义市场经济体制的重要内容。本报告对上市公司价值评估的核心就是从上市公司质量内核出发，以发掘提高上市公司价值的核心内容为要务，将上市公司质量及与提高上市公司质量相关的资本市场改革发展贯穿评估全过程，既关注在疫情冲击特殊背景下上市公司短期业绩增长趋势与波动情况，也关注周期波动中结构变化的潜在趋势，既强调疫情下上市公司增长恢复甚至突围的规模化发展进程，更突出上市公司以治理和创新能力为代表的质量提高过程。因此，在疫情冲击特殊背景下，上市公司高质量发展很大程度上凸显企业发展的韧性（resilience）程度。在工程韧性的视角下，韧性的内涵更为强调经济系统面对冲击时的抵抗能力和恢复能力。经济系统受到外界扰动冲击后，偏离原有的均衡状态，韧性是系统自我修复以逐渐恢复到原有状态的能力，韧性的强弱取决于经济系统的固有韧性；但站在适应性韧性视角，韧性不仅是经济体系面临冲击从而保持原有均衡状态的能力，即保持经济系统结构和功能稳定性的能力，适应性韧性突破传统单一均衡论的观念说明经济系统有可能在冲击后自身适应改进重组后进入一种或多种其他的发展路径，使得经济系统有着多重均衡。由此及彼，从上市公司微观主体来看，上市公司韧性不仅仅是上市公司面对冲击时的抵抗恢复能力，也是一种改进重组自身结构转向其他发展路径的能力；既强调企业可以依靠固有韧性理论恢复至静态均衡，又突出企业是一个主动从外界获取新信息不断学习、改进以调整外生干扰适应系统（强调适应韧性和创新能力）的动态演化过程。下文我们分别从企业微观发展、中观行业轮动和宏观资本市场改革发展三大视角分析疫情后上市公司韧性能力建设对价值创造能力的影响。

（一）微观视角：上市公司业绩韧性不断增强，企业成长与质量相配性提高，实现了企业安全与效率、抗风险与促转变相统一

业绩是上市公司价值创造之母。疫情冲击下上市公司业绩无疑会受到冲击，那么从疫情之初至今的恢复能力就成为企业成长能力、抗风险能力的重要衡量。通常而言，在外部冲击下，最先受到冲击的是由需求下降而导致的营业收入出现下滑，在营业收入遭受冲击后企业也会通过削减成本、优化流程管理来降低营业成本与费用，但随着时间的流逝最终会对业绩成长造成负面影响。从图 1 可以看出，多数行业已经摆脱疫情冲击负面影响，营业收入实现了较快增长，展现了中国上市公司主体韧性足、动力强的特征。具体而言，与疫情前相比，过去两年营业收入增幅达到 50%以上的有有色金属和电力设备两大行业，这与中国绿色能源版图快速扩容和新能源技术快速发展密切相关。处于 30%~50%增幅的行业主要有农林牧渔、基础化工、钢铁、电子、轻工制造、公用事业、交通运输、建筑材料、建筑装饰、煤炭等行业，上述大致可以划为工业、非日常消费、公共服务等在疫情初期受冲击较大的行业，这表明中国上市公司主体在应对不确定性风险方面具有极强的韧

性，能够在短期内灵活应对复杂多变的市场环境，较为从容地实现企业柔性生产与实际经济周期相匹配。增幅低于30%的代表性行业主要有食品饮料、医药生物、房地产等受疫情冲击影响较小的刚需行业，不过社会服务和商贸零售行业营业收入增幅仍然为负，上述行业遭受疫情反复冲击较大，仍然没有恢复至疫情前行业发展平均水平。

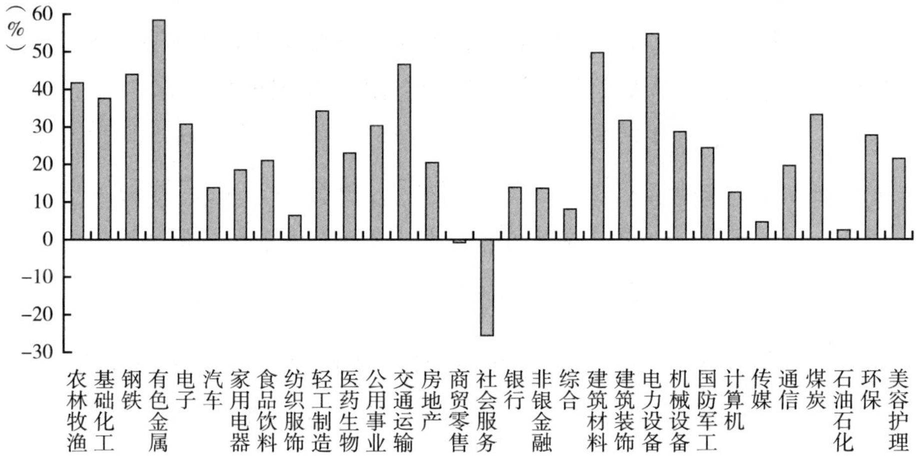

图1　2019年12月31日至2021年12月31日各行业营业收入增幅

为了进一步从质量上分析各行业上市公司价值创造能力恢复变化情况，表1使用整体法计算各行业净资产收益率来反映行业内上市公司平均价值创造能力变化。从纵向对比看，2019年的数据可以作为疫情前平均水平，可以看出净资产收益率为负的有通信、传媒和综合等行业，前三高的分别为食品饮料、家用电器和建筑材料等行业。但从过去两年看，包括基础化工、传媒、通信在内的多个行业实现了净资产收益率保持稳定或不断提高，从变化趋势可以得知，上述行业变化对疫情冲击一定程度“免疫”，是韧性强的行业（见表2）；遭受疫情冲击但快速恢复的行业包括钢铁、家用电器、轻工制造、交通运输、银行、建筑材料、石油石化、美容护理和煤炭等九大行业，上述行业主要还是集中于非日常消费品类，在疫情冲击到来之时消费弹性急剧变化，但随着外部冲击减缓和消失其发展趋势便能恢复，是韧性一般的行业；遭受疫情冲击最明显的无疑为社会服务、商贸零售、综合等行业，2021 年净资产收益率仍然为负，为韧性弱行业。

表 1　净资产收益率变化

行业	2019年净资产收益率（%）	2020年净资产收益率（%）	2021年净资产收益率（%）	2019~2021年变化趋势
农林牧渔	15.30	16.86	–6.83	
基础化工	4.60	9.29	17.32	
钢铁	8.30	7.95	13.98	
有色金属	1.51	5.62	12.91	
电子	6.91	7.63	11.51	
汽车	5.66	6.08	6.53	
家用电器	17.38	16.14	16.38	
食品饮料	20.29	20.90	20.48	
纺织服饰	1.28	1.45	7.22	
轻工制造	9.83	9.22	9.27	
医药生物	8.18	9.18	12.01	
公用事业	7.10	8.55	3.16	
交通运输	7.92	0.63	9.61	
房地产	13.61	10.88	1.64	
商贸零售	6.57	2.27	–2.50	
社会服务	7.32	–1.09	–4.73	
银行	11.91	10.61	10.75	
非银金融	12.07	10.58	10.33	
综合	–0.40	–1.28	–2.36	
建筑材料	15.56	15.17	15.83	
建筑装饰	9.79	9.41	8.27	
电力设备	5.48	8.41	10.33	
机械设备	5.27	8.40	8.46	
国防军工	2.33	4.57	5.19	
计算机	5.99	6.17	5.68	
传媒	–0.53	0.84	6.05	
通信	–2.41	3.27	3.98	
煤炭	11.21	9.96	16.39	
石油石化	5.30	2.60	8.86	
环保	5.65	6.42	6.51	
美容护理	10.56	0.68	11.91	

表 2　行业韧性划分

韧性强	韧性一般	韧性弱
基础化工、有色金属、电子、汽车、纺织服饰、医药生物、电力设备、机械设备、国防军工、传媒、通信、环保、食品饮料、计算机、建筑装饰	钢铁、家用电器、轻工制造、交通运输、银行、建筑材料、煤炭、石油石化、美容护理	农林牧渔、商贸零售、社会服务、综合

从上文分析可知，虽然多数行业上市公司在疫情等外部冲击下仍然实现了数量（营收）增长和质量（净资产收益率）提高，但数量增长与质量提高并不完全同步。为此，我们计算上市公司数量与质量相配性指数来分析疫情发生后数量增长是否带来质量同步改善，通过计算相配性，一方面可以考察疫情冲击后固有韧性恢复情况，另一方面还可以考察适应性韧性变化情况，以便分析上市公司将外部冲击化危为机和重新实现更高增长路径的可能。我们根据过去两年各行业上市公司营收增长率来获取其排序值并将其作为上市公司成长指数，计算 2019~2021 年 ROE 的排序值作为质量指数，图 2 中左图为 2019 年上市公司成长与质量的散点和拟合图，右图为 2021 年上市公司成长与质量的散点和拟合图，可以发现相较于 2019 年，2021 年上市公司数量扩张与质量改善相配性提高，说明上市公司固有韧性改善的同时适应性韧性获得提高，新技术、新模式和新思维快速应用，不断迭代新的增长路径。

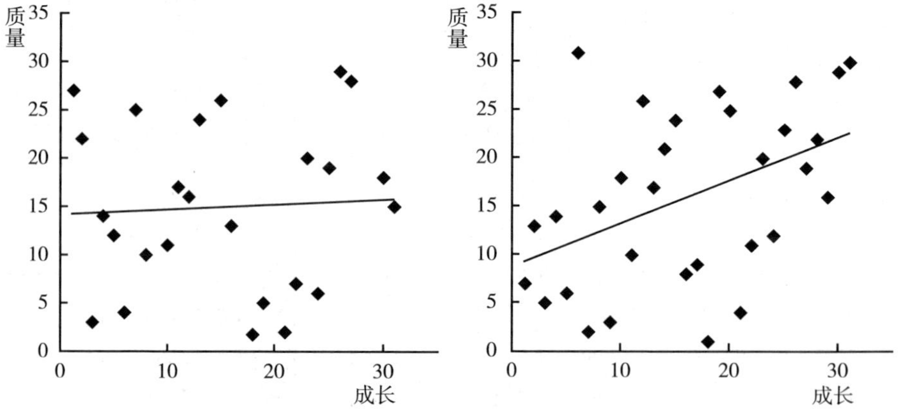

图 2　上市公司成长与质量相配性分析

（二）中观视角：上市公司规模韧性和质量韧性收敛分化中获得行业轮动潜在趋势，进一步明确行业赛道特征和投资重点

正如上文所分析，上市公司微观主体韧性变化映射着微观主体转型甚至宏观经济结构转型的细微信息，反映了上市公司主体在百年未有之大变局的宏大叙事背景下转危为安、化危为机的培基、升级能力，这也提示我们可以从韧性变化特别是固有韧性恢复和适应性韧性培育中前瞻行业轮动特征，及时捕捉行业赛道特征和投资重点。中观视角下，我们将从上市公司韧性变化的角度分析和研判行业轮动潜在趋势。我们选取营收、资产等指标加总构建行业规模韧性变化指数以反映上市公司固有韧性变动，而从营业利润、净利润等指标变化情况加总构建行业质量韧性变化指数以表征上市公司适应性韧性变动。进一步将规模韧性指数一分为二从低到高列为低成长和高成长两种情况，将质量韧性指数一分为二从低到高划为低价值和高价值两种情况。然后，依据行业规模韧性和质量韧性差异性变化可以对行业轮动进行分析，如图 3 所示，从低成长低价值向高成长低价值转化可以发现哪些行业将会占优，类似于经济周期分析框架下美林时钟特征。图 3 和图 4 横轴从左向右表示疫情以来上市公司规模得以扩张，本报告称为规模韧性，而纵轴主要从下到上表示疫情以来上市公司价值创造能力得到提高，结合起来可以对不同行业在疫情以来规模韧性和质量韧性的同向或差异性变化获知行业轮动方向甚至商业模式、成长模式变化等信息。

图 3 为根据 Wind 行业分类（类似于 GICS 行业分类）计算了规模韧性和质量韧性变化情况下，不同行业配置差异的产业轮动钟，总体而言，疫情以来固有韧性和适应性韧性同步获得提高（高成长和高价值）的有材料、工业和信息技术，固有韧性和适应性韧性同时降低（低成长和低价值）的有可选消费、金融和电信服务，固有韧性提高和适应性韧性降低（高成长和低价值）的有房地产、日常消费和公用事业，固有韧性降低和适应性韧性提高（低成长和高价值）的有能源和医疗保健。图 4 为根据申万行业分类计算，处于高成长高价值的主要行业有建筑材料、基础化工和电力设备等

行业，处于低成长低价值的主要行业有非银金融、通信、汽车和家用电器等行业，处于高成长低价值的主要行业有房地产、建筑装饰、农林牧渔等，处于低成长高价值的主要行业为石油石化、食品饮料和医药生物。总体而言，无论是Wind行业分类还是申万行业分类，在规模韧性和质量韧性收敛分化的区间划分中行业分布具有较高的一致性。

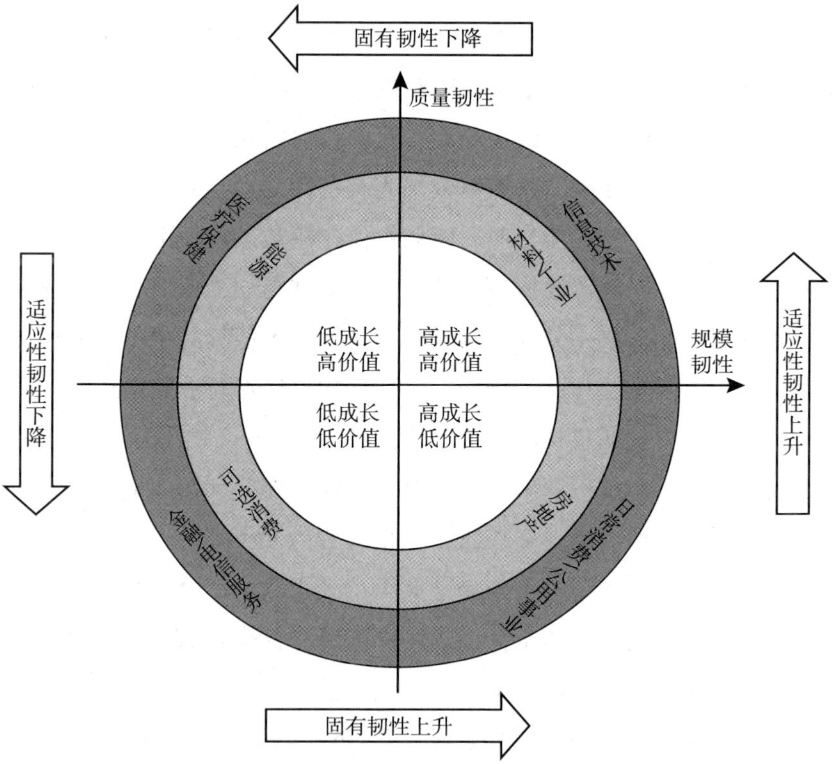

图3　不同韧性划分下行业轮动钟（Wind行业分类）

在明确了行业轮动特征后，表3进一步从行业估值差异明晰了行业投资的“适宜性”。我们分别计算了Wind行业分类标准下各行业整体市盈率，得到最新市盈率（2022年6月30日）在最近十年来所处的分位点以判断行业估值高低，具体而言，第一，日常消费和公用事业估值分位点相对较高，再结合图3行业轮动特征，可以认为虽然疫情后固有韧性带来成

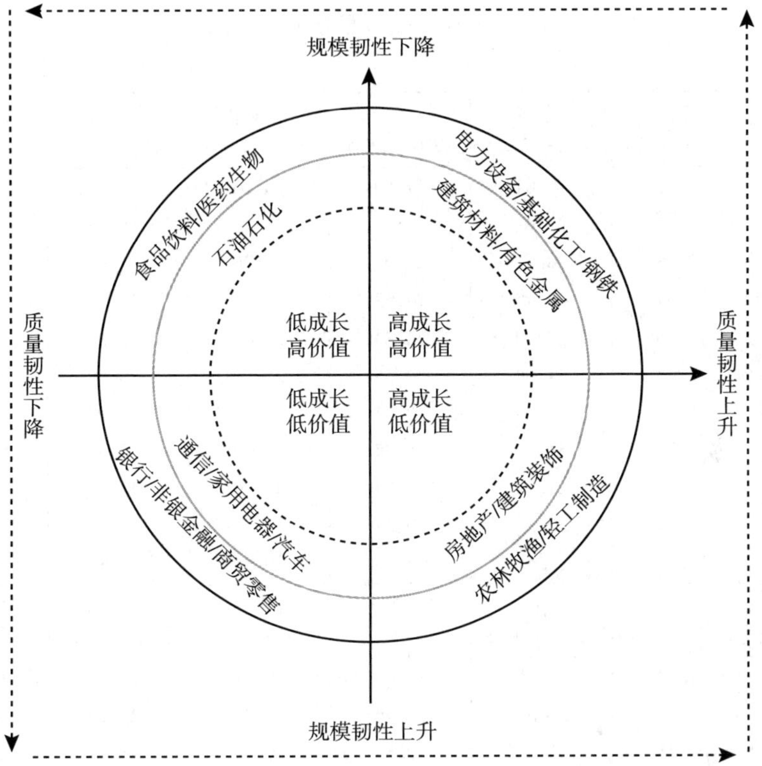

图 4　不同韧性划分下行业轮动钟（申万行业分类）

长性提高但价值创造能力仍然较低，投资价值较低，具体到微观主体要关注行业中市占率和集中度高的优质龙头，其较高的溢价能够实现较高的价值并消化估值较高的负面影响。第二，能源、医疗保健、材料、信息技术等行业的估值分位仍处于历史较低水平，并且其在行业轮动中处于价值扩张区间，说明在经历外部冲击后适应性韧性能力提高导致新一轮增长路径可能开启，对投资者而言具有较高的投资价值。第三，工业、金融、电信服务和房地产等传统行业估值分位处于历史低点，但除工业外总体都处于价值韧性下降区间，因此对于行业整体而言处于低配区间，后续要关注政策变化以及各行业中增长潜力较好、享受市场势力溢价和较高安全边际的优质标的。

表 3　Wind 各行业最新 PE 分位点

单位：%

Wind行业分类	市盈率(2022-06-30)	市盈率(2021-12-31)	市盈率(2020-12-31)	市盈率(2019-12-31)	市盈率(2018-12-31)	市盈率(2017-12-31)
能源	10.92	19.84	11.59	13.26	17.02	33.35
材料	17.55	32.91	26.11	16.25	16.23	46.06
工业	19.88	28.51	24.98	20.26	17.99	30.94
可选消费	25.99	28.45	28.17	18.30	15.58	26.21
日常消费	42.76	39.00	51.23	38.03	26.00	38.42
医疗保健	29.87	41.69	57.56	36.27	26.69	42.58
金融	6.72	7.70	8.84	9.94	7.98	10.17
信息技术	33.59	54.45	54.45	45.08	27.01	52.39
电信服务	12.06	21.94	39.76	49.90	143.30	229.30
公用事业	21.46	22.36	19.57	19.87	20.40	19.49
房地产	10.91	7.42	8.16	10.85	10.37	17.64

Wind行业分类	市盈率(2016-12-31)	市盈率(2015-12-31)	市盈率(2014-12-31)	市盈率(2013-12-31)	市盈率(2012-12-31)	最新PE分位点
能源	32.83	15.55	14.45	10.61	11.92	9.09
材料	57.52	50.95	36.46	24.77	20.23	18.18
工业	34.21	41.02	29.53	19.01	15.47	27.27
可选消费	30.31	38.56	24.94	22.64	17.37	45.45
日常消费	34.36	38.93	25.50	20.64	26.18	81.82
医疗保健	45.63	60.07	41.89	40.00	29.54	18.18
金融	7.78	9.10	10.44	6.80	8.67	0.00
信息技术	64.63	93.39	63.61	53.32	31.07	18.18
电信服务	45.76	38.80	35.53	34.02	50.95	0.00
公用事业	17.41	22.02	20.65	16.04	26.23	63.64
房地产	22.23	29.13	19.19	13.01	17.22	36.36

（三）宏观视角：持续关注中国多层次资本市场体系改革与开放，促进全生命周期下不同企业韧性能力建设

近年来，面对复杂严峻的经济金融形势，金融韧性也开始进入我国金融政策，“增强金融体系韧性”“打造一个规范、透明、开放、有活力、有韧

性的资本市场”等被反复强调。金融韧性并不等价于金融稳定，而应从周期发展和功能属性两个角度来综合理解，包括常规时期的风险管理和金融服务能力、风险时期的损失吸收和功能保障能力两个方面。换言之，金融韧性是金融风险防控、金融功能发挥、金融改革创新相互协调、相互推进的产物，建立完善的金融生态才能将风险管理、金融服务与金融改革相互统一起来，而建立金融生态从中国目前而言最主要的还是多层次资本市场体系建设，其内涵与促进全生命周期下不同类型企业韧性建设要求具有内在一致性。

上市公司的发展壮大与资本市场相互支持、密不可分，但在国内经济下行、城镇化放缓、人口老龄化等冲击下，多数企业也面临增长曲线扁平化担忧，二次增长和转型更需多层次资本市场体系支持。目前，成熟企业发展壮大过程与多层次资本市场金字塔体系顶部支持密切相关，主板等成熟市场板块为成熟企业第一次快速增长提供了高强度、高密度支持，规模化、集中化和龙头化便是集中体现。而广大中小企业继续发展壮大却要依赖多层次资本市场金字塔体系基座，通过基座发掘细分领域、专业化领域优质市场主体和前沿性、颠覆性技术，为中小企业实现规模报酬递增、范围经济扩大和第一次增长曲线开启奠定基础。

当前，中国多层次资本市场逐步建立，形成了5层次的交易市场，包括主板市场、双创板块（创业板和科创板）、新三板市场、各地方股权转让系统，加上产业基金、PE（私募股权基金）、VC（风险投资基金）、天使投资，形成了覆盖企业从萌芽、初创、成长到成熟等不同时期融资支持的渠道，多层次资本市场在支持传统经济形式转型及新兴经济形态成长过程中正发挥着越来越重要的作用。多层次资本市场的形成，直接促进了企业的转型和融资，特别是有利于缓解中小企业的融资难、融资贵问题，切实推动中小企业转型升级，充分发挥资本市场推动公司的转型与创新的关键作用。

此外，中国资本市场改革与开放步伐不断加快，长远来看，资本市场改革与开放除了促进市场自身制度完善和功能完备外，最重要的还是能带来增量资金和重组市场投资者结构。资本市场的健康发展长期来看需要一批看好中国经济、与中国优质上市公司同共进的价值投资者，通过资本市场完善来促进上市公司竞争力提高，增强上市公司的发展韧性，从而更大程度地规避周期和外部冲击的负面影响，其带来的结果便是持续吸引投资者进入、持续为投资者创造价值。随着金融开放步伐的加快，以沪港通、深港通等 QFII 为代表的外资持 A 股的比例显著提高，并且其投资标的基本为市场中韧性强、潜力足的优质企业。2018 年 1 月 31 日，北向资金累计净买入只有 3826 亿元，2022 年 6 月 30 日，北向资金累计净买入总额为 17063 亿元，快速增长的背后反映了外资对中国优质资产的青睐（见图 5）。

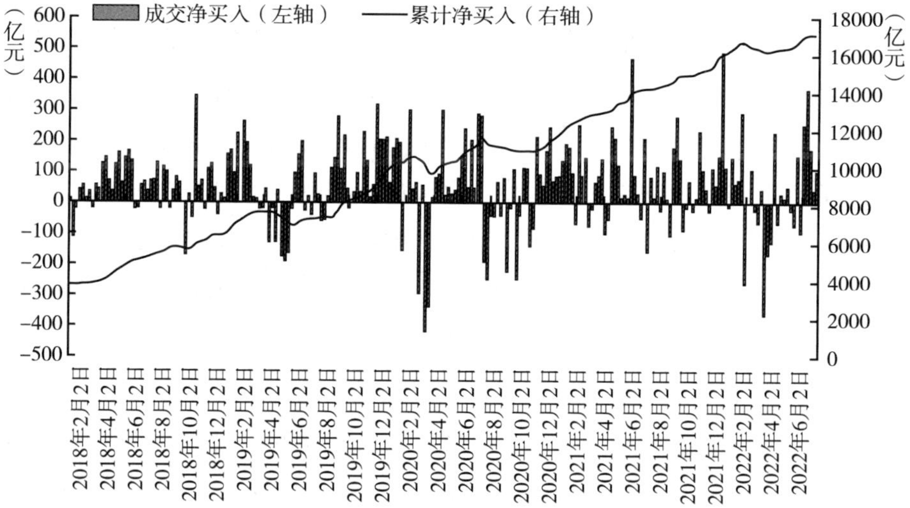

图 5　北向资金统计

二　评估体系

延续历年传统，本报告对中国上市公司价值评估使用五因素综合评价模型，该模型既考虑了企业财务变化情况，也考察了企业治理和创新等长期变量，既统筹了企业变化周期因素，也注重考察企业周期变化中的长期竞争力演化，既突出疫情冲击下不同行业柔性和韧性差异，也研究企业在“体能”恢复中结构变化的潜在利好。

（一）五因素综合评价模型

在历年的中国上市公司蓝皮书中，我们结合国内外公司价值评估理论和经验研究，统筹考虑内在价值、外在价值、企业治理等多方面因素，设计了衡量公司价值增长的五因素评价指标体系。财务方面，本报告主要从财务稳健性和现金流真实性等方面来探讨上市公司财务状况；估值与成长性方面，本文认为估值的提升根本上需要企业成长来支撑，只有具有实实在在的业绩作为底基，估值才能更加科学合理；创值能力方面，本报告主要借鉴经济增加值计算方法体系将传统财务成本核算体系扩展至经济成本核算体系，从而体现企业经营者有效使用资本和为股东创造价值的能力；公司治理和创新研发两个方面主要站在企业持续经营、核心竞争力不断提高等长期视角，深入挖掘驱动企业价值成长的内在因素，从未来成长角度分析企业价值潜在变化趋势。

值得一提的是，各指标体系在保持相对稳定的同时也会根据经济增长和企业发展特征增加或更新具体指标，具体而言如下。第一，财务指标方面更加注重业绩稳定性、持续性，将各类财务指标置于相互钩稽和互相印证的体系中。疫情以来，各行业和各企业都经历了疫情的不同冲击，很多行业都见证了业绩在大幅波动中逐步回稳并超越疫情前水平，具体到很多微观企业主体更是如此。本报告创新性地使用波动调整的方法，突出对疫情前后业绩波动的调整，更加关注较小受到疫情冲击、业绩持续增长的标的。第二，强化对数字化创新的考核，突出数字化对传统行业转型和新兴行业内生增长的关键作用。我们通过爬取全部上市公司年报并提取多个关键词的做法构建了上市公司数字化发展指数并将其应用于价值评估实践。第三，关注 ESG、治理和创新等驱动上市公司价值增长的重要因素，更加突出企业价值评估中“未来性”“长期性”的作用，与财务类短期因素形成比较和佐证。为此，我们对综合评价指标体系中不同指标进行了更新和扩充，深度分析驱动上市公司价值成长的关键因素并兼顾不同行业的异质性。上市公司价值评估模型由如下体系构成（见图 6）。

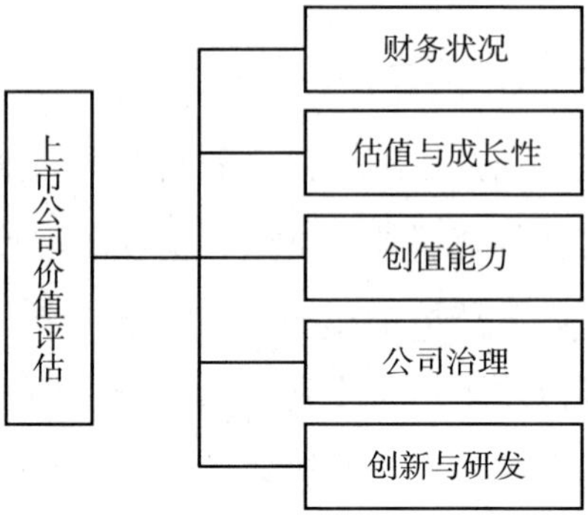

图 6　上市公司综合评价指标体系

（二）样本选择和数据来源

A 股上市公司剔除所有 ST 类股票，相关数据为截至 2021 年 12 月 31 日的数据，包括 2019 年至 2021 年的年报数据，研究数据来源主要包括 Wind 资讯金融研究终端、东方财富 Choice 金融资讯终端和国泰安 CSMAR 数据库，数据处理和排序计算采用 Python 软件进行。筛选后，按照申万行业分类，各行业上市数量如图 7 所示。

（三）数据预处理说明

1. 科创板块单列的特别说明

为了提高资本市场服务创新能力，增强市场包容性，强化资本市场的多元化、特色化和精准支持功能，我国于 2019 年 6 月 13 日开通科创板，同时 2020 年 11 月 15 日专门定位于“专精特新”功能的北京证券交易所开市。以服务中小企业创新发展的科创板块是市场的热点，其行业分类主要集中于医药生物、电子、计算机等创新型行业，其股票大多数上市日期较短，同时从企业发展特点看其发展相对于主板成熟性企业还处于生命周期早期，相应地，其业绩变化也呈现增长快、波动大的特征。基于上述特点，本报告将科创板块单列，在层次分析法计算权重中不区分行业而统一进行处理（突出

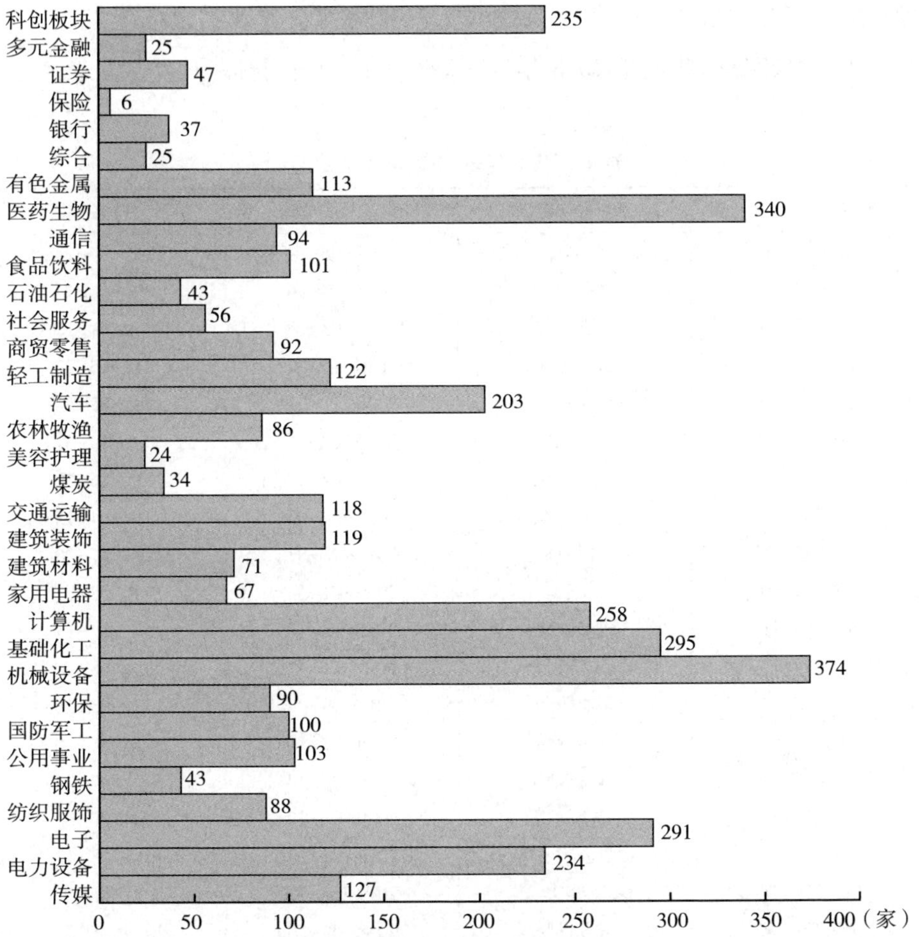

图 7　申银万国行业分类

资料来源：Wind 资讯。

科创企业创新的重要性），以与主板市场相区别。

2. 最近三年依靠借壳而上市的公司

审核制导致 IPO 排队，无法满足逐渐发展壮大企业的融资需求，因此，一些未上市企业若能将资产注入目前已上市且经营不善、市值较低的公司，从而达到间接上市融资的需求，这就构成借壳上市。借壳上市公司通常名字或主营业务已经变更，上市当年无法与前些年业务形成对比，根据前面的财务指标计算和评价方法，若加入这些上市公司将会导致结果向上偏误，因此，为谨慎起见，我们将2018年以来借壳上市的公司排除在外（见表4）。

表4　2018年以来借壳上市公司

证券代码	证券简称	借壳上市日期	上市日期
300442. SZ	普丽盛	2022-08-04	2015-04-24
600662. SH	外服控股	2021-09-16	1993-06-14
600228. SH	返利科技	2021-03-20	1999-01-19
002758. SZ	浙农股份	2020-11-27	2015-05-27
600817. SH	宇通重工	2020-11-13	1994-01-28
002532. SZ	天山铝业	2020-07-06	2010-12-31
002761. SZ	浙江建投	2020-04-22	2015-06-10
002793. SZ	罗欣药业	2020-04-07	2016-04-15
002082. SZ	万邦德	2020-03-03	2006-11-20
600556. SH	天下秀	2020-01-04	2001-08-07
000785. SZ	居然之家	2019-12-19	1997-07-11
002459. SZ	晶澳科技	2019-11-27	2010-08-10
600732. SH	爱旭股份	2019-09-27	1996-08-16
002059. SZ	云南旅游	2019-07-15	2006-08-10
002015. SZ	协鑫能科	2019-06-14	2004-07-08
002053. SZ	云南能投	2019-03-22	2006-06-27
002607. SZ	中公教育	2019-01-29	2011-08-10
002755. SZ	奥赛康	2019-01-18	2015-05-15
000301. SZ	东方盛虹	2018-08-30	2000-05-29
601360. SH	三六零	2018-02-28	2012-01-16
002600. SZ	领益智造	2018-02-09	2011-07-15

3. 删除最近一年IPO的上市公司

从世界各国经验看，股票IPO后都会出现上涨，根据博迪等研究，IPO首日都会出现收益率较快上涨现象，这其中中国首日收益率上涨最高，达到150%多。虽然新股和次新股的波动一般与IPO溢价发行有关，但过度波动显然脱离了基本面，过高估值也将会面临调整。为了防止新股大幅波动对评价形成的干扰，本报告将最新一年上市股票删除。

4. 最近一年发生 ST 摘帽的上市公司

年报披露期往往是 ST 股票摘帽高峰期，年报业绩的改善往往令不少 ST 公司摘去市场警示的帽子，这些股票往往受到市场热捧，从而产生较高的估值指标，不过这些公司大部分基本面并未发生与股价相符的利好改善，所以这些公司的估值与成长性指标参考意义不大，这些公司包括但并不限于以下所列，特此说明（见表 5）。

表 5　2021 年以来 ST 摘帽的上市公司

证券代码	证券简称	戴帽摘帽时间	证券代码	证券简称	戴帽摘帽时间
601113. SH	华鼎股份	去 ST:20220627, ST:20191009	000572. SZ	海马汽车	去 ST:20210527, *ST 变 ST:20200619
000802. SZ	北京文化	去 ST:20220624, ST:20210506	002336. SZ	人人乐	去 ST:20210526, *ST 变 ST:20200618
600393. SH	粤泰股份	去 ST:20220615, ST:20210506	002333. SZ	罗普斯金	去 ST:20210526, *ST 变 ST:20200609
603729. SH	龙韵股份	去 ST:20220531, ST:20210506	601258. SH	庞大集团	去 ST:20210520, *ST 变 ST:20200115
601020. SH	华钰矿业	去 ST:20220526, ST:20210430	600423. SH	柳化股份	去 ST:20210520, *ST 变 ST:20191220
603555. SH	贵人鸟	去 ST:20220525, *ST 变 ST:20210722	600610. SH	中毅达	去 ST:20210519,股票恢复上市;ST:20200817
300051. SZ	三五互联	去 ST:20220520, ST:20210426	600702. SH	舍得酒业	去 ST:20210519, ST:20200922
600595. SH	中孚实业	去 ST:20220520, *ST 变 ST:20220114	603188. SH	亚邦股份	去 ST:20210519, ST:20190813
002496. SZ	辉丰股份	去 ST:20220513, *ST 变 ST:20210616	600539. SH	狮头股份	去 ST:20210519, *ST 变 ST:20190408
600408. SH	安泰集团	去 ST:20220506, *ST 变 ST:20190328	600119. SH	长江投资	去 ST:20210517, *ST 变 ST:20200421
600898. SH	国美通讯	去 ST:20220427, *ST 变 ST:20210519	600877. SH	声光电科	去 ST:20210513, *ST 变 ST:20200421
603863. SH	松炀资源	去 ST:20220419, ST:20210506	600080. SH	金花股份	去 ST:20210512, ST:20200602
000516. SZ	国际医学	去 ST:20220418, ST:20220117	601399. SH	国机重装	去 ST:20210511,股票恢复上市;ST:20200608

续表

证券代码	证券简称	戴帽摘帽时间	证券代码	证券简称	戴帽摘帽时间
600403.SH	大有能源	去 ST:20220418, ST:20210428	600234.SH	科新发展	去 ST:20210511, *ST 变 ST:20200409
600300.SH	维维股份	去 ST:20220412, ST:20210427	600157.SH	永泰能源	去 ST:20210430, *ST 变 ST:20210119
603322.SH	超讯通信	去 ST:20220328, ST:20220209	000504.SZ	南华生物	去 ST:20210428, *ST 变 ST:20200612
002629.SZ	仁智股份	去 ST:20211217, *ST 变 ST:20200918	002289.SZ	宇顺电子	去 ST:20210428, *ST 变 ST:20200609
603779.SH	威龙股份	去 ST:20210810, ST:20191125	002290.SZ	禾盛新材	去 ST:20210420, *ST 变 ST:20200708
002650.SZ	加加食品	去 ST:20210728, ST:20200615	000868.SZ	安凯客车	去 ST:20210419, *ST 变 ST:20200623
600193.SH	创兴资源	去 ST:20210622, *ST 变 ST:20190328	000737.SZ	北方铜业	去 ST:20210419, *ST 变 ST:20190418
600421.SH	华嵘控股	去 ST:20210617, *ST 变 ST:20200513	600817.SH	宇通重工	去 ST:20210419, *ST 变 ST:20180509
600696.SH	岩石股份	去 ST:20210617, *ST 变 ST:20180209	600149.SH	廊坊发展	去 ST:20210416, *ST 变 ST:20180510
000422.SZ	湖北宜化	去 ST:20210611, *ST 变 ST:20190426	002306.SZ	中科云网	去 ST:20210414, *ST 变 ST:20190801
600698.SH	湖南天雁	去 ST:20210604, *ST 变 ST:20200430	000409.SZ	云鼎科技	去 ST:20210412, *ST 变 ST:20190926
600725.SH	云维股份	去 ST:20210601, *ST 变 ST:20170316	002420.SZ	毅昌科技	去 ST:20210322, *ST 变 ST:20200723

三　评价指标体系和计算方法

（一）分行业评价指标体系①

1. 财务状况

企业财务状况是上市公司价值评估的基础，良好的财务状况是公司生存

① 本年度房地产行业上市公司评估请参考专题报告 B4。

和成长的基础，我们设立多角度财务指标综合反映企业在筹资、投资和经营全过程中的财务状况，特别突出企业现金流在企业经营中的关键作用，所以我们每年都会适时更新和调整一些财务指标以求能更好地反映企业现金流为基准的财务情况。从财务状况角度而言，我们分析的重点在于钩稽出上市公司从收入到利润、从利润到现金流的完整链条，从财务稳健角度滤出能够真正创造价值的上市公司。

考虑到不同行业的差异，银行业、证券行业以及保险行业财务报表与其他行业存在显著不同，故针对这四个行业设立与其他一般性行业不同的财务指标。以证券行业和保险行业为例，考虑到券商和保险公司发展的特点，在券商收入驱动力方面，我们以经纪业务收入增长、自营业务收入增长和信用业务收入增长来反映券商收入的日益多元化，自营业务和信用业务逐步成为券商除经纪收入之外的主要收入来源。保险公司近年来随着业务多元化，资产的投资渠道也日渐多元化，我们加入净投资收益率和总投资收益率来表征这一现象。

表 6　财务状况评价指标

行业	类别	财务指标
银行业	收入驱动力	净息差
		生息资产收益率
		生息资产增长率
		计息负债成本率
	收入结构	非利息收入占比
		利息净收入增长率
	营运能力	净资产收益率
		成本收入比
	资本监管	资本充足率
		流动性覆盖率
		杠杆率
	资产质量	不良贷款率
		拨备覆盖率
		拨贷比

续表

行业	类别	财务指标
证券行业	规模	净资本
	风险控制	风险覆盖率
		净资本负债率
		权益乘数(剔除客户保证金)
	盈利能力	净资产收益率
	营运能力	资产周转率
	收入驱动力	手续费和佣金净收入
		利息净收入
		投资收益
		公允价值变动损益
保险行业	盈利能力	净资产收益率
		净投资收益率
		总投资收益率
	内含价值	内含价值
	营运能力	已赚保费占比
		已赚保费增长率
		成本收入比
		退保率
	偿债能力	偿付能力充足率
一般行业	现金流动性能力	速动比率
		现金比率
		现金流量比率
		现金循环周期
		运营现金含量
	长期偿债能力	财务杠杆
		权益乘数
		现金有息债务比
		利息保障倍数
	营运能力和财务弹性	应收账款周转率
		存货周转率
		现金营运指数
		全部资产现金回收率
		现金满足投资比率

续表

行业	类别	财务指标
一般行业	盈利能力和盈利质量	销售净利率
		毛利率
		净资产收益率
		销售现金比率
		净利润现金含量

注：表中加粗指标为2022年更新的指标，本报告表格类同。

2. 估值与成长性

估值有相对估值和绝对估值，我们既兼顾市盈率、市净率等相对估值指标，也考虑每股自由现金流等绝对估值指标，更加完整地对上市公司的估值能力进行评估。估值与成长性方面，我们参考加拿大皇家银行（RBC）选股模型，利用估值模块、成长模块和稳定模块三大模块来衡量（见表7）。

表7 估值与成长性评价指标

类别	估值与成长性指标
估值	市盈率
	市净率
	PEG
	每股自由现金流
成长性指标	EPS增长
	扣非净利润增长
	营业收入增长
	海外业务收入
	资本支出增长
稳定性指标	股价收益率稳定性
	盈利稳定性
	非经常性项目频率

3. 创值能力

上市公司价值创造能力不仅反映了过去的历史实现，更体现为未来的创值预测。我们从过去为股东创造价值和未来为股东创造价值两个角度设立经济增加值（EVA）和市场附加值（MVA）两个指标来衡量上市公司创值能力。EVA 全面反映了公司的资本成本，从而较为准确地衡量了上市公司真正和实实在在创造的价值，防止上市公司进行盈余管理制造“虚假繁荣”；而 MVA 计算则从市值或者说是未来估值角度衡量了上市公司真正的价值创造，反映了上市公司的预期成长能力，从而在历史创值能力评估的基础上更加全面地预判公司的创值能力（见表 8）。

表 8　创值能力评价指标

类别	创值指标
过去为股东创造价值	EVA
未来为股东创造价值	MVA

4. 公司治理

上市公司与非上市公司相比，实现股东利益最大化的目标更为重要。根据 OECD、世界银行、南开大学公司治理研究中心与中国社会科学院公司治理研究中心的研究成果，公司治理体系通常包括董事会权利与责任、股东权利保障、利益相关者、信息披露等多维度，本报告结合这些研究并考虑由于融资结构的复杂利益相关者参与公司治理的重要性显著增加，相对于一般公司，上市公司股权结构、公司治理方面的重要性显著增加，我们引入股权结构与股东权利、董事会运作情况、高管构成与激励、信息披露和社会责任等指标对上市公司价值进行评估（见表 9）。

表 9　公司治理评价指标

类别	评价指标
股权结构与股东权利	股息率
	流通股份
	机构持股
	机构持股稳定性
	大股东持股
	大股东质押

续表

类别	评价指标
董事会运作情况	董事会下设专业委员会
	三会次数
	独立董事
	两职合一
	监事会规模
	董事会持股
	监事会持股
	监事薪酬
	董事长持股
	董事薪酬
高管构成与激励	股权激励
	高管持股
	高管薪酬
	总经理持股
信息披露	审计结果
	内部控制
	违规事项
	对外担保
	机构调研
社会责任	**ESG**
	纳税率

5. 创新与研发

创新与研发涉及上市公司多个行为维度，我们分别从创新投入、创新产出、创新效益与创新资金来源等四个方面对上市公司的创新与研发行为进行捕捉，如表 10 所示，这些指标既反映了公司的物质投入，也列示了无形、人力资本方面的投入。此外，表 10 指标的多维度、多特征能够相对准确捕捉上市公司持续的研发投入以及由此产生的核心竞争力，譬如专利获得的连续性、核心竞争力带来的市占率、超额收益率的提高等。

表 10　创新与研发评价指标

类别	评价指标
创新投入	**研发投入熵**
	人力资本
	研发人员
	技术人员
	技术人员持股
创新产出	**数字化**
	专利熵
	无形资产
	开发支出
创新效益	**企业韧性**
	全要素生产率
	劳动生产率
	市场占有率
	超额收益率
创新资金来源	内部融资能力
	公司自由现金流
	外部融资能力

（二）标准化、正交化与层次分析法

在建立指标体系后，下一步就是通过数学统计方法将多因子指标加总在一起从而依得分从低到高来对上市公司价值创造能力进行评估。具体步骤如下。

第一，通过数据清洗，将数据中缺失值、离群值和极端值进行替代、删除和删截。譬如，在缺失值较多的情况下，我们使用该行业该因子的平均值或零进行替代，离群值和极端值的存在造成评估结果出现极端抬高或极端压低的情形，我们通常使用数据删截的方法进行处理，以便使因子取值范围限定在相对合理的区间。数据清洗是影响因子质量的重要因素，进行全面的因子清洗是准确评估的第一步。需要说明的是，为了防止一些上市公司特别是ST 摘帽公司业绩大幅波动所造成极端值出现概率大大增加的情形，本报告对所有财务指标、成长类指标以及公司治理、研发创新的大部分指标都取各因子的近三年均值，但即使如此，仍然无法规避极端值、离群值的出现，特别是业绩出现巨幅波动的标的对评价结果科学性形成较大干扰，因此本报告创新性地采用波动调整的方法对业绩巨幅波动的上市公司进行“惩罚”，更加合理地还原其业绩增长“本质”，甄别和筛选出业绩稳健增长、核心竞争力充分、在长期中具有较高投资潜力的优质股票。

第二，将清洗后的因子进行标准化，以得到归一化和无量纲的效果。因子清洗后，各因子衡量单位不同，标准化后的因子能够统一归一化处理，使各个因子对上市公司价值创造能力影响不因衡量单位的不同而不同。

第三，将标准化后的因子进行正交化处理，以得到“纯净”因子。众所周知，因子之间存在较强的相关性，特别是五大因素内部各因子之间存在较强的相关性。相关性存在将会造成因子对创值能力的解释存在较大的误差，导致夸大和缩小某一类因子的解释能力。正交化的处理降低了因子之间的相关性，能够得到各因子“净”影响。

第四，通过层次分析法确定各因素之间和因素下权重。考虑到本报告包含因子较多，各因素子项下又包含多个具体因子，如果使用层次分析法确定权重首先涉及五个因素间、各因素下子项间、各子项下具体因子间不同层次的专家打分，由于专家数量有限以及专家重复打分可能造成的主观误差，我们仅对五个因素间、各因素下子项间进行专家打分，而子项下各因子之间由于已经经过标准化、正交化处理，同时规避各子项下不同因子间“重要性”重复判断节省专家时间和提高专家打分的效率，通过加权平均处理得到各子项的数值。各因素间、各因素下子项间通过下列层次分析法规则得到权重。

首先，根据前文划分的财务状况、估值与成长性、创值能力、公司治理和创新与研发能力等驱动因素，建立起上市公司价值评估的各层指标体系。

其次，根据各个子项的相对重要程度来确定各因素权重。通过两两比较，得出每一子项相对于另一子项的“重要性”程度得分。相对重要程度度量如下（见表11）。

表 11　专家打分规则

标度	含义
1	表示两个因素 X_i 和 X_j 相比，具有相等重要性
3	表示两个因素 X_i 和 X_j 相比，X_i 比 X_j 稍微重要
5	表示两个因素 X_i 和 X_j 相比，X_i 比 X_j 明显重要
7	表示两个因素 X_i 和 X_j 相比，X_i 比 X_j 强烈重要
9	表示两个因素 X_i 和 X_j 相比，X_i 比 X_j 极端重要
2,4,6,8	表示两个因素 X_i 和 X_j 相比，在上述两个相邻等级之间
倒数	表示两个因素 X_i 和 X_j 比较得出判断 a_{ij}，则 X_j 和 X_i 比较得出判断 $a_{ji}=1/a_{ij}$

对于打分结果，对各因素及各因素下指标分别构造判断矩阵，计算判断矩阵的最大特征根和一致性指标，进行一致性检验。满足一致性检验的判断矩阵的特征向量的各个分量就是各个指标对上一级指标（因素）的权重。利用该权重计算企业价值评估值。

由于行业众多，我们将申万 31 类行业按照产业特征分为制造业和服务业两大类，再按照产业结构和功能的相似性进一步划分为 11 类子行业，每一类子行业代表一种专家打分权重，通过对这 11 类子行业打分，得出所有 31 类行业（房地产在专题报告单列，此处不讨论）的专家打分结果。

表 12　专家打分表类型

产业	产业结构和功能	包括的申万行业
制造业	上游能源	煤炭、有色金属、石油石化
	中游制造	化工、钢铁、建筑材料、建筑装饰、电力设备、机械设备、轻工制造、国防军工
	下游需求	汽车、家用电器、农林牧渔、纺织服饰、食品饮料
服务业	物流	交通运输
	TMT	电子、计算机、传媒、通信
	金融	银行、非银行金融
	休闲服务	社会服务、美容护理
	公用事业	公用事业、环保
	零售	商贸零售
	医药	医药卫生
	其他	综合

四 评估结果

（一）A股上市公司价值评估综合排序结果

通过对上市公司五要素下具体因子进行标准化与正交化，并使用层次分析法对五要素、要素下子项进行打分，通过加总可以得出分行业上市公司价值评估综合排序结果①，由于报告篇幅有限，我们只选取每个行业排名前十的上市公司，其他上市公司的综合排序分值以及五个要素的具体分值在附录体现。

1. 银行

表 13 银行

排名	代码	公司名称	总得分	财务指标	估值与成长性	创值能力	公司治理	创新与研发
1	600036. SH	招商银行	5. 6	5. 89	4. 81	6. 27	5. 6	5. 41
2	601838. SH	成都银行	5. 47	5. 7	5. 46	6. 56	4. 73	4. 88
3	002142. SZ	宁波银行	5. 41	5. 87	4. 99	6. 54	4. 84	4. 79
4	601009. SH	南京银行	5. 35	5. 43	4. 95	6. 16	5. 38	4. 81
5	002966. SZ	苏州银行	5. 33	5. 24	5. 3	6. 08	5. 29	4. 75
6	600926. SH	杭州银行	5. 31	5. 43	4. 55	6. 67	5. 01	4. 92
7	002948. SZ	青岛银行	5. 31	4. 65	5. 57	6. 19	4. 94	5. 19
8	002839. SZ	张家港行	5. 3	5. 2	5. 14	6. 62	4. 8	4. 75
9	600908. SH	无锡银行	5. 26	5. 03	5. 28	6. 18	5. 05	4. 78
10	600919. SH	江苏银行	5. 23	5. 41	5. 17	5. 62	5. 2	4. 74

2. 非银金融

表 14 证券

排名	代码	公司名称	总得分	财务指标	估值与成长性	创值能力	公司治理	创新与研发
1	601066. SH	中信建投	5. 54	5. 58	5. 31	6. 2	5. 39	5. 2
2	601878. SH	浙商证券	5. 43	5. 64	4. 96	6. 51	5. 06	4. 96
3	300059. SZ	东方财富	5. 4	5. 25	5. 24	5. 54	5. 2	5. 77

① 本书也对申万二级、三级行业下上市公司进行了评价，备索（jjs-zhangpeng@ cass. org. cn）。

续表

排名	代码	公司名称	总得分	财务指标	估值与成长性	创值能力	公司治理	创新与研发
4	601236. SH	红塔证券	5. 31	5. 87	5. 25	5. 63	4. 97	4. 84
5	600030. SH	中信证券	5. 23	5. 38	4. 79	5. 6	5. 39	4. 98
6	600109. SH	国金证券	5. 22	5. 69	4. 78	5. 55	5. 45	4. 63
7	000776. SZ	广发证券	5. 16	5. 43	4. 6	5. 35	5. 39	5. 01
8	601995. SH	中金公司	5. 14	5. 06	4. 99	5. 89	4. 84	4. 96
9	002939. SZ	长城证券	5. 13	5. 24	5. 27	5. 33	5. 09	4. 74
10	600999. SH	招商证券	5. 11	5. 15	4. 76	5. 5	4. 86	5. 26

表 15　保险

排名	代码	公司名称	总得分	财务指标	估值与成长性	创值能力	公司治理	创新与研发
1	601319. SH	中国人保	5. 32	6. 02	5. 11	5. 13	5. 45	4. 87
2	601628. SH	中国人寿	5. 24	5. 05	4. 67	6. 67	4. 77	5. 05
3	601601. SH	中国太保	5. 14	5. 45	4. 74	5. 43	5. 27	4. 8
4	601336. SH	新华保险	5. 1	5. 21	5. 16	5. 57	4. 85	4. 7
5	601318. SH	中国平安	5. 02	4. 88	4. 58	4. 95	5. 32	5. 36
6	000627. SZ	天茂集团	4. 23	3. 73	5. 01	3. 33	4. 51	4. 59

3. 多元金融

表 16　多元金融

排名	代码	公司名称	总得分	财务指标	估值与成长性	创值能力	公司治理	创新与研发
1	300773. SZ	拉卡拉	5. 41	5. 54	4. 68	5. 95	5. 66	5. 36
2	000532. SZ	华金资本	5. 33	5. 31	5. 09	6. 8	5. 1	4. 96
3	600517. SH	国网英大	5. 24	4. 93	5. 16	4. 85	5. 58	5. 49
4	600901. SH	江苏租赁	5. 24	4. 91	5. 11	5. 47	5. 65	5. 13
5	603300. SH	华铁应急	5. 22	5. 36	5. 23	6. 16	4. 87	4. 87
6	000563. SZ	陕国投 A	5. 15	5. 01	5. 19	5. 45	5. 76	4. 45
7	000567. SZ	海德股份	5. 14	4. 92	4. 99	6. 12	4. 89	5. 17
8	002961. SZ	瑞达期货	5. 07	4. 73	5. 02	6. 26	5. 06	4. 8
9	002423. SZ	中粮资本	5. 05	5. 1	5. 52	4. 98	4. 81	4. 89
10	603093. SH	南华期货	5. 04	4. 77	5. 13	6. 1	4. 67	5

4. 传媒

表 17　传媒

排名	代码	公司名称	总得分	财务指标	估值与成长性	创值能力	公司治理	创新与研发
1	603444. SH	吉比特	6. 19	6. 62	5. 34	6. 31	6. 66	5. 97
2	002555. SZ	三七互娱	6. 12	6. 08	5. 51	6. 35	6. 29	6. 39
3	300770. SZ	新媒股份	5. 84	6. 59	5. 8	5. 97	5. 31	5. 6
4	002027. SZ	分众传媒	5. 76	6. 2	4. 8	6. 11	6. 41	5. 29
5	603258. SH	电魂网络	5. 75	6. 26	5. 5	5. 76	5. 4	5. 78
6	300494. SZ	盛天网络	5. 66	5. 49	6. 16	6. 11	5. 03	5. 77
7	300002. SZ	神州泰岳	5. 66	5. 17	5. 82	5. 74	5. 26	6. 36
8	002517. SZ	恺英网络	5. 59	5. 35	4. 99	6. 16	5. 65	5. 95
9	300031. SZ	宝通科技	5. 58	5. 17	5. 71	5. 37	5. 86	5. 72
10	300785. SZ	值得买	5. 57	5. 89	5. 3	5. 47	5. 89	5. 21

5. 电力设备

表 18　电力设备

排名	代码	公司名称	总得分	财务指标	估值与成长性	创值能力	公司治理	创新与研发
1	002801. SZ	微光股份	5. 83	6. 66	5. 68	5. 77	6. 11	4. 88
2	603489. SH	八方股份	5. 81	6. 81	5. 49	5. 98	5. 69	5. 09
3	300750. SZ	宁德时代	5. 72	5. 74	5. 53	6. 45	5. 46	5. 69
4	600406. SH	国电南瑞	5. 67	5. 51	5. 04	5. 55	5. 97	6. 17
5	603026. SH	石大胜华	5. 67	5. 91	5. 09	6. 48	5. 88	5. 24
6	603606. SH	东方电缆	5. 67	5. 62	5. 31	6. 58	5. 96	5. 21
7	603806. SH	福斯特	5. 66	5. 84	5. 04	6. 11	6. 24	5. 17
8	300443. SZ	金雷股份	5. 62	6. 53	5. 16	5. 95	5. 65	4. 91
9	601012. SH	隆基绿能	5. 62	5. 67	5. 34	6. 26	5. 88	5. 2
10	601126. SH	四方股份	5. 6	5. 94	4. 91	5. 38	5. 73	5. 88

6. 电子

表 19 电子

排名	代码	公司名称	总得分	财务指标	估值与成长性	创值能力	公司治理	创新与研发
1	300223. SZ	北京君正	6. 2	6. 14	6. 23	7. 1	5. 09	6. 83
2	300661. SZ	圣邦股份	6. 13	6. 82	5. 64	6. 58	5. 65	6. 1
3	603986. SH	兆易创新	6. 13	6. 98	5. 25	6. 12	5. 59	6. 59
4	300782. SZ	卓胜微	6. 12	6. 52	5. 71	6. 5	5. 75	6. 21
5	603501. SH	韦尔股份	6	4. 98	5. 85	7. 4	5. 71	6. 66
6	603005. SH	晶方科技	5. 88	7. 03	5. 24	6. 24	5. 43	5. 55
7	603893. SH	瑞芯微	5. 83	6. 77	4. 93	6. 18	5. 29	6. 03
8	600171. SH	上海贝岭	5. 81	6. 08	5. 03	6. 59	5. 62	5. 97
9	605111. SH	新洁能	5. 79	6. 13	5. 23	6. 21	6. 07	5. 4
10	300458. SZ	全志科技	5. 72	6. 62	5. 18	5. 94	4. 71	6. 15

7. 纺织服装

表 20 纺织服装

排名	代码	公司名称	总得分	财务指标	估值与成长性	创值能力	公司治理	创新与研发
1	603587. SH	地素时尚	5. 75	6. 79	5. 06	5. 66	5. 91	5. 22
2	002003. SZ	伟星股份	5. 65	5. 71	5. 5	6. 21	5. 97	5. 05
3	002293. SZ	罗莱生活	5. 62	5. 71	5. 61	5. 84	5. 49	5. 55
4	002832. SZ	比音勒芬	5. 61	5. 91	5. 56	6. 3	5. 33	5. 22
5	002867. SZ	周大生	5. 58	5. 7	4. 8	5. 99	6. 06	5. 42
6	002327. SZ	富安娜	5. 55	6. 14	5. 28	5. 44	5. 75	5. 06
7	605003. SH	众望布艺	5. 5	6. 39	5. 65	5. 81	4. 69	5. 1
8	002563. SZ	森马服饰	5. 47	5. 39	4. 71	4. 89	5. 84	6. 18
9	002154. SZ	报喜鸟	5. 45	5. 46	5. 68	5. 49	5. 58	5. 1
10	000026. SZ	飞亚达	5. 44	5. 35	5. 47	5. 43	5. 86	5. 1

8. 钢铁

表 21　钢铁

排名	代码	公司名称	总得分	财务指标	估值与成长性	创值能力	公司治理	创新与研发
1	000708. SZ	中信特钢	5. 81	5. 04	5. 56	7. 5	5. 56	6. 08
2	000923. SZ	河钢资源	5. 71	6. 81	5. 78	6. 32	5. 11	4. 8
3	002756. SZ	永兴材料	5. 52	5. 99	4. 26	6. 63	5. 64	5. 37
4	600295. SH	鄂尔多斯	5. 49	5. 39	5. 22	7. 21	5. 57	4. 74
5	000655. SZ	金岭矿业	5. 37	6. 77	4. 97	5. 8	4. 84	4. 62
6	002318. SZ	久立特材	5. 32	5. 67	5. 48	6. 43	4. 53	4. 99
7	603995. SH	甬金股份	5. 25	5. 33	5. 65	6. 14	4. 88	4. 69
8	600019. SH	宝钢股份	5. 24	5. 26	4. 74	4. 15	5. 68	5. 84
9	000629. SZ	攀钢钒钛	5. 22	5. 85	3. 67	5. 89	5. 35	5. 41
10	000932. SZ	华菱钢铁	5. 19	5. 06	4. 54	4. 37	5. 59	5. 97

9. 公用事业

表 22　公用事业

排名	代码	公司名称	总得分	财务指标	估值与成长性	创值能力	公司治理	创新与研发
1	600900. SH	长江电力	5. 82	5. 98	5. 08	6. 19	6. 3	5. 6
2	600803. SH	新奥股份	5. 76	5. 1	6. 02	5. 57	6. 05	6
3	605169. SH	洪通燃气	5. 61	6. 51	5. 36	5. 89	5. 6	4. 76
4	603393. SH	新天然气	5. 6	6. 31	5. 27	5. 82	5. 81	4. 83
5	603105. SH	芯能科技	5. 58	5. 6	5. 24	6. 58	5. 35	5. 53
6	603706. SH	东方环宇	5. 56	6. 21	5. 59	5. 92	5. 5	4. 75
7	600163. SH	中闽能源	5. 56	5. 48	5. 57	7. 2	5. 1	5. 16
8	601985. SH	中国核电	5. 53	5. 21	5. 53	5. 59	5. 59	5. 76
9	300139. SZ	晓程科技	5. 5	5. 77	5. 14	6. 21	4. 77	5. 9
10	002911. SZ	佛燃能源	5. 48	5. 06	5. 15	5. 86	5. 79	5. 67

10. 国防军工

表 23　国防军工

排名	代码	公司名称	总得分	财务指标	估值与成长性	创值能力	公司治理	创新与研发
1	300699. SZ	光威复材	5. 91	6. 82	5. 66	6. 19	5. 9	5. 08
2	300474. SZ	景嘉微	5. 76	6. 17	5. 36	6. 44	5. 02	6. 06
3	603267. SH	鸿远电子	5. 67	6. 09	5. 43	6. 35	5. 78	4. 93
4	300395. SZ	菲利华	5. 65	6. 34	5. 71	6. 22	5. 62	4. 6
5	300726. SZ	宏达电子	5. 64	6. 16	5. 47	6. 12	5. 6	5. 05
6	002414. SZ	高德红外	5. 63	5. 47	5. 53	6. 53	5. 52	5. 47
7	300777. SZ	中简科技	5. 57	6. 86	4. 87	6. 35	4. 93	5. 06
8	300696. SZ	爱乐达	5. 54	5. 94	5. 52	6. 33	5. 43	4. 83
9	002179. SZ	中航光电	5. 54	5. 2	5. 56	6. 01	5. 82	5. 32
10	002985. SZ	北摩高科	5. 48	5. 59	5. 61	6. 27	5. 54	4. 75

11. 环保

表 24　环保

排名	代码	公司名称	总得分	财务指标	估值与成长性	创值能力	公司治理	创新与研发
1	603568. SH	伟明环保	5. 77	6. 01	5. 37	6. 54	6. 01	5. 22
2	603279. SH	景津装备	5. 67	5. 88	5. 52	6. 68	5. 6	5. 1
3	300800. SZ	力合科技	5. 61	6. 59	4. 6	5. 62	5. 64	5. 49
4	000035. SZ	中国天楹	5. 61	5. 12	5. 86	5. 43	5. 78	5. 8
5	601158. SH	重庆水务	5. 59	6. 2	5. 17	5. 48	5. 96	5. 03
6	002658. SZ	雪迪龙	5. 53	6. 22	4. 85	5. 59	5. 72	5. 18
7	601199. SH	江南水务	5. 47	6. 35	5. 02	5. 86	5. 58	4. 65
8	002645. SZ	华宏科技	5. 47	5. 7	5. 36	6. 5	5. 03	5. 19
9	300864. SZ	南大环境	5. 45	6. 42	4. 5	6. 01	5. 32	5. 11
10	300899. SZ	上海凯鑫	5. 43	5. 86	5. 3	5. 64	4. 99	5. 43

12. 基础化工

表 25　基础化工

排名	代码	公司名称	总得分	财务指标	估值与成长性	创值能力	公司治理	创新与研发
1	002064. SZ	华峰化学	5. 73	5. 56	5. 08	5. 85	6. 03	6. 1
2	600746. SH	江苏索普	5. 73	5. 78	5. 63	6. 48	5. 41	5. 64
3	600299. SH	安迪苏	5. 64	5. 91	5. 52	4. 55	5. 94	5. 81
4	603010. SH	万盛股份	5. 64	5. 58	5. 45	6. 59	5. 74	5. 21
5	600426. SH	华鲁恒升	5. 63	6. 36	5. 1	5. 32	5. 58	5. 6
6	300910. SZ	瑞丰新材	5. 62	5. 95	5. 85	5. 86	5. 52	5. 03
7	300858. SZ	科拓生物	5. 6	6. 78	4. 65	5. 45	5. 32	5. 62
8	605399. SH	晨光新材	5. 58	6. 3	5. 36	6. 12	5. 47	4. 86
9	603041. SH	美思德	5. 52	6. 17	5. 52	5. 22	4. 91	5. 66
10	600309. SH	万华化学	5. 5	5. 3	5. 18	5. 61	5. 65	5. 78

13. 机械设备

表 26　机械设备

排名	代码	公司名称	总得分	财务指标	估值与成长性	创值能力	公司治理	创新与研发
1	002690. SZ	美亚光电	6	6. 91	5. 3	6. 2	5. 92	5. 65
2	601100. SH	恒立液压	5. 91	6. 47	5. 37	6. 53	5. 96	5. 39
3	300445. SZ	康斯特	5. 82	6. 7	5. 4	5. 28	5. 24	6. 2
4	300720. SZ	海川智能	5. 76	7. 03	5. 54	5. 89	5. 3	5. 06
5	002972. SZ	科安达	5. 71	6. 4	5. 28	5. 21	5. 68	5. 7
6	300124. SZ	汇川技术	5. 7	5. 37	5. 09	6. 53	5. 77	6. 02
7	603203. SH	快克股份	5. 7	6. 77	5. 07	5. 98	5. 45	5. 27
8	603666. SH	亿嘉和	5. 7	5. 52	4. 85	6. 23	5. 52	6. 48
9	002975. SZ	博杰股份	5. 69	6. 32	5. 48	5. 64	5. 65	5. 31
10	300354. SZ	东华测试	5. 68	6. 21	5. 03	6. 93	5. 27	5. 42

14. 计算机

表 27 计算机

排名	代码	公司名称	总得分	财务指标	估值与成长性	创值能力	公司治理	创新与研发
1	300033. SZ	同花顺	6. 06	7. 03	5. 27	6. 56	5. 71	5. 84
2	002410. SZ	广联达	5. 92	6. 09	5. 35	6. 53	6. 12	5. 68
3	002415. SZ	海康威视	5. 88	5. 75	5. 2	6. 07	6. 5	5. 89
4	300496. SZ	中科创达	5. 8	5. 4	5. 69	6. 76	5. 69	5. 86
5	600570. SH	恒生电子	5. 67	5. 95	4. 96	6. 52	5. 78	5. 39
6	002230. SZ	科大讯飞	5. 65	5. 07	4. 99	6. 42	5. 87	6. 14
7	300768. SZ	迪普科技	5. 62	6. 79	5. 27	5. 5	5. 18	5. 26
8	300624. SZ	万兴科技	5. 61	6. 26	5. 31	6. 17	5. 22	5. 28
9	300659. SZ	中孚信息	5. 58	5. 94	5. 52	5. 8	5. 19	5. 54
10	002063. SZ	远光软件	5. 56	5. 77	4. 93	5. 85	5. 8	5. 51

15. 家用电器

表 28 家用电器

排名	代码	公司名称	总得分	财务指标	估值与成长性	创值能力	公司治理	创新与研发
1	002677. SZ	浙江美大	5. 93	7. 38	4. 9	6. 02	5. 76	5. 48
2	300894. SZ	火星人	5. 78	6. 47	5. 18	6. 48	5. 68	5. 29
3	603486. SH	科沃斯	5. 76	5. 34	5. 59	6. 77	5. 67	5. 84
4	300911. SZ	亿田智能	5. 65	6. 49	5. 03	6. 22	5. 4	5. 26
5	605336. SH	帅丰电器	5. 53	6. 99	4. 99	4. 97	5. 58	4. 79
6	000333. SZ	美的集团	5. 51	4. 98	5. 32	5. 54	5. 94	5. 76
7	002508. SZ	老板电器	5. 51	5. 99	4. 59	5. 44	5. 85	5. 53
8	600690. SH	海尔智家	5. 51	4. 94	5. 09	5. 6	5. 59	6. 29
9	300824. SZ	北鼎股份	5. 43	6. 32	5. 26	5. 98	4. 91	4. 91
10	002032. SZ	苏泊尔	5. 42	5. 72	5. 14	5. 93	5. 45	5. 05

16. 建筑材料

表 29　建筑材料

排名	代码	公司名称	总得分	财务指标	估值与成长性	创值能力	公司治理	创新与研发
1	600585. SH	海螺水泥	5. 77	6. 79	5. 08	4. 4	6. 13	5. 76
2	000877. SZ	天山股份	5. 7	5. 63	6. 02	5. 23	5. 39	6. 1
3	601636. SH	旗滨集团	5. 66	5. 97	5. 47	5. 69	5. 82	5. 35
4	002372. SZ	伟星新材	5. 64	6. 61	5. 08	6. 03	5. 42	5. 14
5	002271. SZ	东方雨虹	5. 63	5. 34	5. 41	5. 99	5. 85	5. 7
6	000935. SZ	四川双马	5. 61	6. 94	4. 74	5. 69	5. 39	5. 2
7	600801. SH	华新水泥	5. 49	5. 93	4. 87	4. 89	5. 96	5. 48
8	000012. SZ	南玻 A	5. 47	5. 73	5. 39	5. 51	5. 33	5. 42
9	002233. SZ	塔牌集团	5. 46	6. 72	5. 08	4. 17	5. 93	4. 82
10	002791. SZ	坚朗五金	5. 45	5. 16	5. 42	6. 3	5. 62	5. 09

17. 建筑装饰

表 30　建筑装饰

排名	代码	公司名称	总得分	财务指标	估值与成长性	创值能力	公司治理	创新与研发
1	002469. SZ	三维化学	6	6. 59	5. 79	6. 81	5. 77	5. 34
2	300384. SZ	三联虹普	5. 89	6. 65	5. 39	6. 23	5. 34	5. 91
3	603860. SH	中公高科	5. 59	6. 84	4. 75	5. 77	5. 18	5. 39
4	300564. SZ	筑博设计	5. 49	6. 24	4. 97	5. 72	5. 65	4. 89
5	003013. SZ	地铁设计	5. 49	5. 91	4. 73	6. 17	5. 36	5. 45
6	601226. SH	华电重工	5. 47	5. 42	5. 44	5. 94	5. 45	5. 27
7	600970. SH	中材国际	5. 45	5. 27	5. 3	5. 71	5. 95	5. 09
8	603979. SH	金诚信	5. 43	6. 18	5. 58	6	5. 29	4. 37
9	002883. SZ	中设股份	5. 43	5. 93	4. 92	5. 95	5. 33	5. 17
10	300668. SZ	杰恩设计	5. 42	6. 58	4. 52	5. 83	5. 38	4. 86

18. 交通运输

表 31　交通运输

排名	代码	公司名称	总得分	财务指标	估值与成长性	创值能力	公司治理	创新与研发
1	601919. SH	中远海控	5. 74	5. 41	5. 33	6. 38	6. 05	5. 77
2	300873. SZ	海晨股份	5. 73	6. 24	5. 77	6. 09	5. 41	5. 27
3	002930. SZ	宏川智慧	5. 69	5. 58	5. 91	6. 44	5. 46	5. 42
4	600012. SH	皖通高速	5. 49	6. 02	5. 05	5. 09	5. 94	5. 13
5	002492. SZ	恒基达鑫	5. 45	6. 23	5. 43	5. 94	4. 69	5. 15
6	603713. SH	密尔克卫	5. 45	4. 83	5. 7	6. 47	5. 66	5. 05
7	603648. SH	畅联股份	5. 43	6. 22	5. 43	5. 7	5. 09	4. 85
8	603128. SH	华贸物流	5. 39	4. 95	5. 63	6. 23	5. 24	5. 29
9	002010. SZ	传化智联	5. 38	4. 84	5. 12	5. 36	6. 05	5. 5
10	600018. SH	上港集团	5. 34	5. 53	5. 02	5. 41	5. 71	5

19. 煤炭

表 32　煤炭

排名	代码	公司名称	总得分	财务指标	估值与成长性	创值能力	公司治理	创新与研发
1	601225. SH	陕西煤业	5. 99	6. 67	5. 22	5. 52	6. 02	6. 21
2	601088. SH	中国神华	5. 78	6. 85	4. 88	4. 9	5. 84	5. 96
3	600546. SH	山煤国际	5. 54	5. 13	5. 3	6. 17	5. 69	5. 63
4	601898. SH	中煤能源	5. 46	5. 32	5. 47	4. 76	5. 5	5. 96
5	601001. SH	晋控煤业	5. 39	6. 06	4. 98	5. 58	5. 26	5. 08
6	600188. SH	兖矿能源	5. 27	5. 05	4. 75	5. 76	5. 63	5. 32
7	002128. SZ	电投能源	5. 26	5. 76	4. 94	4. 76	5. 04	5. 53
8	601666. SH	平煤股份	5. 18	4. 6	5. 12	6. 86	5. 01	5. 01
9	000983. SZ	山西焦煤	5. 14	5	4. 67	5. 92	5. 43	4. 95
10	601699. SH	潞安环能	5. 08	4. 79	4. 6	5. 26	5. 4	5. 36

20. 美容护理

表 33　美容护理

排名	代码	公司名称	总得分	财务指标	估值与成长性	创值能力	公司治理	创新与研发
1	300896. SZ	爱美客	6. 17	6. 93	5. 33	7. 18	5. 66	6. 05
2	603605. SH	珀莱雅	5. 71	5. 37	5. 16	6. 67	5. 95	5. 71
3	300888. SZ	稳健医疗	5. 6	5. 36	5. 26	5. 67	5. 58	6. 09
4	002511. SZ	中顺洁柔	5. 41	5. 14	5. 36	5. 68	5. 54	5. 42
5	600315. SH	上海家化	5. 34	5. 14	4. 72	5. 73	5. 62	5. 57
6	003006. SZ	百亚股份	5. 3	5. 56	5. 21	6. 13	5. 27	4. 68
7	002919. SZ	名臣健康	5. 3	5. 37	5. 33	7. 14	4. 58	4. 88
8	300856. SZ	科思股份	5. 2	5. 1	5. 37	5. 92	5. 03	4. 9
9	603983. SH	丸美股份	5. 18	5. 6	4. 58	5. 32	5. 22	5. 16
10	605009. SH	豪悦护理	5. 14	5. 71	5. 04	4. 96	5. 01	4. 88

21. 农林牧渔

表 34　农林牧渔

排名	代码	公司名称	总得分	财务指标	估值与成长性	创值能力	公司治理	创新与研发
1	603566. SH	普莱柯	5. 97	6. 37	5. 53	6. 45	6. 15	5. 49
2	002714. SZ	牧原股份	5. 92	5. 68	5. 69	7. 33	5. 89	5. 57
3	002311. SZ	海大集团	5. 7	5. 19	5. 48	6. 54	5. 7	5. 9
4	600201. SH	生物股份	5. 66	6. 62	4. 85	4. 8	5. 62	5. 96
5	002041. SZ	登海种业	5. 63	6. 25	5. 26	6. 56	4. 61	5. 81
6	300119. SZ	瑞普生物	5. 5	5. 89	5. 26	5. 28	5. 25	5. 71
7	002556. SZ	辉隆股份	5. 43	4. 94	5. 62	5. 87	5. 79	5. 17
8	605198. SH	德利股份	5. 43	6. 25	5. 23	5. 9	5. 08	4. 85
9	002481. SZ	双塔食品	5. 42	5. 51	5. 02	6. 4	5. 37	5. 17
10	603668. SH	天马科技	5. 42	5. 14	5. 39	6. 18	5. 3	5. 41

22. 汽车

表 35　汽车

排名	代码	公司名称	总得分	财务指标	估值与成长性	创值能力	公司治理	创新与研发
1	000625. SZ	长安汽车	5. 79	5. 46	4. 95	5. 91	6. 16	6. 41
2	601633. SH	长城汽车	5. 77	5. 32	5. 06	6. 08	5. 98	6. 44
3	601965. SH	中国汽研	5. 75	6. 33	5. 17	5. 8	5. 36	6. 06
4	603129. SH	春风动力	5. 74	5. 12	6. 18	6. 27	5. 7	5. 69
5	002594. SZ	比亚迪	5. 62	5. 11	5. 15	6. 52	5. 85	5. 78
6	000800. SZ	一汽解放	5. 61	4. 83	6	6. 17	5. 51	5. 82
7	603040. SH	新坐标	5. 6	6. 77	5. 16	5. 57	5. 27	5. 16
8	603786. SH	科博达	5. 59	6. 3	4. 81	6. 04	5. 04	5. 85
9	000025. SZ	特力 A	5. 54	6. 22	5. 34	6. 3	5. 08	5. 08
10	603596. SH	伯特利	5. 54	5. 65	5. 36	6. 48	5. 24	5. 33

23. 轻工制造

表 36　轻工制造

排名	代码	公司名称	总得分	财务指标	估值与成长性	创值能力	公司治理	创新与研发
1	603195. SH	公牛集团	6. 01	6. 83	4. 87	6. 68	5. 67	6. 15
2	603833. SH	欧派家居	5. 92	6. 23	5. 12	6. 48	5. 95	5. 95
3	603899. SH	晨光股份	5. 87	5. 63	5. 15	6. 67	6. 14	6. 01
4	603816. SH	顾家家居	5. 72	5. 61	5. 36	6. 5	6. 08	5. 35
5	603848. SH	好太太	5. 59	6. 32	4. 69	6. 12	5. 62	5. 3
6	603992. SH	松霖科技	5. 59	5. 63	5. 31	5. 95	5. 87	5. 3
7	002191. SZ	劲嘉股份	5. 57	6. 23	4. 83	5. 46	5. 84	5. 35
8	603801. SH	志邦家居	5. 56	5. 56	5. 06	6. 08	5. 93	5. 31
9	605099. SH	共创草坪	5. 56	6. 4	5. 3	6. 47	5. 19	4. 78
10	300729. SZ	乐歌股份	5. 51	5. 03	5. 69	5. 86	5. 11	6. 02

24. 商贸零售

表 37 商贸零售

排名	代码	公司名称	总得分	财务指标	估值与成长性	创值能力	公司治理	创新与研发
1	601888. SH	中国中免	5. 88	5. 79	5. 04	6. 75	5. 92	6. 14
2	603613. SH	国联股份	5. 86	5. 3	5. 76	6. 72	5. 53	6. 36
3	002315. SZ	焦点科技	5. 85	5. 71	5. 44	6. 6	5. 89	5. 87
4	300622. SZ	博士眼镜	5. 66	6. 25	5. 4	6. 47	5. 61	4. 88
5	002127. SZ	南极电商	5. 57	6. 4	4. 71	5. 75	5. 3	5. 66
6	002818. SZ	富森美	5. 5	6. 05	4. 95	5. 37	5. 62	5. 37
7	605136. SH	丽人丽妆	5. 44	5. 38	5. 26	5. 85	5. 94	4. 93
8	300792. SZ	壹网壹创	5. 42	6. 07	4. 92	6. 01	5. 22	5. 08
9	600415. SH	小商品城	5. 38	4. 97	5. 33	6. 57	5. 08	5. 47
10	600814. SH	杭州解百	5. 38	5. 83	5. 31	5. 21	5. 73	4. 75

25. 社会服务

表 38 社会服务

排名	代码	公司名称	总得分	财务指标	估值与成长性	创值能力	公司治理	创新与研发
1	300012. SZ	华测检测	6. 04	5. 91	5. 74	6. 9	5. 94	6. 02
2	002841. SZ	视源股份	5. 88	5. 57	5. 8	6. 56	5. 96	5. 8
3	300662. SZ	科锐国际	5. 75	4. 89	5. 88	6. 37	6. 17	5. 72
4	603060. SH	国检集团	5. 74	5. 56	5. 54	6. 4	5. 81	5. 66
5	002878. SZ	元隆雅图	5. 56	5. 24	5. 57	6. 46	5. 5	5. 4
6	003008. SZ	开普检测	5. 53	6. 95	4. 55	5. 19	5. 15	5. 54
7	300887. SZ	谱尼测试	5. 49	5. 45	5. 18	6. 64	5. 61	5. 05
8	600880. SH	博瑞传播	5. 44	5. 49	5. 33	5. 55	5. 4	5. 47
9	603183. SH	建研院	5. 42	5. 4	5. 71	5. 34	5. 77	4. 88
10	002967. SZ	广电计量	5. 37	5. 15	5. 15	6. 18	5. 21	5. 49

26. 石油石化

表 39　石油石化

排名	代码	公司名称	总得分	财务指标	估值与成长性	创值能力	公司治理	创新与研发
1	603798. SH	康普顿	5. 37	6. 2	4. 98	5. 34	5. 29	4. 99
2	601857. SH	中国石油	5. 35	5. 77	4. 5	3. 75	6. 22	5. 73
3	600968. SH	海油发展	5. 31	5. 51	4. 78	4. 77	5. 48	5. 7
4	600028. SH	中国石化	5. 29	5. 39	4. 82	3. 5	6. 29	5. 64
5	002778. SZ	中晟高科	5. 26	4. 91	5. 24	7. 08	5. 1	4. 74
6	002986. SZ	宇新股份	5. 25	5. 76	4. 52	5. 4	5. 36	5. 2
7	600256. SH	广汇能源	5. 24	5. 29	4. 98	5. 9	5. 39	4. 88
8	600346. SH	恒力石化	5. 23	5. 05	5. 09	5. 94	5. 16	5. 22
9	300191. SZ	潜能恒信	5. 23	5. 45	5. 12	4. 19	4. 8	6. 14
10	000819. SZ	岳阳兴长	5. 2	5. 94	4. 72	6. 29	4. 79	4. 66

27. 食品饮料

表 40　食品饮料

排名	代码	公司名称	总得分	财务指标	估值与成长性	创值能力	公司治理	创新与研发
1	000858. SZ	五粮液	5. 89	5. 91	5. 18	6. 13	6. 09	6. 15
2	000568. SZ	泸州老窖	5. 76	5. 67	4. 93	6. 42	5. 81	6. 15
3	603288. SH	海天味业	5. 74	5. 94	4. 87	6. 38	5. 76	5. 91
4	600519. SH	贵州茅台	5. 69	6. 1	5. 1	6. 29	5. 51	5. 62
5	002568. SZ	百润股份	5. 61	5. 9	5. 06	6. 7	5. 29	5. 48
6	600809. SH	山西汾酒	5. 58	5. 33	5. 16	6. 73	5. 97	5. 13
7	600132. SH	重庆啤酒	5. 5	4. 99	5. 08	6. 96	5. 38	5. 63
8	000799. SZ	酒鬼酒	5. 47	5. 63	5. 16	6. 92	5. 15	5. 05
9	002304. SZ	洋河股份	5. 46	5. 62	4. 41	5. 85	6. 14	5. 3
10	603369. SH	今世缘	5. 45	5. 46	5. 19	6. 03	5. 56	5. 23

28. 通信

表 41　通信

排名	代码	公司名称	总得分	财务指标	估值与成长性	创值能力	公司治理	创新与研发
1	300628. SZ	亿联网络	5. 93	6. 87	5. 54	6. 21	5. 35	5. 74
2	000063. SZ	中兴通讯	5. 8	4. 97	5. 3	6. 58	6. 12	6. 31
3	300394. SZ	天孚通信	5. 74	6. 77	5. 63	5. 98	5. 7	4. 69
4	300502. SZ	新易盛	5. 59	5. 78	5. 56	6. 91	5. 46	4. 78
5	002148. SZ	北纬科技	5. 56	6. 22	5. 11	5. 18	5. 58	5. 49
6	002296. SZ	辉煌科技	5. 49	5. 87	5. 83	5. 6	5. 23	5
7	300620. SZ	光库科技	5. 48	5. 95	5. 2	5. 76	5. 71	4. 87
8	300921. SZ	南凌科技	5. 48	6. 52	4. 69	5. 51	5. 31	5. 27
9	600050. SH	中国联通	5. 46	6. 09	5. 36	3. 8	5. 76	5. 57
10	300627. SZ	华测导航	5. 43	5. 62	5. 37	6. 21	5. 02	5. 24

29. 医药生物

表 42　医药生物

排名	代码	公司名称	总得分	财务指标	估值与成长性	创值能力	公司治理	创新与研发
1	300760. SZ	迈瑞医疗	6. 16	6	5. 29	6. 34	6. 15	6. 54
2	002932. SZ	明德生物	6. 07	6. 5	5. 77	6. 8	5. 88	5. 43
3	300529. SZ	健帆生物	5. 93	6. 69	5. 34	6. 4	5. 84	5. 16
4	600276. SH	恒瑞医药	5. 85	6. 29	4. 91	6. 04	4. 85	5. 94
5	300595. SZ	欧普康视	5. 83	6. 62	4. 87	6. 47	5. 76	5. 08
6	002030. SZ	达安基因	5. 83	5. 37	5. 5	7. 02	5. 6	5. 88
7	300357. SZ	我武生物	5. 8	6. 7	4. 88	6. 28	5. 24	5. 15
8	300832. SZ	新产业	5. 78	6. 6	5. 08	5. 97	5. 17	5. 3
9	603392. SH	万泰生物	5. 77	5. 45	5. 29	6. 88	5. 56	5. 78
10	300122. SZ	智飞生物	5. 73	5. 06	5. 19	6. 6	6. 27	5. 95

30. 有色金属

表 43　有色金属

排名	代码	公司名称	总得分	财务指标	估值与成长性	创值能力	公司治理	创新与研发
1	002978. SZ	安宁股份	5. 82	7. 05	5. 24	5. 62	5. 65	5. 37
2	002738. SZ	中矿资源	5. 78	5. 41	6. 08	7. 61	5. 38	5. 23
3	300855. SZ	图南股份	5. 72	6. 45	5. 47	6. 12	5. 32	5. 36
4	601899. SH	紫金矿业	5. 65	5. 27	5. 24	5. 89	6. 19	5. 72
5	605376. SH	博迁新材	5. 55	6. 42	5. 62	5. 93	4. 9	5. 05
6	300127. SZ	银河磁体	5. 54	6. 51	5. 44	5. 51	5. 22	4. 99
7	000975. SZ	银泰黄金	5. 51	6. 31	5. 15	4. 86	5. 58	5. 34
8	601958. SH	金钼股份	5. 44	6. 27	5. 07	5. 01	5. 86	4. 76
9	002056. SZ	横店东磁	5. 42	5. 49	5. 38	5. 7	5. 3	5. 33
10	600111. SH	北方稀土	5. 38	4. 97	5. 03	6. 67	5. 51	5. 21

31. 综合

表 44　综合

排名	代码	公司名称	总得分	财务指标	估值与成长性	创值能力	公司治理	创新与研发
1	600647. SH	同达创业	5. 46	5. 24	5. 46	6. 18	5. 27	5. 46
2	600696. SH	岩石股份	5. 43	5. 68	5. 22	6. 64	5. 25	4. 84
3	600783. SH	鲁信创投	5. 36	5. 32	5. 46	6. 52	5. 7	4. 32
4	000833. SZ	粤桂股份	5. 33	5. 48	4. 87	5. 91	5. 88	4. 7
5	600668. SH	尖峰集团	5. 31	5. 89	5. 21	4. 46	5. 62	4. 98
6	300797. SZ	钢研纳克	5. 31	5. 89	5. 23	5. 87	4. 67	5. 11
7	600770. SH	综艺股份	5. 3	5. 77	4. 87	5. 57	5. 05	5. 3
8	600620. SH	天宸股份	5. 22	5. 32	4. 88	5. 9	5. 36	4. 87
9	600539. SH	狮头股份	5. 2	5. 68	5. 56	5. 86	4. 48	4. 76
10	600784. SH	鲁银投资	5. 14	5	4. 95	6	4. 91	5. 16

32. 科创板块

表 45　科创板块

排名	代码	公司名称	所属行业	总得分	财务指标	估值与成长性	创值能力	公司治理	创新与研发
1	688188. SH	柏楚电子	计算机	5. 92	6. 79	5. 28	6. 46	5. 42	5. 82
2	688068. SH	热景生物	医药生物	5. 91	6. 23	6. 27	6. 33	5. 99	4. 95
3	688298. SH	东方生物	医药生物	5. 9	5. 89	6. 34	6. 67	5. 53	5. 45
4	688356. SH	键凯科技	医药生物	5. 85	6. 33	5. 26	6. 59	5. 93	5. 36
5	688536. SH	思瑞浦	电子	5. 8	5. 71	5. 16	7. 7	5. 16	6
6	688016. SH	心脉医疗	医药生物	5. 8	6. 53	5. 13	6. 28	5. 85	5. 33
7	688399. SH	硕世生物	医药生物	5. 72	6. 01	5. 47	6. 27	5. 77	5. 29
8	688169. SH	石头科技	家用电器	5. 7	6. 25	5. 24	5. 7	5. 5	5. 75
9	688200. SH	华峰测控	电子	5. 67	6. 08	5. 23	6. 32	5. 53	5. 41
10	688008. SH	澜起科技	电子	5. 66	6. 51	4. 33	5. 8	5. 63	5. 92

（二）“漂亮100”投资组合

我们根据申万各行业上市公司价值评估综合排名并参考各行业上市公司数量，在每个行业排名前5%的上市公司中选出最能代表本行业未来发展方向和价值驱动的上市公司，构成“漂亮 100”投资组合。

表 46　“漂亮 100”投资组合

行业	相关收益公司
金融	招商银行、中信建投、中国人保、拉卡拉
传媒	吉比特、三七互娱、新媒股份
电力设备	微光股份、八方股份、宁德时代、国电南瑞、石大胜华、隆基绿能
电子	北京君正、圣邦股份、兆易创新、卓胜微、韦尔股份、晶方科技
纺织服饰	地素时尚、伟星股份
钢铁	中信特钢、河钢资源
公用事业	长江电力、新奥股份
环保	伟明环保、景津装备、力合科技
基础化工	华峰化学、江苏索普、安迪苏、万盛股份、华鲁恒升

续表

行业	相关收益公司
机械设备	美亚光电、恒立液压、康斯特、海川智能、科安达、汇川技术
计算机	同花顺、广联达、海康威视、中科创达、恒生电子、科大讯飞
家用电器	浙江美大、火星人、科沃斯、亿田智能
建筑材料	海螺水泥、天山股份
建筑装饰	三维化学、三联虹普
交通运输	中远海控、海晨股份、宏川智慧
国防军工	光威复材、景嘉微、鸿远电子
煤炭	陕西煤业、中国神华
美容护理	爱美客、珀莱雅
农林牧渔	普莱柯、牧原股份、海大集团
汽车	长安汽车、长城汽车、中国汽研、春风动力、比亚迪
轻工制造	公牛集团、欧派家居、晨光股份
商贸零售	中国中免、国联股份、焦点科技
社会服务	华测检测、视源股份、科锐国际
石油石化	康普顿、中国石油
食品饮料	五粮液、泸州老窖、海天味业、贵州茅台
通信	亿联网络、中兴通讯、天孚通信
医药生物	迈瑞医疗、明德生物、健帆生物、恒瑞医药、欧普康视、达安基因
有色金属	安宁股份、中矿资源、图南股份、紫金矿业
综合	同达创业

五 “漂亮100”市场表现

通过将“漂亮 100”投资组合的 100 只股票采用流通市值加权的方法构建“漂亮 100 指数”，如图 8 所示，自 2020 年 1 月 1 日至 2022 年 6 月 30 日，漂亮 100 指数同期涨幅高达 74.94%，反映了疫情以来韧性强和具有核心竞争力的投资标的录得了与业绩同步增长的市场表现，同期沪深 300 指数仅仅录得 8.01%的收益率，创业板录得 53.36%的收益率，代表中小盘的中证 500 和中证 1000 分别录得 20.27%和 23.24%的收益率，充分说明漂亮

100 指数成分组成具有风格广、涵盖深和价值高等特点，兼具成长与价值、行业转型与分化、周期与增长等特色，是本报告研究的固有韧性恢复和适应性韧性转变的典型，具有较高的投资价值。

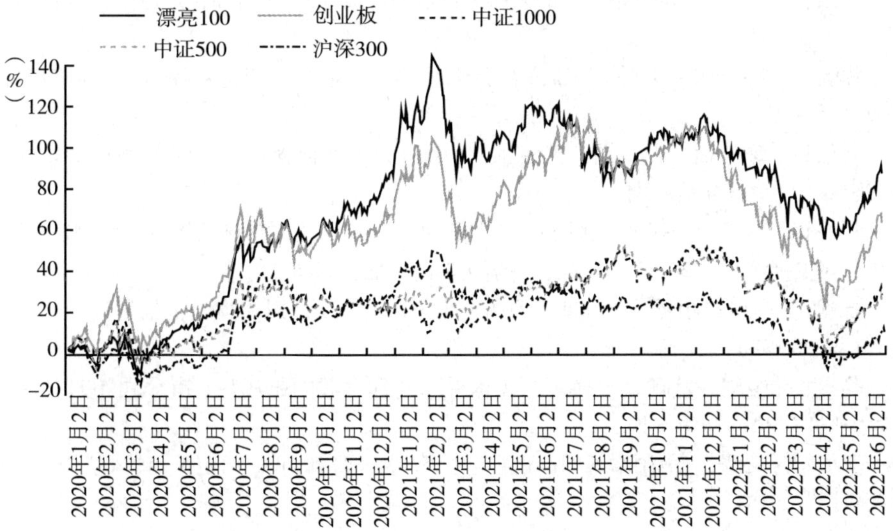

图 8　漂亮 100 指数和其他宽基指数业绩对比

参考文献

爱德华·索普：《战胜一切市场的人》（中译本），陈铭杰、程羽悠、刘允升、张宇雷译，中信出版集团，2019。

白重恩、刘俏、陆洲等：《中国上市公司治理结构的实证研究》，《经济研究》2005 年第 5 期。

大卫·F. 史文森：《机构投资的创新之路》（中译本），张磊、杨巧智、梁宇峰、张惠娜、杨娜译，中国人民大学出版社，2015。

邓可斌、曾海舰：《中国企业的融资约束：特征现象与成因检验》，《经济研究》2014 年第 2 期。

龚强、张一林、林毅夫：《产业结构、风险特性与最优金融结构》，《经济研究》2014 年第 4 期。

卡尔·夏皮罗、哈尔·瓦里安：《信息规则：网络经济的策略指导》（中译本），孟昭莉、牛露晴译，中国人民大学出版社，2017。

李维安、张国萍：《公司治理评价指数：解析中国公司治理现状与走势》，《经济理论与经济管理》2005 年第 9 期。

李维安：《深化公司治理改革的风向标：治理有效性》，《南开管理评论》2013 年第 5 期。

林毅夫、孙希芳、姜烨：《经济发展中的最优金融结构理论初探》，《经济研究》2009 年第 8 期。

刘仁和、陈英楠、吉晓萌、苏雪锦：《中国的资本回报率：基于 q 理论的估算》，《经济研究》2018 年第 6 期。

刘煜辉、钱学宁、张平、张鹏：《新经济动能转换与资本市场结构转变》，载《中国上市公司发展报告（2018）》，社会科学文献出版社，2018。

鲁桐、仲继银、孔杰：《2008 年中国上市公司 100 强公司治理评价报告》，《首席财务官》2008 年第 9 期。

鲁桐、仲继银、叶扬、于换军、吴国鼎、党印：《中国中小上市公司治理研究》，《学术研究》2014 年第 6 期。

罗伯特·戈登：《美国增长的起落》（中译本），张林山、刘现伟、孙凤仪译，中信出版集团，2018。

罗伯特·哈格斯特朗：《巴菲特之道》（中译本），杨天南译，机械工业出版社，2018。

马克·鲁宾斯坦：《投资思想史》（中译本），张俊生、曾亚敏译，机械工业出版社，2012。

亚历山大·格申克龙：《经济落后的历史透视》（中译本），张凤林译，商务印书馆，2009。

张成思、刘贯春：《经济增长进程中金融结构的边际效应演化分析》，《经济研究》2015 年第 12 期。

张磊、张鹏：《互联网经济发展、颠覆性创新和中国增长动力重构》，载《中国上市公司发展报告（2018）》，社会科学文献出版社，2018。

张磊、张鹏：《互联网经济中的服务业》，载《中国上市公司发展报告（2015）》，社会科学文献出版社，2015。

张磊、张鹏：《中国上市公司创值挑战和体制改革》，载《中国上市公司发展报告（2014）》，社会科学文献出版社，2014。

张磊、张鹏：《中国互联网经济发展与增长动力重构》，载《中国上市公司发展报告（2016）》，社会科学文献出版社，2016。

张鹏、王刁、王亚菲：《中国上市公司价值评估研究》，载《中国上市公司发展报告（2016）》，社会科学文献出版社，2016。

张鹏：《中国上市公司价值评估研究》，载《中国上市公司发展报告（2017）》，社会科学文献出版社，2017。

张鹏：《中国上市公司价值评估研究》，载《中国上市公司发展报告（2018）》，社会科学文献出版社，2018。

张鹏：《中国上市公司价值评估研究》，载《中国上市公司发展报告（2019）》，社会科学文献出版社，2019。

张鹏：《中国上市公司价值评估研究》，载《中国上市公司发展报告（2020）》，社会科学文献出版社，2020。

张鹏：《中国上市公司价值评估研究》，载《中国上市公司发展报告（2021）》，社会科学文献出版社，2021。

张平、王习、张磊、符旸、张鹏：《中国经济从规模供给转向“需求-价值创造”——2014年经济转型和上市公司价值创造评估》，载《中国上市公司发展报告（2014）》，社会科学文献出版社，2014。

张平、张鹏、王宏淼：《宏观之困和微观之变：中国上市公司的创新与治理》，载《中国上市公司发展报告（2016）》，社会科学文献出版社，2016。

张平、张鹏、张磊、王习：《新常态、新转型——2015年经济转型和上市公司价值创造评估》，载《中国上市公司发展报告（2015）》，社会科学文献出版社，2015。

张平、张鹏：《弱复苏与严监管：信用收缩下的“安全价值”》，载《中国上市公司发展报告（2017）》，社会科学文献出版社，2017。

中国经济增长前沿课题组、张平、刘霞辉等：《突破经济增长减速的新要素供给理论、体制与政策选择》，《经济研究》2015年第11期。

Arrow, J., “The Role of Securities in the Optimal Allocation of Risk Bearing”, *The Review of Economic Studies*, 1964 (2): 91-96.

Debreu, G., Theory of Value: An Axiomatic Analysis of Economic Equilibrium, Cowles Foundation Monograph, 1959. 17, Wiley.

Farrell, L., “Analyzing Covariation of Returns to Determine Homogeneous Stock Groupings”, *The Journal of Business*, 1974 (47): 186-207.

Fazzari , S., Hubbard., Petersen, C., Financing Constraints and Corporate Investment, Brookings Papers on Economic Activity, 1988 (1): 141-195.

Fisher , I., *The Theory of Interest: As Determined by Impatience and Opportunity to Invest It*, Macmillan Press. 1930.

Garman, M., “An Algebra for Evaluating Hedge Portfolios”, *Journal of Financial Economics*, 1976 (10): 403-428.

Harvey, R., Siddque, A., “Conditional Skewness and Asset Pricing Tests”, *Journal of Finance*, 2000 (55): 1263-1295.

Jensen, C., “The Performance of Mutual Funds in the Period 1945-1964”, *Journal of*

Finance, 1967 (23): 389-416.

Katz. , Shapiro, C. , "Technology Adoption in the Presence of Network Externalities", *Journal of Political Economy*, 1986 (94): 822-841.

Kelly, L. "A New Interpretation of Information Rate", *Bell System Technical Journal*, 1956 (35): 917-926.

Lee M. I. H. , Syed M. M. H. , Xueyan M. L. , *Is China Over-Investing and Does it Matter?* . International Monetary Fund.

Markowitz, M. , "Portfolio Selection", *Journal of Finance*, 1952 (7): 77-91.

Markowitz, M. , *Portfolio Selection: Efficient Diversification of Investments*, John Wiley Sons Press. 1959.

Merton, R. , "Optimal Consumption and Portfolio Rules in a Continuous-Time Model", *Journal of Economy Theory*, 1913 (3): 373-413.

Merton, R. , "An Intertemporal Asset Pricing Model", *Econometrica*, 1973 (41): 867-887.

Patrick H. T. , "Financial Development and Economic Growth in Underdeveloped Countries", *Economic Development and Cultural Change* , 1966 (14): 174-89.

Rubinstein, E. , The Fundamental Theorem of Parameter-Preference Security Valuation, 1973. 8, 61-69.

Shannon, E. , "A Mathematical Theory of Communication", *Bell System Technical Journal*, 1948 (27): 623-656.

Sharpe, F. , "A Simplified Model for Portfolio Analysis", *Management Science*, 1963 (9): 277-293.

Sharpe, F. , "Asset Allocation: Management Style and Performance Measurement", *The Journal of Portfolio Management*, 1992 (18): 7-19.

Thorp, O. , Kassouf, T. , *Beat the Market*, Random House Press. 1967.

Thorp, O. , *Beat the Dealer: A Winning Strategy for the Games of Twenty-one*, Vintage Books Press. 1962.

Thorp, O. , "Optimal Gambling Systems for Favorable Games", *Review of The International Statistical Institute*, 1969 (37): 273-293.

Tobin, J. , "Liquidity Preference as Behavior Towards Risk", *Review of Economic Studies*, 1958 (25): 65-86.

B.3 中国数字经济上市公司评价和投资策略分析

张磊　张鹏*

摘　要： 发达经济体现有的数字化转型及其推动的第二次经济全球化消化了工业化的高雇佣成本，实现了低成本全球创新。然而，也由此带来了劳动力市场极化效应削弱人力资本积累激励、中心化平台企业追逐垄断租金抑制网络效应和协同创新、离岸生产的兴起损害本土创新生态完整性等一系列问题，并最终削弱发达经济体新产业和新市场的创造能力。正是由于未能实现知识生产率提高，发达经济体现有的数字化转型及其推动的第二次经济全球化并未能成功应对 Jones 挑战，即在人口红利消失条件下重构增长动力，以致新产业创造跟不上产业转移速度。面对这样不可持续的数字化转型和全球化，发达经济体开始进行倡导元宇宙建设、推动互联网下半场 Web3.0 革命以及重拾增长导向的贸易战略等一系列内外政策调整，以形成意在提高知识生产率的数字化转型新战略。本报告综合运用数字经济产业数据、数字核心产业上市公司年报披露数据以及由爬虫技术获得的上市公司高频和细颗粒度数字化转型数据发现，尽管中国数字化转型面临空间受限挑战，但经过必要的政策调整，数字经济发展仍有潜力可挖，并可为数字经济投资创造良好条件。

关键词： 数字经济　数字化转型　中心化平台企业　元宇宙　Web3.0

* 张磊，中国社会科学院经济研究所研究员；张鹏，中国社会科学院经济研究所副研究员。

自1973年起，随着工业化和城市化的完成，特别是相应的人口红利消失，发达经济体一直面临重构增长动力挑战。究其原因，正如Jones所揭示的那样，发达经济体所依赖的创新驱动内生增长需要存在人口红利的先决条件。如果没有知识生产率提高，单纯的创新驱动和知识外溢并不足以重构增长动力。Jones的基本逻辑简洁而有力，即作为内生增长动力源泉，能够产生外溢效应的原创知识同样需要消耗人力资本，而能够投入知识生产部门的人力资本比重在经济稳态条件下势必是个常数。那么，随着工业化完成，一旦丧失人口红利，经济增速必然归零，创新驱动的内生增长也将不复存在。

由于可能提供一条绕开提高知识生产率的Jones挑战的技术路径，数字化转型一度被发达经济体寄予重构增长动力厚望。具体地讲，就是通过数字化转型推动第二次经济全球化，实现产业国际转移和工业化扩散，重构增长动力。经济全球化对发达经济体的好处显而易见，一方面，能够借助经济全球化，实施产业国际转移促进产业升级和创造的发展战略，将低附加值产业转移出去，把释放的资源更多地用于新的高附加值产业扩张；另一方面，可以在世界经济范围内利用人口红利进行知识生产和创新。这样不仅能够降低创造性破坏成本，而且可以借助在世界经济范围内，特别是新兴市场经济体的人口红利，不断增加知识生产部门的投入，继续实现经济增长。

然而，这样的数字化转型及其推动的第二次经济全球化只给发达经济体带来差强人意的增长效应，并没有完全实现通过产业国际转移促进产业升级和创新、重构增长战略的发展战略初衷。戈登证实了数字革命只带来全要素生产率短暂复苏。美国全要素生产率在1920~1970年工业化期间增长最为迅速，高达1.89%。在1970~1994年的数字革命发端阶段，美国全要素生产率增长跌至每年0.57%的水平，不到1970年之前50年的1/3，以致最初被概括为索洛悖论。正如索洛打趣的那样，“我们随处可见计算机时代，但就是在生产率的统计数据中看不到”。只是到了1994~2004年，得益于数字革命的滞后作用和全球化有益影响，美国全要素生产率增速才一度回升到1.03%。然而，2004~2014年，特别是在2008年国际金融危机冲击下，美国全要素生产率增速创出新低，只有 0.4%。很显然，与工业化相比，数字革命的增长效应远为逊色，不仅对全要素生产率贡献有限，而且时间也偏短。

随着人口红利的消失以及与发达经济体数字经济差距缩小，中国同样面临数字化转型重构工业化完成后的增长动力时代挑战。随着工业化和城市化推进，作为新兴市场经济体的重要代表，中国经过近 30 年的高速增长，也开始步入人口转型的第 3 阶段，即老龄化时代。人口红利的逐步消失对中国经济增长放缓的影响在 2011 年以后变得尤为明显，从而对重构增长动力提出了时代挑战。Cai 和 Wang 指出，随着我国大约在 2013 年人口抚养比由下降转为提高，传统意义上的人口红利趋于消失。中国经济增长前沿课题组认为，改革开放以来，中国由劳动力供给增长所带来的人口红利正在消失。目前，中国劳动力供给已经进入绝对减少的“拐点”区域，2015 年之后劳动年龄人口数量持续下降及相应劳动供给持续减少将成为常态。学术界对人口红利消失的预测也为有关统计资料所证实。与此同时，中国数字化转型也取得了长足进步，迅速缩小了与发达经济体的差距。根据中国信息通信研究院的测算，2020 年中国数字经济占国民经济的比重已达 38.6%，排在世界第 9 位，属于第二梯队。这就要求我们在总结发达经济体数字化转型得失的基础上，评估中国数字经济发展潜力，并提出相应的政策建议，从而能够在不借助人口红利的条件下，重构增长动力。只有这样，才能更加准确地形成有关中国数字经济的投资策略。

一　发达经济体数字化转型的得与失

数字化转型及其推动的第二次经济全球化一度帮助发达经济体部分修复了全要素生产率和相应的增长潜力。数字化转型，特别是互联网和数字产业全球扩张通过工作外包，并发展到离岸生产方式，促进了劳动力供求匹配和灵活就业，缓解了发达经济体工业化时代内部劳动力带来的劳动激励弱化和工资溢价难题，降低了高雇佣成本。与此同时，离岸生产还帮助发达经济体充分利用了新兴市场经济体的人口红利，在世界范围内配置了创新资源，并降低了创新成本。然而，发达经济体也为此付出了产业流失，特别是新产业及其市场创造能力被削弱的代价，最终使得数字化转型重构增长动力变得难以为继。

（一）发达经济体数字化转型取得的成就：互联网平台企业、劳动力供求匹配和低成本全球创新

Brynjolfsson 和 McAfee 将数字资本从实物资本中区分出来，并认为前者的回报会高于后者。究其原因，数字资本回报服从幂律（Power-law distribution）分布，能产生赢家通吃的效应。根据赢家通吃理论，互联网和数字技术增加了“最佳选手”相对于其他竞争者的报酬优势，使任何领域的最优秀竞争者能逐渐在更广阔的市场上出售产品和服务，夺取劣势对手的需求份额。

作为数字资本最典型的所有者，平台企业创造信息数据市场、撮合产品和服务交易，并为全球的亿万个用户提供点对点的共享经济（P2P）。这样的平台企业可通过两个渠道获取超额回报。一是网络效应。网络效应又称需求侧的规模经济，通俗地讲，就是使用者越多，产品和服务的价格和使用成本越低，产品和服务的价格和使用成本越低又会吸引更多的使用者，如此循环往复形成良性的正反馈，直至最终实现市场支配地位，并获取租金。二是降低了交易成本，促进了供求匹配。大多数市场存在双边信息缺口，买家和卖家都缺乏关于对方的关键信息，这种现象有时被称为“信任问题”。平台作为重复交易的场所，已产生的信息可以促进未来的交易增长。平台企业利用买卖双方庞大而不断增长的数据，可以提供越来越成熟的双向评价体系，以缩小妨碍普通市场的信息和信任缺口，特别是对缺乏历史声誉的小型买家和卖家而言，尤其如此。这样就可以激励不断创新，促进从无到有的市场协同创造。正是由于双向评价体系能够促进市场不断增长，并同网络效应相结合，平台企业最终得以实现市场支配地位，并获取租金。

在互联网和数字技术推动下，经济全球化放大了赢家通吃的效应。正是出于股东（积极）主义对企业纵向一体化代理成本的反思，同时受益于互联网（平台）和数字技术的进步，以离岸生产为核心内容的垂直专业化生产和全球供应链建设得以兴起，成为形塑第二次经济全球化最为重要的力量。垂直专业化生产描述了这样一种可能，就是把产品拆分成各个组件，这些组件可以组装成最终产品。如果垂直专业化引导产品组件在本企业之外生产，就叫作外包（outsourcing）。如果生产在另一个国家进行，就叫作离岸生产（offshoring）。网络信息技术和平台经营创新给复杂的全球供应链管理增添了新工具，让企业可以迅速而低成本地安排、监控和协调远距离的生产流程，并由此获取世界经济范围内的赢家通吃效应。

工作外包，特别是离岸生产之所以能够发挥降低高雇佣成本和创新成本双重作用，与互联网平台能够实现双边合同对劳动力市场交易成本更有效治理存在莫大关系。在工业化时代，发达经济体主要通过形成企业内部劳动力市场和相应的（不完备）雇佣合同来治理劳动力市场高交易成本，并由此带来劳动激励弱化和大企业工资溢价。

劳动力市场高交易成本源自劳动力/人力资本的专用资产性质并由此引发交易的机会主义行为。在工业化时代，发达经济体最初通过纵向一体化治理劳动力市场高交易成本，并由此形成企业内部劳动力市场和相应的（不完备）雇佣合同。正是为了克服企业在雇佣上日常扯皮的问题，才需引入内部劳动力市场。这是因为员工和雇主的劳动合同本质上是不完备的，不可能用文字完全描述雇主希望员工所做工作的复杂和多变特征。因此，需要结合明示合同和隐含合同，以防止任何一方的欺骗行为。

然而，这样的降低交易成本策略局限性显而易见。考虑到纵向一体化实质在于将双边合同谈判从外部市场转入企业内部，对激励的弱化将不可避免。否则，如果继续保持强激励，由双边市场外部性内部化带来的抑制专用资产投资机会主义行为效果则难以得到保证。纵向一体化对激励的持续弱化最终势必抑制其降低双边交易成本的能力。企业内部劳动力市场规模和雇佣合同适用范围也会由此受到限制。

劳动经济学的最新成果则通过在工资设定中引入公平因素补充了对内部劳动力市场和大企业工资溢价的解释。与只关注自己的收益传统假定不同，人们同样在乎其他人，特别是在同一屋檐下工作的劳动者的收入，这是由人的行为的社会性所决定的。正是基于公平因素在工资决定中的重要性，给从事类似工作的人不同待遇，可能导致生产率受损、离职率提高，乃至激发工会组织行动。而对不同生产率水平的员工实行统一人事政策和简化薪酬结构，可以发挥减少员工间摩擦的重要作用。因此，发达经济体大企业对内部劳动力市场的工资设定曾长期兼顾横向公平和纵向公平，工资溢价由此得以形成。横向公平涉及人们对类似工作的不同工资水平的看法，纵向公平涉及人们对不同工作的不同工资水平的看法。

内部劳动力市场的激励弱化和大企业工资溢价不可避免地形成了高雇佣成本，并由工业化带来的高经济增长加以消化。

同纵向一体化和内部劳动力市场相比，双边合同能够通过供求匹配，实现专用技术产出卖方和买方重复交易和长期合作，从而分享专用资产带来的准租金，可以更好地治理劳动力市场，并降低相应的雇佣成本。不过，双边合同的劳动力市场治理方式直到互联网（平台）和数字技术的横空出世才转变为现实。

互联网平台带来的供求匹配和双边合同在就业上表现得尤为突出。随着 1973 年工业化的结束，无论是内部劳动力市场带来的激励弱化还是大企业工资溢价都会导致发达经济体无法承受的高雇佣成本。因此，在资本市场推动下，大企业面临为投资人提高财务业绩的压力，被迫采取专注于能够给消费者和投资人带来最大价值的核心竞争力业务竞争策略。作为策略的重要补充，就是将对核心竞争力无关紧要的经营活动剥离出去，通常是从发放薪酬、宣传、会计和人力资源等职能开始，然后扩展到设备维护和保安，再进一步深化。在很多时候，剥离甚至涉及企业原有的核心业务。

不过，实施业务剥离的主导企业仍需监督和约束承担关键业务的从属企业的行为，使其不会损害如品牌识别或新产品开发等核心竞争力。所以业务的剥离要通过各种商业构架来完成：有明确和详细业绩标准的分包合同和劳务派遣合同，有类似的广泛业绩要求的特许经营、许可证与第三方管理体系。所有这一切业务剥离的合同安排都建立在互联网和数字技术进步对监督成本节约的基础之上。

主导企业的业务剥离不可避免地会引发工作外包，并给就业带来双重影响。一方面，工作外包实现了劳动力的供求匹配，并由此形成双边合同，从而缓解了内部劳动力市场激励弱化问题；另一方面，主导企业将工作外包给外部服务供应商网络避免了工资悬殊的员工挤在同一工作场所的公平感问题，使得按照每个劳动力的边际生产率设定工资成为可能，从而降低了工资溢价带来的高雇佣成本。很显然，工作外包实际上是把相当一部分内部劳动力市场重新还原为竞争性的外部劳动力市场。其中主导企业只需考虑外包产品和服务的价格，并不需要为实际从事这些工作的劳动力设定和支付工资。那么，随着层层外包的推进，外部服务供应商网络的内部竞争将最终导致按劳动力边际生产率设定工资。因此，与主导企业直接雇佣相比，同一项目的员工最后得到的工资差别可能很大，工作外包能够更好地反映工作职位接近员工的不同边际生产率。与此同时，工作外包也能缓解内部劳动力市场纵向公平期望带来的问题。即使员工在技能和工作分配上存在差异，企业内部的纵向公平感仍会导致大企业给低技能员工支付较高工资。毕竟高工资员工的存在形成了内部劳动力市场的参考工资水平。

由此可见，正是得益于互联网（平台）和数字技术进步，双边合同越来越在劳动力市场高交易成本治理中发挥重要作用。工作外包的双边合同促进了劳动力供求匹配的实现和灵活就业（如外包、分包、劳务派遣、以员工作为独立承包人的众包等）的兴起，缓解了企业内部劳动力市场的激励弱化和相应的工资溢价问题，从而有效降低了纵向一体化带来的高雇佣成本。当工作外包进一步发展到离岸生产时，不仅外部劳动力市场引入国际竞争会进一步压低雇佣成本，而且还可以充分利用新兴市场经济体的人口红利进行低成本的全球创新。

（二）发达经济体数字化转型存在的不足

尽管消化了工业化的高雇佣成本，并实现了低成本全球创新，但数字化转型及其推动的第二次经济全球化还是给发达经济体带来了如下一系列严重问题：劳动力市场极化效应削弱人力资本积累激励；中心化平台企业追逐垄断租金对网络效应和协同创新的抑制；离岸生产的兴起强化知识外溢的空间聚集特征，并带来协同创新的负外部性，以致损及本土创新生态完整性。

1. 劳动力市场极化效应削弱人力资本积累激励

在工作外包的双边合同作用下，尽管主导企业仍然直接雇佣员工，提供消费者认可的产品和服务，在保持较高利润水平的基础上，继续为员工提供高报酬，但业务被剥离到外部供应商网络的劳动者则面临更加激烈的市场竞争环境。这些从属市场还可能继续裂变为其他市场网络，进一步压低利润，导致工资设定更贴近竞争性劳动力市场模型，工资水平向劳动力边际生产率趋近。因此，工作外包的双边合同最终不可避免地会引发劳动力市场的两极分化。

Acemoglu 提出数字技术是技能偏向型的，并会引发劳动力市场的两极分化。劳动方式可以划分为抽象劳动、程式化劳动和简单劳动三种。由于算力的成本大幅下降，计算机控制的机器改变了工作岗位构成和劳动收入分配。这些机器正在数量越来越多、范围越来越广的岗位上取代劳动力，通常是可编程的日常任务，包括蓝领和白领、体力和脑力岗位；与此同时，却提升了以下两类岗位劳动力的生产率和市场需求：专注于抽象任务的岗位，要求问题解决技能、适应力和创造力；需要密集使用人类劳动的体力和服务类岗位。这就引发了劳动力市场的两极分化：高技能、高工资的非常规工作与低技能、低工资的非常规工作岗位数量同时增长，而中等技能、中等工资水平的常规工作岗位数量减少。

美国的非常规体力工作岗位和非常规脑力工作岗位数量在 1967～2000 年快速增长，常规工作岗位数量则在初期减少，到了 20 世纪 90 年代陷入停滞。进入 2000 年以后，全球化，特别是离岸生产进一步放大了劳动力市场的两极分化，常规工作岗位数量快速减少，非常规体力工作岗位数量继续增长，而非常规脑力工作岗位数量增长出现停滞。总的来说，美国的中等收入岗位占比从 1979 年的 60%下降到 2012 年的 46%。其他发达国家也有明显的类似趋势。

中等收入岗位数量减少加剧了劳动力市场逐底竞争，不可避免地会削弱人力资本积累激励，并进一步强化劳动力市场极化效应。随着机器完成抽象非常规任务能力的提高，资本即使是对高技能、高教育劳动力替代弹性也会提高。麦肯锡全球研究所一项研究成果发现，2017 年，人们从事的 45%的工作已经能用现有的技术实现自动化。即便是技能要求与工资水平最高的那些职业，包括医生、律师、CEO 和金融市场高管，都有相当比例的工作可以实现自动化。这一趋势还有可能进一步加速。据此预测，在下一个 10 年将有近 1100 万个不同技能的岗位被自动化替代，几乎是历史替代率的两倍。因此，进行足够的人力资本积累至关重要。只有这样，才能充分利用数字技术与高技能劳动力之间存在极佳的技术互补性抑制劳动力市场逐底竞争，打破人力资本积累激励削弱和劳动力市场极化效应之间的恶性循环。

2. 中心化平台企业抑制网络效应和协同创新

尽管中心化平台企业对促进供求匹配、降低交易成本、促进协同创新和实现网络效应功不可没，但其对垄断租金的追逐却可能会最终抑制网络效应和协同创新。究其原因，这样的中心化平台企业并不总是倾向于推动网络效应的发挥。中心化平台企业遵循的是一种可预测的生命周期规律。在初始阶段，由于与用户和第三方合作者，如创作者、开发人员和企业等存在互补关系，中心化平台企业会竭尽所能推动多边参与者协同创新。只有这样，才能加强平台企业网络效应。

不过，随着平台的采用率 S 曲线不断上移，它们对于用户和第三方合作者的掌控力将稳步增长。当达到 S 曲线的顶部时，中心化平台企业与网络参与者的关系就会从互补转变为替代。届时，中心化平台企业要继续保持增长，就需要从用户中提取数据并与（前）合作伙伴竞争。很显然，从合作到竞争的转变将会使对中心化平台产生路径依赖的第三方合作者蒙受重大损失。随着时间的推移，最好的企业家、开发者和投资者将被迫放弃对中心化平台的积极参与。离开了中心化平台网络效应的支持也同时削弱了第三方合作者协同创新能力。

3. 离岸生产的兴起损害本土创新生态完整性

考虑到只可意会不可言传的默会知识（tacitness）在创新中的重要作用，知识外溢很可能具有地理区位特征，并对复杂的新知识和处于生命周期较早阶段的产业影响更大。这就意味着大部分产业创新离不开价值链环节间的内在联系，仍然需要研发、设计和生产之间的紧密配合。互联网和数字产业全球扩张使得地理区位从现实空间拓展到虚拟空间。知识外溢的地理区位特征不仅更具弹性，而且得到进一步强化。离岸生产的兴起在帮助发达经济体充分利用新兴市场经济体人口红利进行创新的同时，也可能损及其国内企业所主要依赖的国内供应链。

协同创新可能存在的负外部性使得这一问题变得更加严重。正如 Jackson 和 Wolinsky 提出的合著模型所揭示的那样，一个人可在合作研究项目中通过与另一个人的相互交流获益。除了获得另一个参与人把时间放在该项目上的好处之外，还有协同方面。协同是和两个研究人员奉献给该项目的时间数量乘积成比例的。如果他们在一起花费更多时间，他们就发生了更多的协同。这就导致负的外部性。如果一个人的合作者在别的项目上增加了时间花费，就会表现出与该合作者较少的协同。事实上，每个参与者都存在固定的花费在各个项目上的时间数量，而且研究人员 i 花费在一定项目上的时间与其参与的项目个数 $d_i(g)$ 负相关①。两个研究人员之间的协同取决于他们一起花费了多少时间并体现为$\frac{1}{d_i(g)\ d_j(g)}$。很显然，这样的协同创新机制同样可以运用到新产业和新市场的协同创造上。考虑到发达经济体人力资本的稀缺性，离岸生产的兴起意味着与新兴市场经济体合作显著增加势必会抑制其本土产业链内部合作，并削弱相应的新产业和新市场协同创造能力。

---

① g 指合著者所在的网络。

由此可见，离岸生产的兴起强化了知识外溢的地理区位特征，并可能给本土协同创新带来负外部性，不可避免地会削弱发达经济体新产业和新市场的协同创造能力，甚至危及其创新生态的完整性。

（三）发达经济体数字化转型的总结

根据上面的分析，我们可以系统总结数字化转型及其推动的第二次经济全球化对发达经济体的影响。如表 1 所示，数字化转型及其推动的第二次经济全球化给发达经济体带来了两方面好处和三方面的问题。很显然，发达经济体从中获得的净收益将取决于二者的比较。

表 1　数字化转型及其推动的第二次经济全球化对发达经济体的影响

好处	问题
1. 工作外包和离岸生产促进劳动力供求匹配，消化工业化的高雇佣成本 2. 离岸生产充分利用新兴市场经济体人口红利，实现低成本的全球创新	1. 劳动力市场极化效应削弱人力资本积累激励 2. 中心化平台企业追逐垄断租金对网络效应和协同创新的抑制 3. 离岸生产的兴起强化知识外溢的地理区位特征，并带来协同创新的负外部性，以致损及本土创新生态完整性

考虑到现有的数字化转型及其推动的第二次经济全球化主要依赖供求匹配和工作外包进行运营和创新，将不可避免地涵盖相当比重的品种增多型创新，并不必然会提高知识生产率。品种增多型创新在改进消费者福利的同时，也实际上提高了创新成本。无论是创造性破坏节约的可用于创新的人力资本还是充分利用新兴市场经济体人口红利均不足以完全消化这样的创新成本攀升。特别是随着与发达经济体生产率差距的缩小，新兴市场经济体人口红利也终将消失，届时这一问题会变得越发严重。正如 Young 所揭示的那样，与品种增多型创新相比，只有促进产业替代的质量改进型创新，才具有通用技术特征，并最终提高知识生产率，成为内生增长的源泉。然而，现有的数字化转型及其推动的第二次经济全球化也带来人力资本积累激励弱化、网络效应

和协同创新发挥不足以及本土创新生态完整性损害等一系列问题，却都倾向于削弱发达经济体创造新产业和新市场的能力。由此可见，尽管产业国际转移降低创造性破坏成本，特别是对新兴市场经济体人口红利的充分利用一度提升了发达经济体全要素生产率，但这并不足以弥补新产业及其市场创造能力被削弱的代价。离岸生产引发的产业流失叠加新产业及其市场创造能力的损害造成发达经济体新产业创造跟不上产业转移速度。因此，迄今为止，数字化转型及其推动的第二次经济全球化只给发达经济体带来差强人意的增长效应，并没有完全实现通过产业国际转移和产业升级，重构增长动力的政策初衷。

萨缪尔森探讨了由贸易导致的经济活力不足拖累创新的可能，并被美国实际家庭中位数收入增长的长期停滞所证实。2000 年，美国家庭实际中位数收入就已经达到 69822 美元，到了 2015 年仍只有 70697 美元，收入增长停滞达 15 年。这充分说明提高知识生产率的 Jones 挑战是绕不过去的。当包括新兴市场经济体在内的人口红利普遍消失后，发挥提高知识生产率的作用将成为数字化转型和重构增长动力的重中之重。

二　发达经济体数字化转型政策变化：终生学习、互联网革命下半场和全球化战略调整

面对现有数字化转型及其推动的第二次经济全球化只带来差强人意的经济增长效应，发达经济体开始进行一系列内外政策调整，以形成意在提高知识生产率的数字化转型新战略。

发达经济体数字化转型对内政策调整主要包括如下两方面内容：其一，借助 VR 和 AR 等技术支持，积极推动元宇宙建设，并倡导终生学习，在提高个体认知能力的基础上，促进人力资本积累；其二，推进以 Web3.0 为核心内容的互联网革命下半场，实现价值分配向知识生产者和创造者倾斜，激励利益相关者协同创新和社会资本积累，提高知识生产率。

（一）元宇宙和终生学习

在以 Web2.0 为核心内容的互联网革命上半场，面对劳动力市场极化效

应和逐底竞争可能带来的人力资本积累激励弱化，亟须通过元宇宙建设改进终生学习效率，进行积极应对。

数字化转型带来的技术和需求结构剧变提高了终身学习的重要性。除了ICT相关技能外，为了应对迅速变化的工作任务，还需具备与数字技术互补的认知能力。①随着常规任务更多地被数字技术替代，管理和沟通能力、会计核算和推销能力以及高级计算能力会更多地被强调使用。②数字技术便利了读写电子邮件和运用计算机进行计算的工作任务完成，也加速了员工对这些高技术环境下信息处理和问题解决能力的开发。③当员工需要执行多样性工作任务，并且ICT无论硬件还是软件会迅速变得过时，自然对学习新事物的能力提出要求。只有这样，才能适应数字化工作场所并从中获益。因此，乐意学习就成为数字化工作环境中至关重要的态度。很显然，适应数字化转型要求员工同时具备直接的ICT技能和如人际交往和通用认知能力等数字技术互补技能。这就要求对ICT、认知、社会交往和情感技能进行终身学习。否则，不仅势必妨碍数字资本深化潜力发挥，而且会拉大数字鸿沟。因此，作为与数字技术互补的人力资本积累，推广终身学习能够最大限度地继续挖掘数字资本深化潜力，实现数字红利的公平分享。

与此同时，建立在VR和AR等技术基础上的元宇宙能够极大地改善认知体验，可以在提高个体认知能力的基础上，改进终生学习和人力资本积累效率。

（二）互联网革命的下半场

针对以Web2.0为核心内容的互联网革命上半场，中心化平台企业追逐垄断租金可能会阻碍网络效应和协同创新的发挥，不可避免地需要引入利益相关者治理。

以Web3.0为核心内容的互联网革命下半场有望为降低利益相关者治理成本提供卓有成效的技术手段。可验证计算、同态加密和安全多方计算等密码学的进步技术支持数据确权，使在不影响数据所有权的前提下交易数据使用权成为可能，并影响数据主体和数据控制者的经济利益关系。作为

Web3.0 的核心技术，区块链除了用于数据存证和使用授权外，还能够运用分布式账本和去中心化的组织，抑制中心化平台企业对数据的过度控制和赢家通吃带来的垄断影响。基于区块链的去中心化组织通过引入 token 和 nft 等加密资产将 Web3.0 内嵌于 Web2.0 中，有助于实现价值分配向知识创造者和生产者倾斜，缓解利益相关者协同创新变现和激励不足难题。基于区块链的去中心化组织又被称为去中心化自治组织（Decentralized Autonomous Organization，DAO），是指以公开透明的计算机代码搭建的组织，其受控于每个组织成员，而不是某个中心，即该组织治理规则的制定和修改需由利益相关者组成的成员共同投票决定。作为 Web2.0 核心组织，中心化平台企业能够借助算法先解构现实世界社会关系，再在数字（虚拟）世界重塑最符合平台利益的社会关系和个体行为模式，很难避免最终形成对网络垄断租金的攫取。相反，去中心化自治组织却能够通过治理投票机制的设计，既抑制利益集团对投票的可能操纵，又会阻碍其他中心化组织对网络垄断租金的过度攫取，从而实现参与者的多样性，更为合理地在现实世界和数字世界同时重塑社会关系，激励利益相关者协同创新①。只有这样，才能确保 token 和 nft 等加密资产发挥其实现价值分配向知识创造者和生产者倾斜的应有作用。否则，由于 token 和 nft 等加密资产的自带金融属性，去中心化自治组织完全可能重新沦为由风投基金操纵的新的中心化组织，并引发金融泡沫和危机。

为了充分利用密码学进步提供的数据确权技术手段和基于区块链的去中心化组织发展和完善利益相关者治理，欧盟不仅通过了有关数据确权立法，而且还设想了数据委托模式，推动数据产权交易和数据要素市场发展。欧盟关于数据产权保护和交易的设想也被《数字经济伙伴关系协定》（DEPA）所吸收。DEPA 明确要求人工智能治理应该遵循透明、公正和可解释原则。很显然，互联网革命下半场利益相关者治理原则已被发达经济体国内法和主流的国际经济合作协定广泛吸收。

---

① Weyl，Eric Glen，Ohlhaver，Puja and Buterin Vitalik，Decentralized Society：Finding Web3's Soul，SSRN-ID 4105763. 2022.

出于对离岸生产的反思，发达经济体数字化转型对外政策变化主要集中在以实现再工业化为目标，有意识地缩短供应链距离，并向本土转移，对第二次经济全球化进行战略调整。离岸生产的兴起在帮助发达经济体充分利用新兴市场经济体人口红利进行创新的同时，也强化了知识外溢的地理区位特征，并可能给本土协同创新带来负外部性。由离岸生产所反映的全球化股东和本土经营者、员工、客户等其他利益相关者利益冲突，一旦走向极端，就会过度削弱发达经济体本土生产网络，势必可能损及发达经济体创新生态的完整性，削弱相应的新产业及其市场创造能力。因此，发达经济体采用双管齐下的方法对全球化战略进行调整。一方面，重拾增长导向的贸易战略，修正发展中经济体的特殊与差别待遇，特别要求发展中大国实行对等的贸易自由化，确保知识的本土外溢效应；另一方面，在世界经济范围内推广以ESG为代表的利益相关者治理，弥补离岸生产可能引发的社会资本积累的不足，修复发达经济体新产业及其市场的创造能力。

由此可见，发达经济体上述内外政策调整是针对现有数字化转型及其推动的第二次经济全球化带来的一系列问题展开的。①通过元宇宙建设改进终生学习效率，意在缓解劳动力市场极化效应和逐底竞争可能带来的人力资本积累激励弱化。②推进以 Web3.0 为核心内容的互联网革命下半场则侧重于发展和完善利益相关者治理，实现价值分配向知识生产者和创造者倾斜，减轻中心化平台企业追逐垄断租金对网络效应和协同创新的抑制。③对全球化战略调整则集中于纠正离岸生产对发达经济体创新生态完整性的损害，并修复被削弱的本土新产业及其市场创造能力。很显然，这样的数字化转型内外政策调整在继续保持以 Web2.0 为核心内容的互联网革命上半场消化工业化高雇佣成本和推动低成本全球创新好处的同时，还有助于提高发达经济体知识生产率，最终在人口红利消失的条件下，重构增长动力。

三　中国数字经济发展潜力评估

发达经济体数字化转型内外政策调整将给中国的经济增长带来双重挑

战。首先，发达经济体全球化战略调整有可能将世界经济发展再度带入国内经济增长和稳定优先于对外贸易的新常态。世界经济发展的新常态无疑会要求实施出口导向工业化战略，主要承担离岸生产商职能的经济体寻找新的增长动力。其次，随着人口红利的消失，中国同样需要重构工业化完成后的增长动力，并对数字化转型提出了提升知识生产率的时代要求。

党的十九届五中全会通过的《中共中央关于制定国民经济和社会发展第十四个五年规划和二〇三五年远景目标的建议》及时提出双循环发展战略，要求逐步形成以国内大循环为主体、国内国际双循环相互促进的新发展格局，对经济增长双重挑战进行积极应对。与此同时，中国也认识到数字化转型对提升知识生产率、助推双循环发展格局形成的决定性影响，并进行了积极准备。2020 年 4 月 9 日，中共中央、国务院发表《关于构建更加完善的要素市场化配置体制机制的意见》，首次将数据与土地、劳动力、资本、技术等传统要素并列为要素之一，提出要加快培育数据要素市场。2020 年 7 月和 10 月全国人大分别就《数据安全法（草案）》和《个人信息保护法（草案）》向社会征求意见。《个人信息保护法》自 2021 年 11 月 1 日起开始实施。2021 年 11 月 1 日，中国也正式提出申请加入《数字经济伙伴关系协定》（DEPA）。由此可见，对中国数字经济发展潜力进行评估十分必要。

根据 OECD 的建议，数字经济可以分 3 个层次进行衡量。①信息产业，由信息与通信技术（ICT）部门、内容和媒介部门组成。内容和媒介部门主要涉及内容的生产、出版和分发（信息、文化和娱乐产品）等活动。信息产业主要体现数字技术进步，即经济增长核算里的 A 部分。在大多数 G20 经济体中，信息产业增加值占 GDP 比重较为稳定，仅从 2010 年的 5. 2%略为上升到 2017 年的 5. 3%。

②信息相关产业，除了信息产业，还包括依赖数字投入进行生产并用于满足信息需求的部门，如互联网平台和服务等。信息相关产业无疑可以更全面地衡量信息产品和服务的影响。除了数字技术进步，还反映作为数字经济 TFP 的重要来源的网络效应。以韩国为例，信息产业增加值占 GDP 比重只有 4%，而信息相关产业增加值占比却高达 14%。

③数字密集型产业。与信息产业和信息相关产业直接衡量增加值不同，数字密集型产业只是用来计算数字化转型的进展程度。Calvino 等运用 5 种指标衡量数字化转型的进度：ICT 有形和无形（如软件、数据库等）资本投资比重；购买 ICT 产品和服务中间投入比重；每百名雇员拥有的机器人数量，用于反映制造业内嵌的数字投入生产方式改变；在线销售交易规模比重，用于反映对顾客和供应商服务方式的改变；总雇佣中 ICT 专家比重，通常又称 ICT 专家密度。很显然，数字密集度由不同的数字化转型指标来衡量。其中 ICT 有形和无形资本投资比重代表着数字资本深化，购买 ICT 产品和服务中间投入比重代表着与数字经济有关的专业化分工和深加工度化，每百名雇员拥有的机器人数量代表着制造业内嵌的数字投入和数字资本深化，在线销售交易规模比重代表着网络效应，总雇佣中 ICT 专家比重则代表数字人力资本积累。根据上述 5 种指标按数字密集度将所有产业四等分，可以得到表 2 所示的产业综合数字密集度排名。每个产业综合数字密集度排名由对应的不同数字化转型指标的位次以 1/36（总的产业数量）为权重简单加权平均得到。对产业综合数字密集度排名和单个数字化转型指标排名鲁棒性进行检验，除了在线销售交易规模比重外，其他数字化转型指标排名和产业综合数字密集度排名均存在显著的相关性。由此可见，对网络效应的衡量是差强人意的，数字密集度主要反映了数字要素投入状况。在有可用数据的 G20 经济体中，高和中高密集型产业平均解释了 46%的增加值，德国和美国则更是高达 54%。

表 2　数字密集度产业分类总排名（2013~2015）

ISIC 修订第 4 版(产业)	四等分密集度	ISIC 修订第 4 版产业	四等分密集度
农林渔业	低	橡胶和塑料制品	中低
矿产和采掘	低	基础金属和金属加工	中低
食品、饮料和烟草	低	计算机、电子和光学制品	中高
纺织、服装和皮革	中低	电气设备	中高
木材、纸制品和印刷	中高	机械和设备制造	中高
焦炭和精炼石油产品	中低	运输设备	高
化学和化工制品	中低	家具、其他制造和修理业	中高
制药	中低	电力、煤气、蒸汽和空调等	低

续表

ISIC 修订第 4 版(产业)	四等分密集度	ISIC 修订第 4 版产业	四等分密集度
给排水和污水处理	低	法律和会计活动等	高
建筑	低	科学研发	高
批发、零售和修理	中高	广告和其他商务服务	高
运输和仓储	低	管理和支持服务	高
住宿和食品服务	低	公共管理和国防	中高
出版、影视和广播	中高	教育	中低
电信	高	健康活动	中低
信息通信(IT)和其他信息服务	高	居家护理和社会工作活动	中低
金融和保险	高	艺术、娱乐和休闲活动	中高
房地产	低	其他服务活动	高

资料来源：Calvino et al. (2018)。

仅从互联网革命的上半场考察，数字化转型前景并不容乐观。首先，信息产业增加值占 GDP 比重稳定可能反映了数字技术进步的停滞。其次，中心化平台企业追逐垄断租金对网络效应和协同创新的抑制不仅会妨碍信息相关产业发展，而且有可能拖累数字技术进步。考虑到网络效应是 TFP 的重要来源，发达经济体 TFP 的缓慢增长可能正反映了网络效应发挥的不足。最后，数字要素投入难度将进一步加大。如表 2 所示，低和中低数字密集度产业主要分为以下 4 类。①自然资源、能源、原材料密集型产业，如农林渔业，矿产和采掘，食品、饮料和烟草，焦炭和精炼石油产品，化学和化工制品，制药，橡胶和塑料制品，基础金属和金属加工等。②基础设施产业，如电力、煤气、蒸汽和空调等，给排水和污水处理等。③劳动密集型产业，如纺织、服装和皮革，建筑，运输和仓储，住宿和食品服务，房地产等。④人力资本密集型产业，如教育，健康活动，居家护理和社会工作活动。考虑到数字只是生产要素之一，不可能完全替代自然资源、能源、原材料、劳动力和人力资本等其他要素。尽管从占 GDP 的比重来看，数字化转型似乎仍有约一半的空间，但这样的数字要素投入难度无疑会加大。

与上述方法略有不同，中国信息通信研究院分别对数字产业化和产业数字化进行了数字经济规模计算。数字产业化部分由信息产业增加值构成，信息产业包括电子信息制造业、基础电信业、互联网行业和软件服务业。产业数字化部分由数字技术与其他产业融合应用带来的增加值构成。数字产业化与国际通用的由信息产业和信息相关产业组成的数字核心产业较为接近。产业数字化则是在区分ICT投资和非ICT投资的基础上，对每个行业计算了ICT资本存量、非ICT资本存量、劳动以及中间投入。其中ICT投资由计算机、通信设备和软件投资组成。很显然，与Calvino等相比，中国信息通信研究院对产业数字化的计算是将ICT投资作为数字资本的代理变量，尽管有直接计算GDP的优点，但反映的数字化转型口径较窄。伍晓鹰则重点突出了区分投入和产出价格差异的双平减方法对计算数字经济规模意义。如果使用假定投入和产出价格变化一致的单平减指数，会低估价格迅速下降的ICT生产和集约使用部门的增长率，同时高估非ICT集约部门，特别是服务业的增长率。

与数字经济发达经济体相比，中国现有的数字化转型空间也并不突出。首先，根据“十四五”规划，中国数字经济核心产业增加值占GDP的比重，要从2020年的7.5%提升到5年之后的10%，明显缩小与数字经济发达经济体差距，如韩国2017年达到14%。考虑到内容和媒介部门受到的限制，届时这一目标实现意味着中国数字经济核心产业及其代表的数字技术进步和网络效应将达到数字经济发达经济体水平。

其次，尽管中心化平台企业网络效应仍较为明显，但其所能带动的技术进步却可能放缓。中国人民大学劳动人事学院课题组从就业角度探讨了中心化平台企业所能带来的网络效应和技术进步，运用阿里巴巴零售平台各行业类目的规模经济模型，分别结合中国2012年和2017年投入产出表计算就业带动系数，并由此估算出平台就业机会。规模经济模型反映了阿里巴巴零售平台网络效应及其带来的直接就业量。2018年和2019年阿里巴巴零售平台分别带来1558万个和2010.6万个交易型就业机会。假定生产1单位的最终使用产品和生产1单位中间产品所耗费的劳动力数量相同，由此可通过计算中间使用/最终使用，测算得出就业带动系数。那么，结合就业带动系数，就可以进一步计算出阿里巴巴零售平台带来的间接就业量。根据2012年和2017年投入产出表分别计算的就业带动系数已由1.62降至1.475。因此，尽管阿里巴巴零售平台带来的直接就业迅速上升，但其带来的间接就业增速却有所放缓。随着阿里巴巴这样的中心化平台企业与使用者和第三方合作者关系越来越由互补转向竞争，就业带动效应有可能遭到进一步削弱。

最后，根据每五年数字经济增加值占GDP比重上升10个百分点的经验，到2025年，中国数字资本深化也会赶上数字经济发达经济体。根据中国信息通信研究院的测算，中国数字经济增加值占国民经济比重已由2016年的30.3%上升到2020年的38.6%。考虑到数字资本深化速度会快于数字经济核心产业增长，加上数字经济发达经济体资本深化难度加大，2025年，中国数字经济增加值占GDP比重有望达到近50%，接近2020年德国、英国、美国超过60%的水平。中国信息通信研究院的研究同样得到了伍晓鹰的佐证。2001~2018年，三个ICT密切相关部门，即ICT生产部门、ICT集约使用制造业和ICT集约使用服务业对经济增长的贡献从中国加入WTO后2001~2007年已然很高的年平均62%，跃升至危机后前期2007~2012年的78%，随后在2018年略降至74%。对整个考察期来说，ICT相关部门对中国经济年平均增长贡献达到近70%，或2/3。

根据国家统计局的数字经济及其核心产业统计分类（2021），对Wind数据库提供的A股上市公司进行产业四级分类匹配（剔除ST公司），可以对由数字核心产业上市公司反映的数字化转型潜力进行更加深入的分析。根据国家统计局分类，中国核心数字产业由数字产品制造业（含计算机、通讯及雷达设备、数字媒体设备、智能设备、电子元器件及设备制造，其他数字产品制造业等）、数字产品服务业（含数字产品批发、零售、租赁和维修等）、数字技术应用业（含软件开发，电信、广播电视和卫星传输服务，互联网相关服务，信息技术服务和其他数字技术应用业等）和数字要素驱动业（含互联网平台、互联网批发零售、互联网金融、数字内容与媒体、信息基础设施、数字资源与产权交易和其他数字要素驱动业）4 个部分组成。由于本应属于信息产业的数字内容与媒体在 A 股中并没有匹配的上市公司，可以简单地将数字产品制造业、数字产品服务业和数字技术应用业处理为信息产业。数字要素驱动业和信息产业则进一步共同组成信息相关产业，接近国际通用的数字核心产业。

除了波动较大的数字产品服务业外，2015~2017 年，以硬件为代表的数字产品制造业、以软件为代表的数字技术应用业和以互联网平台为代表的数字要素驱动业上市公司营业收入增长均一度放缓，特别是数字要素驱动业上市公司 2018~2020 年连续三年出现负增长，以致从 2018 年开始信息相关产业上市公司营业收入增长慢于不包括数字要素驱动业的信息产业上市公司（见图 1）。在新冠肺炎疫情对数字化转型的加速和相应的政策支持下，数字产品制造业和数字要素驱动业上市公司从 2019 年开始，数字技术应用业上市公司从 2020 年开始营业收入增长有所回升（见图 2）。不过，如图 1 所示，2021 年，中国数字核心产业上市公司营业收入增长仍未恢复到 2017 年的水平。

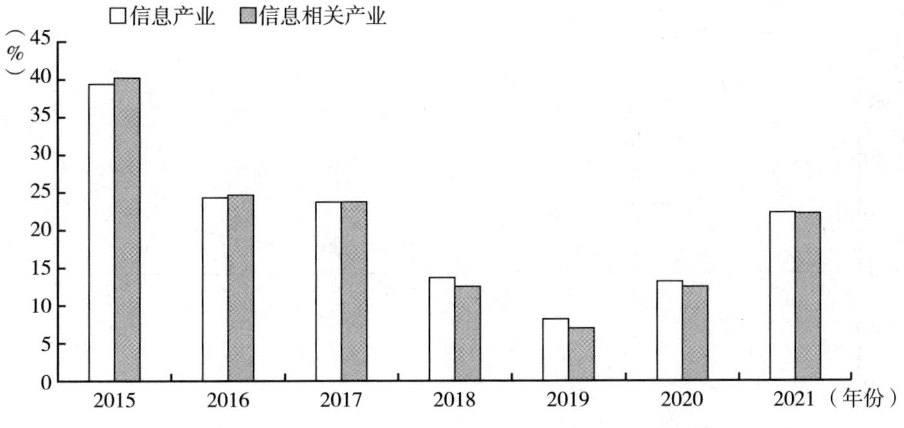

图 1　2015~2021 年中国数字核心产业上市公司营收增长

与一直保持正增长的营业收入不同，由信息相关产业衡量的中国数字核心产业上市公司净利润增长更加不稳定。如图 3 所示，2018 年，中国数字

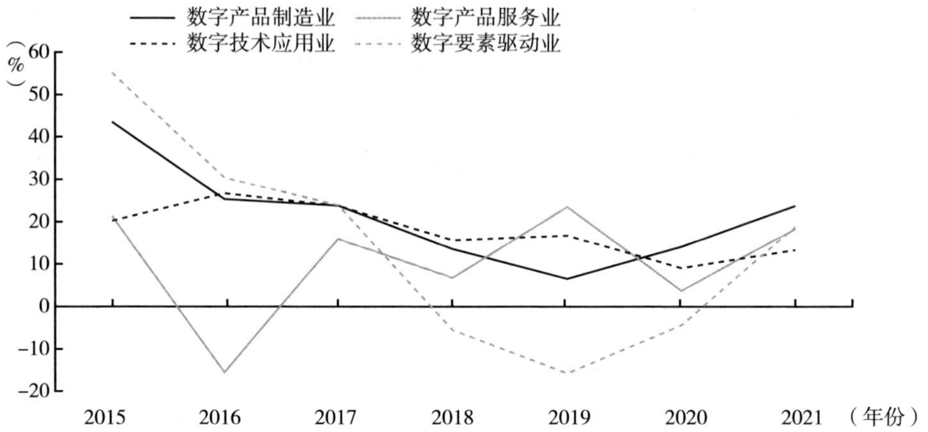

图 2　2015~2021 年中国数字核心产业上市公司营业收入增长部门分解

核心产业上市公司净利润竟然出现了高达 33.4%的负增长。考虑到数字产品服务业上市公司所占比重偏小，兼之波动过于剧烈，我们只在图 4 中计算了数字产品制造业、数字技术应用业和数字要素驱动业上市公司的净利润增长。很显然，2018 年，无论是信息产业还是信息相关产业净利润增长迅猛

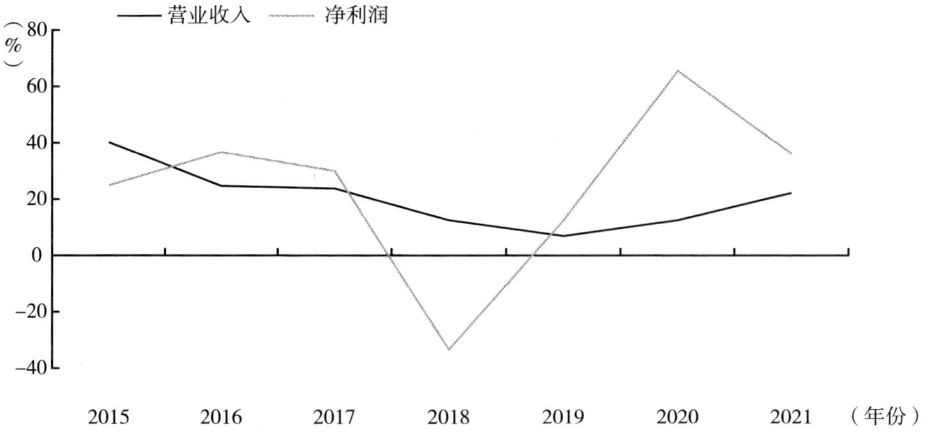

图 3　2015~2021 年中国数字核心产业上市公司营业收入和净利润增长情况

资料来源：Wind。

下降是以上三类产业公司共同作用的结果（见图 4 和图 5）。数字产品制造业上市公司对净利润增长复苏贡献最为持久，数字技术应用业和数字要素驱动业上市公司则从 2020 年开始净利润增长再度放缓。

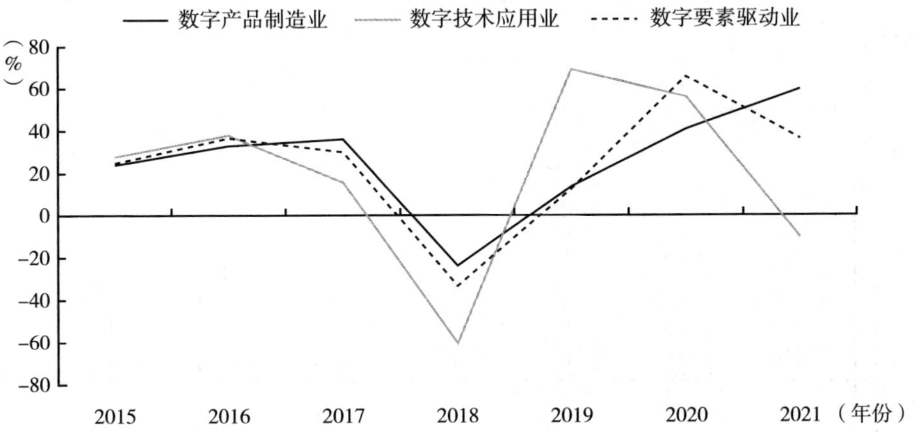

图 4　2015~2021 年中国数字核心产业上市公司净利润增长部门分解

资料来源：Wind。

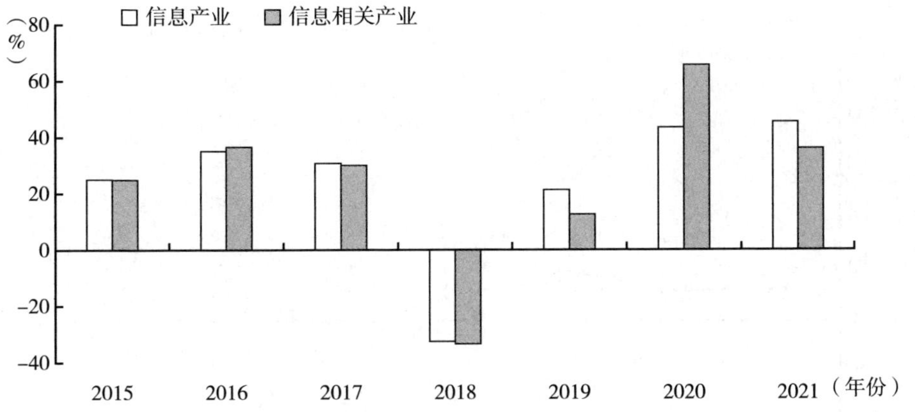

图 5　2015~2021 年中国数字核心产业上市公司净利润增长情况

2018 年，中国数字核心产业上市公司净利润增长的巨大滑坡甚至拖累次年信息产业和信息相关产业的资本支出也出现明显的负增长（见图 6）。

其后，从 2020 年开始，主要得益于数字要素驱动业的资本支出增长的贡献，中国数字核心产业上市公司资本支出增长有所恢复。同期的数字产品制造业和数字技术应用业上市公司则保持平稳的资本支出增长（见图 7）。数字产品服务业上市公司则因所占比重偏小和波动过于剧烈，只产生极为有限的影响。

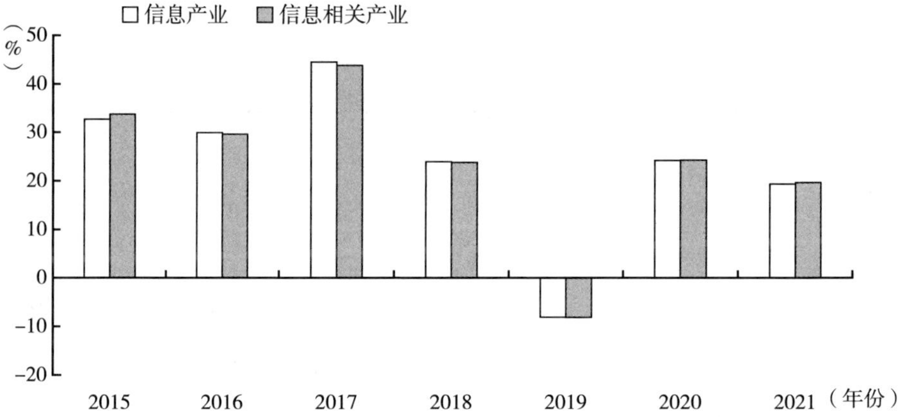

图 6　2015~2021 年中国数字核心产业上市公司资本支出增长情况

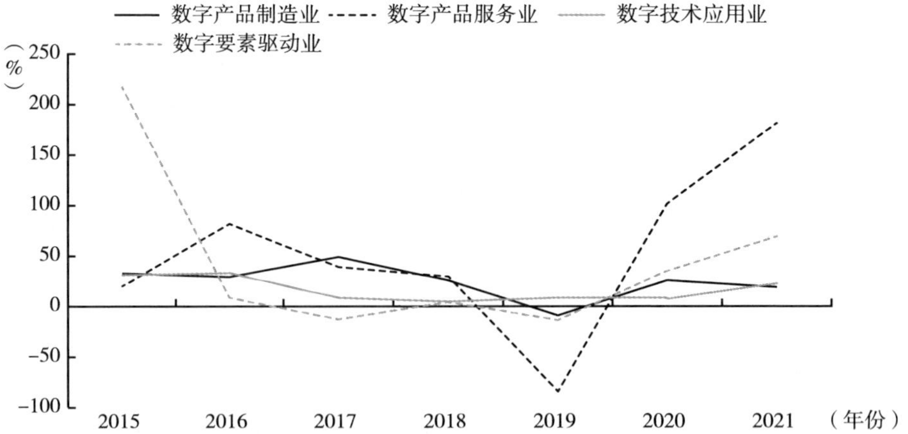

图 7　2015~2021 年中国数字核心产业上市公司资本支出增长部门分解

资料来源：Wind。

中国数字核心产业上市公司由数字技术研究和试验发展与专利等代表的无形资产增长则呈现类似的特征，但程度要轻微得多（见图 8 和图 9）。2021 年，数字要素驱动业、数字技术应用业和数字产品制造业上市公司资本支出增长分别高达 69.34%、22.66%和 18.93%，而同期的无形资产增长则分别仅为 51.52%、15.7%和 5.66%。

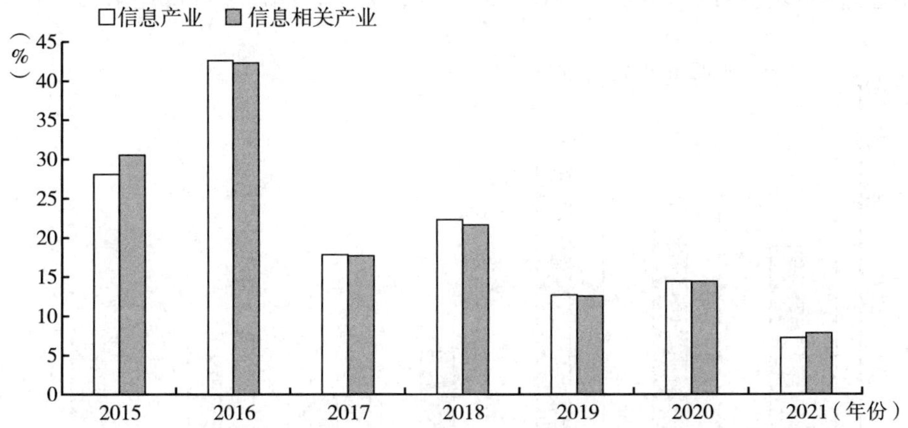

图 8　2015~2021 年中国数字核心产业上市公司无形资产增长情况

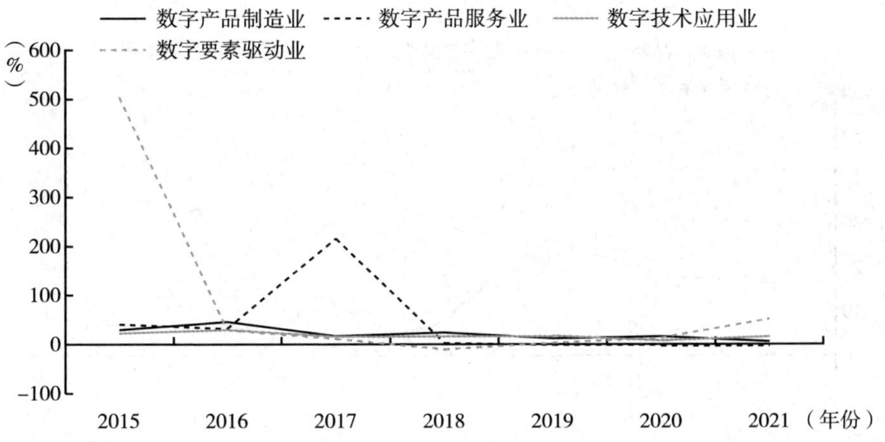

图 9　2015~2021 年中国数字核心产业上市公司无形资产增长部门分解情况

资料来源：Wind。

中国数字核心产业上市公司在就业和人均薪酬上则表现出明显的部门差异。如图 10 所示，信息产业和信息相关产业上市公司就业增长高度趋同，2015~2017 年增长加速，2018~2019 年增速明显放缓。不过，得益于营业收入增长回升的滞后影响，从 2020 年开始，信息产业和信息相关产业上市公司就业增长在一定程度上重拾升势。图 11 则对数字核心产业上市公司就业增速进一步进行部门分解。2015~2021 年，数字核心产业各部门上市公司就

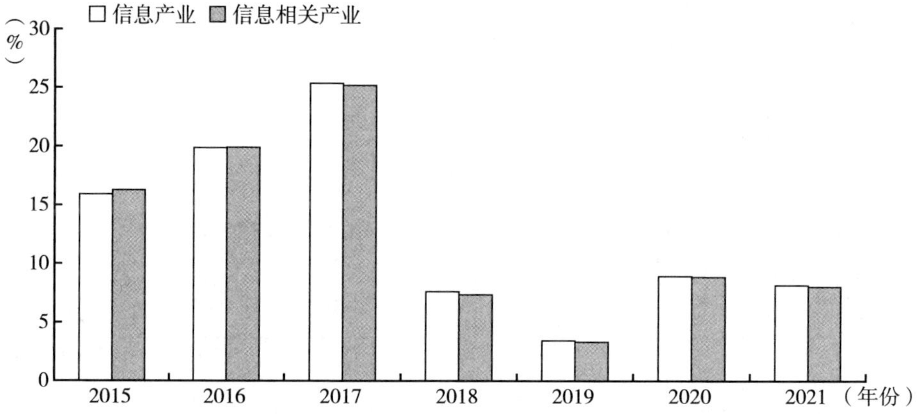

图 10　2015~2021 年中国数字核心产业上市公司就业增长情况

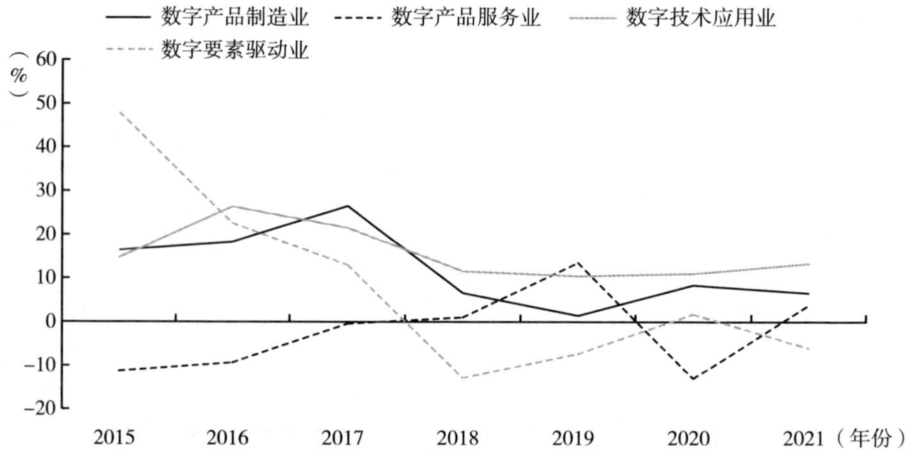

图 11　2015~2021 年中国数字核心产业上市公司就业增长部门分解情况

资料来源：Wind。

业增速均趋于下降。其中数字产品制造业和数字技术应用业上市公司直接就业效应更为突出，数字要素驱动业上市公司则迅速由就业高增长跌入低谷，2018~2019 年及 2021 年均一度出现负增长。

与就业增长相比，中国数字核心产业上市公司人均薪酬增长表现更为突出，有助于改善就业质量。如图 12 所示，除 2015 年和 2020 年外，其余年份信息相关产业上市公司人均薪酬增速均高于信息产业。2020 年以后，在数字核心产业细分部门中，也是数据要素驱动业上市公司人均薪酬增速复苏最快，数字产品制造业、数字技术应用业和数字产品服务业上市公司人均薪酬增速均出现下降趋势，且影响递减（见图 13）。

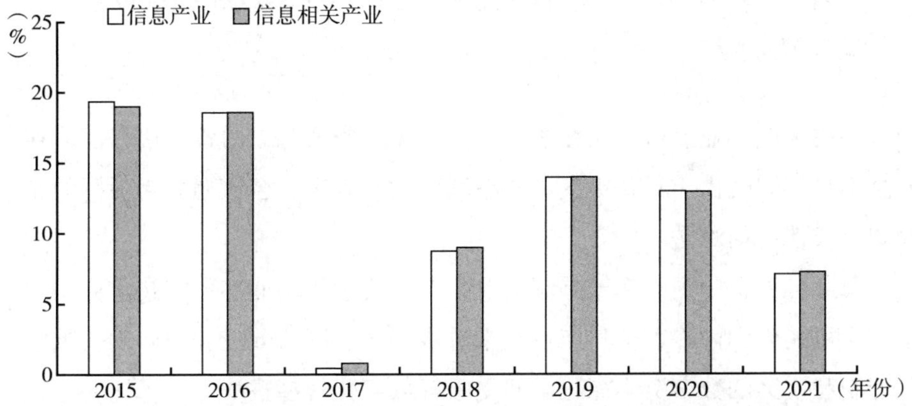

图 12　2015~2021 年中国数字核心产业上市公司人均薪酬增长情况

概括起来，中国数字核心产业上市公司呈现如下一系列特点。①尽管得益于新冠肺炎疫情发生后数字化转型的加速和相应的政策支持，2021 年，中国数字核心产业上市公司营业收入增长仍未恢复到 2017 年的高度，继续面临产业市场扩张挑战。②以硬件为代表的数字产品制造业上市公司有望率先进入产业发展成熟期，并对中国数字核心产业上市公司净利润增长做出持久贡献。③尽管以互联网平台为代表的数字要素驱动业上市公司无论在资本支出和无形资产增长还是人力资本积累上都更为突出，但对创新有重要影响的无形资产增长尚需进一步提升，才能更好地具备成长性。④以软件为代表

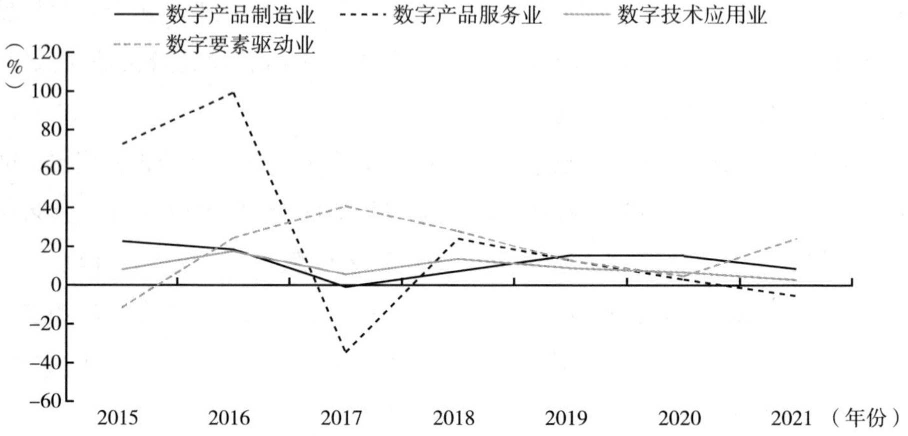

图 13　2015~2021 年中国数字核心产业上市公司人均薪酬增长部门分解

资料来源：Wind。

的数字技术应用业上市公司在资本支出、无形资产和人力资本诸方面均存在明显不足，同时也不具备更突出的净利润增长表现，会遭遇更为艰巨的净利润和成长性平衡难题。

由此可见，中国数字产品制造业、数字要素驱动业和数字技术应用业上市公司可能分别面临着信息产业技术进步趋缓、网络效应和协同创新被中心化抑制和广义的数字资本深化空间受限等数字化转型挑战。

中国数字化转型挑战也在更高频次和更细颗粒度数据上得到反映。我们运用爬虫技术针对 2021 年中国 A 股上市公司年报搜索了具有代表性的 Web2.0、Web3.0 和元宇宙关键词。其中 Web2.0 关键词由机器学习、AI、大数据、云计算和物联网等代表，Web3.0 关键词由区块链、加密货币或资产（NFT）、去中心化金融（De-Fi）、去中心化自治组织（DAO）等代表，元宇宙关键词由沉浸式体验、增强现实（AR）、虚拟现实（VR）、3D 技术和 5G 等代表。如表 3 所示，中国数字核心产业上市公司无论是在现有的 Web2.0 数字化转型还是在 Web3.0 和元宇宙两个新发展方向上均有明显的优势，但其他行业公司在数字化转型的新发展方向上与数字核心产业上市公司差距小得多。特别是对所有的 A 股上市公司而言，Web3.0和元宇宙关键词平均出现频次同Web2.0相比，几乎可以忽略不计，充分表明由Web3.0和元宇宙所代表的数字化转型新发展方向尚处于萌芽状态。

表3 中国A股上市公司2021年由高频和细颗粒度数据反映的数字经济

单位：次

产业	数字经济关键词平均频次	元宇宙	Web3	Web2
数字核心产业	264.139	4.847	5.754	239.454
其他行业	79.693	2.910	3.220	69.508
全行业平均	112.549	2.490	2.671	105.507

综上所述，中国数字经济产业数据、数字核心产业上市公司年报披露数据以及运用爬虫技术获得的上市公司高频和细颗粒度数字化转型数据均反映出中国现有的数字化转型以及相应数字经济发展面临潜力和空间受限的挑战。

四 中国数字经济治理和投资策略

中国在新冠肺炎疫情期间数字化转型加速及其对经济增长的重要影响同样在资本市场上得到反映。正如中国信息通信研究院所概括的那样，数字经济发展还涉及数字化治理，并包括多主体参与、数字技术+治理和数字化公共服务等三方面内容。为了更全面地揭示数字化治理对数字经济发展和相应投资策略的影响，本报告提出了中国数字核心产业上市公司评价指标体系。如表4所示，中国数字核心产业上市公司投资价值由创新能力、运营绩效、风险控制和估值水平共同决定。①创新能力。创新能力是决定成长性的关键。为了更全面地反映中国数字核心产业上市公司的创新能力，除了通用的创新能力指标外，本报告还引入代表广义数字资本深化的数字化和代表人力资本积累的人均薪酬指标。②运营绩效。由于创新能力涉及外部性，并不足以决定公司生存率，仍需保证必要的运营绩效。借鉴中国信息通信研究院对产业数字化的计算，本报告在通用指标之外，在运营绩效中还引入资本支出指标，以专门反映数字资本深化在中国数字化转型中的重要地位。③风险控制。风险控制在通用指标外，同样引入了 ESG 指标，以反映公司治理从股东主义向利益相关者治理的飞跃。④估值水平。合理的估值有助于从另一个视角反映公司风险控制水平的改善。

根据这样的数字核心产业上市公司评价指标体系，可以得出中国数字经济投资组合“漂亮 100”，即综合排名前 100 的数字核心产业上市公司[①]（见表 5）。如图 14 所示，对 2020 年 1 月 2 日至 2022 年 8 月 11 日的数据进行回测，这样的中国数字经济投资组合表现远远优于同期的沪深 300，充分反映了在新冠肺炎疫情期间中国数字化转型加速及其对经济增长的重要贡献。

表 4　中国数字核心产业上市公司评价指标体系

类别	公司治理评价体系
风险控制	董事会情况
	机构持股稳定性
	审计意见类型
	担保
	违规事项
	ESG
运营绩效	ROE
	营业周期
	销售毛利率
	销售净利率
	资本结构
	业绩含金量
	资本支出
	营业收入增长率
	净利润增长率
	经营现金流增长

① 若需要数字经济类上市公司全部评价结果，请与作者联系（jiechi@ 126. com，jjs-zhangpeng@ cass. org. cn）。

续表

类别	公司治理评价体系
创新能力	研发强度熵系数
	研发人员投入
	人均薪酬
	研发产出
	无形资产
	数字化
	劳动生产率
	超额收益率
估值水平	PE
	PEG

表 5　中国数字经济投资组合“漂亮 100”

排名	代码	公司名称	所属行业	总得分	运营绩效	估值水平	风险控制	创新能力
1	300782. SZ	卓胜微	电子器件制造	5. 72	6. 02	5. 32	5. 6	5. 74
2	603444. SH	吉比特	互联网信息服务	5. 72	5. 98	5. 51	5. 62	5. 6
3	002555. SZ	三七互娱	互联网信息服务	5. 71	5. 81	5. 43	5. 73	5. 8
4	300770. SZ	新媒股份	电信	5. 69	5. 82	5. 5	5. 91	5. 49
5	600171. SH	上海贝岭	电子器件制造	5. 69	5. 75	5. 48	5. 71	5. 75
6	300458. SZ	全志科技	电子器件制造	5. 64	5. 63	5. 38	5. 33	6. 14
7	688012. SH	中微公司	电子和电工机械专用设备制造	5. 63	5. 69	5. 16	5. 82	5. 76
8	603258. SH	电魂网络	互联网信息服务	5. 62	5. 9	5. 48	5. 24	5. 68
9	000063. SZ	中兴通讯	通信设备制造	5. 6	5. 24	5. 5	5. 89	5. 93
10	300661. SZ	圣邦股份	电子器件制造	5. 59	5. 92	4. 99	5. 54	5. 7
11	300002. SZ	神州泰岳	信息系统集成和物联网技术服务	5. 59	5. 48	5. 39	5. 39	6. 08
12	688111. SH	金山办公	软件开发	5. 59	6. 06	4. 81	5. 47	5. 68
13	300223. SZ	北京君正	电子器件制造	5. 59	5. 82	5. 22	5. 05	6. 02
14	600570. SH	恒生电子	软件开发	5. 59	5. 58	5. 16	5. 92	5. 67
15	603005. SH	晶方科技	电子器件制造	5. 58	5. 84	5. 39	5. 91	5. 09
16	002558. SZ	巨人网络	互联网信息服务	5. 56	5. 5	5. 46	5. 54	5. 75
17	688099. SH	晶晨股份	电子器件制造	5. 55	5. 62	5. 24	5. 14	6. 08

续表

排名	代码	公司名称	所属行业	总得分	运营绩效	估值水平	风险控制	创新能力
18	002414. SZ	高德红外	智能消费设备制造	5. 55	5. 76	5. 25	5. 78	5. 31
19	600845. SH	宝信软件	软件开发	5. 55	5. 58	5. 31	5. 92	5. 38
20	600633. SH	浙数文化	互联网信息服务	5. 54	5. 62	5. 12	5. 61	5. 73
21	002410. SZ	广联达	软件开发	5. 54	5. 83	4. 91	5. 72	5. 51
22	300383. SZ	光环新网	互联网平台	5. 54	5. 28	5. 41	5. 59	5. 96
23	688188. SH	柏楚电子	软件开发	5. 53	5. 99	5. 19	5. 29	5. 38
24	688608. SH	恒玄科技	电子元件及电子专用材料制造	5. 52	5. 47	5. 08	5. 39	6. 08
25	688008. SH	澜起科技	计算机制造	5. 52	5. 32	4. 9	5. 84	6. 05
26	000725. SZ	京东方 A	电子器件制造	5. 51	5. 53	5. 6	5. 69	5. 25
27	300628. SZ	亿联网络	通信设备制造	5. 5	5. 74	5. 34	5. 14	5. 62
28	300418. SZ	昆仑万维	互联网平台	5. 5	5. 24	5. 5	5. 27	6. 05
29	603501. SH	韦尔股份	电子器件制造	5. 49	5. 6	5. 26	5. 2	5. 78
30	603100. SH	川仪股份	通用仪器仪表制造	5. 49	5. 37	5. 55	5. 94	5. 24
31	002396. SZ	星网锐捷	通信设备制造	5. 49	5. 02	5. 48	5. 84	5. 87
32	002841. SZ	视源股份	电子元件及电子专用材料制造	5. 46	5. 3	5. 41	5. 5	5. 69
33	603508. SH	思维列控	其他信息技术服务业	5. 46	5. 19	5. 55	5. 52	5. 71
34	002401. SZ	中远海科	信息系统集成和物联网技术服务	5. 45	5. 35	5. 46	5. 82	5. 28
35	600718. SH	东软集团	软件开发	5. 44	5. 45	5. 56	5. 73	5. 09
36	600183. SH	生益科技	电子元件及电子专用材料制造	5. 44	5. 3	5. 53	6. 18	4. 95
37	300327. SZ	中颖电子	电子器件制造	5. 44	5. 3	5. 28	5. 36	5. 85
38	688200. SH	华峰测控	电子和电工机械专用设备制造	5. 44	5. 93	5. 2	5. 34	5. 04
39	300851. SZ	交大思诺	软件开发	5. 44	5. 44	5. 45	5. 25	5. 6
40	600050. SH	中国联通	电信	5. 44	5. 26	5. 51	5. 93	5. 21
41	300369. SZ	绿盟科技	软件开发	5. 44	5. 4	5. 38	5. 56	5. 44
42	688568. SH	中科星图	数字内容服务	5. 43	5. 63	5. 13	5. 08	5. 7
43	600850. SH	电科数字	信息系统集成和物联网技术服务	5. 43	5. 4	4. 92	6. 05	5. 38
44	002049. SZ	紫光国微	电子器件制造	5. 43	5. 61	5. 21	5. 32	5. 46

续表

排名	代码	公司名称	所属行业	总得分	运营绩效	估值水平	风险控制	创新能力
45	688019. SH	安集科技	电子元件及电子专用材料制造	5. 43	5. 57	4. 89	5. 4	5. 72
46	300316. SZ	晶盛机电	电子和电工机械专用设备制造	5. 43	5. 62	5. 32	5. 72	5
47	603160. SH	汇顶科技	电子器件制造	5. 42	5. 21	5. 25	5. 5	5. 8
48	300378. SZ	鼎捷软件	软件开发	5. 42	5. 53	5. 26	5. 62	5. 23
49	300682. SZ	朗新科技	软件开发	5. 42	5. 59	5. 32	5. 3	5. 35
50	002238. SZ	天威视讯	广播电视传输服务	5. 42	5. 27	5. 39	5. 96	5. 2
51	300762. SZ	上海瀚讯	通信设备制造	5. 42	5. 48	5. 35	4. 66	6. 03
52	300188. SZ	美亚柏科	软件开发	5. 42	5. 2	5. 33	5. 44	5. 77
53	688002. SH	睿创微纳	电子器件制造	5. 41	5. 76	5. 14	5. 01	5. 5
54	002972. SZ	科安达	通信设备制造	5. 41	5. 55	5. 47	5. 21	5. 35
55	300672. SZ	国科微	电子器件制造	5. 41	5. 6	4. 93	5. 02	5. 9
56	688318. SH	财富趋势	软件开发	5. 41	5. 74	5. 39	4. 93	5. 37
57	300079. SZ	数码视讯	智能消费设备制造	5. 41	5. 37	4. 84	5. 11	6. 2
58	300785. SZ	值得买	互联网平台	5. 41	5. 68	5. 39	5. 47	5
59	603712. SH	七一二	通信设备制造	5. 41	5. 35	5. 32	5. 53	5. 46
60	002230. SZ	科大讯飞	软件开发	5. 41	5. 25	5. 06	5. 64	5. 72
61	603015. SH	弘讯科技	通用仪器仪表制造	5. 41	5. 19	5. 42	5. 44	5. 66
62	300627. SZ	华测导航	通信设备制造	5. 4	5. 6	5. 26	5. 18	5. 43
63	003029. SZ	吉大正元	软件开发	5. 4	5. 52	5. 47	5. 25	5. 3
64	605111. SH	新洁能	电子器件制造	5. 4	5. 63	5. 26	5. 6	5. 02
65	300229. SZ	拓尔思	软件开发	5. 4	5. 23	5. 42	5. 52	5. 51
66	603893. SH	瑞芯微	电子器件制造	5. 4	5. 44	5. 04	5. 14	5. 86
67	300377. SZ	赢时胜	软件开发	5. 4	5. 59	5. 43	5. 31	5. 17
68	002241. SZ	歌尔股份	电子元件及电子专用材料制造	5. 39	5. 56	5. 37	5. 8	4. 84
69	600667. SH	太极实业	智能消费设备制造	5. 39	5. 14	5. 5	5. 97	5. 18
70	300711. SZ	广哈通信	通信设备制造	5. 39	5. 59	5. 21	5. 26	5. 37
71	688001. SH	华兴源创	电子和电工机械专用设备制造	5. 39	5. 42	5. 29	5. 51	5. 33
72	002129. SZ	TCL 中环	输配电及控制设备制造	5. 39	5. 52	5. 44	5. 54	5. 03
73	603068. SH	博通集成	电子器件制造	5. 39	5. 43	4. 76	5. 3	5. 92

续表

排名	代码	公司名称	所属行业	总得分	运营绩效	估值水平	风险控制	创新能力
74	002152. SZ	广电运通	文化、办公用机械制造	5. 38	5. 36	5. 39	6. 03	4. 85
75	002063. SZ	远光软件	软件开发	5. 38	5. 23	5. 33	5. 72	5. 34
76	688039. SH	当虹科技	软件开发	5. 38	5. 15	4. 99	5. 41	6
77	688777. SH	中控技术	通用仪器仪表制造	5. 38	5. 17	5. 22	5. 39	5. 79
78	603613. SH	国联股份	互联网平台	5. 37	5. 6	5. 24	5. 35	5. 18
79	603019. SH	中科曙光	计算机制造	5. 37	4. 85	5. 42	5. 74	5. 77
80	688088. SH	虹软科技	软件开发	5. 37	5. 33	4. 82	5. 27	5. 99
81	300373. SZ	扬杰科技	电子器件制造	5. 37	5. 65	5. 36	5. 76	4. 65
82	688036. SH	传音控股	通信设备制造	5. 37	5. 49	5. 44	5. 22	5. 25
83	002624. SZ	完美世界	互联网信息服务	5. 36	5. 39	4. 95	5. 62	5. 46
84	688100. SH	威胜信息	通信设备制造	5. 36	5. 3	5. 3	5. 04	5. 79
85	688312. SH	燕麦科技	电子和电工机械专用设备制造	5. 36	5. 62	5. 42	4. 96	5. 3
86	300866. SZ	安克创新	计算机制造	5. 36	5. 52	5. 33	5. 23	5. 28
87	600728. SH	佳都科技	其他信息技术服务业	5. 36	5. 05	5. 36	5. 64	5. 55
88	603421. SH	鼎信通讯	信息系统集成和物联网技术服务	5. 36	5. 33	5. 39	5. 57	5. 18
89	002649. SZ	博彦科技	软件开发	5. 35	5. 46	5. 53	5. 71	4. 76
90	603267. SH	鸿远电子	电子元件及电子专用材料制造	5. 35	5. 79	5. 32	5. 31	4. 79
91	300659. SZ	中孚信息	软件开发	5. 35	5. 81	5. 06	5. 04	5. 22
92	002602. SZ	世纪华通	数字内容服务	5. 35	5. 17	5. 44	4. 93	5. 9
93	603002. SH	宏昌电子	电子元件及电子专用材料制造	5. 35	5. 48	5. 54	5. 55	4. 84
94	600131. SH	国网信通	信息系统集成和物联网技术服务	5. 35	5. 02	5. 35	5. 5	5. 68
95	688168. SH	安博通	软件开发	5. 35	5. 46	5. 36	4. 79	5. 65
96	603678. SH	火炬电子	电子元件及电子专用材料制造	5. 35	5. 55	5. 41	5. 45	4. 92
97	002979. SZ	雷赛智能	通用仪器仪表制造	5. 34	5. 56	5. 4	5. 25	5. 07
98	688396. SH	华润微	电子器件制造	5. 34	5. 49	5. 41	5. 47	4. 97

续表

排名	代码	公司名称	所属行业	总得分	运营绩效	估值水平	风险控制	创新能力
99	688181. SH	八亿时空	电子元件及电子专用材料制造	5. 34	5. 61	5. 49	5. 05	5. 09
100	688378. SH	奥来德	电子和电工机械专用设备制造	5. 34	5. 42	5. 37	5. 19	5. 32

图 14　中国数字经济投资组合回测

资料来源：Wind。

很显然，中国数字化转型前景将决定数字投资组合未来的市场表现。作为互联网革命上半场 Web2. 0 的产物，中国在基于中心化平台企业的数字技术+治理方面具有较强的国际竞争力，将继续为数字化转型奠定良好的基础。除了提供必要的基础设施之外，互联网平台企业作为中心化组织还始终保证着数字化转型效率，这已在发达经济体消化工业化高雇佣成本和实现低成本全球创新上得到充分验证。只是由于劳动力市场极化效应可能削弱人力资本积累和中心化平台企业追逐垄断租金会抑制网络效应和协同创新，这才需要数字化转型在元宇宙和以 Web3. 0 为核心内容的互联网革命下半场两个方向上取得新突破。

具体地讲，元宇宙意在通过沉浸式体验，提高个体认知能力，改善终生学习效率，促进人力资本积累。因此，元宇宙重点在于实现沉浸式体验，既可以与基于中心化平台企业的 Web2. 0 相结合，也可以同基于区块链的 Web3. 0 相结合。考虑到中心化平台企业的效率优势，元宇宙同 Web2. 0 相结合率先取得突破的可能性极大。

即使是以 Web3. 0 为核心内容的互联网革命下半场重点也在于减轻中心化平台企业追逐垄断租金对网络效应和协同创新的抑制，实现价值分配向知识生产者和创造者倾斜。Web3. 0 革命归根结底要落实到对新人和新项目提供有效的金融支持上。正如 Erdos 和 Albert 所揭示的那样，成长性的随机社会网络往往具有有偏爱的依附特征，较老的和具有度的成长机会的节点将比较年轻而有较低度的节点成长更快。这种富者更富的过程势必会导致老人和老项目获得过多的资源，并剥夺新人和新项目的成长空间，从而阻碍创造性破坏。这一问题在人口老龄化的背景下会变得越发严重。人口老龄化意味着年轻人即使具有高成长性，仅仅在其内部获得充足资源难度也会加大。考虑到去中心化自治组织（DAO）并非所有的成员都有参与利益相关者治理激励，去中心化金融（De-Fi）困难重重，尽管中国在多主体参与方面存在治理短板，但通过在 Web3. 0 基础上推动金融科技进步，实现对新人和新项目的金融支持仍然可期。这一目标甚至在 Web2. 0 基础上都可以部分实现。

由此可见，无论是元宇宙还是以 Web3. 0 为核心内容的互联网革命下半场，中心化平台企业仍将在保证数字化转型效率方面发挥不可替代的作用。因此，中国未来的数字化转型无疑会带有 Web2. 0 和 Web3. 0 相融合的特征，借助中心化平台企业的效率优势，形成线上线下和链上链下兼容的完整数字创新生态。

五　中国数字经济发展政策建议

尽管数字经济产业数据、数字核心产业上市公司年报披露数据和运用爬虫技术获得的上市公司高频和细颗粒度数字化转型数据均反映出中国数字化转型面临空间受限挑战，但经过必要的政策调整，数字经济发展仍有潜力可挖，并可为数字经济投资创造良好条件。

一是继续支持互联网中心化平台企业发展，充分利用中国超大人口规模给参与低成本全球创新带来的独特优势。与人口规模偏小的绝大部分发达经济体不同，中国自带异质性的超大人口规模在一定程度上缓解了人力资本稀缺性，并减轻了全球创新给本土协同创新带来的负外部性。这样就可以在享受全球创新低成本好处的同时，仍能保证本土协同创新。美国能够率先推动互联网革命上半场，实现低成本全球创新与其拥有在发达经济体内部超大人口规模也存在莫大关系。

二是合理调整对内容和媒介的严格限制，采取分别同 Web2.0 和 Web3.0 相结合的双管齐下的方法积极推动元宇宙建设，促进沉浸式体验率先取得突破。在此基础上，将元宇宙从狭隘的游戏娱乐场景解放出来，导向提高个体认知能力上，从而改善终生学习效率，促进人力资本积累。

三是借鉴新加坡有关经验，为以区块链和 Web3.0 技术为核心的金融科技创新创业企业量身打造专门的监管沙盒政策，充分实现对新人和新项目的金融支持。由于 token 和 nft 等加密资产的自带金融属性，只有引入专门的监管沙盒政策，金融科技进步才能既抑制金融泡沫和危机，又有发挥其实现价值分配向知识创造者和生产者倾斜的应有作用，减轻中心化平台企业追逐垄断租金对网络效应和协同创新的抑制。

四是稳健推动去中心化自治组织（DAO）发展，逐步弥补中国在多主体参与方面的治理短板，促进互联网革命下半场的顺利进行。只有积极运用区块链和 Web3.0 技术发展和完善利益相关者治理，才能避免垄断租金仅仅从互联网中心化企业转移到新的中心化组织，如金融科技创新创业企业或投资基金，仍然实现不了价值分配向知识创造者和生产者倾斜，以致削弱知识生产和协同创新激励，阻碍知识生产率提高。

我们相信经过上述一系列政策调整，中国未来的数字化转型完全可以在享受全球创新低成本好处的同时，保证本土协同创新，并同元宇宙推动的终生学习效率提高相结合，提高知识生产率。很显然，这样的数字化转型能够促进双循环新发展格局形成，在人口红利消失的条件下，重构中国增长动力，并为数字经济投资开辟广阔前景。

参考文献

奥利弗·E. 威廉姆森：《资本主义经济制度——论企业签约与市场签约》，段毅才、王伟译，商务印书馆，2002。

罗伯特·戈登：《美国增长的起落》，张林山、刘现伟、孙凤仪等译，中信出版社，2018。

威廉姆·邦维利安、彼得·辛格：《先进制造：美国的新创新政策》，沈开艳等译，上海社会科学院出版社，2019。

伍晓鹰：《数字经济对中国经济增长的贡献有多大》，北大国发院，2022 年 7 月 18 日。

希瑟·布西、布拉德福德·德龙、马歇尔·斯坦鲍姆：《皮凯蒂之后：不平等研究的新议程》，余江、高德胜译，中信出版集团，2022。

徐忠、邹传伟：《金融科技·前沿与趋势》，中信出版社，2021。

印德尔米特·吉尔和霍米·卡拉斯：《东亚复兴：关于经济增长的观点》，黄志强、余江译，中信出版社，2008。

中国经济增长前沿课题组：《中国经济转型的结构性特征、风险与效率提升路径》，《经济研究》2013 年第 10 期。

中国人民大学劳动人事学院课题组：《阿里巴巴零售平台就业机会测算与平台就业体系研究报告》，2019。

中国人民大学劳动人事学院课题组：《阿里巴巴全生态就业体系与就业质量研究报告》，2020。

中国信息通信研究院：《中国数字经济发展白皮书》，2021。

Acemoglu D.， “Technical Change，Inequality，and the Labor Market”，*Journal of Economic Literature*，2020，40（1）：7-72.

Autor D. H.，“Why Are There Still So Many Jobs？The History and Future of Workplace Automation”，*Journal of Economic Perspectives*，2015，29（3）：3-30.

Barabasi A.，R. Albert，“Emergence of Scaling in Random Networks”，*Science*，1999，286（5439）：509-512.

Cai，Fang，Dewen Wang，China's Demographic Transition：Implications for Growth，in：

Garnaut and Song (eds.), *The China Boom and Its Discontents*, Canberra: Asia Pacific Press. 2005.

Calvino, F., Criscuolo, C., Marcolin, L. and Squicciarini M. A, Taxonomy of Digital Intensive Sectors, Paris: OECD Science, Techology and Industry working Papers 2018/14.

Charles I. Jones, "Time Series Tests of endogenous growth models", *The Quarterly Journal of Economics*, 1995, 110 (2): 495-525.

Charles I. Jones, "Growth: With or without scale effects?", *American Economic Review*, 1999, 89 (2): 139-44.

David Weil, *The Fissured Workplace: Why Work Became So Bad for So Many and What Can Be Done to Improve It*, Cambridge, MA: Harvard Universtity Press. 2014.

Erik Brynjolfsson and Andrew McAfee, *The Second Machine Age: Work, Progress, and Prosperity in Time of Brilliant Technologies*, New York: W. W. Norton Press. 2014.

Ernst Fehr and Klaus Schmidt, "A Theory of Fairness, Competition, and Cooperation", *American Economic Review*, 1999, 114 (3): 177-181.

Ernst Fehr and Klaus Schmidt, "A Theory of Fairness, Competition, and Cooperation", *Quarterly Journal of Economics*, 2007, 97 (2): 817-868.

Ernst Fehr, Lorenz Goette and Christian Zehnder, "A Behavioral Account of Lobor Market: The Role of Fairness Concerns", *Annual Review of Economics*, 2009. 1 (1): 355-384.

Jackson, M. O., J. Wolinsky, "A Strategic Model of Social and Economic Networks", *Journal of Economic Theory*, 1996, 71 (1): 44-74.

Nir Jaimovich and Henry E. Siu, The Trend Is the Cycle: Job Polarization and Jobless Recoveries, NBER, Working Paper No. 18334. 2012.

OECD. *Going Digital: Shaping Policies, Improving Lives*, Paris: OECD press, 2019a.

OECD. *OECD Skills Outlook* 2019: *Thriving in a Digital World*, Paris: OECD press, 2019b.

OECD, A Roadmap Toward a Common Framework for Measuring the Digital Economy, Report for the G20 Digital Economy Task Force. 2020.

Paul Milgrom, "Employment Contracts, Influence Activities, and Efficient Organization Design", *Journal of Political Economy*, 1988, 96 (1): 42-60.

Paul A. Samuelson, "Where Ricardo and Mill Rebut and Confirm Arguments of Mainstream Economists Supporting Globalization", *Journal of Economic Perspectives*, 2004, 18 (3): 135-137, 144-145.

Sherwin Rosen, "Implicit Contracts: A Survey", *Journal of Economic Literature*, 1988, 25 (4): 1144-1175.

Solow, Robert M., We'd Better Watch Out, The New York Times, 1987. July 22.

Truman Bewley, *Why Wages Don't Fall during a Recession*, Cambridge, MA: Harvard University Press. 1999.

Weyl, Eric Glen, Ohlhaver, Puja and Buterin Vitalik, Decentralized Society: Finding Web3's Soul, SSRN-ID 4105763. 2022.

Young, A., "Growth without Scale Effects", *Journal of Political Economy*, 1998, 106 (1): 41-63.

专题报告

Special Reports

B.4

2021年房地产上市公司综合评价*

杜丽虹**

摘　要： 2021年是房地产行业频繁爆雷的一年，尽管在央行三道红线的政策指引下房地产企业的负债率普遍降低，但受预售资金严格监管的影响，主要房地产上市公司短期负债压力较大，财务重压下行业整体高度依赖于债务续借。在经营方面，主要房地产上市公司的存量资产周转率大幅上升，但行业整体的利润率大幅降低，内生和外生增长潜力都被进一步削弱。综合抗风险能力、融资成本、运营效率、盈利能力、成长潜力和销售规模因素，中国海外、华润置地、万科、保利地产、碧桂园、龙湖集团、越秀地产、华侨城、仁恒置地、深圳控股进入2021年房地产上市公司综合实力排序的TOP 10。进一步，如果我们以抗风险能力和融资成本为横轴，以当前的投入资本回报率和未来的成长潜力评分为纵轴，则在主要房地产上市公司的生存矩阵中，有19%的企

---

* 本报告未标明来源的数据均来源于Wind。

** 杜丽虹，中国社会科学院上市公司研究中心研究员。

业当前就面临生存压力；有34%的企业短期财务压力较大但尚有转型图存的空间；有14%的企业虽然短期的财务压力不大，但受到效率水平和成长空间的制约，只能通过合作开发来拓展生存空间；余下的、具有可持续发展潜力的企业仅占32%，其中只有10%的企业具有整合潜能。显然，在行业洗牌之际，正视自身的短板、准确定位行业内的生存空间，是房地产企业适应新环境、实现可持续增长的关键。

关键词： 房地产　上市公司　财务分析　生存矩阵

2021年是房地产行业频繁爆雷的一年，尽管在央行三道红线的政策指引下房地产企业的负债率普遍降低，主要房地产上市公司剔除预收款后总负债率的中位数从2020年末的71.9%降至2021年底的70.8%，净负债率的中位数从2020年末的80.2%降至2021年底的76.5%；不过，受预售资金严格监管的影响，主要房地产上市公司现金短债比的中位数从2020年末的1.25倍降至2021年底的1.05倍。结果，在主要房地产上市公司中，绿档企业的占比维持在2020年末的33%水平，但红档和橙档企业占比则从2020年末的27%上升至32.5%。与此同时，隐性负债也有所上升，主要房地产上市公司有近一半的销售来自表外贡献，少数股东权益在净资产中的平均占比达到39%，但少数股东应占利润普遍低于权益占比，有27%的企业少数股东的利润占比不到权益占比的一半，还有部分企业由于少数股东不承担亏损，从而出现利润占比显著高于权益占比的情况，由此估算的明股实债成分在净资产中的平均占比从2020年末的14%微升至2021年末的15%。

在财务重压下，行业整体高度依赖于债务续借——由于国内房地产企业普遍缺乏长期资金渠道，所以，当前96%的房地产上市公司都面临债务期限短于投资回收周期的问题，平均的期限缺口达到15个月。根据我们的测算，主要房地产上市公司中有30%的企业短期内就面临资金缺口的压力，所有企业都面临中期资金缺口的压力，平均的最低债务续借比例为69%，有16%的企业最低的债务续借比例在100%以上——也就是说，即使在不扩张的情况下，这部分企业不仅需要续借全部债务，还需要新增债务以偿付利息和维持运营。实际上，2021年，主要房地产上市公司中有10%的企业其利息保障倍数已小于1倍，即当前的盈利尚不足以偿付利息部分，更不用说本金了。

在经营方面，2021年主要房地产上市公司的存量资产周转率较上年平均提升了35%，但行业整体的利润率大幅降低。主要房地产上市公司毛利润率的中位数从2020年的24.4%降至2021年的16.6%，核心经营利润率的中位数则从2020年的12.2%降至2021年的9.7%；相应的，主要房地产上市公司税前投入资本回报率的中位数从2020年的9.2%降至2021年的7.2%；投入资本回报率与综合债务融资成本之间的利差空间则从2020年的1.2个百分点缩小至0.9个百分点，内生和外生增长潜力都被进一步削弱——截至2021年末，主要房地产上市公司中有36%的企业其税前的投入资本回报率已低于综合债务融资成本，从而失去了可持续的增长空间。

在此背景下，房地产企业频频爆雷，部分企业由于销售急剧萎缩，已跌出我们重点观察的主要房地产上市公司之列；此外，2022年有多家企业推迟刊发2021年的业绩报告或更换审计机构，截至2022年6月8日，恒大集团、融创中国、世茂集团、佳兆业、花样年、当代置业、新力控股几家仍未公布2021年的财务数据，我们只能将以上几家企业排除在2021年的排名报告之外。此外，龙光集团、富力地产、景瑞控股几家企业也尚未公布经审核的财务数据，排名是以其未经审核的财务数据为基准进行测算的。结果，相比于2020年入围的87家主要房地产上市公司，2021年入围的主要房地产上市公司减少至77家，这其中，近五成企业面临经营上的严重问题，六成企业面临财务上的严重问题，抗风险能力和盈利能力成为房地产企业的最主要短板。

综合抗风险能力、融资成本、运营效率、盈利能力、成长潜力和销售规模因素，中国海外、华润置地、万科、保利地产、碧桂园、龙湖集团、越秀地产、华侨城、仁恒置地、深圳控股进入 2021 年房地产上市公司综合实力排序的 TOP 10。

进一步，如果我们以抗风险能力和融资成本为横轴，以当前的投入资本回报率和未来的成长潜力评分为纵轴，则在主要房地产上市公司的生存矩阵中，有 19%的企业当前就面临生存压力；有 34%的企业短期财务压力较大但尚有转型图存的空间；有 14%的企业虽然短期的财务压力不大，但受到效率水平和成长空间的制约，只能通过合作开发来拓展生存空间；余下的、具有可持续发展潜力的企业仅占 32%，其中只有 10%的企业具有整合潜能。显然，在行业洗牌之际，正视自身的短板、准确定位行业内的生存空间，是房地产企业适应新环境、实现可持续增长的关键。

最后，鉴于房地产行业债务结构的复杂性，在本报告的制作过程中我们力图通过隐性负债的分析来发现企业隐藏的债务风险，但我们无法对每家企业的财务数据进行审核，所以，评分的准确性仍有赖于其表内财务数据的真实性；在表内财务数据严重失真的情况下，我们也将无法保证排序报告的准确性。

但我们已经综合利用了所有可以被利用的公开财务信息，并进行了几乎覆盖全体房地产上市公司的全面分析，所以，我们相信本报告在评价房地产企业整体的财务和运营状况方面仍具有较好的参考价值。但我们确实无法保障所有排序不出现偏差，因此，在使用本排序报告时，请结合多方面信息做出自主判断。

一　2021年度房地产上市公司的销售规模——规模效应在减弱

2021 年全年合同销售总额或并表销售额在 100 亿元以上且在 2022 年 6 月 8 日以前公布了 2021 年度财务数据的房地产上市公司，A+H 共 77 家，我们称之为主要房地产上市公司（恒大集团、融创中国、世茂集团、佳兆业、花样年、当代置业、新力控股几家公司由于未公布 2021 年财务数据，而被排除在以上77家主要房地产上市公司之列）。其中有14家公司全年合同销售总额在2000亿元及以上，有21家公司全年合同销售总额在1000亿~2000亿元，有11家公司的全年合同销售总额在500亿~1000亿元，有27家公司的全年合同销售总额在100亿~500亿元。规模排名TOP 10的房地产上市公司全年合同销售总额都在2500亿元以上，规模排名TOP 20的房地产上市公司全年合同销售总额也都在1500亿元以上，规模排名TOP 50的房地产上市公司全年合同销售总额也至少要达到370亿元以上。

上述主要房地产上市公司的销售总额中，平均有46%来自表外。若以并表销售额计算，则有7家房地产上市公司的并表销售额大于等于2000亿元，有9家房地产上市公司的并表销售额在1000亿~2000亿元，有19家房地产上市公司的并表销售额在500亿~1000亿元，有39家房地产上市公司的并表销售额在100亿~500亿元（见图1）。

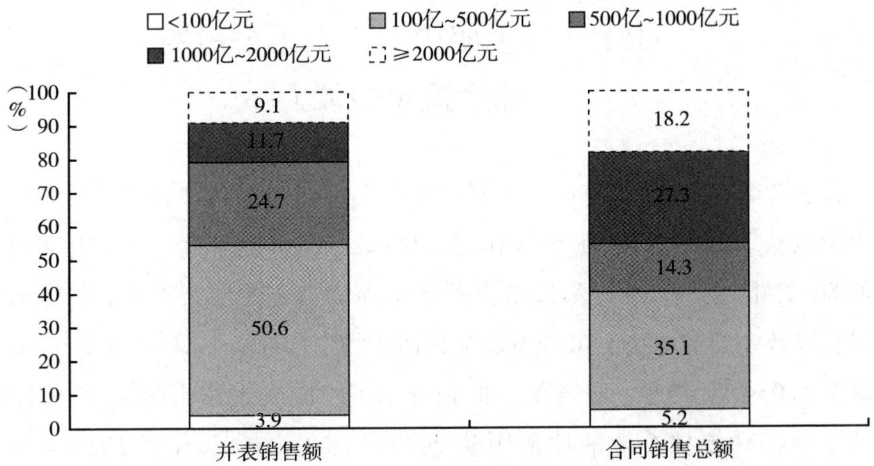

图1　2021年主要房地产上市公司按合同销售总额和并表销售额分布情况

规模也在一定程度上影响着房地产企业的综合实力。2021年房地产上市公司综合实力排行榜TOP 20的企业有11家公司的全年合同销售总额在2000亿元以上，有4家公司的全年合同销售总额在1000亿~2000亿元；以并表销售额计算，综合实力排行榜TOP 20的企业中有7家公司的并表销售总额在 2000 亿元以上，有 6 家公司的并表销售额在 1000 亿~2000 亿元。

不过，与以前年度相比，2021 年，房地产企业规模效应的影响力在减弱，综合实力排行榜 TOP 20 的企业中有 5 家公司的合同销售总额不到千亿元——实际上，由于恒大等巨型企业的频繁“爆雷”，房地产开发企业的财务安全性整体降低，一些以出租业务为主的房地产企业凭借财务安全性或融资成本上的优势跻身综合实力排行榜的 TOP 20。与之相对，在大型房地产开发企业中，除了未公布 2021 年财务数据的恒大、融创、世茂、佳兆业等几家企业外，在已经公布了财务数据的企业中，中南建设、阳光城、融信中国、华发股份、富力地产、祥生控股、禹洲集团、合景泰富等多家千亿元规模的企业也由于财务和经营方面的问题而落入综合实力排名榜的后 20 位。这其中，综合抗风险能力、融资成本、运营效率、盈利能力、成长潜力几大因素发挥了重要作用。

二　2021年主要房地产上市公司的综合抗风险能力

截至 2021 年 12 月 31 日，主要房地产上市公司剔除预收款后总负债率的中位数从 2020 年末的 71.9%略降至 70.8%，净负债率的中位数从 2020 年末的 80.2%降至 76.5%；不过由于下半年预售资金的监管加强，受限资金的增长导致主要房地产上市公司现金短债比的中位数从 2020 年末的 1.25 倍下降至 1.05 倍；结果，处于绿档的企业比例维持在 2020 年末的 33%水平，但处于红档和橙档企业的比例则从 2020 年末的 27%上升至 2021 年底的 32.5%，这还不包括未披露财务数据的恒大、融创、世茂、佳兆业等企业。

根据我们的测算，主要房地产上市公司有 30%的企业短期内就面临资金缺口的压力，所有企业都面临中期资金缺口的压力——即使在不扩张的情况下，主要房地产上市公司也都需要进行债务续借，平均的债务续借比例为 69%，有 16%的企业不仅需要续借全部债务，还需要新增债务以偿付利息或维持运营。实际上，有 10%的企业利息保障倍数已小于 1 倍，即当前的盈利尚不足以偿付利息部分，更不用说本金了。此外，由于国内房地产企业普遍缺乏长期融资渠道，所以，当前96%的企业都面临债务期限短于投资回收周期的期限结构缺口问题，平均的期限缺口达到15个月，27%的企业面临两年以上的期限缺口。

进一步，为了减轻账面的债务负担、增强企业的债务融资能力，房地产企业明股实债和表外负债问题依然严峻：主要房地产上市公司中少数股东权益在净资产中的平均占比维持在2020年末的39%的水平，但少数股东应占利润普遍低于权益占比，有27%的企业少数股东的利润占比不到权益占比的一半，还有部分企业由于少数股东不承担亏损，而出现利润占比显著高于权益占比的情况，结果主要房地产上市公司中明股实债成分在净资产中的平均占比从2020年的14%微升到2021年末的15%，这还不包括恒大、融创等未披露财务数据的企业；表外销售方面，主要房地产企业平均有46%的销售来自表外，有5%的企业表外销售的贡献比例大于70%；再加上合约负债中的融资成分，行业整体的隐性债务压力依然很大。

综合考虑表内偿债能力及表外负债预警，主要房地产上市公司抗风险能力综合评分的中位数已降至1.80分，大名城、中国海外、华润置地、万科、仁恒置地、深圳控股、佳源国际、保利地产、碧桂园、华侨城进入综合抗风险能力排行榜TOP 10。

（一）主要房地产上市公司的短期偿债能力

截至2021年12月31日，77家主要房地产上市公司的带息负债总额达到5.96万亿元（不含恒大、融创、世茂集团、佳兆业等未公布2021年度财务数据的企业），另有1760亿元的永续资本证券，带息负债总额合计达到6.1万亿元，与这77家公司在2020年末的负债水平基本持平，带息负债合计占到总资产的25.1%，占比较2020年末的27.7%有所下降，更显著低于2019年末30.1%的带息负债占比。主要房地产上市公司的净负债率［净负债率=（带息负债+永续资本证券-现金）/净资产］均值从2020年末的98.4%略升高至2021年末的100.8%，中位数则从2020年末的80.2%降至

2021 年末的 76.5%（如果加上恒大、融创等公司，则 2021 年行业整体的负债率将有所上升）；其中，有 20 家公司的净负债率在 100%以上，占主要房地产上市公司总数的 26.0%；有 5 家公司的净负债率在 200%以上，占主要房地产上市公司总数的 6.5%（见图 2）。

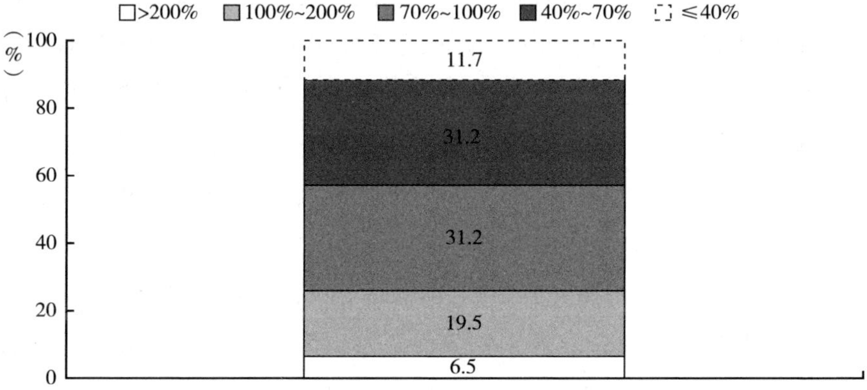

图 2　主要房地产上市公司的净负债率分布（2021 年末）

不过，由于各地对预售资金的监管增强，主要房地产上市公司平均现金短债比从 2020 年末的 1.37 倍略下降至 2021 年末的 1.26 倍，中位数从 2020 年末的 1.25 倍下降至 2021 年末的 1.05 倍；有 36 家公司的现金短债比小于 1 倍，占总数的 46.8%（见图 3），其中，有 15 家公司的现金短债比小于 0.5 倍，占总数的 19.5%。若以货币资金总额计算，则主要房地产上市公司短期富余资金的中位数从 2020 年末的 5.2%上升至 2021 年末的 5.6%，但仍有 30%的企业面临短期资金缺口，占比较 2020 年末上升了 2 个百分点，有 14%的企业面临相当于总资产 10%以上的短期资金缺口，占比也较 2020 年末上升了 3 个百分点。

（二）主要房地产上市公司对央行三道红线的遵守情况

截至 2021 年末，主要房地产上市公司剔除预收款后平均总负债率从 2020 年末的 72.3%降至 2021 年末的 71.8%，中位数从 2020 年末的 71.9%降至 2021 年末的 70.8%，有 44 家公司的总负债率大于 70%，占主要房地产

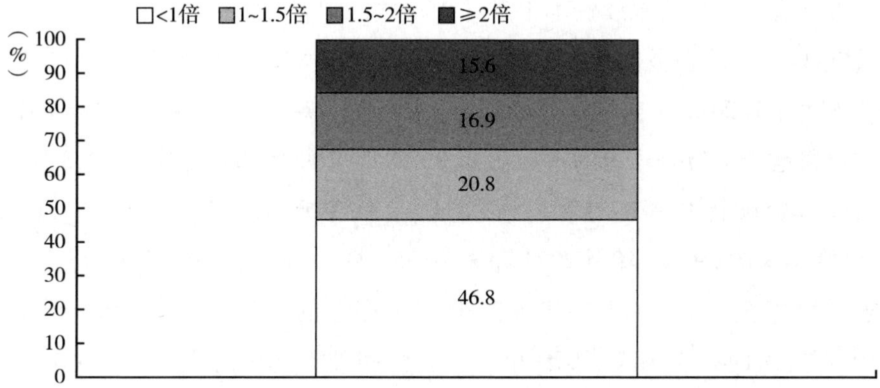

图 3　主要房地产上市公司的现金短债比分布（2021 年末）

上市公司总数的 57%；有 11 家公司的总负债率大于 80%，占主要房地产上市公司总数的 14%。

综合总负债率、净负债率和现金短债比，我们对每项指标进行插值赋分，然后分别给予 1/3 的权重，加权平均后即得到主要房地产上市公司的负债率评分。结果，主要房地产上市公司的平均得分为 3.93 分，中位数为 3.48 分；有 48 家公司的负债率评分小于 5 分，占总数的 62.4%；更有 22 家公司的负债率评分小于 2 分，占总数的 28.6%（见图 4），这部分企业的整体负债率较高，债务压力较大。

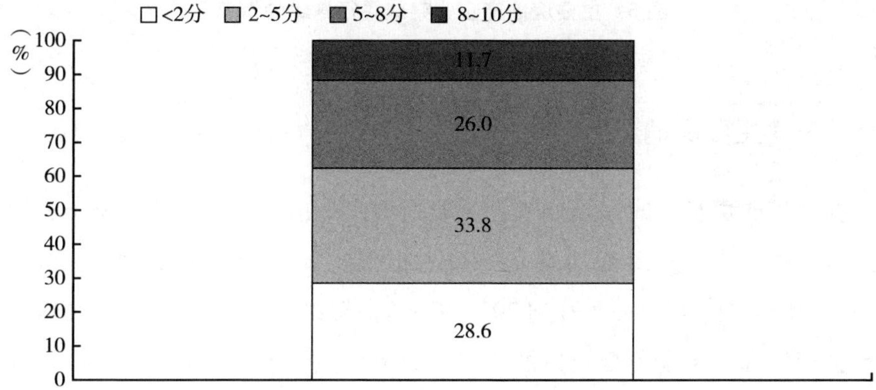

图 4　主要房地产上市公司的负债率评分（2021 年末）

进一步，如果将永续资本工具计入权益，则有 9 家公司在这三项上均已突破红线（红档企业），在主要房地产上市公司中的占比从 2020 年末的 11. 0%微升至 2021 年末的 11. 7%；有 16 家公司突破两道红线（橙档企业），在主要房地产上市公司中的占比则从 2020 年末的 16. 0%上升至 20. 8%；有 27 家公司突破其中一道红线（黄档企业），在主要房地产上市公司中的占比从 2020 年末的 39. 0%降至 2021 年末的 35. 1%；有 25 家公司同时符合三项要求（绿档企业），在主要房地产上市公司中的占比维持在 2020 年末的 33. 0%左右的水平。相较 2020 年末，红档和橙档企业占比提升，主要是由于在预售资金的严格监管下，房地产企业的现金短债比普遍降低。

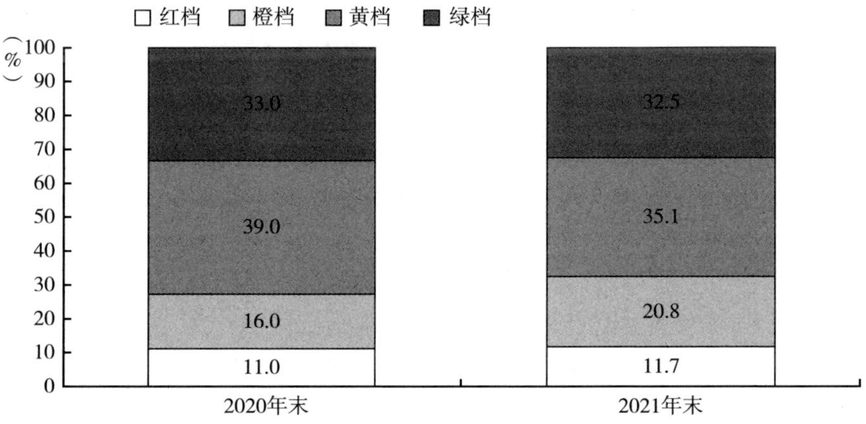

图 5　主要房地产企业突破央行红线的情况

（三）主要房地产上市公司的中期偿债能力

在两年或更长的时间周期里，主要房地产上市公司平均的中期资金缺口在总资产中的占比从 2020 年末的 19. 6%扩张到 2021 年末的 22. 5%，中位数则从 2020 年末的 17. 1%上升到 2021 年末的 18. 8%；结果，所有主要房地产上市公司均面临中期资金缺口的压力。有 67 家公司的中期资金缺口超过总资产的 10%，占主要房地产上市公司总数的 87%；有 36 家公司的中期资金缺口超过总资产的20%，占主要房地产上市公司总数的46.8%；有17家公司的中期资金缺口超过总资产的30%，占主要房地产上市公司总数的22.1%（见图6）。

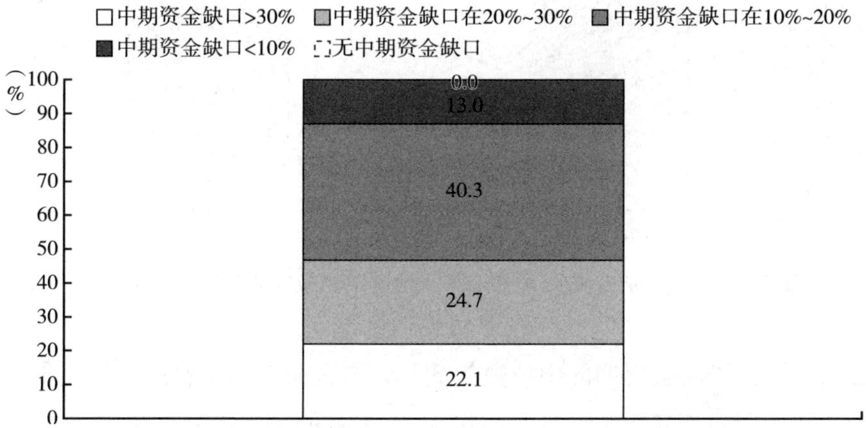

图6　主要房地产上市公司的中期资金缺口分布（2021年末）

上述资金缺口需要通过新增债务或续借债务来弥补，根据我们的测算，在不扩张的情况下，主要房地产上市公司平均的最低续借债务比例从2020年末的57%上升至2021年末的75.5%，中位数则从2020年末的55%上升至2021年末的69%，即主要房地产上市公司的续借债务压力普遍增大，平均有七成的债务无法偿还，需要通过新增债务或续借债务来延续资金链平衡。其中，有57家公司的最低续借比例在50%以上，占主要房地产上市公司总数的74%；有38家公司的最低续借比例在70%以上，占主要房地产上市公司总数的49.4%；有12家公司的最低续借比例在100%以上，占主要房地产上市公司总数的15.6%（见图7），这12家公司不仅要续借全部债务，还需要新增债务以偿付利息或维持运营。

（四）主要房地产上市公司的债务期限结构匹配

在债务期限结构匹配方面，以2021年的周转速度计算，主要房地产上

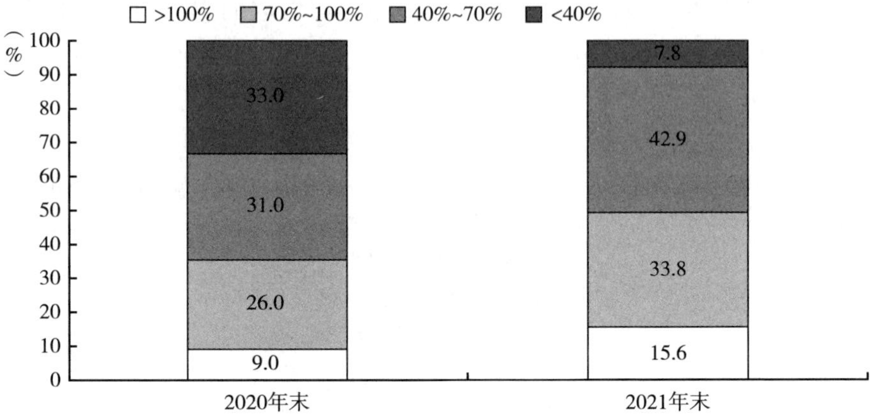

图 7　主要房地产上市公司在不扩张情况下的最低债务续借比例分布

市公司当前投资回收周期的中位数为 3 年，与之相对，主要房地产上市公司平均的债务期限不到 2 年，平均面临约 15 个月的债务期限结构缺口。有 74 家公司在当前运营效率下面临债务期限结构缺口，占主要房地产上市公司总数的 96%；有 49 家公司当前的债务期限结构缺口在 1 年以上，占主要房地产上市公司总数的 63. 6%；有 21 家公司当前的债务期限结构缺口在 2 年以上，占主要房地产上市公司总数的 27. 3%（见图 8）。

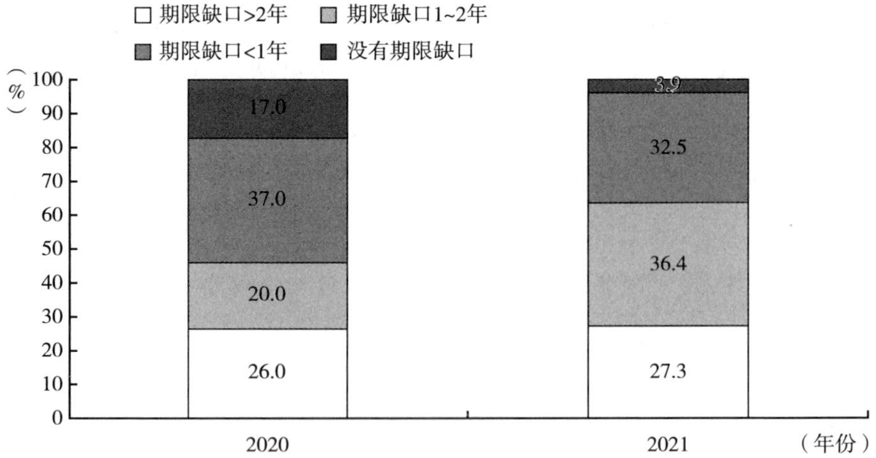

图 8　主要房地产上市公司的债务期限结构缺口分布

进一步，低谷中所有企业的投资回收周期都会有不同程度的延长，预期主要房地产上市公司低谷中投资回收周期的中位数会延长到4.2年，在当前债务结构下，平均面临19个月的债务期限结构缺口。几乎所有的企业都将面临低谷中的债务期限结构缺口问题；有71家公司低谷期的期限结构缺口在1年以上，占主要房地产上市公司总数的92.2%；有45家公司低谷期的期限结构缺口在2年以上，占主要房地产上市公司总数的58.4%，这部分企业在低谷中需要进行多轮再融资才能维系资金链平衡。

（五）主要房地产上市公司的利息保障倍数

进一步，我们以企业调整后的经营利润与总利息支出之比计算其利息保障倍数，即

$$\text{利息保障倍数}=\frac{\text{营业收入}-\text{营业成本及税金}-\text{土地增值税}-\text{销售费用}-\text{管理费用}+\text{合联营公司的利润贡献}+\text{资本化利息}}{\text{总利息支出(含资本化部分)}}$$

该指标显示了房地产企业偿付债务利息的能力——由于所有主要房地产上市公司均需借助债务续借来维持资金链的平衡，所以，偿付利息的能力就显得尤其重要了，换句话说，即使金融机构能够给企业延长债务期限，也需要房地产企业拥有支付债务利息的能力，它是企业偿债能力的最基本要求。数据显示，2021年主要房地产上市公司利息保障倍数的平均值从2020年的2.3倍略降至2.2倍，中位数则从2.0倍微升至2.1倍；有26家企业的利息保障倍数小于1.5倍，占总数的33.8%；有8家企业的利息保障倍数小于1倍，占总数的10.4%（见图9），这部分企业当前的盈利能力已不足以偿付利息，未来，即使能够实现续借债务，也将面临较严峻的偿债压力。

综合企业的中期风险头寸、最低债务续借比例、期限结构缺口及利息保障倍数，我们对每项指标进行插值赋分，然后分别给予25%的权重，加权平均后得到主要房地产上市公司的偿债能力评分。结果显示，主要房地产上市公司偿债能力的平均得分为3.77分，中位数为3.51分；有34家公司的偿债能力评分为2~5分，占总数的44.2%；更有19家公司的偿债能力评分

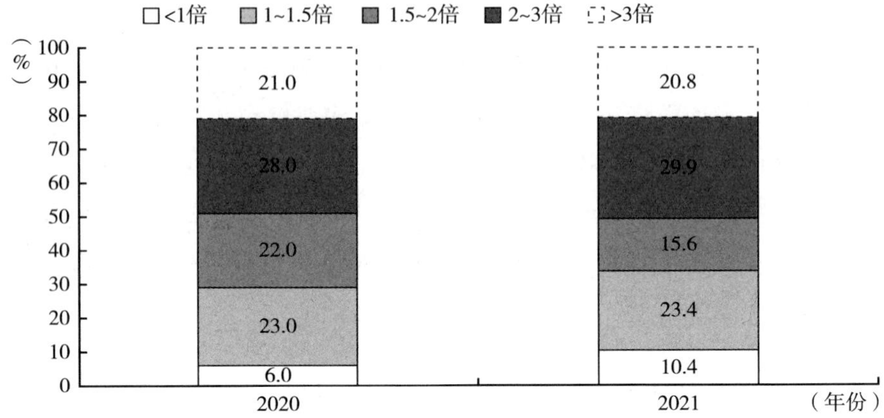

图9　主要房地产上市公司的利息保障倍数分布

小于2分，占总数的24.7%（见图10），这部分企业的中期资金缺口较大，需要续借的债务比例较高，甚至面临经营利润不足以覆盖利息支出的问题，偿债压力较大。

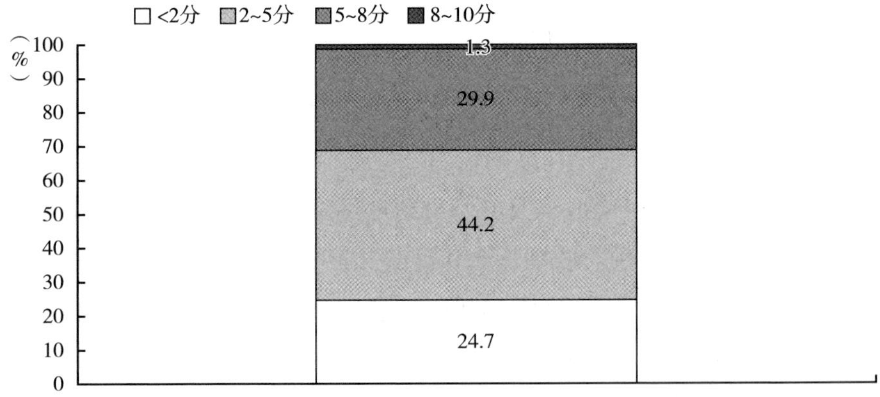

图10　主要房地产上市公司的偿债能力评分分布（2021年）

（六）主要房地产上市公司的隐性负债问题

实际中，为了降低账面负债率，尽早符合央行三道红线的要求，提高企业的债务再融资能力，一些房地产企业利用表外负债和明股实债等渠道将表内负债转为表外债务或转入权益项下；为此我们通过对表外负债、明股实债以及合约内含融资成分的测度来识别房地产上市公司的隐性债务负担。

其中，表外负债以并表销售额与销售总额之比进行测度，即当企业并表销售额与销售总额之比小于30%时为0分，当并表销售额与销售总额之比大于70%时为10分，中间比例插值赋分。2021年主要房地产上市公司并表销售额与销售总额之比的平均值为62%，中位数为54%，即行业平均有近半销售额来自表外贡献，与2020年相当；这其中，有29家公司的并表销售额不超过销售总额的50%，占总数的37.7%；有12家公司的并表销售占比小于40%，占总数的15.6%；有4家公司的并表销售占比不到30%，占总数的5.2%。随着表外销售贡献的增大，表外负债也随之增大，很多上市公司在表外合联营公司中的实际债务承担高于权益比例，从而带来隐性负债。

表1　主要房地产上市公司的表外销售贡献

单位：%

股票代码	证券名称	并表销售额/销售总额	长期股权投资/总资产
600743. SH	华远地产	146. 5	1. 0
600648. SH	外高桥	124. 4	2. 4
600340. SH	华夏幸福	121. 8	1. 4
600649. SH	城投控股	105. 8	8. 7
000926. SZ	福星股份	100. 5	0. 1
601992. SH	金隅集团	100. 2	2. 3
600606. SH	绿地控股	99. 0	2. 3
600663. SH	陆家嘴	97. 4	11. 0
600153. SH	建发股份	95. 4	2. 4
600094. SH	大名城	93. 2	3. 0
600665. SH	天地源	90. 0	1. 3
0604. HK	深圳控股	88. 7	9. 3
600223. SH	鲁商置业	87. 4	1. 2
601588. SH	北辰实业	87. 2	0. 8
600067. SH	冠城大通	84. 7	2. 7
000069. SZ	华侨城 A	84. 5	3. 9
600266. SH	城建发展	84. 0	2. 4
600736. SH	苏州高新	79. 9	4. 8

续表

股票代码	证券名称	并表销售额/销售总额	长期股权投资/总资产
600823. SH	世茂股份	77. 9	0. 8
0960. HK	龙湖集团	76. 4	3. 1
600208. SH	新湖中宝	73. 6	30. 1
0754. HK	合生创展	71. 8	5. 4
000002. SZ	万科 A	70. 5	7. 5
2007. HK	碧桂园	69. 3	3. 7
601155. SH	新城控股	65. 3	5. 0
000402. SZ	金融街	65. 0	2. 5
600657. SH	信达地产	64. 7	6. 0
0123. HK	越秀地产	64. 5	56. 1
000736. SZ	中交地产	61. 8	3. 6
2777. HK	富力地产	61. 3	3. 5
600048. SH	保利地产	60. 0	6. 8
2768. HK	佳源国际	59. 8	7. 4
0688. HK	中国海外	59. 0	4. 7
3380. HK	龙光集团	57. 9	8. 2
600708. SH	光明地产	57. 0	2. 3
1109. HK	华润置地	55. 9	6. 5
3990. HK	美的置业	55. 8	9. 8
600565. SH	迪马股份	55. 1	6. 7
Z25. SI	仁恒置地	54. 1	7. 9
1966. HK	中骏集团	53. 2	5. 1
000656. SZ	金科股份	53. 1	6. 9
3383. HK	雅居乐	52. 9	9. 9
0106. HK	朗诗地产	52. 9	13. 6
000517. SZ	荣安地产	52. 9	6. 2
1238. HK	宝龙地产	52. 8	4. 0
002146. SZ	荣盛发展	52. 2	1. 1
000031. SZ	大悦城	52. 1	6. 6
0832. HK	建业地产	50. 6	6. 7
001979. SZ	招商蛇口	50. 0	7. 2
1233. HK	时代中国	49. 9	12. 0
3377. HK	远洋集团	49. 7	11. 4
600325. SH	华发股份	49. 7	6. 0

续表

股票代码	证券名称	并表销售额/销售总额	长期股权投资/总资产
3900. HK	绿城中国	49. 2	7. 2
600376. SH	首开股份	48. 6	9. 9
0230. HK	五矿地产	48. 0	4. 6
2019. HK	德信中国	47. 7	4. 9
1862. HK	景瑞控股	46. 1	3. 7
6158. HK	正荣地产	46. 0	5. 2
0272. HK	瑞安地产	45. 9	20. 6
9993. HK	金辉集团	45. 6	4. 4
2772. HK	中梁控股	44. 1	8. 9
0884. HK	旭辉控股	44. 0	8. 0
000961. SZ	中南建设	42. 3	7. 4
1628. HK	禹洲集团	41. 8	6. 0
000671. SZ	阳光城	40. 5	8. 0
1622. HK	力高集团	39. 6	1. 1
600383. SH	金地集团	39. 3	13. 2
1098. HK	路劲	38. 3	19. 3
2599. HK	祥生控股	37. 5	2. 0
3301. HK	融信中国	37. 1	4. 7
0817. HK	中国金茂	35. 7	10. 3
1996. HK	弘阳地产	34. 7	10. 7
002244. SZ	滨江集团	34. 5	5. 1
1813. HK	合景泰富	28. 7	26. 8
6111. HK	大发地产	25. 3	9. 5
002305. SZ	南国置业	22. 5	6. 0
600466. SH	蓝光发展	13. 0	1. 4

除了表外负债，明股实债也成为近年来房地产企业转移表内债务的重要渠道。在明股实债安排下，项目公司层面的少数股东权益具有较强的债性，它体现为利润分配上的同股不同权，即在项目公司亏损时，少数股东不承担或少承担亏损，而在项目盈利丰厚时，少数股东只获取相对固定的利润分配。为此我们以净资产中明股实债的成分比例来测度企业的明股实债风险，其中：

净资产中明股实债的成分比例

=少数股东权益占比×少数股东权益中同股不同权的成分比例

=少数股东权益/剔除永续资本后的净资产×少数股东权益中同股不同权的成分比例

其中，少数股东权益中同股不同权的成分比例由“当期少数股东应占利润比例［少数股东应占利润/（净利润-永续资本分配）］与少数股东应占权益比例的比值”推算而来。具体的，当“少数股东应占利润比例与应占权益比例的比值”在0.3~1时，利润占比与权益占比的比值越低，同股不同权的成分比例越高：当少数股东应占利润比例与应占权益比例的比值小于0.3时可以近似认为全部少数股东权益都是同股不同权的，即同股不同权的成分比例为100%；反之，当少数股东应占利润比例与应占权益比例的比值等于1时，则全部少数股东权益都是同股同权的，即同股不同权的成分比例为0。但如果少数股东的应占利润为负数，显示少数股东也承担了损失，则同股不同权的成分比例为0。另外，如果少数股东的利润占比显著高于权益占比，其原因可能是少数股东不承担项目公司层面的亏损，此时同股不同权的成分比例也较高；当少数股东应占利润比例与应占权益比例的比值大于2时，近似认为同股不同权的成分比例达到100%。

数据显示，截至2021年底，主要房地产上市公司少数股东权益占比的平均值从2020年末的34%上升至38%，中位数则维持在2020年末的39%水平，有23家公司的少数股东权益占比超过50%，占总数的29.9%，更有5家公司的少数股东权益占比超过70%，占总数的6.5%。

在同股同权方面，上述少数股东的应占利润比例普遍低于应占权益比例，2021年有27%的企业其少数股东的应占利润比例不到应占权益比例的一半，更有16%的企业应占利润比例还不到应占权益比例的30%；还有部分企业由于少数股东不承担亏损，而出现利润占比显著高于权益占比的情况。根据应占利润比例与应占权益比例的比值估算的少数股东中同股不同权的成分比例，结果显示，主要房地产上市公司平均的同股不同权比例为54%，中位数为57%，即超过一半的少数股东权益是同股不同权的。

2021 年我们根据主要房地产上市公司“少数股东权益占比”与“少数股东权益中同股不同权的成分比例”推算出“净资产中明股实债的成分比例”，其平均值维持在 2020 年的 20%水平，中位数则从 2020 年全年的 14%微升至 15%；其中，有 21 家公司的明股实债成分比例已超过或等于净资产的 30%，占总数的 27. 3%；更有 5 家公司的明股实债成分比例已大于 50%，占总数的 6. 5%（如果再考虑恒大、融创、世茂、佳兆业等未公布 2021 年财务数据的公司，则实际房地产行业整体的明股实债比例将进一步升高）。据此，我们对“净资产中明股实债的成分比例”给予评分，其中，比例为 0 的赋予 10 分，比例大于 50%的赋予 0 分，中间数值插值赋分，由此得到房地产上市公司的明股实债风险评分（见表 2）。

表 2　主要房地产上市公司的少数股东权益情况

股票代码	证券名称	少数股东权益/净资产（%）	少数股东权益应占利润/(净利润-永续资本分配)(%)	同股不同权成分比例（%）	明股实债成分/净资产（%）	明股实债风险评分（分）
600743. SH	华远地产	6. 1	26. 7*	0. 0	0. 0	10. 00
600649. SH	城投控股	8. 5	-1. 6*	0. 0	0. 0	10. 00
002146. SZ	荣盛发展	12. 3	0. 9*	0. 0	0. 0	10. 00
000402. SZ	金融街	12. 8	-3. 9*	0. 0	0. 0	10. 00
601588. SH	北辰实业	21. 1	268. 0*	0. 0	0. 0	10. 00
002305. SZ	南国置业	37. 0	6. 6*	0. 0	0. 0	10. 00
000671. SZ	阳光城	62. 8	7. 1*	0. 0	0. 0	10. 00
600340. SH	华夏幸福	73. 5	2. 0*	0. 0	0. 0	10. 00
600466. SH	蓝光发展	80. 5	3. 6*	0. 0	0. 0	10. 00
600208. SH	新湖中宝	1. 8	2. 1	17. 2	0. 3	9. 94
600657. SH	信达地产	3. 2	3. 5	10. 3	0. 3	9. 93
2007. HK	碧桂园	33. 9	34. 6	2. 1	0. 7	9. 86
000002. SZ	万科 A	39. 9	40. 8	2. 3	0. 9	9. 82
600648. SH	外高桥	2. 3	1. 4	57. 1	1. 3	9. 73
600665. SH	天地源	8. 5	10. 0	17. 6	1. 5	9. 70
0688. HK	中国海外	3. 8	6. 7	77. 9	3. 0	9. 41

续表

股票代码	证券名称	少数股东权益/净资产（%）	少数股东权益应占利润/（净利润-永续资本分配）（%）	同股不同权成分比例（%）	明股实债成分/净资产（%）	明股实债风险评分（分）
600094. SH	大名城	4. 0	-25. 3	100. 0	4. 0	9. 19
1628. HK	禹洲集团	38. 7	35. 7	11. 1	4. 3	9. 14
0272. HK	瑞安地产	11. 5	17. 1	48. 8	5. 6	8. 88
2768. HK	佳源国际	13. 8	9. 5	44. 3	6. 1	8. 78
000656. SZ	金科股份	52. 7	48. 1	12. 5	6. 6	8. 68
1098. HK	路劲	22. 6	29. 4	30. 4	6. 9	8. 63
600823. SH	世茂股份	47. 3	55. 0	16. 2	7. 7	8. 46
0123. HK	越秀地产	37. 8	31. 9	22. 2	8. 4	8. 32
002244. SZ	滨江集团	45. 0	38. 5	20. 6	9. 3	8. 15
0604. HK	深圳控股	9. 6	-29. 6	100. 0	9. 6	8. 09
000926. SZ	福星股份	9. 8	52. 1	100. 0	9. 8	8. 04
600708. SH	光明地产	10. 3	130. 2	100. 0	10. 3	7. 93
601992. SH	金隅集团	40. 0	51. 3	28. 2	11. 3	7. 74
600266. SH	城建发展	12. 2	44. 3	100. 0	12. 2	7. 56
Z25. SI	仁恒置地	21. 8	34. 2	56. 6	12. 4	7. 53
0754. HK	合生创展	14. 8	5. 7	88. 1	13. 0	7. 40
1622. HK	力高集团	51. 4	64. 8	26. 1	13. 4	7. 31
1109. HK	华润置地	23. 0	13. 4	59. 4	13. 7	7. 26
2777. HK	富力地产	14. 0	-1. 3	100. 0	14. 0	7. 20
000069. SZ	华侨城 A	33. 6	47. 7	41. 9	14. 1	7. 18
600606. SH	绿地控股	45. 1	34. 6	33. 4	15. 1	6. 99
600048. SH	保利地产	37. 8	27. 1	40. 2	15. 2	6. 96
600067. SH	冠城大通	15. 3	-3. 6	100. 0	15. 3	6. 94
600376. SH	首开股份	57. 9	74. 4	28. 4	16. 5	6. 71
3383. HK	雅居乐	29. 0	17. 3	57. 8	16. 8	6. 65
2019. HK	德信中国	72. 5	60. 4	23. 8	17. 3	6. 55
3377. HK	远洋集团	19. 1	40. 1	100. 0	19. 1	6. 18
000736. SZ	中交地产	81. 8	68. 1	23. 9	19. 6	6. 08
3900. HK	绿城中国	64. 2	49. 7	32. 3	20. 7	5. 86
1862. HK	景瑞控股	46. 3	67. 6	46. 2	21. 4	5. 73
600383. SH	金地集团	42. 9	27. 3	51. 7	22. 2	5. 57

续表

股票代码	证券名称	少数股东权益/净资产（%）	少数股东权益应占利润/（净利润-永续资本分配）（%）	同股不同权成分比例（%）	明股实债成分/净资产（%）	明股实债风险评分（分）
000031. SZ	大悦城	63. 8	86. 0	34. 7	22. 2	5. 57
1238. HK	宝龙地产	34. 2	17. 9	68. 2	23. 4	5. 33
1996. HK	弘阳地产	50. 3	33. 2	48. 6	24. 4	5. 11
0832. HK	建业地产	26. 7	51. 7	93. 8	25. 0	4. 99
0817. HK	中国金茂	45. 6	26. 9	58. 6	26. 7	4. 66
0960. HK	龙湖集团	43. 7	25. 0	61. 2	26. 7	4. 65
1813. HK	合景泰富	26. 9	4. 4	100. 0	26. 9	4. 62
0230. HK	五矿地产	51. 5	80. 9	57. 0	29. 4	4. 13
0106. HK	朗诗地产	29. 7	-8. 0	100. 0	29. 7	4. 06
3990. HK	美的置业	49. 3	28. 3	60. 9	30. 0	3. 99
600223. SH	鲁商置业	31. 7	10. 4	95. 8	30. 3	3. 94
3380. HK	龙光集团	30. 4	3. 5	100. 0	30. 4	3. 93
0884. HK	旭辉控股	60. 2	37. 6	53. 5	32. 2	3. 56
600153. SH	建发股份	67. 6	44. 9	48. 0	32. 5	3. 50
2772. HK	中梁控股	66. 3	43. 2	49. 8	33. 0	3. 40
1233. HK	时代中国	54. 8	31. 4	61. 0	33. 5	3. 31
600736. SH	苏州高新	46. 8	22. 7	73. 4	34. 3	3. 14
9993. HK	金辉集团	37. 1	11. 3	99. 2	36. 8	2. 64
6158. HK	正荣地产	51. 1	24. 3	74. 9	38. 3	2. 35
000517. SZ	荣安地产	38. 3	6. 3	100. 0	38. 3	2. 34
600663. SH	陆家嘴	41. 3	14. 1	94. 2	38. 9	2. 23
601155. SH	新城控股	38. 9	8. 4	100. 0	38. 9	2. 21
001979. SZ	招商蛇口	66. 5	35. 1	67. 6	45. 0	1. 01
000961. SZ	中南建设	45. 3	-2. 3	100. 0	45. 3	0. 94
1966. HK	中骏集团	49. 0	16. 3	95. 3	46. 7	0. 67
600565. SH	迪马股份	50. 5	-7. 1	100. 0	50. 5	0. 00
2599. HK	祥生控股	54. 5	144. 8	100. 0	54. 5	0. 00
3301. HK	融信中国	62. 9	25. 0	86. 1	54. 1	0. 00
6111. HK	大发地产	63. 7	-12. 0	100. 0	63. 7	0. 00
600325. SH	华发股份	81. 6	34. 3	82. 7	67. 5	0. 00

需要注意的是，表 2 中带 * 的项目表示该公司 2021 年的少数股东利润分配为负，即少数股东已经开始承担损失，相应的，我们给予这些企业明股实债评分 10 分。但这并不能排除上述企业实际中仍有较高的明股实债负担，只是随着企业整体亏损和现金流压力的增大，作为次级债务的少数股东权益也开始出现损失。如华夏幸福，2021 年的净利润为-398 亿元，其中，归属母公司股东的净利润为-396 亿元，归属少数股东的净利润为-8 亿元，归属永续资本工具的净利润为+5.8 亿元，虽然少数股东也承担了部分损失，但相对于其期末高达 175 亿元的少数股东权益，其承担的损失与母公司股东仍不成比例，显示其未完全暴露的明股实债风险可能仍然较高。不过，当明股实债安排下的少数股东已经开始出现损失时，其表内的财务风险通常也已经难以掩饰，即使不考虑隐性负债风险，其综合抗风险能力的评分也已经很低了，此时隐性负债指标的预警意义不大。但如果要切实计算上述企业的实际债务风险头寸，则仍需考虑未暴露的隐性负债部分。

最后，少数房地产公司在执行新收入准则时，由于其商品交易价格（从客户处实际收取的购房款）低于合同对价，此时，差额部分根据新会计准则会产生重大融资成分（从客户付款到实际交付的时间间隔超过 1 年时），重大融资成分将按照实际利率法在合同期间予以资本化处理，从而同时增加存货和合同负债的金额。上述行为将导致企业的利息支出总额和利息资本化金额大幅上升，虽然这部分资本化利息并没有发生实际的现金流出，但会导致合同负债和存货的增加，更重要的是在未来收入确认时会导致收入和并表销售额的增加（当然，成本也会上升，所以，利润率并不会提升，还可能降低），进而导致企业的规模数据、周转率数据失真。实际中，我们发现那些合约负债内含融资成分资本化金额很高的企业（有时这个金额甚至可以高达几十亿元），通常其净负债率都显著低于行业水平，显示这种变相的促销方式确实起到了融资作用，并具有一定的隐性负债性质。

我们以企业当期合约负债内含融资成分的资本化利息额与含资本化利息的利息支出总额之比来度量相关隐性负债的大小，当该比值为 0 时为 10 分，比值大于 50%时为 0 分，中间数值插值赋分，由此得到房地产上市公司的合约负债内含融资成分的风险评分。结果，主要房地产上市公司中，有 10 家公司有合约负债内含融资成分，其中 2 家公司合约负债内含融资成分的资本化利息额超过当期利息支出总额的 50%（见表 3）。

表 3　主要房地产上市公司的合约负债内含融资成分

单位：%

股票代码	公司名称	合约负债内含融资成分/带息负债利息支出总额
600094. SH	大名城	0. 0
0688. HK	中国海外	0. 0
1109. HK	华润置地	0. 0
000002. SZ	万科 A	0. 0
Z25. SI	仁恒置地	0. 0
2768. HK	佳源国际	0. 0
600048. SH	保利地产	0. 0
2007. HK	碧桂园	0. 0
000069. SZ	华侨城 A	0. 0
0123. HK	越秀地产	0. 0
600067. SH	冠城大通	0. 0
000926. SZ	福星股份	0. 0
600208. SH	新湖中宝	0. 0
600823. SH	世茂股份	0. 0
0960. HK	龙湖集团	0. 0
0272. HK	瑞安地产	0. 0
1238. HK	宝龙地产	0. 0
600153. SH	建发股份	0. 0
600648. SH	外高桥	0. 0
000031. SZ	大悦城	0. 0
000517. SZ	荣安地产	0. 0
0754. HK	合生创展	0. 0
0884. HK	旭辉控股	0. 0
000656. SZ	金科股份	0. 0
3990. HK	美的置业	0. 0
600383. SH	金地集团	0. 0

续表

股票代码	公司名称	合约负债内含融资成分/带息负债利息支出总额
3900. HK	绿城中国	0. 0
3383. HK	雅居乐	0. 0
0230. HK	五矿地产	0. 0
002146. SZ	荣盛发展	0. 0
601992. SH	金隅集团	0. 0
2019. HK	德信中国	0. 0
600657. SH	信达地产	0. 0
3380. HK	龙光集团	0. 0
000402. SZ	金融街	0. 0
1233. HK	时代中国	0. 0
600649. SH	城投控股	0. 0
1622. HK	力高集团	0. 0
601588. SH	北辰实业	0. 0
600665. SH	天地源	0. 0
600606. SH	绿地控股	0. 0
0106. HK	朗诗地产	0. 0
1098. HK	路劲	0. 0
600736. SH	苏州高新	0. 0
600663. SH	陆家嘴	0. 0
600743. SH	华远地产	0. 0
3377. HK	远洋集团	0. 0
1628. HK	禹洲集团	0. 0
600376. SH	首开股份	0. 0
600266. SH	城建发展	0. 0
2777. HK	富力地产	0. 0
600223. SH	鲁商置业	0. 0
1862. HK	景瑞控股	0. 0
600708. SH	光明地产	0. 0
000671. SZ	阳光城	0. 0
001979. SZ	招商蛇口	0. 0
002244. SZ	滨江集团	0. 0
002305. SZ	南国置业	0. 0

续表

股票代码	公司名称	合约负债内含融资成分/带息负债利息支出总额
1966. HK	中骏集团	0. 0
3301. HK	融信中国	0. 0
600325. SH	华发股份	0. 0
0817. HK	中国金茂	0. 0
600565. SH	迪马股份	0. 0
1813. HK	合景泰富	0. 0
000961. SZ	中南建设	0. 0
600340. SH	华夏幸福	0. 0
600466. SH	蓝光发展	0. 0
6158. HK	正荣地产	11. 3
2772. HK	中梁控股	15. 8
6111. HK	大发地产	15. 9
2599. HK	祥生控股	17. 3
0604. HK	深圳控股	18. 7
9993. HK	金辉集团	22. 9
1996. HK	弘阳地产	31. 2
000736. SZ	中交地产	39. 6
0832. HK	建业地产	84. 6
601155. SH	新城控股	101. 6

综合以上几项隐性负债的度量指标，我们取“表外负债风险”、“明股实债风险”以及“合约负债内含融资成分风险”三项指标的最低评分（即最大的隐性负债风险）为该公司在隐性负债上的总体评分，以此作为企业综合抗风险能力的预警指标。

结果显示，2021 年主要房地产上市公司隐性负债风险评分的中位数为 4. 43 分；有 43 家公司的评分小于 5 分，占总数的 55. 8%——这部分企业的隐性债务负担较重，其抗风险能力的综合评分将被减半；还有 16 家公司的评分小于 2 分，占总数的 20. 8%，这部分企业的隐性债务风险已经难以度量，其抗风险能力的综合评分为 0 分（见表 4）。

表 4　主要房地产上市公司的隐性债务负担评分及预警

单位：分

股票代码	证券名称	明股实债风险评分	表外负债风险评分	合约负债内含融资成分风险评分	隐性负债风险评分
600649. SH	城投控股	10. 00 *	10. 00	10. 00	10. 00
601588. SH	北辰实业	10. 00 *	10. 00	10. 00	10. 00
600743. SH	华远地产	10. 00 *	10. 00	10. 00	10. 00
600340. SH	华夏幸福	10. 00 *	10. 00	10. 00	10. 00
600208. SH	新湖中宝	9. 94	10. 00	10. 00	9. 94
2007. HK	碧桂园	9. 86	9. 83	10. 00	9. 83
000002. SZ	万科 A	9. 82	10. 00	10. 00	9. 82
600648. SH	外高桥	9. 73	10. 00	10. 00	9. 73
600665. SH	天地源	9. 70	10. 00	10. 00	9. 70
600094. SH	大名城	9. 19	10. 00	10. 00	9. 19
000402. SZ	金融街	10. 00 *	8. 74	10. 00	8. 74
600657. SH	信达地产	9. 93	8. 68	10. 00	8. 68
600823. SH	世茂股份	8. 46	10. 00	10. 00	8. 46
0123. HK	越秀地产	8. 32	8. 63	10. 00	8. 32
000926. SZ	福星股份	8. 04	10. 00	10. 00	8. 04
601992. SH	金隅集团	7. 74	10. 00	10. 00	7. 74
600266. SH	城建发展	7. 56	10. 00	10. 00	7. 56
2768. HK	佳源国际	8. 78	7. 46	10. 00	7. 46
0754. HK	合生创展	7. 40	10. 00	10. 00	7. 40
0688. HK	中国海外	9. 41	7. 26	10. 00	7. 26
2777. HK	富力地产	7. 20	7. 82	10. 00	7. 20
000069. SZ	华侨城 A	7. 18	10. 00	10. 00	7. 18
600606. SH	绿地控股	6. 99	10. 00	10. 00	6. 99
600048. SH	保利地产	6. 96	7. 49	10. 00	6. 96
600067. SH	冠城大通	6. 94	10. 00	10. 00	6. 94
600708. SH	光明地产	7. 93	6. 76	10. 00	6. 76
1109. HK	华润置地	7. 26	6. 47	10. 00	6. 47
0604. HK	深圳控股	8. 09	10. 00	6. 27	6. 27
Z25. SI	仁恒置地	7. 53	6. 03	10. 00	6. 03

续表

股票代码	证券名称	明股实债风险评分	表外负债风险评分	合约负债内含融资成分风险评分	隐性负债风险评分
000656. SZ	金科股份	8. 68	5. 77	10. 00	5. 77
3383. HK	雅居乐	6. 65	5. 73	10. 00	5. 73
002146. SZ	荣盛发展	10. 00*	5. 56	10. 00	5. 56
000031. SZ	大悦城	5. 57	5. 52	10. 00	5. 52
1238. HK	宝龙地产	5. 33	5. 71	10. 00	5. 33
3377. HK	远洋集团	6. 18	4. 93	10. 00	4. 93
3900. HK	绿城中国	5. 86	4. 80	10. 00	4. 80
600376. SH	首开股份	6. 71	4. 65	10. 00	4. 65
0960. HK	龙湖集团	4. 65	10. 00	10. 00	4. 65
2019. HK	德信中国	6. 55	4. 43	10. 00	4. 43
0230. HK	五矿地产	4. 13	4. 51	10. 00	4. 13
0106. HK	朗诗地产	4. 06	5. 72	10. 00	4. 06
1862. HK	景瑞控股	5. 73	4. 01	10. 00	4. 01
3990. HK	美的置业	3. 99	6. 44	10. 00	3. 99
0272. HK	瑞安地产	8. 88	3. 98	10. 00	3. 98
600223. SH	鲁商置业	3. 94	10. 00	10. 00	3. 94
3380. HK	龙光集团	3. 93	6. 96	10. 00	3. 93
600153. SH	建发股份	3. 50	10. 00	10. 00	3. 50
0884. HK	旭辉控股	3. 56	3. 50	10. 00	3. 50
2772. HK	中梁控股	3. 40	3. 53	6. 84	3. 40
1233. HK	时代中国	3. 31	4. 97	10. 00	3. 31
600736. SH	苏州高新	3. 14	10. 00	10. 00	3. 14
1628. HK	禹洲集团	9. 14	2. 94	10. 00	2. 94
9993. HK	金辉集团	2. 64	3. 89	5. 42	2. 64
000671. SZ	阳光城	10. 00*	2. 63	10. 00	2. 63
1622. HK	力高集团	7. 31	2. 41	10. 00	2. 41
6158. HK	正荣地产	2. 35	3. 99	7. 73	2. 35
000517. SZ	荣安地产	2. 34	5. 71	10. 00	2. 34
600383. SH	金地集团	5. 57	2. 34	10. 00	2. 34
600663. SH	陆家嘴	2. 23	10. 00	10. 00	2. 23
000736. SZ	中交地产	6. 08	7. 96	2. 08	2. 08

续表

股票代码	证券名称	明股实债风险评分	表外负债风险评分	合约负债内含融资成分风险评分	隐性负债风险评分
1098. HK	路劲	8. 63	2. 06	10. 00	2. 06
0817. HK	中国金茂	4. 66	1. 43	10. 00	1. 43
1996. HK	弘阳地产	5. 11	1. 17	3. 75	1. 17
002244. SZ	滨江集团	8. 15	1. 12	10. 00	1. 12
001979. SZ	招商蛇口	1. 01	4. 99	10. 00	1. 01
000961. SZ	中南建设	0. 94	3. 09	10. 00	0. 94
1966. HK	中骏集团	0. 67	5. 81	10. 00	0. 67
600565. SH	迪马股份	0. 00	6. 26	10. 00	0. 00
600325. SH	华发股份	0. 00	4. 93	10. 00	0. 00
3301. HK	融信中国	0. 00	1. 78	10. 00	0. 00
002305. SZ	南国置业	10. 00 *	0. 00	10. 00	0. 00
600466. SH	蓝光发展	10. 00 *	0. 00	10. 00	0. 00
1813. HK	合景泰富	4. 62	0. 00	10. 00	0. 00
601155. SH	新城控股	2. 21	8. 83	0. 00	0. 00
2599. HK	祥生控股	0. 00	1. 87	6. 55	0. 00
6111. HK	大发地产	0. 00	0. 00	6. 81	0. 00
0832. HK	建业地产	4. 99	5. 14	0. 00	0. 00

（七）主要房地产上市公司的综合抗风险能力

综合企业的负债率评分（包括剔除预收款后的总负债率水平、净负债率水平、现金短债比三项因素）及偿债能力评分（包括中期风险头寸、最低债务续借比例、期限结构缺口、利息保障倍数四项因素），并考虑隐性负债的预警指标（包括表外负债风险、明股实债风险及合约负债内含融资成分风险三项因素），我们对房地产上市公司的抗风险能力进行综合评分①。其中，抗风险能力综合评分在 8～10 分的企业债务续借

① 其中，负债率评分给予 2/3 权重、偿债能力评分给予 1/3 权重，加权平均计算抗风险能力评分；但对于隐性负债评分小于 5 分的企业，抗风险能力的综合评分减半；而对于隐性负债评分小于 2 分的企业，抗风险能力的综合评分为 0 分。

压力较小、偿债能力较强；而评分在 5 分以下的企业债务负担较重、偿债能力偏弱，面临一定的财务压力；尤其是评分在 2 分以下的企业，财务风险较大。

数据显示，2021 年主要房地产上市公司抗风险能力的综合评分，平均为 2. 46 分，中位数仅为 1. 80 分。其中，有 3 家公司评分在 8～10 分，占总数的 3. 9%；有 8 家公司评分在 5～8 分，占总数的 10. 4%；有 25 家公司评分在 2～5 分，占总数的 32. 5%；还有 41 家公司评分小于 2 分，占总数的 53. 2%，即半数以上的企业都面临较高的财务风险（见图 11）。

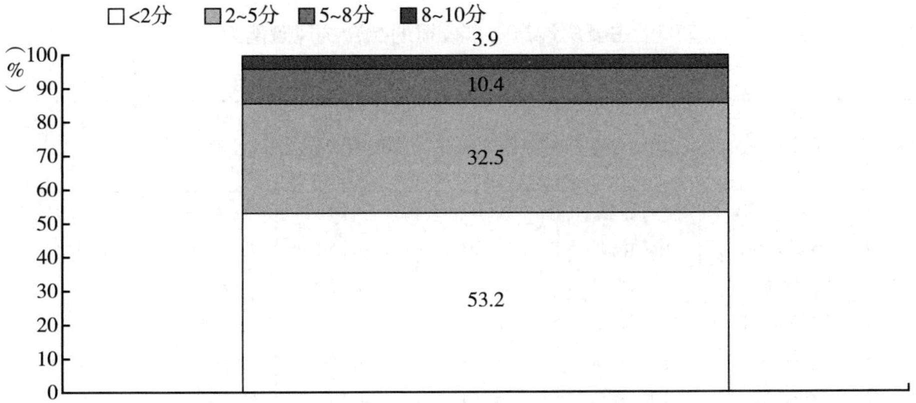

图 11 主要房地产上市公司的抗风险能力综合评分分布（2021 年）

由表 5 可见，大名城、中国海外、华润置地、万科、仁恒置地、深圳控股、佳源国际、保利地产、碧桂园、华侨城进入我们 2021 年房地产上市公司综合抗风险能力排行榜的 TOP 10。

不过需要注意的是，2021 财年有多家在香港上市的房地产企业延迟刊发了年报数据，这在一定程度上影响了其财务数据的准确性；此外，截至 2022 年 5 月 31 日，主要房地产上市公司中富力地产、龙光集团、景瑞控股仍未公布经审核的财务数据，我们只能以这几家公司公告的未经审核的财务数据为基础进行测算；而恒大集团、融创中国、世茂集团、佳兆业、花样年、中国奥园、当代置业、新力控股几家公司则连未经审核的财务数据也未公布，我们只能将这几家公司排除在主要房地产上市公司之列。后续随着这些企业财务数据的公布，我们会根据需要对其进行专项分析。

总之，房地产企业的债务结构十分复杂，本报告力图通过隐性负债的分析来发现企业隐藏的债务风险，但我们无法对每家企业的财务数据进行审核，所以，评分的准确性仍有赖于其表内财务数据的真实性；在表内财务数据严重失真的情况下，我们也将无法保证排名报告的准确性。

表 5　主要房地产上市公司的综合抗风险能力

单位：分

排名	股票代码	公司名称	负债率评分	偿债能力评分	隐性负债评分	抗风险能力综合评分
1	600094. SH	大名城	10. 00	7. 09	9. 19	9. 03
2	0688. HK	中国海外	10. 00	6. 61	7. 26	8. 87
3	1109. HK	华润置地	9. 63	6. 25	6. 47	8. 50
4	000002. SZ	万科 A	8. 36	5. 15	9. 82	7. 29
5	Z25. SI	仁恒置地	8. 49	4. 79	6. 03	7. 26
6	0604. HK	深圳控股	8. 30	4. 81	6. 27	7. 14
7	2768. HK	佳源国际	7. 02	6. 38	7. 46	6. 81
8	600048. SH	保利地产	6. 75	6. 41	6. 96	6. 64
9	2007. HK	碧桂园	6. 61	6. 17	9. 83	6. 46
10	000069. SZ	华侨城 A	7. 08	3. 89	7. 18	6. 02
11	0123. HK	越秀地产	5. 09	7. 01	8. 32	5. 73
12	600067. SH	冠城大通	5. 37	2. 13	6. 94	4. 29
13	000926. SZ	福星股份	5. 25	2. 24	8. 04	4. 25
14	600208. SH	新湖中宝	5. 17	2. 08	9. 94	4. 14
15	600823. SH	世茂股份	5. 08	2. 18	8. 46	4. 11
16	0960. HK	龙湖集团	8. 40	7. 40	4. 65	4. 03
17	0272. HK	瑞安地产	9. 93	3. 37	3. 98	3. 87
18	1238. HK	宝龙地产	2. 88	5. 55	5. 33	3. 77
19	600153. SH	建发股份	8. 55	4. 95	3. 50	3. 68
20	600648. SH	外高桥	2. 66	5. 35	9. 73	3. 56

续表

排名	股票代码	公司名称	负债率评分	偿债能力评分	隐性负债评分	抗风险能力综合评分
21	000031. SZ	大悦城	3. 95	2. 62	5. 52	3. 50
22	000517. SZ	荣安地产	6. 72	7. 57	2. 34	3. 50
23	0754. HK	合生创展	4. 32	1. 67	7. 40	3. 44
24	0884. HK	旭辉控股	6. 86	5. 47	3. 50	3. 20
25	000656. SZ	金科股份	2. 90	3. 51	5. 77	3. 10
26	3990. HK	美的置业	6. 05	6. 33	3. 99	3. 07
27	600383. SH	金地集团	6. 23	5. 78	2. 34	3. 04
28	3900. HK	绿城中国	6. 07	5. 84	4. 80	3. 00
29	3383. HK	雅居乐	2. 65	3. 50	5. 73	2. 94
30	0230. HK	五矿地产	7. 01	3. 59	4. 13	2. 93
31	002146. SZ	荣盛发展	1. 98	3. 90	5. 56	2. 62
32	601992. SH	金隅集团	1. 77	4. 11	7. 74	2. 55
33	2019. HK	德信中国	4. 00	7. 26	4. 43	2. 54
34	2772. HK	中梁控股	4. 17	6. 77	3. 40	2. 52
35	600657. SH	信达地产	3. 50	0. 30	8. 68	2. 43
36	3380. HK	龙光集团	2. 96	7. 41	3. 93	2. 22
37	000402. SZ	金融街	2. 67	0. 42	8. 74	1. 92
38	1233. HK	时代中国	2. 91	4. 99	3. 31	1. 80
39	600649. SH	城投控股	2. 53	0. 34	10. 00	1. 80
40	1622. HK	力高集团	3. 48	3. 20	2. 41	1. 69
41	9993. HK	金辉集团	2. 58	4. 51	2. 64	1. 61
42	601588. SH	北辰实业	1. 72	1. 22	10. 00	1. 56
43	600665. SH	天地源	0. 00	4. 56	9. 70	1. 52
44	600606. SH	绿地控股	0. 07	4. 40	6. 99	1. 51
45	0106. HK	朗诗地产	2. 04	4. 71	4. 06	1. 47
46	1098. HK	路劲	3. 37	1. 86	2. 06	1. 43
47	600736. SH	苏州高新	3. 55	1. 47	3. 14	1. 43
48	600663. SH	陆家嘴	2. 15	3. 12	2. 23	1. 23
49	600743. SH	华远地产	0. 50	2. 45	10. 00	1. 15
50	6158. HK	正荣地产	0. 81	5. 18	2. 35	1. 13
51	3377. HK	远洋集团	1. 95	2. 90	4. 93	1. 13
52	1628. HK	禹洲集团	1. 56	2. 17	2. 94	0. 88
53	600376. SH	首开股份	2. 11	0. 60	4. 65	0. 80
54	600266. SH	城建发展	0. 47	0. 89	7. 56	0. 61

续表

排名	股票代码	公司名称	负债率评分	偿债能力评分	隐性负债评分	抗风险能力综合评分
55	2777. HK	富力地产	0. 90	0. 00	7. 20	0. 60
56	600223. SH	鲁商置业	0. 56	2. 40	3. 94	0. 59
57	000736. SZ	中交地产	0. 00	3. 40	2. 08	0. 57
58	1862. HK	景瑞控股	0. 57	0. 83	4. 01	0. 33
59	600708. SH	光明地产	0. 00	0. 92	6. 76	0. 31
60	000671. SZ	阳光城	0. 00	1. 09	2. 63	0. 18
61	001979. SZ	招商蛇口	7. 92	5. 36	1. 01	0. 00
62	601155. SH	新城控股	6. 58	7. 91	0. 00	0. 00
63	002244. SZ	滨江集团	5. 45	9. 07	1. 12	0. 00
64	002305. SZ	南国置业	6. 67	2. 58	0. 00	0. 00
65	1966. HK	中骏集团	3. 58	7. 24	0. 67	0. 00
66	1996. HK	弘阳地产	4. 99	4. 05	1. 17	0. 00
67	3301. HK	融信中国	3. 83	4. 63	0. 00	0. 00
68	600325. SH	华发股份	5. 04	1. 27	0. 00	0. 00
69	0817. HK	中国金茂	2. 62	3. 25	1. 43	0. 00
70	600565. SH	迪马股份	2. 68	1. 73	0. 00	0. 00
71	1813. HK	合景泰富	2. 81	1. 20	0. 00	0. 00
72	6111. HK	大发地产	1. 38	2. 84	0. 00	0. 00
73	2599. HK	祥生控股	0. 40	2. 91	0. 00	0. 00
74	000961. SZ	中南建设	0. 40	2. 19	0. 94	0. 00
75	0832. HK	建业地产	0. 28	1. 27	0. 00	0. 00
76	600340. SH	华夏幸福	0. 00	0. 00	10. 00	0. 00
77	600466. SH	蓝光发展	0. 00	0. 00	0. 00	0. 00

三　2021年房地产上市公司的融资成本排行榜

2021 年，由于高风险的企业或项目普遍难以获得融资支持，所以，房地产企业整体的融资成本不升反降，主要房地产上市公司综合债务融资成本的平均值维持在 7. 2%水平，中位数则降至 6. 7%，有 37. 7%的公司综合债务融资成本不到 6%，但也有 13. 0%的企业综合债务融资成本仍在 10%以上。

（一）主要房地产上市公司的综合债务融资成本

2021 年房地产企业普遍遭遇融资难的问题，但这主要体现在房地产企业的债务新增和债务续借方面；从融资成本的角度看，由于高风险的企业或项目普遍难以获得融资支持，所以，房地产企业整体的融资成本不升反降。

2021 年，有 10 家公司的综合债务融资成本在 10%以上，占主要房地产上市公司总数的 13.0%；有 15 家公司的综合债务融资成本在 8%~10%，占主要房地产上市公司总数的 19.5%；有 23 家公司的综合债务融资成本在 6%~8%，占主要房地产上市公司总数的 29.9%；有 29 家公司的综合债务融资成本不到 6%，占主要房地产上市公司总数的 37.7%（见图 12）；更有 11 家公司的综合债务融资成本不到 5%，占主要房地产上市公司总数的 14.3%。

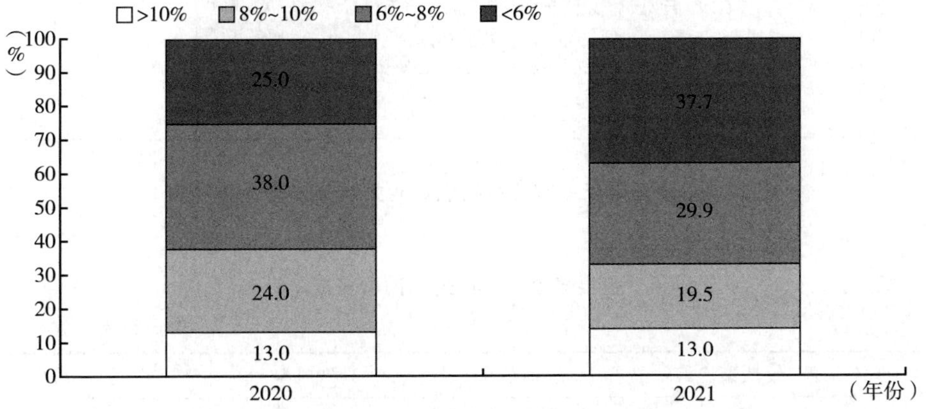

图 12　主要房地产上市公司的综合债务融资成本分布

（二）主要房地产上市公司的融资成本排行榜

我们对房地产企业的融资成本给予评分以反映其综合融资能力，其中，综合债务融资成本小于 5%的企业被赋予 10 分，而综合债务融资成本大于 10%的企业被赋予 0 分，中间数值插值赋分。结果，2021 年主要房地产上市公司融资成本评分的均值为 5.87 分，中位数为 6.63 分。有 29 家公司的融资能力评分在8~10分，占主要房地产上市公司总数的37.7%；但同时也有30家公司的融资能力评分不到5分，占主要房地产上市公司总数的39.0%；更有15家公司的融资能力评分不到2分，占主要房地产上市公司总数的19.5%（见图13）。

深圳控股、中国海外、外高桥、陆家嘴、五矿地产、华侨城、龙湖集团、金隅集团、华润置地、越秀地产进入融资成本排行榜的TOP 10。

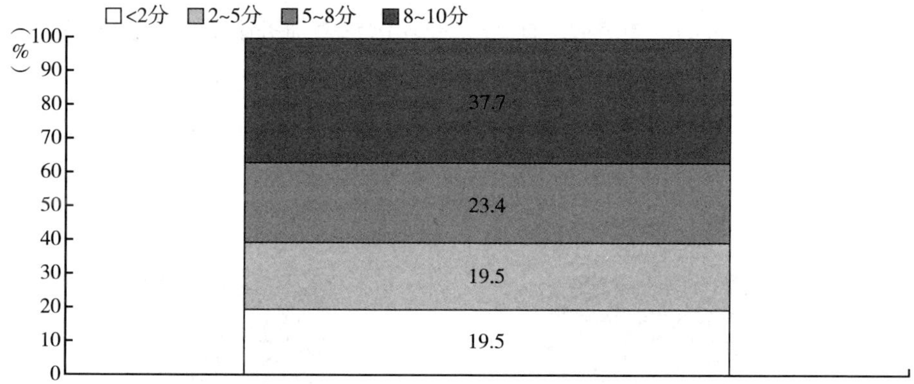

图13 主要房地产上市公司的融资能力评分分布（2021年）

表6 主要房地产上市公司的融资成本评分

单位：%，分

排名	股票代码	公司名称	融资成本	得分
1	0604. HK	深圳控股	2. 9	10. 00
2	0688. HK	中国海外	3. 4	10. 00
3	600648. SH	外高桥	3. 6	10. 00
4	600663. SH	陆家嘴	3. 9	10. 00
5	0230. HK	五矿地产	4. 2	10. 00
6	000069. SZ	华侨城 A	4. 2	10. 00
7	0960. HK	龙湖集团	4. 4	10. 00
8	601992. SH	金隅集团	4. 4	10. 00
9	1109. HK	华润置地	4. 6	10. 00
10	0123. HK	越秀地产	4. 7	10. 00

续表

排名	股票代码	公司名称	融资成本	得分
11	0817. HK	中国金茂	4. 7	10. 00
12	000402. SZ	金融街	5. 1	9. 89
13	000002. SZ	万科 A	5. 1	9. 83
14	3990. HK	美的置业	5. 1	9. 80
15	600266. SH	城建发展	5. 2	9. 66
16	600708. SH	光明地产	5. 2	9. 52
17	0272. HK	瑞安地产	5. 3	9. 46
18	Z25. SI	仁恒置地	5. 3	9. 45
19	600736. SH	苏州高新	5. 4	9. 24
20	3377. HK	远洋集团	5. 4	9. 22
21	600649. SH	城投控股	5. 5	9. 05
22	600383. SH	金地集团	5. 5	9. 05
23	2007. HK	碧桂园	5. 6	8. 78
24	600048. SH	保利地产	5. 7	8. 68
25	600376. SH	首开股份	5. 7	8. 66
26	000031. SZ	大悦城	5. 7	8. 60
27	0884. HK	旭辉控股	5. 8	8. 43
28	002244. SZ	滨江集团	5. 8	8. 31
29	601588. SH	北辰实业	6. 0	8. 01
30	600153. SH	建发股份	6. 0	7. 93
31	600606. SH	绿地控股	6. 1	7. 81
32	600208. SH	新湖中宝	6. 2	7. 52
33	0754. HK	合生创展	6. 3	7. 44
34	1098. HK	路劲	6. 3	7. 43
35	3380. HK	龙光集团	6. 3	7. 41
36	001979. SZ	招商蛇口	6. 3	7. 38
37	1813. HK	合景泰富	6. 5	6. 99
38	3900. HK	绿城中国	6. 7	6. 67
39	1966. HK	中骏集团	6. 7	6. 63
40	9993. HK	金辉集团	6. 7	6. 57
41	600325. SH	华发股份	6. 8	6. 48
42	601155. SH	新城控股	6. 8	6. 43
43	1233. HK	时代中国	7. 0	5. 98
44	600067. SH	冠城大通	7. 2	5. 55

续表

排名	股票代码	公司名称	融资成本	得分
45	0106. HK	朗诗地产	7. 3	5. 43
46	1238. HK	宝龙地产	7. 3	5. 41
47	1628. HK	禹洲集团	7. 3	5. 39
48	3383. HK	雅居乐	7. 5	4. 99
49	600665. SH	天地源	7. 7	4. 68
50	600743. SH	华远地产	7. 7	4. 59
51	6158. HK	正荣地产	7. 8	4. 33
52	600823. SH	世茂股份	7. 9	4. 27
53	000926. SZ	福星股份	8. 2	3. 69
54	600657. SH	信达地产	8. 2	3. 69
55	3301. HK	融信中国	8. 2	3. 58
56	002146. SZ	荣盛发展	8. 4	3. 17
57	000671. SZ	阳光城	8. 5	3. 07
58	1996. HK	弘阳地产	8. 5	3. 07
59	000736. SZ	中交地产	8. 7	2. 60
60	2772. HK	中梁控股	8. 7	2. 54
61	0832. HK	建业地产	8. 8	2. 38
62	2777. HK	富力地产	8. 9	2. 11
63	600094. SH	大名城	9. 2	1. 56
64	2019. HK	德信中国	9. 2	1. 55
65	000656. SZ	金科股份	9. 4	1. 25
66	000961. SZ	中南建设	9. 6	0. 80
67	600340. SH	华夏幸福	10. 0	0. 04
68	2599. HK	祥生控股	10. 4	0. 00
69	1622. HK	力高集团	10. 4	0. 00
70	000517. SZ	荣安地产	10. 6	0. 00
71	002305. SZ	南国置业	10. 8	0. 00
72	600466. SH	蓝光发展	10. 9	0. 00
73	1862. HK	景瑞控股	11. 1	0. 00
74	6111. HK	大发地产	11. 4	0. 00
75	600565. SH	迪马股份	11. 6	0. 00
76	2768. HK	佳源国际	11. 7	0. 00
77	600223. SH	鲁商置业	19. 0	0. 00

四　2021年主要房地产上市公司的运营效率

2021 年，主要房地产上市公司存量资产周转率（并表销售额/年初总资产）的中位数为 0. 255 倍，较 2020 年提高了 35%，当前投资回收周期的中位数为 3. 05 年；但低谷中存量资产周转率的中位数将降至 0. 182 倍，投资回收周期的中位数延长至 4. 2 年；而平均的结算周期则将近 5 年。结果，建发股份、绿地控股、祥生控股、中梁控股、新城控股、金隅集团、冠城大通、龙光集团、朗诗地产、金科股份进入效率排行榜的 TOP 10。

（一）主要房地产上市公司的投资回收周期和结算周期

2021 年主要房地产上市公司存量资产周转率的平均值为 0. 274 倍，中位数为 0. 255 倍，较 2020 年提高了 35%。由此计算的投资回收周期的中位数为 3. 05 年，有 19 家公司当前的投资回收周期大于 4 年，占总数的 24. 7%；更有 11 家公司当前的投资回收周期大于 5 年，占总数的 14. 3%；但也有 8 家公司当前的投资回收周期小于 2 年，占总数的 10. 4%（见图 14）。较快的周转速度能够减轻企业的现金流压力，使债务期限与投资回收周期之间能够实现更好的匹配，从而降低债务再融资压力。

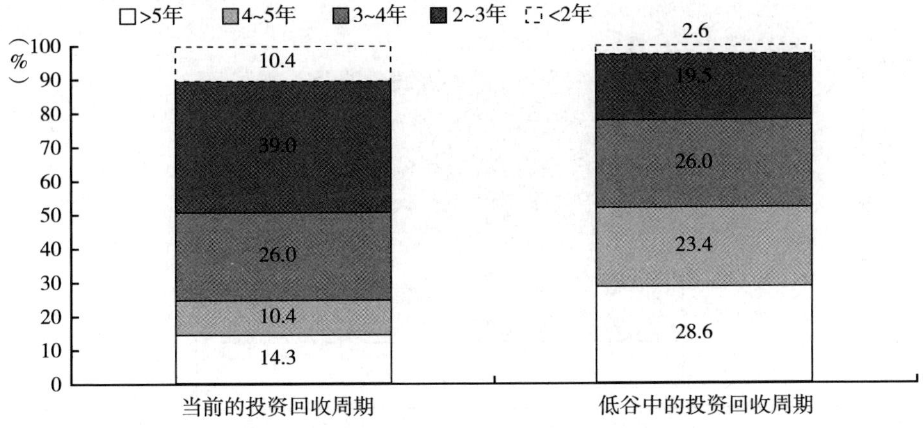

图 14　主要房地产上市公司的投资回收周期分布

不过，在行业低谷中，预期所有企业的存量资产周转率都将进一步减慢。历史数据显示，主要房地产上市公司在低谷中平均存量资产周转率将进一步减慢至 0.193 倍，中位数为 0.182 倍。由此计算的投资回收周期的中位数为 4.2 年；有 40 家公司低谷中的投资回收周期大于 4 年，占总数的 52.0%；有 22 家公司低谷中的投资回收周期大于 5 年，占总数的 28.6%；与之相对，低谷中，仅有 2 家公司的投资回收周期小于 2 年，占总数的 2.6%。

若以结算周期计算，则 2021 年行业平均的结算周转率（收入/平均总资产）为 0.230 倍，中位数为 0.214 倍，由此计算的结算周期的中位数为 4.7 年。有 27 家公司的结算周转率小于 0.2 倍，占总数的 35.1%；其中更有 4 家公司的结算周转率小于 0.1 倍，占总数的 5.2%；与之相对，有 7 家公司的结算周转率在 0.3 倍以上，占总数的 9.1%。

（二）主要房地产上市公司的运营效率

综合当前的投资回收周期、低谷中的投资回收周期及结算周期，我们对以上三项指标进行插值赋分，并给予每项指标 1/3 权重，加权平均即得到房地产企业运营效率的综合评分。数据显示，2021 年主要房地产上市公司运营效率综合评分的均值为 4.91 分，中位数为 4.97 分。有 11 家公司运营效率的综合评分在 8~10 分，占主要房地产上市公司总数的 14.3%（见图 15）；但同时也有 40 家公

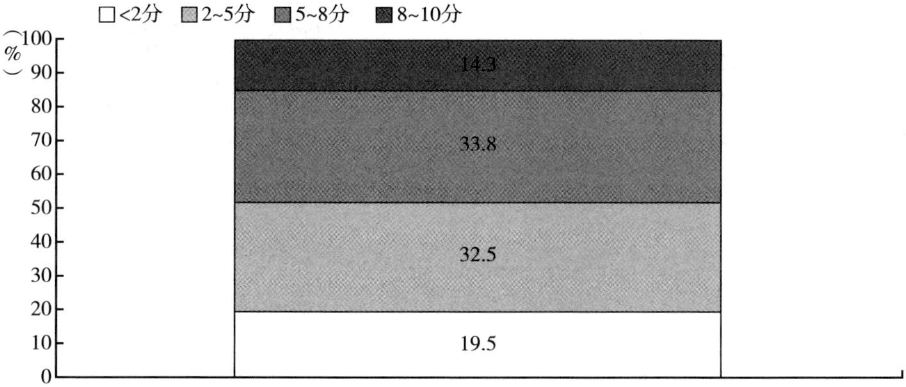

图 15　主要房地产上市公司的运营效率评分分布

司运营效率的综合评分不到5分，占主要房地产上市公司总数的51.9%；更有15家公司的运营效率综合评分不到2分，占主要房地产上市公司总数的19.5%。建发股份、绿地控股、祥生控股、中梁控股、新城控股、金隅集团、冠城大通、龙光集团、朗诗地产、金科股份进入运营效率排行榜的TOP 10。

表7　主要房地产上市公司的运营效率

排名	股票代码	公司名称	当前投资回收周期（年）	低谷投资回收周期（年）	收入/平均总资产（倍）	运营效率综合评分（分）
1	600153. SH	建发股份	0. 33	0. 60	1. 43	10. 00
2	600606. SH	绿地控股	1. 63	2. 10	0. 38	9. 89
3	2599. HK	祥生控股	1. 85	1. 85	0. 29	9. 77
4	2772. HK	中梁控股	1. 95	2. 25	0. 28	9. 44
5	601155. SH	新城控股	2. 15	2. 36	0. 31	9. 43
6	601992. SH	金隅集团	2. 17	2. 80	0. 43	8. 92
7	600067. SH	冠城大通	2. 18	2. 80	0. 39	8. 91
8	3380. HK	龙光集团	2. 27	2. 80	0. 30	8. 74
9	0106. HK	朗诗地产	1. 79	3. 23	0. 31	8. 64
10	000656. SZ	金科股份	2. 47	2. 89	0. 30	8. 46
11	2007. HK	碧桂园	2. 39	2. 77	0. 26	8. 11
12	0960. HK	龙湖集团	2. 52	3. 22	0. 27	7. 60
13	2768. HK	佳源国际	2. 45	2. 95	0. 24	7. 47
14	3990. HK	美的置业	2. 31	3. 39	0. 26	7. 40
15	600565. SH	迪马股份	2. 78	2. 80	0. 24	7. 32
16	000517. SZ	荣安地产	1. 51	3. 64	0. 24	7. 19
17	000961. SZ	中南建设	2. 44	2. 90	0. 22	7. 14
18	000002. SZ	万科A	2. 74	2. 99	0. 24	7. 04
19	002244. SZ	滨江集团	1. 63	3. 36	0. 20	6. 79
20	1966. HK	中骏集团	2. 02	3. 51	0. 21	6. 74
21	600223. SH	鲁商置业	2. 57	2. 92	0. 20	6. 70
22	002146. SZ	荣盛发展	2. 43	2. 52	0. 16	6. 65
23	600094. SH	大名城	2. 19	3. 32	0. 20	6. 61
24	2019. HK	德信中国	1. 69	3. 82	0. 22	6. 58
25	0832. HK	建业地产	3. 39	3. 39	0. 27	6. 44
26	9993. HK	金辉集团	2. 66	3. 31	0. 21	6. 35

续表

排名	股票代码	公司名称	当前投资回收周期（年）	低谷投资回收周期（年）	收入/平均总资产（倍）	运营效率综合评分（分）
27	600383. SH	金地集团	2. 60	3. 63	0. 23	6. 33
28	0688. HK	中国海外	3. 29	3. 92	0. 29	6. 20
29	600048. SH	保利地产	2. 62	3. 62	0. 21	6. 09
30	0884. HK	旭辉控股	2. 80	4. 33	0. 27	5. 94
31	3383. HK	雅居乐	3. 32	3. 36	0. 23	5. 89
32	6111. HK	大发地产	2. 72	2. 82	0. 16	5. 87
33	600665. SH	天地源	2. 00	4. 15	0. 18	5. 68
34	3900. HK	绿城中国	2. 17	4. 50	0. 21	5. 61
35	3301. HK	融信中国	2. 58	3. 12	0. 14	5. 38
36	6158. HK	正荣地产	2. 12	3. 93	0. 16	5. 32
37	1109. HK	华润置地	3. 51	3. 76	0. 23	5. 26
38	0123. HK	越秀地产	2. 64	4. 37	0. 20	4. 97
39	600648. SH	外高桥	3. 29	3. 92	0. 21	4. 97
40	1233. HK	时代中国	3. 23	4. 20	0. 22	4. 92
41	1996. HK	弘阳地产	2. 93	4. 43	0. 21	4. 80
42	600743. SH	华远地产	2. 74	5. 57	0. 23	4. 72
43	3377. HK	远洋集团	3. 05	4. 77	0. 24	4. 72
44	600708. SH	光明地产	3. 77	4. 99	0. 32	4. 71
45	000926. SZ	福星股份	3. 35	4. 99	0. 25	4. 32
46	000069. SZ	华侨城 A	3. 46	4. 51	0. 22	4. 24
47	600657. SH	信达地产	3. 79	4. 61	0. 24	4. 18
48	1622. HK	力高集团	3. 29	4. 96	0. 23	4. 17
49	000671. SZ	阳光城	3. 28	3. 28	0. 12	4. 14
50	1238. HK	宝龙地产	2. 93	4. 62	0. 18	4. 08
51	000031. SZ	大悦城	3. 97	3. 97	0. 21	4. 06
52	001979. SZ	招商蛇口	3. 39	4. 70	0. 20	3. 82
53	Z25. SI	仁恒置地	3. 63	6. 41	0. 23	3. 72
54	000736. SZ	中交地产	2. 02	5. 69	0. 12	3. 65
55	0817. HK	中国金茂	3. 62	5. 23	0. 23	3. 62
56	601588. SH	北辰实业	4. 50	4. 89	0. 27	3. 44
57	1098. HK	路劲	3. 94	5. 12	0. 23	3. 34
58	1862. HK	景瑞控股	4. 30	4. 40	0. 21	3. 21

续表

排名	股票代码	公司名称	当前投资回收周期（年）	低谷投资回收周期（年）	收入/平均总资产（倍）	运营效率综合评分（分）
59	1628. HK	禹洲集团	3. 10	13. 19	0. 15	2. 99
60	600736. SH	苏州高新	4. 39	4. 58	0. 20	2. 89
61	0230. HK	五矿地产	3. 62	7. 09	0. 17	2. 78
62	600376. SH	首开股份	4. 79	6. 10	0. 21	2. 09
63	0604. HK	深圳控股	5. 63	8. 62	0. 20	1. 67
64	600325. SH	华发股份	4. 28	5. 19	0. 15	1. 66
65	2777. HK	富力地产	4. 97	4. 97	0. 18	1. 41
66	600266. SH	城建发展	5. 23	8. 30	0. 18	1. 31
67	600208. SH	新湖中宝	4. 33	7. 73	0. 13	1. 17
68	002305. SZ	南国置业	4. 14	5. 61	0. 10	0. 96
69	0272. HK	瑞安地产	6. 64	22. 68	0. 15	0. 88
70	000402. SZ	金融街	6. 64	8. 61	0. 14	0. 74
71	600649. SH	城投控股	5. 08	18. 85	0. 14	0. 68
72	600823. SH	世茂股份	5. 80	6. 42	0. 13	0. 54
73	600663. SH	陆家嘴	6. 86	11. 29	0. 12	0. 41
74	1813. HK	合景泰富	6. 95	11. 17	0. 10	0. 04
75	0754. HK	合生创展	6. 34	10. 79	0. 09	0. 00
76	600340. SH	华夏幸福	9. 30	9. 30	0. 09	0. 00
77	600466. SH	蓝光发展	26. 21	26. 21	0. 09	0. 00

五　2021年主要房地产上市公司的盈利能力

盈利能力方面，2021 年主要房地产上市公司毛利润率的中位数从 2020 年的 24. 4%降至 2021 年的 16. 6%，核心经营利润率的中位数也从 2020 年的 12. 2%降至 2021 年的 9. 7%，有 19. 5%的企业核心经营利润率还不到 5%。综合利润率和周转率，主要房地产上市公司税前投入资本回报率的中位数从 2020 年的 9. 2%降至 2021 年的 7. 2%，仅有 22. 1%的企业税前投入资本回报率大于 10%，而税前投入资本回报率小于 5%的企业占比则从 2020 年的

10.0%上升至 2021 年的 16.9%。结果，佳源国际、时代中国、滨江集团、陆家嘴、新城控股、鲁商置业、荣安地产、华润置地、龙湖集团、深圳控股进入盈利能力排行榜的 TOP 10。

（一）主要房地产上市公司的利润率

主要房地产上市公司 2021 年毛利润率［（营业收入-营业成本-营业税金及附加）/营业收入］的平均值从 2020 年全年的 25.7%降至 17.0%，中位数则从 2020 年全年的 24.4%降至 16.6%。其中，有 23 家公司的毛利润率在 20%以上，占总数的 29.9%，但仅有 3 家公司的毛利润率在 30%以上，占总数的 3.9%；与之相对，有 10 家公司的毛利润率不到 10%，占总数的 13.0%，还有 14 家公司的毛利润率在 10%~15%，占总数的 18.2%；行业整体的毛利润率显著降低。

从毛利润中剔除土地增值税、销售费用、管理费用、研发费用后，主要房地产上市公司核心经营利润率［（毛利润-土地增值税-销售费用-管理费用-研发费用）/营业收入］的平均值从 2020 年全年的 13.0%降至 2021 年全年的 9.3%，中位数则从 2020 年全年的 12.2%降至 2021 年全年的 9.7%。其中，仅有 3 家公司的核心经营利润率在 20%及以上，占主要房地产上市公司总数的 3.9%；与之相对，有 39 家公司的核心经营利润率不到 10%，占主要房地产上市公司总数的 50.6%；更有 15 家公司的核心经营利润率不到 5%，占主要房地产上市公司总数的 19.5%（见图 16），过低的利润率在一定程度上损害了这些企业的盈利能力和抗风险能力。

（二）主要房地产上市公司的税前投入资本回报率

综合利润率和周转率，主要房地产上市公司平均税前投入资本回报率［不使用财务杠杆情况下的回报率=（核心经营利润+应占合联营公司利润+资本化利息）/（带息负债+永续资本+权益资本）］年化后的平均值从 2020 年全年的 9.5%降至 2021 年全年的 7.6%，中位数则从 2020 年全年的 9.2%降至 2021 年全年的 7.2%。仅有 1 家公司的税前投

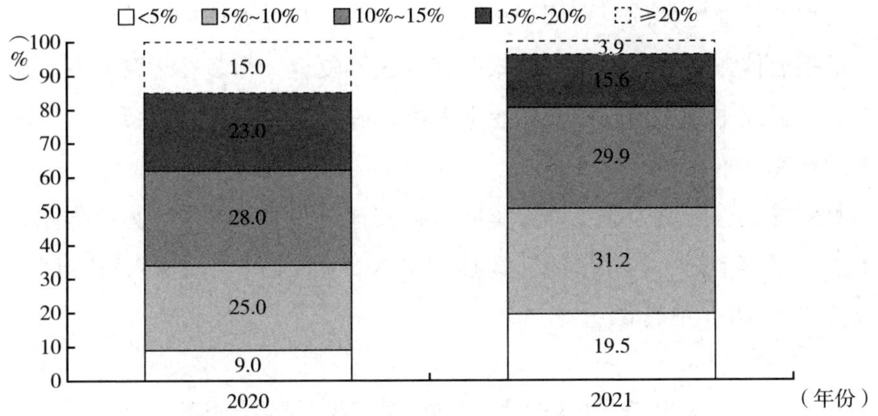

图 16 主要房地产上市公司的核心经营利润率分布

入资本回报率大于或等于 15%，占主要房地产上市公司总数的 1.3%；有 16 家公司的税前投入资本回报率在 10%～15%，占主要房地产上市公司总数的 20.8%；有 47 家公司的税前投入资本回报率在 5%～10%，占主要房地产上市公司总数的 61.0%；有 13 家公司的税前投入资本回报率小于 5%，占主要房地产上市公司总数的 16.9%（见图 17），其中部分企业的税前投入资本回报率甚至为负数。

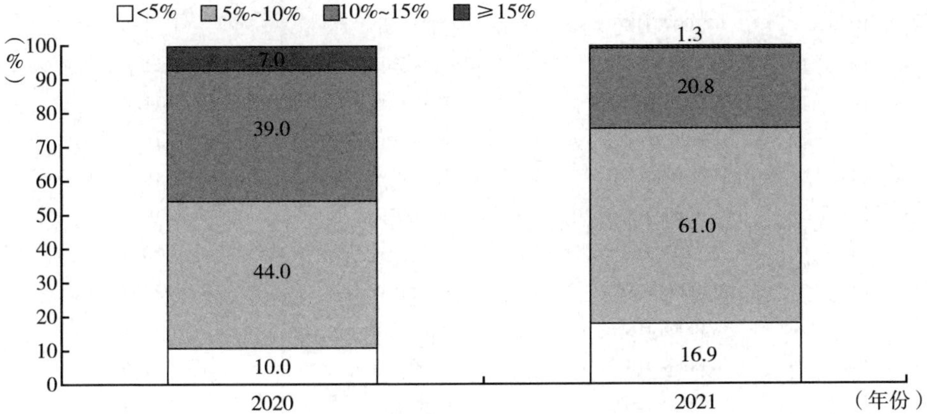

图 17 主要房地产上市公司的投入资本回报率分布

房地产行业整体的投资回报率呈下降趋势，行业整体的税前投入资本回报率已接近债务融资成本，高回报时代一去不复返，很多在运营效率、盈利能力、融资成本方面出现短板的企业都将面临投资回报不足以覆盖债务融资成本的窘境。

鲁商置业、新城控股、佳源国际、荣安地产、中梁控股、力高集团、时代中国、德信中国、滨江集团、碧桂园进入2021年的税前投入资本回报率排行榜TOP 10（见表8）。

表8　主要房地产上市公司的税前投入资本回报率

单位：%

排名	股票代码	公司名称	税前投入资本回报率
1	600223. SH	鲁商置业	17. 6
2	601155. SH	新城控股	14. 5
3	2768. HK	佳源国际	13. 8
4	000517. SZ	荣安地产	13. 8
5	2772. HK	中梁控股	13. 0
6	1622. HK	力高集团	12. 6
7	1233. HK	时代中国	12. 1
8	2019. HK	德信中国	12. 0
9	002244. SZ	滨江集团	12. 0
10	2007. HK	碧桂园	11. 5
11	0960. HK	龙湖集团	11. 4
12	0832. HK	建业地产	11. 4
13	000656. SZ	金科股份	10. 8
14	600048. SH	保利地产	10. 7
15	3380. HK	龙光集团	10. 7
16	1109. HK	华润置地	10. 6
17	000002. SZ	万科A	10. 3
18	0884. HK	旭辉控股	9. 8
19	0688. HK	中国海外	9. 6
20	600606. SH	绿地控股	9. 4
21	2599. HK	祥生控股	9. 4
22	600153. SH	建发股份	9. 3

续表

排名	股票代码	公司名称	税前投入资本回报率
23	600663. SH	陆家嘴	9. 1
24	Z25. SI	仁恒置地	8. 9
25	1238. HK	宝龙地产	8. 9
26	3990. HK	美的置业	8. 9
27	1966. HK	中骏集团	8. 7
28	0604. HK	深圳控股	8. 7
29	600665. SH	天地源	8. 5
30	9993. HK	金辉集团	8. 5
31	600743. SH	华远地产	8. 3
32	000926. SZ	福星股份	8. 3
33	1996. HK	弘阳地产	8. 1
34	3900. HK	绿城中国	7. 7
35	001979. SZ	招商蛇口	7. 6
36	3383. HK	雅居乐	7. 5
37	600823. SH	世茂股份	7. 5
38	000736. SZ	中交地产	7. 3
39	600383. SH	金地集团	7. 2
40	1862. HK	景瑞控股	7. 1
41	6158. HK	正荣地产	7. 0
42	1098. HK	路劲	7. 0
43	0123. HK	越秀地产	6. 9
44	600325. SH	华发股份	6. 8
45	000031. SZ	大悦城	6. 7
46	600565. SH	迪马股份	6. 7
47	0272. HK	瑞安地产	6. 6
48	1628. HK	禹洲集团	6. 4
49	3377. HK	远洋集团	6. 3
50	600708. SH	光明地产	6. 3
51	600208. SH	新湖中宝	6. 3
52	601588. SH	北辰实业	6. 2
53	0817. HK	中国金茂	6. 0
54	000961. SZ	中南建设	5. 9
55	600266. SH	城建发展	5. 9
56	600736. SH	苏州高新	5. 9

续表

排名	股票代码	公司名称	税前投入资本回报率
57	600376. SH	首开股份	5. 7
58	600648. SH	外高桥	5. 5
59	601992. SH	金隅集团	5. 4
60	600657. SH	信达地产	5. 4
61	6111. HK	大发地产	5. 3
62	1813. HK	合景泰富	5. 3
63	000069. SZ	华侨城 A	5. 2
64	3301. HK	融信中国	5. 0
65	002146. SZ	荣盛发展	4. 9
66	0754. HK	合生创展	4. 8
67	600094. SH	大名城	4. 5
68	000402. SZ	金融街	4. 2
69	600649. SH	城投控股	4. 0
70	0230. HK	五矿地产	3. 9
71	000671. SZ	阳光城	3. 4
72	600067. SH	冠城大通	3. 4
73	0106. HK	朗诗地产	2. 4
74	2777. HK	富力地产	1. 7
75	600466. SH	蓝光发展	0. 7
76	600340. SH	华夏幸福	-1. 1
77	002305. SZ	南国置业	-2. 5

（三）主要房地产上市公司的盈利能力

综合毛利润率、核心经营利润率以及税前投入资本回报率，我们对每项指标进行插值赋分，然后分别赋予 25%、25%、50%的权重，加权平均后即得到房地产企业的盈利能力综合评分。数据显示，2021 年主要房地产上市公司盈利能力综合评分的均值为 3. 31 分，中位数为 2. 78 分。仅有 1 家公司的盈利能力综合评分在 8~10 分，占主要房地产上市公司总数的 1. 3%；与之相对，有 58 家公司的盈利能力综合评分不到 5 分，占主要房地产上市公司总数的 75. 3%；更有 24 家公司的盈利能力综合评分不到 2 分，占主要房地产上市公司总数的31.2%（见图18）。佳源国际、时代中国、滨江集团、陆家嘴、新城控股、鲁商置业、荣安地产、华润置地、龙湖集团、深圳控股进入2021年盈利能力排行榜的TOP 10（见表9）。

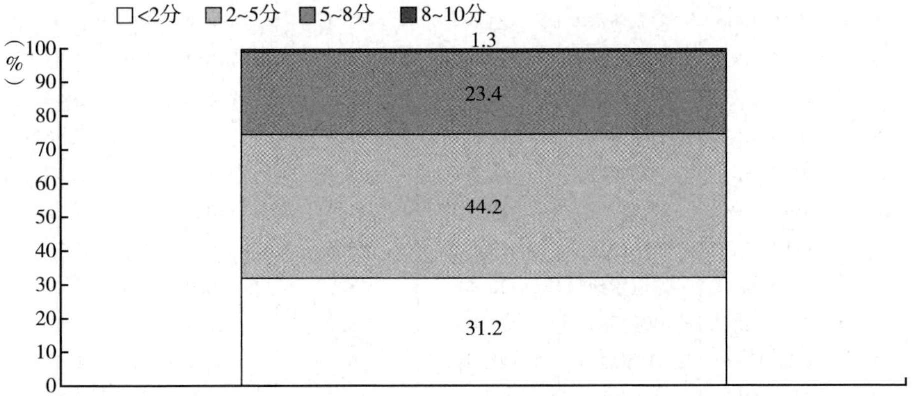

图18　主要房地产上市公司的盈利能力综合评分分布

表9　主要房地产上市公司的盈利能力

单位：%，分

排名	股票代码	公司名称	毛利润率	核心经营利润率	税前投入资本回报率	盈利能力综合评分
1	2768. HK	佳源国际	23. 5	19. 4	13. 8	8. 48
2	1233. HK	时代中国	23. 3	18. 3	12. 1	7. 45
3	002244. SZ	滨江集团	22. 2	18. 8	12. 0	7. 32
4	600663. SH	陆家嘴	56. 0	52. 0	9. 1	7. 05
5	601155. SH	新城控股	17. 5	11. 5	14. 5	6. 78
6	600223. SH	鲁商置业	20. 9	6. 8	17. 6	6. 66
7	000517. SZ	荣安地产	17. 6	12. 7	13. 8	6. 61
8	1109. HK	华润置地	22. 6	17. 0	10. 6	6. 39
9	0960. HK	龙湖集团	22. 2	14. 9	11. 4	6. 38
10	0604. HK	深圳控股	26. 0	20. 0	8. 7	6. 34
11	2019. HK	德信中国	20. 5	13. 8	12. 0	6. 28
12	600823. SH	世茂股份	31. 6	20. 5	7. 5	6. 23
13	1622. HK	力高集团	21. 1	11. 1	12. 6	6. 22

续表

排名	股票代码	公司名称	毛利润率	核心经营利润率	税前投入资本回报率	盈利能力综合评分
14	600048. SH	保利地产	21. 3	16. 3	10. 7	6. 15
15	1238. HK	宝龙地产	25. 6	17. 4	8. 9	5. 95
16	3380. HK	龙光集团	20. 3	15. 4	10. 7	5. 85
17	0272. HK	瑞安地产	29. 9	23. 6	6. 6	5. 80
18	0688. HK	中国海外	20. 7	17. 8	9. 6	5. 76
19	2772. HK	中梁控股	16. 5	8. 1	13. 0	5. 33
20	000002. SZ	万科 A	17. 2	11. 9	10. 3	4. 72
21	0884. HK	旭辉控股	18. 3	12. 6	9. 8	4. 71
22	Z25. SI	仁恒置地	20. 1	13. 7	8. 9	4. 69
23	2007. HK	碧桂园	15. 0	8. 8	11. 5	4. 51
24	000031. SZ	大悦城	23. 6	16. 6	6. 7	4. 48
25	1966. HK	中骏集团	20. 7	12. 5	8. 7	4. 43
26	600648. SH	外高桥	26. 3	17. 3	5. 5	4. 34
27	001979. SZ	招商蛇口	19. 4	15. 6	7. 6	4. 23
28	000656. SZ	金科股份	15. 6	8. 7	10. 8	4. 22
29	0754. HK	合生创展	37. 1	13. 1	4. 8	3. 85
30	0832. HK	建业地产	13. 9	6. 0	11. 4	3. 84
31	1996. HK	弘阳地产	18. 3	11. 2	8. 1	3. 63
32	000926. SZ	福星股份	17. 3	10. 9	8. 3	3. 53
33	3383. HK	雅居乐	20. 3	10. 6	7. 5	3. 49
34	600325. SH	华发股份	19. 2	13. 0	6. 8	3. 38
35	3990. HK	美的置业	16. 5	8. 3	8. 9	3. 30
36	9993. HK	金辉集团	15. 8	9. 2	8. 5	3. 18
37	600665. SH	天地源	15. 8	9. 0	8. 5	3. 14
38	000736. SZ	中交地产	18. 3	10. 1	7. 3	3. 04
39	1098. HK	路劲	17. 5	10. 0	7. 0	2. 78
40	0123. HK	越秀地产	16. 5	10. 9	6. 9	2. 72
41	000069. SZ	华侨城 A	19. 7	13. 4	5. 2	2. 71
42	600383. SH	金地集团	17. 5	8. 9	7. 2	2. 68
43	600208. SH	新湖中宝	16. 6	10. 9	6. 3	2. 46
44	3900. HK	绿城中国	15. 4	7. 4	7. 7	2. 44
45	600743. SH	华远地产	13. 2	7. 4	8. 3	2. 44

续表

排名	股票代码	公司名称	毛利润率	核心经营利润率	税前投入资本回报率	盈利能力综合评分
46	600736. SH	苏州高新	17. 4	11. 2	5. 9	2. 40
47	600266. SH	城建发展	16. 4	11. 4	5. 9	2. 33
48	600606. SH	绿地控股	10. 0	5. 3	9. 4	2. 26
49	2599. HK	祥生控股	9. 7	4. 5	9. 4	2. 20
50	1862. HK	景瑞控股	16. 1	7. 0	7. 1	2. 16
51	600153. SH	建发股份	3. 4	2. 2	9. 3	2. 14
52	000402. SZ	金融街	17. 5	11. 7	4. 2	2. 06
53	600376. SH	首开股份	15. 4	11. 1	5. 7	2. 01
54	0817. HK	中国金茂	16. 3	8. 5	6. 0	1. 85
55	0230. HK	五矿地产	18. 4	9. 7	3. 9	1. 84
56	3377. HK	远洋集团	14. 4	8. 7	6. 3	1. 84
57	600708. SH	光明地产	13. 8	8. 8	6. 3	1. 76
58	6158. HK	正荣地产	13. 4	6. 9	7. 0	1. 75
59	601588. SH	北辰实业	15. 2	8. 0	6. 2	1. 75
60	600565. SH	迪马股份	14. 6	3. 3	6. 7	1. 41
61	600657. SH	信达地产	14. 4	8. 8	5. 4	1. 39
62	1628. HK	禹洲集团	12. 4	6. 7	6. 4	1. 28
63	0106. HK	朗诗地产	20. 0	−1. 9	2. 4	1. 25
64	601992. SH	金隅集团	14. 8	6. 8	5. 4	1. 13
65	1813. HK	合景泰富	16. 6	−0. 4	5. 3	0. 97
66	600094. SH	大名城	16. 3	5. 8	4. 5	0. 92
67	6111. HK	大发地产	14. 4	2. 3	5. 3	0. 70
68	002146. SZ	荣盛发展	14. 4	4. 3	4. 9	0. 56
69	000961. SZ	中南建设	7. 1	−0. 2	5. 9	0. 47
70	600067. SH	冠城大通	11. 3	4. 1	3. 4	0. 17
71	3301. HK	融信中国	10. 7	3. 2	5. 0	0. 09
72	600649. SH	城投控股	8. 5	5. 5	4. 0	0. 08
73	000671. SZ	阳光城	5. 1	−5. 2	3. 4	0. 00
74	2777. HK	富力地产	5. 0	−7. 5	1. 7	0. 00
75	600466. SH	蓝光发展	−6. 4	−20. 8	0. 7	0. 00
76	600340. SH	华夏幸福	2. 6	−11. 4	−1. 1	0. 00
77	002305. SZ	南国置业	−17. 4	−24. 7	−2. 5	0. 00

六 2021年主要房地产上市公司的成长潜力

总体上房地产行业的高增长已不可持续，在考虑了周期波动且不需要依赖债务续借的情况下，主要房地产上市公司内生增长率的中位数只有2.9%，仅有1%的企业内生增长率大于10%，但有6.5%的企业内生增长率为负数。

在内生增长潜力不足的情况下，房地产企业主要依赖于外部融资工具的使用来推动外生增长，它在本质上取决于企业的投入资本回报率与债务融资成本之间的利差空间。

综合历史增长率、内生增长空间、外生增长空间以及土地储备总量，滨江集团、德信中国、深圳控股、中骏集团、佳源国际、越秀地产、宝龙地产、新城控股、时代中国、绿地控股进入成长潜力排行榜的TOP 10。

（一）主要房地产上市公司的历史增长率

2021年房地产行业整体的销售增速放缓，77家主要房地产上市公司的合同销售金额同比仅微增了1.7%，增速中位数为2.6%，有37.7%的企业2021年的合同销售金额呈负增长，但也有13.0%的企业2021年合同销售金额的同比增速在30%以上。

并表销售额方面，为了保持业绩，主要房地产上市公司加速了并表进程，2021年77家主要房地产上市公司的并表销售总额同比增长14%，增速中位数为10.6%，有24.7%的企业并表销售总额的增速在30%以上，但也有22.1%的企业其并表销售总额的同比增速为负（见图19）。

2022年很多房地产企业都不再设定目标销售额，即使是那些设定了目标销售额的企业，很多也将目标增速设定在10%以内，或与2021年持平。行业整体的增速放缓并开始加速分化。

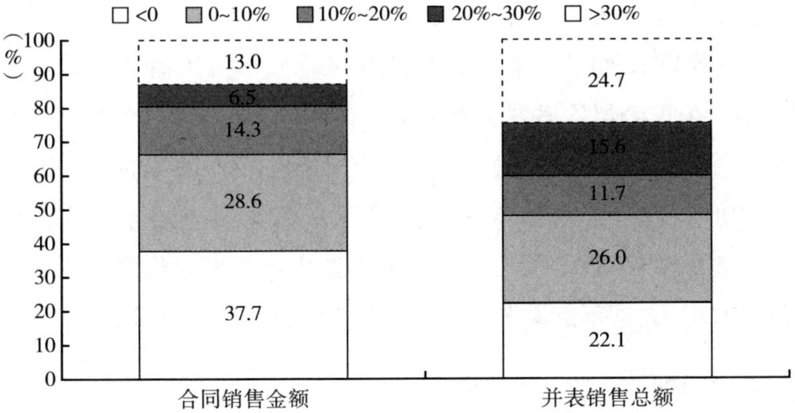

图 19　主要房地产上市公司的销售增速（2021 年）

（二）主要房地产上市公司的内生增长潜力

内生增长潜力是企业自身效率决定的增长潜力，它由企业的效率隐含回报决定，即企业在财务安全下[①]考虑周期波动后的净资产回报率（在分红率为零的情况下，内生增长率=效率隐含回报）。相应的，企业当前和低谷状态的周转率、利润率以及由此决定的安全资本结构成为影响内生增长率的关键因素。实际中，由于所有房地产企业都面临中期资金缺口，平均有七成债务需要续借，所以，绝大多数企业在计算内生增长潜力的时候都需要调减超额负债，即调减不扩张情况下经营现金不足以偿付而需要续借的债务部分[②]；在此基础上，再考虑周期波动的因素，由此计算的效率隐含回报通常会低于企业当前的实际净资产回报率。不过，我们认为效率隐含回报才是企业真正内生的回报率水平，是企业的安全成长基线；基线之上的成长空间更多需要借助外部融资工具的使用，即企业的外生增长空间——我们将在下一节着重讨论。

① 即企业中期风险头寸为零时的杠杆率水平。

② 如果企业当前的债务水平低于财务安全时的债务水平，就以当前债务水平为财务安全的负债水平。

根据我们的测算，2021 年主要房地产上市公司平均的效率隐含回报仅为 3.1%，中位数为 2.9%，即在不使用股权融资、不依赖债务续借的情况下，主要房地产上市公司依靠内生资源能够支撑的增长率在 3%左右。仅有 1 家企业的内生增长率在 10%以上，占总数的 1.3%；有 12 家企业的内生增长率在 5%～10%，占总数的 15.6%；与之相对，有 25 家企业的内生增长率小于 2%，占总数的 32.5%；更有 5 家企业的内生增长率为负数，占总数的 6.5%（见图 20）。房地产企业普遍面临内生增长潜力不足的问题。

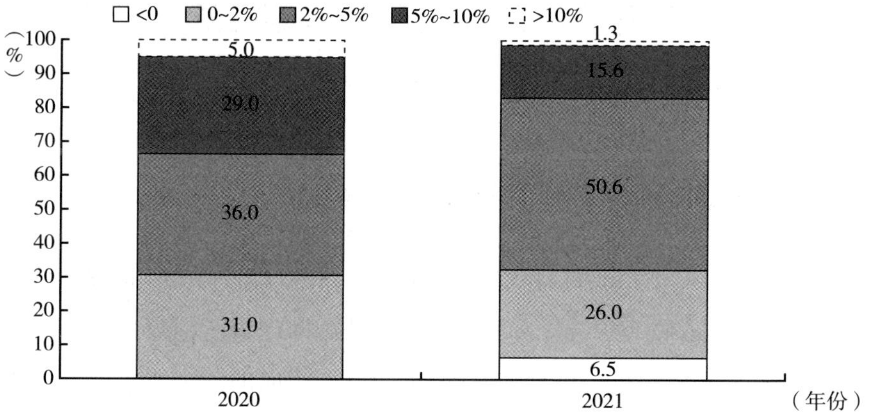

图 20　主要房地产上市公司的内生增长潜力分布

（三）主要房地产上市公司的外生增长潜力

在内生增长潜力的基础上，多数房地产企业可以通过引入股权资本或使用超额财务杠杆来进一步放大增长空间，即所谓的外生增长空间；但并非所有企业都有外生增长空间，如果企业的税前投入资本回报率已低于综合债务融资成本，则继续使用财务杠杆只会侵蚀股东价值，此时企业不具备外生增长空间；反之，企业的税前投入资本回报率与债务融资成本之间的利差空间越大，对潜在的股东和债权人的吸引力就越大，股权和债权的融资空间也就更大，因为股东和债权人的安全边际都提高了。所以，从根本上讲，企业的外生增长空间取决于其税前投入资本回报率与债务融资成本之间的利差空间。

2021年，主要房地产上市公司平均的存量资产周转率较2020年提升了35%，但平均的毛利润率和核心经营利润率则大幅降低了20%~30%，行业整体的税前投入资本回报率也显著降低了2个百分点；结果主要房地产上市公司税前投入资本回报率与债务融资成本之间的利差空间的平均值从2020年全年的1.8个百分点缩小至0.4个百分点，中位数则从2020年全年的1.2个百分点缩小至0.9个百分点。其中，有25家公司的税前投入资本回报率与债务融资成本之间的利差空间大于2个百分点，占主要房地产上市公司总数的32.5%，占比较2020年大幅减少；与之相对，2021年有28家公司的税前投入资本回报率已低于综合债务融资成本，占主要房地产上市公司总数的36.4%（见图21），行业整体的外生增长空间进一步减小。

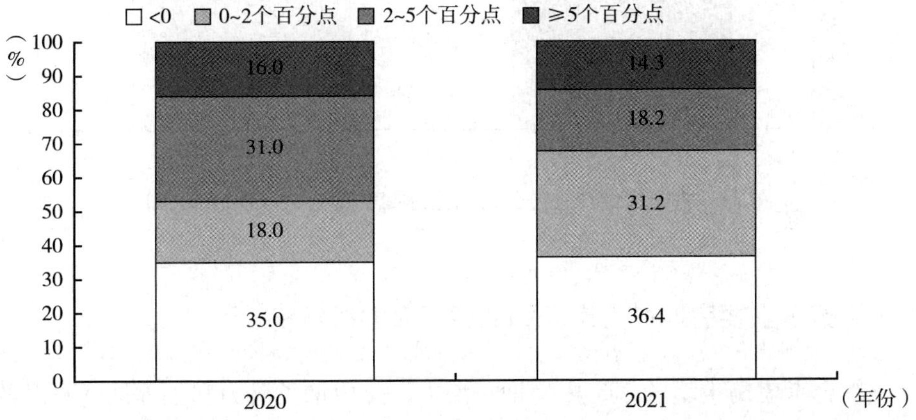

图21　主要房地产上市公司投入资本回报率与债务融资成本之间的利差空间分布

（四）主要房地产上市公司的土地储备总量

适量的土地储备是成长潜力的物质基础，尤其是随着集中供地的推行，合理的土地储备显得尤为重要。截至2021年底，以2021年全年的销售面积计算，主要房地产上市公司的总土地储备（待建+在建+已竣工待售面积）平均相当于年销售量的7.1倍，中位数为5.4倍，可售土地储备平均相当于年销售量的3.7倍，中位数为3.0倍。尽管多数房地产企业的土地储备总量可以满足未来3~5年的发展需求，但主要房地产上市公司中仍有6.5%的企业其土地储备总量小于3年的销售量，若以可售面积计算，其土地储备总量不足未来2年的销售量，从而影响了其可持续发展潜力。当然，土地储备也并不是越多越好，过多的土地储备通常意味着过慢的销售速度以及大量的资本占压，所以，从这个意义上讲，土地储备更多地代表着成长潜力的限制性因素，而非推动因素。

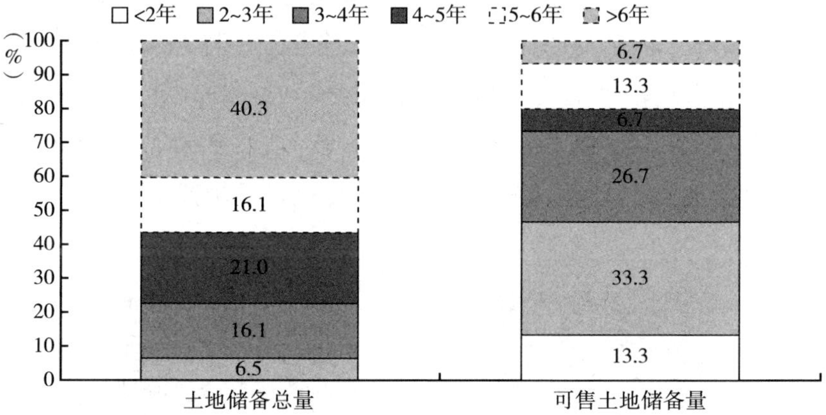

图22　主要房地产上市公司的土地储备量分布（2021年末）

（五）主要房地产上市公司的成长潜力排行榜

综合考虑历史增长率、内生增长潜力、外生增长潜力和土地储备总量的支撑，并对每项指标进行插值赋分，再分别给予25%的权重，加权平均后即得到主要房地产上市公司的成长潜力综合评分。数据显示，主要房地产上市公司2021年成长潜力综合评分的均值为4.56分，中位数为4.90分。有3家公司的成长潜力综合评分在8~10分，占主要房地产上市公司总数的3.9%；与之相对，有42家公司成长潜力的综合评分不到5分，占主要房地产上市公司总数的54.5%；更有9家公司成长的综合潜力评分不到2分，占主要房地产上市公司总数的11.7%（见图23）。其中，滨江集团、德信中国、深圳控股、中骏集团、佳源国际、越秀地产、宝龙地产、新城控股、时代中国、绿地控股为成长潜力榜的TOP 10（见表10）。

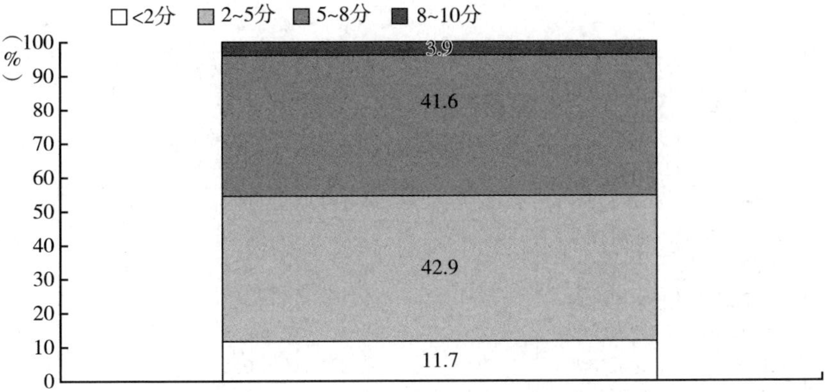

图 23　主要房地产上市公司的成长潜力综合评分分布（2021 年）

表 10　主要房地产上市公司的成长潜力

排名	股票代码	公司名称	历史增长率（%）	效率隐含的 ROE（%）	平均的投资回报-平均的债务融资成本（%）	土地储备总量（年）	综合成长潜力评分（分）
1	002244. SZ	滨江集团	28. 1	11. 9	6. 1	4. 34	9. 01
2	2019. HK	德信中国	73. 8	7. 4	2. 8	5. 48	8. 24
3	0604. HK	深圳控股	28. 4	3. 5	5. 8	10. 11	8. 23
4	1966. HK	中骏集团	30. 2	5. 7	2. 0	5. 12	7. 44
5	2768. HK	佳源国际	33. 6	4. 5	2. 1	6. 56	7. 16
6	0123. HK	越秀地产	30. 5	4. 2	2. 2	6. 50	7. 15
7	1238. HK	宝龙地产	57. 7	5. 2	1. 6	5. 69	7. 09
8	601155. SH	新城控股	6. 2	5. 8	7. 7	5. 86	6. 96
9	1233. HK	时代中国	21. 7	6. 0	5. 1	3. 88	6. 90
10	600606. SH	绿地控股	18. 3	4. 4	3. 3	7. 90	6. 80
11	3900. HK	绿城中国	33. 3	4. 4	1. 1	6. 27	6. 63
12	0960. HK	龙湖集团	11. 4	5. 9	7. 0	4. 30	6. 55
13	600048. SH	保利地产	19. 4	5. 9	5. 1	2. 64*	6. 40
14	000517. SZ	荣安地产	58. 8	8. 8	3. 1	0. 95*	6. 29
15	000736. SZ	中交地产	54. 9	4. 4	-1. 4	7. 82	6. 09
16	600663. SH	陆家嘴	-9. 0	4. 4	5. 2	16. 83	6. 09
17	600208. SH	新湖中宝	55. 1	4. 2	0. 1	9. 29	6. 08
18	600383. SH	金地集团	24. 0	4. 2	1. 7	4. 65	5. 96
19	600153. SH	建发股份	72. 0	5. 2	3. 2	2. 44*	5. 96
20	600266. SH	城建发展	31. 0	2. 1	0. 8	12. 50	5. 92

续表

排名	股票代码	公司名称	历史增长率(%)	效率隐含的 ROE(%)	平均的投资回报-平均的债务融资成本(%)	土地储备总量(年)	综合成长潜力评分(分)
21	600665. SH	天地源	21. 4	4. 5	0. 8	6. 47	5. 84
22	0884. HK	旭辉控股	20. 4	4. 2	4. 0	2. 77*	5. 75
23	0688. HK	中国海外	6. 0	4. 2	6. 1	4. 27	5. 65
24	2772. HK	中梁控股	7. 1	5. 2	4. 3	4. 19	5. 51
25	600649. SH	城投控股	32. 7	1. 9	-1. 5	10. 16	5. 49
26	601588. SH	北辰实业	40. 7	1. 5	0. 2	6. 17	5. 48
27	Z25. SI	仁恒置地	-3. 5	4. 2	3. 7	5. 31	5. 37
28	600743. SH	华远地产	23. 4	2. 2	0. 6	7. 30	5. 29
29	600376. SH	首开股份	30. 9	1. 1	0. 0	5. 80	5. 26
30	3380. HK	龙光集团	0. 3	5. 7	4. 4	4. 30	5. 26
31	1628. HK	禹洲集团	79. 9	1. 7	-0. 9	3. 86*	5. 25
32	000402. SZ	金融街	36. 5	0. 7	-0. 9	9. 47	5. 18
33	600565. SH	迪马股份	24. 1	2. 5	-4. 9	6. 25	5. 14
34	2007. HK	碧桂园	4. 9	4. 7	5. 9	3. 81	5. 09
35	1109. HK	华润置地	3. 7	4. 6	6. 0	3. 92	5. 09
36	600657. SH	信达地产	26. 3	1. 2	-2. 7	5. 39	4. 99
37	600325. SH	华发股份	37. 4	2. 3	0. 0	4. 45	4. 91
38	600067. SH	冠城大通	54. 1	1. 2	-3. 9	3. 68*	4. 91
39	0832. HK	建业地产	-42. 2	4. 5	2. 6	6. 55	4. 90
40	3990. HK	美的置业	7. 7	3. 4	3. 8	4. 21	4. 89
41	0817. HK	中国金茂	12. 9	2. 3	1. 3	7. 06	4. 76
42	600094. SH	大名城	25. 5	0. 2	-4. 7	5. 07	4. 68
43	000002. SZ	万科 A	-3. 0	3. 9	5. 2	3. 91	4. 62
44	1622. HK	力高集团	-20. 8	3. 9	2. 2	4. 27*	4. 58
45	3377. HK	远洋集团	10. 6	2. 8	0. 9	6. 92	4. 55
46	600223. SH	鲁商置业	-1. 8	8. 0	-1. 4	11. 59	4. 49
47	0272. HK	瑞安地产	9. 2	2. 1	1. 3	10. 34*	4. 47
48	600648. SH	外高桥	2. 9	3. 0	1. 9	24. 39	4. 44
49	9993. HK	金辉集团	-9. 2	3. 4	1. 8	5. 73	4. 25
50	600823. SH	世茂股份	9. 6	2. 7	-0. 4	11. 31	3. 97
51	000069. SZ	华侨城 A	6. 1	1. 6	1. 0	5. 64	3. 93
52	601992. SH	金隅集团	8. 2	1. 8	1. 0	4. 71	3. 77
53	001979. SZ	招商蛇口	10. 3	3. 3	1. 3	3. 00*	3. 57
54	1996. HK	弘阳地产	24. 1	2. 8	-0. 4	3. 64	3. 50
55	0754. HK	合生创展	6. 2	1. 9	-1. 4	26. 79	3. 50
56	000656. SZ	金科股份	-5. 0	3. 8	1. 4	3. 35*	3. 35

续表

排名	股票代码	公司名称	历史增长率（%）	效率隐含的 ROE（%）	平均的投资回报-平均的债务融资成本（%）	土地储备总量（年）	综合成长潜力评分（分）
57	2599. HK	祥生控股	19. 8	3. 7	-1. 0	3. 50	3. 19
58	2777. HK	富力地产	-17. 7	2. 2	-7. 3	5. 31 *	3. 04
59	600466. SH	蓝光发展	-88. 5	2. 1	-10. 3	5. 56 *	3. 03
60	600736. SH	苏州高新	-22. 4	1. 8	0. 5	4. 71	2. 83
61	3383. HK	雅居乐	-1. 9	1. 8	0. 0	4. 87	2. 80
62	0230. HK	五矿地产	-3. 7	0. 9	-0. 3	9. 01	2. 74
63	000961. SZ	中南建设	23. 6	2. 9	-3. 7	2. 82	2. 69
64	600708. SH	光明地产	2. 4	1. 6	1. 1	4. 20	2. 63
65	0106. HK	朗诗地产	88. 8	-0. 7	-4. 8	1. 97 *	2. 50
66	600340. SH	华夏幸福	-43. 2	0. 0	-11. 1	40. 63	2. 50
67	1098. HK	路劲	5. 2	2. 4	0. 7	3. 70	2. 29
68	3301. HK	融信中国	9. 8	0. 7	-3. 2	3. 91	2. 13
69	6158. HK	正荣地产	15. 3	2. 6	-0. 8	2. 95	1. 92
70	1813. HK	合景泰富	1. 5	1. 9	-1. 2	4. 00	1. 85
71	000671. SZ	阳光城	7. 7	-0. 4	-5. 0	2. 75 *	1. 58
72	000031. SZ	大悦城	6. 2	1. 5	1. 0	3. 07	1. 48
73	002146. SZ	荣盛发展	11. 8	0. 9	-3. 5	2. 88	1. 21
74	000926. SZ	福星股份	-1. 1	3. 0	0. 1	6. 53	0. 79
75	1862. HK	景瑞控股	-28. 1	-0. 5	-4. 0	3. 48	0. 60
76	002305. SZ	南国置业	-15. 8	-6. 7	-13. 3	2. 36 *	0. 45
77	6111. HK	大发地产	3. 6	0. 5	-6. 1	2. 54	0. 43

注：带 * 的项目为企业的可售土地储备量。

七　2021年主要房地产上市公司的综合实力排行榜

综合房地产企业综合抗风险能力、融资成本、运营效率、盈利能力、成长潜力和销售规模指标，我们对房地产上市公司的综合实力进行评分，结果显示：中国海外、华润置地、万科、保利地产、碧桂园、龙湖集团、越秀地产、华侨城、仁恒置地、深圳控股、建发股份、旭辉控股、金地集团、美的置业、龙光集团、绿地控股、绿城中国、金隅集团、外高桥、宝龙地产进入2021 年度房地产上市公司综合实力排行榜的 TOP 20（见表 11）。

表 11　主要地产上市公司的综合实力排行榜

单位：分

排名	股票代码	公司名称	抗风险能力综合评分	融资成本评分	运营效率综合评分	盈利能力综合评分	成长潜力综合评分	销售规模综合评分	综合实力评分
1	0688. HK	中国海外	8. 87	10. 00	6. 20	5. 76	5. 65	10. 00	8. 42
2	1109. HK	华润置地	8. 50	10. 00	5. 26	6. 39	5. 09	10. 00	8. 23
3	000002. SZ	万科 A	7. 29	9. 83	7. 04	4. 72	4. 62	10. 00	7. 79
4	600048. SH	保利地产	6. 64	8. 68	6. 09	6. 15	6. 40	10. 00	7. 59
5	2007. HK	碧桂园	6. 46	8. 78	8. 11	4. 51	5. 09	10. 00	7. 47
6	0960. HK	龙湖集团	4. 03	10. 00	7. 60	6. 38	6. 55	10. 00	7. 26
7	0123. HK	越秀地产	5. 73	10. 00	4. 97	2. 72	7. 15	6. 45	6. 49
8	000069. SZ	华侨城 A	6. 02	10. 00	4. 24	2. 71	3. 93	6. 91	6. 28
9	Z25. SI	仁恒置地	7. 26	9. 45	3. 72	4. 69	5. 37	2. 65	5. 98
10	0604. HK	深圳控股	7. 14	10. 00	1. 67	6. 34	8. 23	0. 84	5. 94
11	600153. SH	建发股份	3. 68	7. 93	10. 00	2. 14	5. 96	10. 00	5. 87
12	0884. HK	旭辉控股	3. 20	8. 43	5. 94	4. 71	5. 75	10. 00	5. 61
13	600383. SH	金地集团	3. 04	9. 05	6. 33	2. 68	5. 96	10. 00	5. 52
14	3990. HK	美的置业	3. 07	9. 80	7. 40	3. 30	4. 89	7. 07	5. 45
15	3380. HK	龙光集团	2. 22	7. 41	8. 74	5. 85	5. 26	7. 75	5. 13
16	600606. SH	绿地控股	1. 51	7. 81	9. 89	2. 26	6. 80	10. 00	5. 06
17	3900. HK	绿城中国	3. 00	6. 67	5. 61	2. 44	6. 63	10. 00	5. 00
18	601992. SH	金隅集团	2. 55	10. 00	8. 92	1. 13	3. 77	5. 72	4. 97
19	600648. SH	外高桥	3. 56	10. 00	4. 97	4. 34	4. 44	0. 06	4. 80
20	1238. HK	宝龙地产	3. 77	5. 41	4. 08	5. 95	7. 09	4. 96	4. 80

续表

排名	股票代码	公司名称	抗风险能力综合评分	融资成本评分	运营效率综合评分	盈利能力综合评分	成长潜力综合评分	销售规模综合评分	综合实力评分
21	002244. SZ	滨江集团	0. 00	8. 31	6. 79	7. 32	9. 01	6. 89	4. 66
22	0272. HK	瑞安地产	3. 87	9. 46	0. 88	5. 80	4. 47	0. 85	4. 64
23	2768. HK	佳源国际	6. 81	0. 00	7. 47	8. 48	7. 16	1. 36	4. 63
24	601155. SH	新城控股	0. 00	6. 43	9. 43	6. 78	6. 96	10. 00	4. 60
25	000031. SZ	大悦城	3. 50	8. 60	4. 06	4. 48	1. 48	3. 40	4. 46
26	2772. HK	中梁控股	2. 52	2. 54	9. 44	5. 33	5. 51	7. 93	4. 33
27	600094. SH	大名城	9. 03	1. 56	6. 61	0. 92	4. 68	0. 26	4. 29
28	1233. HK	时代中国	1. 80	5. 98	4. 92	7. 45	6. 90	4. 48	4. 29
29	3383. HK	雅居乐	2. 94	4. 99	5. 89	3. 49	2. 80	7. 36	4. 13
30	3377. HK	远洋集团	1. 13	9. 22	4. 72	1. 84	4. 55	6. 78	4. 09
31	000656. SZ	金科股份	3. 10	1. 25	8. 46	4. 22	3. 35	9. 58	4. 05
32	600208. SH	新湖中宝	4. 14	7. 52	1. 17	2. 46	6. 08	1. 33	3. 98
33	0230. HK	五矿地产	2. 93	10. 00	2. 78	1. 84	2. 74	0. 57	3. 97
34	0817. HK	中国金茂	0. 00	10. 00	3. 62	1. 85	4. 76	9. 27	3. 95
35	600663. SH	陆家嘴	1. 23	10. 00	0. 41	7. 05	6. 09	0. 24	3. 87
36	0754. HK	合生创展	3. 44	7. 44	0. 00	3. 85	3. 50	2. 26	3. 82
37	600067. SH	冠城大通	4. 29	5. 55	8. 91	0. 17	4. 91	0. 01	3. 80
38	9993. HK	金辉集团	1. 61	6. 57	6. 35	3. 18	4. 25	4. 08	3. 75
39	2019. HK	德信中国	2. 54	1. 55	6. 58	6. 28	8. 24	3. 09	3. 75
40	1966. HK	中骏集团	0. 00	6. 63	6. 74	4. 43	7. 44	5. 07	3. 69

续表

排名	股票代码	公司名称	抗风险能力综合评分	融资成本评分	运营效率综合评分	盈利能力综合评分	成长潜力综合评分	销售规模综合评分	综合实力评分
41	000402.SZ	金融街	1.92	9.89	0.74	2.06	5.18	1.38	3.68
42	001979.SZ	招商蛇口	0.00	7.38	3.82	4.23	3.57	10.00	3.64
43	000517.SZ	荣安地产	3.50	0.00	7.19	6.61	6.29	2.00	3.61
44	600376.SH	首开股份	0.80	8.66	2.09	2.01	5.26	5.33	3.52
45	600823.SH	世茂股份	4.11	4.27	0.54	6.23	3.97	1.27	3.42
46	601588.SH	北辰实业	1.56	8.01	3.44	1.75	5.48	0.53	3.34
47	600266.SH	城建发展	0.61	9.66	1.31	2.33	5.92	1.08	3.24
48	600736.SH	苏州高新	1.43	9.24	2.89	2.40	2.83	0.07	3.24
49	002146.SZ	荣盛发展	2.62	3.17	6.65	0.56	1.21	6.84	3.21
50	600649.SH	城投控股	1.80	9.05	0.68	0.08	5.49	0.07	3.16
51	1098.HK	路劲	1.43	7.43	3.34	2.78	2.29	1.69	3.07
52	600708.SH	光明地产	0.31	9.52	4.71	1.76	2.63	1.15	3.05
53	600665.SH	天地源	1.52	4.68	5.68	3.14	5.84	0.11	3.02
54	0106.HK	朗诗地产	1.47	5.43	8.64	1.25	2.50	0.40	2.95
55	6158.HK	正荣地产	1.13	4.33	5.32	1.75	1.92	6.74	2.89
56	000926.SZ	福星股份	4.25	3.69	4.32	3.53	0.79	0.07	2.89
57	600657.SH	信达地产	2.43	3.69	4.18	1.39	4.99	1.18	2.88
58	600325.SH	华发股份	0.00	6.48	1.66	3.38	4.91	5.83	2.87
59	1628.HK	禹洲集团	0.88	5.39	2.99	1.28	5.25	4.40	2.82
60	600743.SH	华远地产	1.15	4.59	4.72	2.44	5.29	0.32	2.65

续表

排名	股票代码	公司名称	抗风险能力综合评分	融资成本评分	运营效率综合评分	盈利能力综合评分	成长潜力综合评分	销售规模综合评分	综合实力评分
61	1622. HK	力高集团	1. 69	0. 00	4. 17	6. 22	4. 58	1. 46	2. 32
62	000736. SZ	中交地产	0. 57	2. 60	3. 65	3. 04	6. 09	2. 58	2. 28
63	0832. HK	建业地产	0. 00	2. 38	6. 44	3. 84	4. 90	2. 49	2. 24
64	000961. SZ	中南建设	0. 00	0. 80	7. 14	0. 47	2. 69	9. 56	2. 15
65	3301. HK	融信中国	0. 00	3. 58	5. 38	0. 09	2. 13	6. 51	2. 13
66	1996. HK	弘阳地产	0. 00	3. 07	4. 80	3. 63	3. 50	3. 17	2. 12
67	000671. SZ	阳光城	0. 18	3. 07	4. 14	0. 00	1. 58	8. 27	2. 09
68	600223. SH	鲁商置业	0. 59	0. 00	6. 70	6. 66	4. 49	0. 43	2. 06
69	1813. HK	合景泰富	0. 00	6. 99	0. 04	0. 97	1. 85	3. 59	2. 04
70	2599. HK	祥生控股	0. 00	0. 00	9. 77	2. 20	3. 19	4. 83	2. 00
71	2777. HK	富力地产	0. 60	2. 11	1. 41	0. 00	3. 04	6. 69	1. 78
72	600565. SH	迪马股份	0. 00	0. 00	7. 32	1. 41	5. 14	1. 34	1. 52
73	1862. HK	景瑞控股	0. 33	0. 00	3. 21	2. 16	0. 60	0. 62	0. 79
74	6111. HK	大发地产	0. 00	0. 00	5. 87	0. 70	0. 43	0. 73	0. 77
75	600340. SH	华夏幸福	0. 00	0. 04	0. 00	0. 00	2. 50	1. 89	0. 45
76	600466. SH	蓝光发展	0. 00	0. 00	0. 00	0. 00	3. 03	0. 96	0. 40
77	002305. SZ	南国置业	0. 00	0. 00	0. 96	0. 00	0. 45	0. 36	0. 18

综合房地产企业的抗风险能力、融资成本、运营效率、盈利能力、成长潜力及销售规模因素，我们对房地产上市公司的综合实力进行评分——其中前两项因素（抗风险能力和融资成本）主要显示企业的财务安全状况，后四项因素则主要显示企业的经营状况。相应的，正常情况下，我们对以上六类因素分别赋予30%、20%、10%、10%、10%、20%的权重，从而使财务安全状况和经营状况各占50%的权重，加权平均后即得到主要房地产上市公司的综合实力评分。但在企业的抗风险能力综合评分小于4分的情况下，此时企业的生存压力大于发展压力，财务安全性成为决定企业能否实现可持续发展的关键因素，与之相对，规模因素的作用在减弱——2021年以前，规模因素在房地产企业的生存发展过程中确实发挥着重要作用，但继恒大等一众大型房地产企业频繁“爆雷”后，规模因素仅在企业财务安全时能够发挥助力作用，而对于那些财务风险较大的企业来说，“大而不能倒”已经成为过去式——相应的，当企业的抗风险能力综合评分小于4分时，我们将六类因素的赋权调整为40%、20%、10%、10%、10%、10%。

结果，2021年77家主要房地产上市公司的综合实力评分均值为3.86分，中位数为3.75分。只有2家公司的综合实力评分在8~10分，占主要房地产上市公司总数的2.6%；有15家公司的综合实力评分在5~8分，占主要房地产上市公司总数的19.5%；有52家公司的综合实力评分在2~5分，占主要房地产上市公司总数的67.5%；有8家公司的综合实力评分还不到2分，占主要房地产上市公司总数的10.4%（见图24）。

八　房地产行业的生存矩阵

（一）房地产行业的六维蛛网图

由图25可见，2021年主要房地产上市公司的各项评分中，只有融资成本一项的评分中位数在5分以上，其他各项指标评分的中位数均不到5分，尤其是抗风险能力和盈利能力，其综合评分的中位数均不到3分（抗风险能力综合评分的中位数还不到2分），即抗风险能力和盈利能力已成为房地产行业的最主要短板。

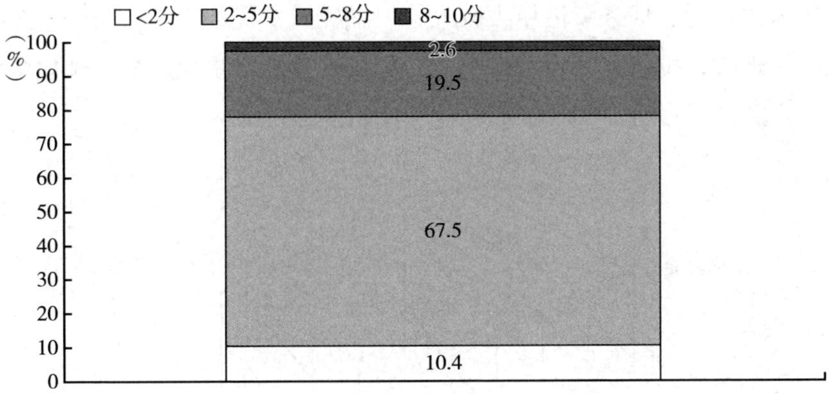

图 24　主要房地产上市公司的综合实力评分分布（2021 年）

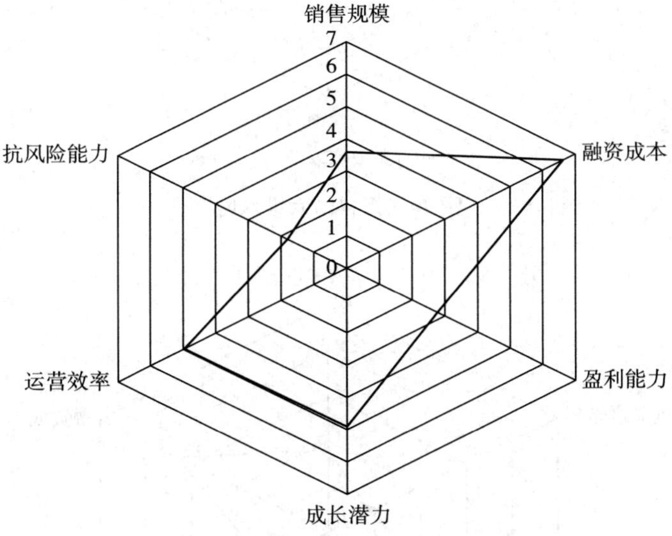

图 25　主要房地产上市公司的六维蛛网

当然，具体到每家企业，各自面临的问题和短板都不尽相同。如万科和碧桂园的主要短板都在成长潜力方面，由于规模较大，历史增速减缓，未来土地储备压力较大；而越秀地产在财务方面（抗风险能力和融资成本评分）均显著优于行业平均水平，但经营方面的运营效率和盈利能力指标则与行业平均水平相当，显示其经营效率有待提升；而远洋集团虽然净负债率偏高、现金短债比偏低、债务续借压力较大，但融资成本优势明显，缓解了短期财务压力，不过，抗风险能力和盈利能力仍是企业的最主要短板；又如金科股

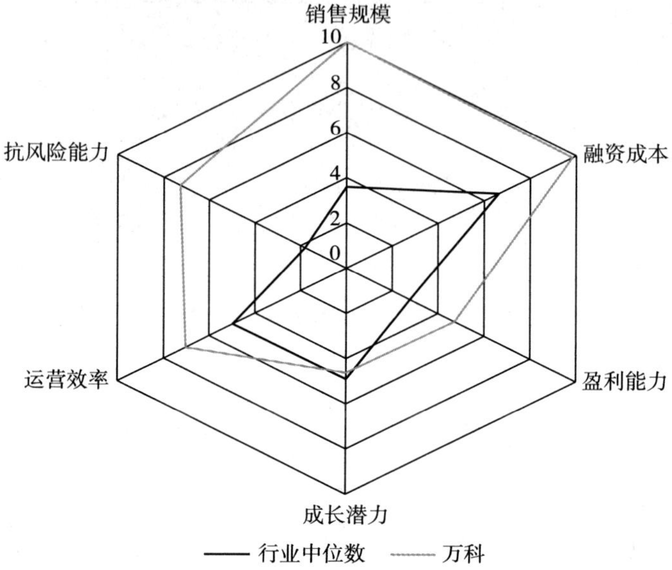

图 26 万科的六维蛛网

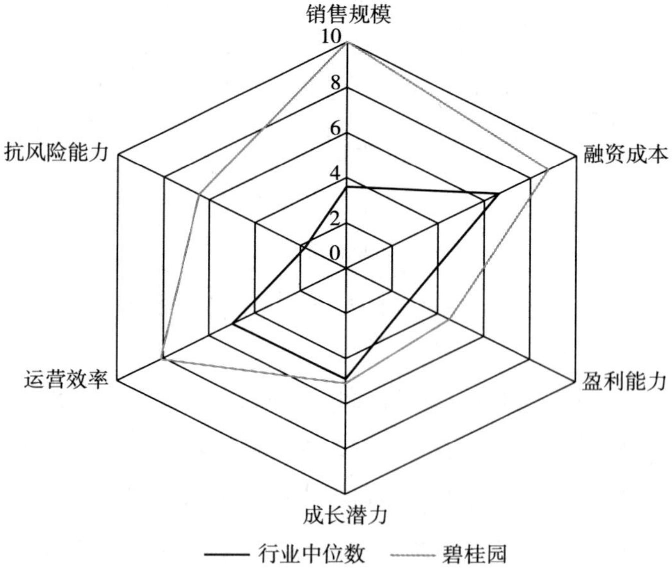

图 27 碧桂园的六维蛛网

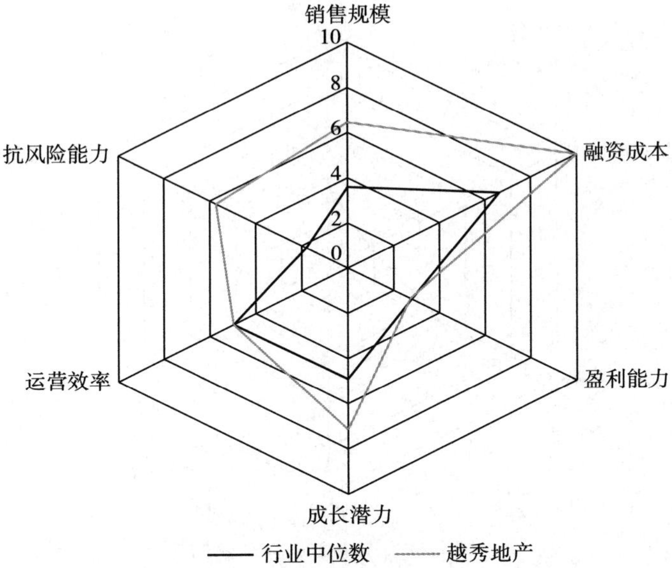

图 28　越秀地产的六维蛛网

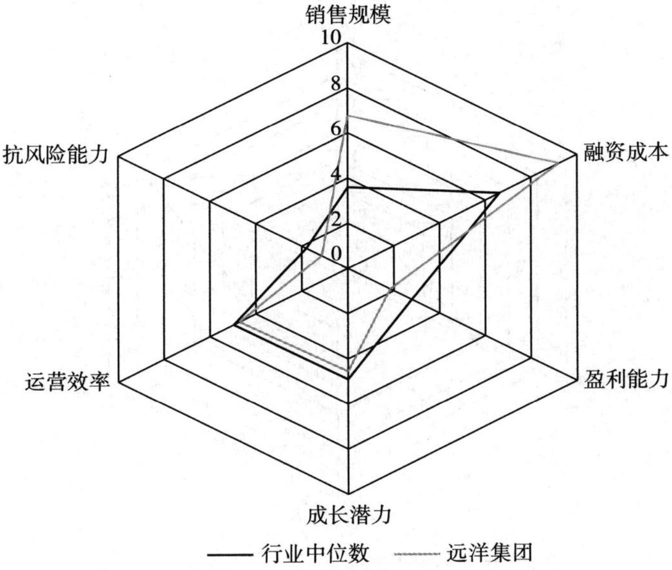

图 29　远洋集团的六维蛛网

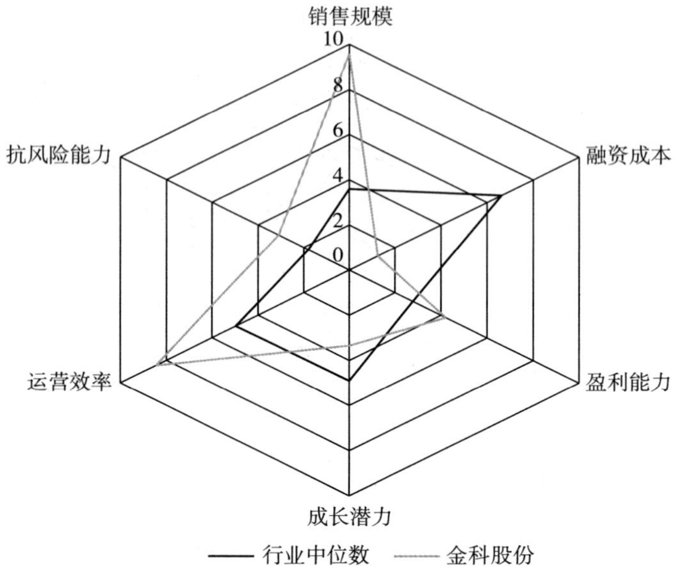

图 30　金科股份的六维蛛网

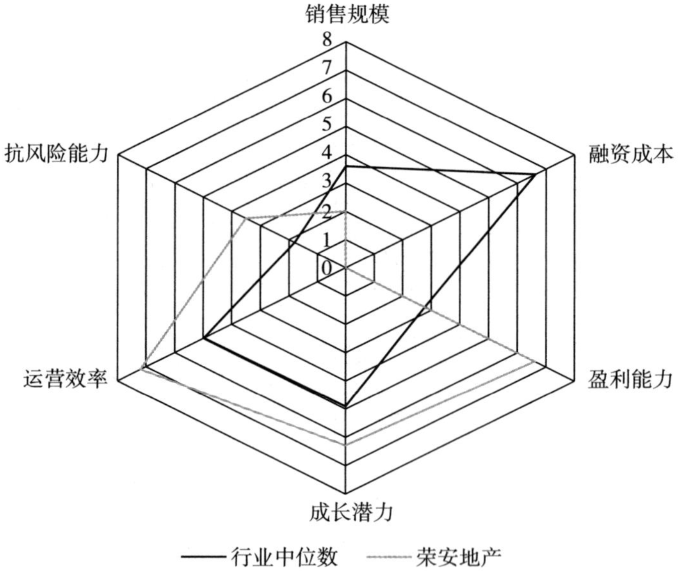

图 31　荣安地产的六维蛛网

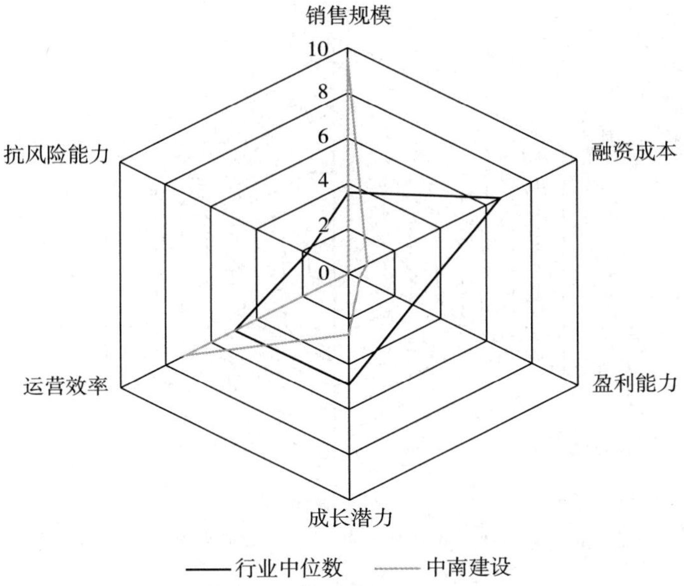

图 32　中南建设的六维蛛网

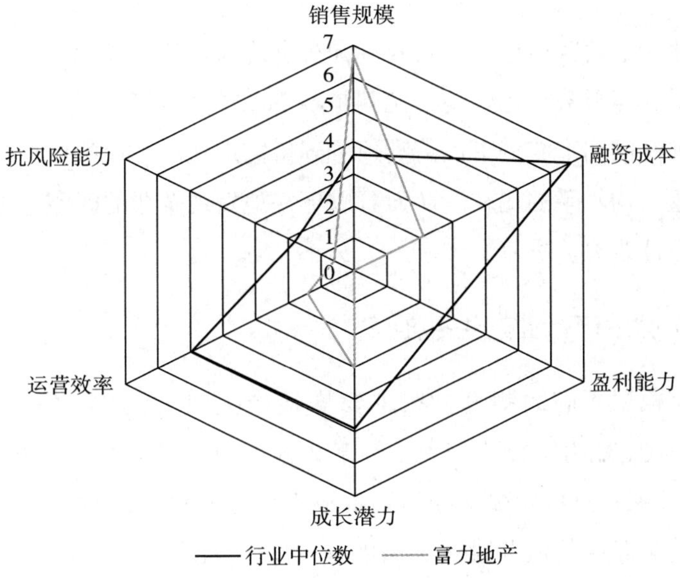

图 33　富力地产的六维蛛网

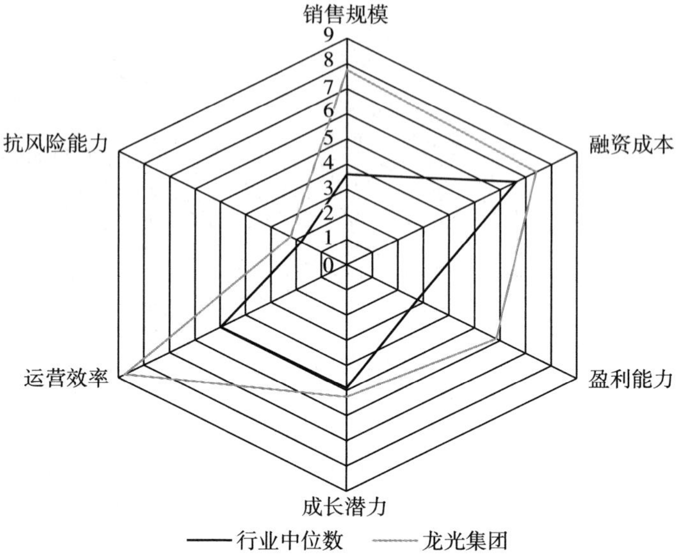

图 34　龙光集团的六维蛛网

注：截至 2022 年 5 月 31 日，龙光集团尚未公布经审计的 2021 年财务数据。

份和荣安地产，两家企业在运营效率和盈利能力这两项经营指标上均优于行业平均水平，但财务指标较弱，尤其是融资成本显著高于行业平均水平。总之，在六维蛛网图上我们可以清晰地看到每家房地产企业的优势和短板，以及它与行业平均水平的比较，从而可以更好地发现企业的问题，也有助于企业自身的经营改善。

（二）房地产行业的生存矩阵

最后，根据我们的测算，在主要房地产上市公司中，财务状况尚可（2021 年抗风险能力综合评分大于等于 2 分且融资成本评分大于等于 5 分）的企业有 25 家；财务状况不佳但融资成本优势明显，即使在偿债能力较弱的情况下也能保持其债务融资渠道畅通（即抗风险能力综合评分小于 2 分但融资成本评分大于等于 8 分）的企业有 11 家；以上 36 家企业的短期财务压力较小，占主要房地产上市公司总数的 46.8%。

这其中，有 8 家公司的抗风险能力综合评分及融资成本评分均在 5 分以上，且当前的投入资本回报率或未来的成长潜力评分也优于行业平均水平；这部分企业当前的财务安全性较好，且具有一定的回报率或成长性优势，从而具有行业整合潜能。截至 2021 年底，这类具有整合潜能的企业占到主要房地产上市公司总数的 10.4%。

余下的 24 家公司又分为两类，一类是短期财务压力不大，但当前的投入资本回报率和未来的成长潜力评分均低于行业平均水平的企业，这类企业自身的经营能力或经营资源已不足以支持其可持续发展，只能通过与第三方优势企业的合作来拓展生存空间，在主要房地产上市公司中，这类企业约占 14.0%。

另一类则是短期财务压力不大，且当前的投资回报率或未来的成长性评分高于行业平均水平的企业，这部分企业暂时没有生存危机，具有一定的发展空间，但其金融资源尚不足以支持大规模的行业整合。截至 2021 年底，这类具备可持续发展空间但不具备整合潜能的企业占到主要房地产上市公司总数的 22.0%。

与之相对，2021 年，在主要房地产上市公司中有 41 家企业当前就面临较大的财务压力，占总数的 53.2%。其中，有 26 家公司当前的投资回报率或未来的成长性评分高于行业平均水平，占主要房地产上市公司总数的 33.8%，这部分企业尚有转型图存的空间。

其余 15 家公司则不仅短期财务压力大，且当前的投资回报率和未来的成长性评分均逊于行业平均水平，从而面临较大的生存压力，这部分企业占到主要房地产上市公司总数的 19.5%。

综上，截至 2021 年底，房地产行业的生存结构进一步演化，以综合抗风险能力和融资成本为横轴，以当前投入资本回报率和未来的成长潜力为纵轴，则在主要房地产上市公司的生存矩阵中，有 19.5%的企业当前就面临生存压力；有 33.8%的企业虽然财务压力较大但尚有转型图存的空间；有 14%的企业虽然短期的财务压力不大，但受到效率水平和成长空间的制约，只能通过合作开发来拓展生存空间；余下的、具有真正可持续发展潜力的企业仅占 32.4%，其中仅有 10.4%的企业具有整合潜能。

图 35 是 2021 年主要房地产上市公司的生存矩阵，由图可见，半数企业都面临短期财务压力，但多数企业还有转型图存的空间（橙区企业），转型成功的企业将进入右侧可持续发展区（绿区），但转型失败的企业将在财务压力的拖累下最终堕入生存压力的企业之列（红区），还有部分危机企业在巨大财务压力下销售大幅萎缩，而最终被排除在我们重点关注的主要房地产上市公司之列。此外，受行业整体利润率和投资回报率显著降低的影响，短期财务压力不是很大但受回报率水平和成长潜力制约、只能通过合作开发来拓展生存空间的企业（黄区企业），其独立发展的压力也越来越大。结果，在主要房地产上市公司中，具有可持续发展潜力的企业（绿区企业）占比仅为 32.4%，其中具有整合潜能的企业（深绿企业）占比仅为 10.4%；而就全体房地产上市公司而言，具有可持续发展潜力的企业占比更低。

——风云变幻，你的企业又处在生存矩阵的哪个象限呢？

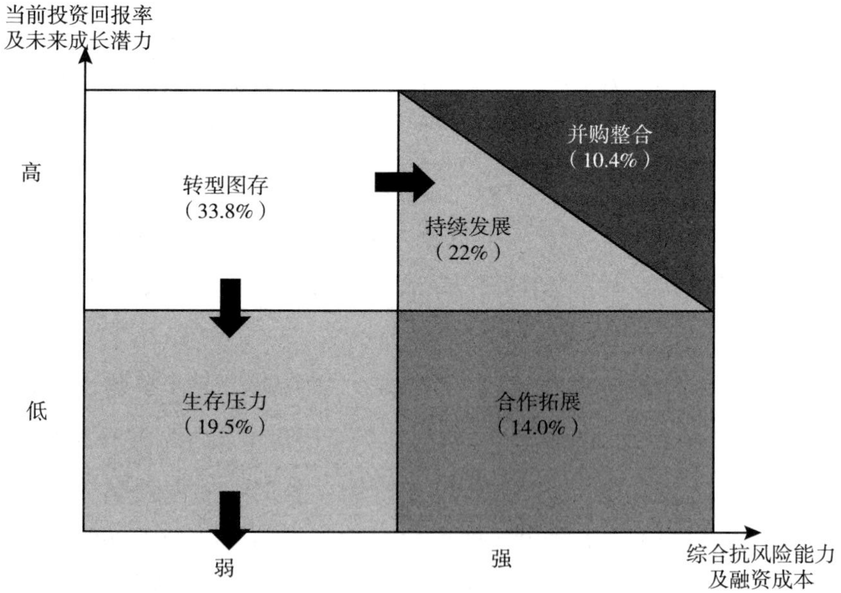

图 35　房地产行业的生存矩阵

表 12　主要地产上市公司的生存矩阵

单位：%

股票代码	公司名称	抗风险能力综合评分	融资成本评分	税前投入资本回报率	成长潜力综合评分	综合实力评分	生存矩阵
2007. HK	碧桂园	6. 46	8. 78	11. 5	5. 09	7. 47	整合潜力
000002. SZ	万科 A	7. 29	9. 83	10. 3	4. 62	7. 79	整合潜力
600048. SH	保利地产	6. 64	8. 68	10. 7	6. 40	7. 59	整合潜力
0688. HK	中国海外	8. 87	10. 00	9. 6	5. 65	8. 42	整合潜力
001979. SZ	招商蛇口	0. 00	7. 38	7. 6	3. 57	3. 64	转型图存
1109. HK	华润置地	8. 50	10. 00	10. 6	5. 09	8. 23	整合潜力
600606. SH	绿地控股	1. 51	7. 81	9. 4	6. 80	5. 06	转型图存
0960. HK	龙湖集团	4. 03	10. 00	11. 4	6. 55	7. 26	持续发展
600383. SH	金地集团	3. 04	9. 05	7. 2	5. 96	5. 52	持续发展
3900. HK	绿城中国	3. 00	6. 67	7. 7	6. 63	5. 00	持续发展
0884. HK	旭辉控股	3. 20	8. 43	9. 8	5. 75	5. 61	持续发展
601155. SH	新城控股	0. 00	6. 43	14. 5	6. 96	4. 60	转型图存
600153. SH	建发股份	3. 68	7. 93	9. 3	5. 96	5. 87	持续发展
000656. SZ	金科股份	3. 10	1. 25	10. 8	3. 35	4. 05	转型图存
000961. SZ	中南建设	0. 00	0. 80	5. 9	2. 69	2. 15	生存压力
0817. HK	中国金茂	0. 00	10. 00	6. 0	4. 76	3. 95	合作拓展
000671. SZ	阳光城	0. 18	3. 07	3. 4	1. 58	2. 09	生存压力
2772. HK	中梁控股	2. 52	2. 54	13. 0	5. 51	4. 33	转型图存
3380. HK	龙光集团*	2. 22	7. 41	10. 7	5. 26	5. 13	持续发展

续表

股票代码	公司名称	抗风险能力综合评分	融资成本评分	税前投入资本回报率	成长潜力综合评分	综合实力评分	生存矩阵
3383. HK	雅居乐	2. 94	4. 99	7. 5	2. 80	4. 13	转型图存
3990. HK	美的置业	3. 07	9. 80	8. 9	4. 89	5. 45	持续发展
000069. SZ	华侨城 A	6. 02	10. 00	5. 2	3. 93	6. 28	合作拓展
002244. SZ	滨江集团	0. 00	8. 31	12. 0	9. 01	4. 66	持续发展
002146. SZ	荣盛发展	2. 62	3. 17	4. 9	1. 21	3. 21	生存压力
3377. HK	远洋集团	1. 13	9. 22	6. 3	4. 55	4. 09	合作拓展
6158. HK	正荣地产	1. 13	4. 33	7. 0	1. 92	2. 89	生存压力
2777. HK	富力地产*	0. 60	2. 11	1. 7	3. 04	1. 78	生存压力
3301. HK	融信中国	0. 00	3. 58	5. 0	2. 13	2. 13	生存压力
0123. HK	越秀地产	5. 73	10. 00	6. 9	7. 15	6. 49	整合潜力
600325. SH	华发股份	0. 00	6. 48	6. 8	4. 91	2. 87	转型图存
601992. SH	金隅集团	2. 55	10. 00	5. 4	3. 77	4. 97	合作拓展
600376. SH	首开股份	0. 80	8. 66	5. 7	5. 26	3. 52	持续发展
1966. HK	中骏集团	0. 00	6. 63	8. 7	7. 44	3. 69	转型图存
1238. HK	宝龙地产	3. 77	5. 41	8. 9	7. 09	4. 80	持续发展
2599. HK	祥生控股	0. 00	0. 00	9. 4	3. 19	2. 00	转型图存
1233. HK	时代中国	1. 80	5. 98	12. 1	6. 90	4. 29	转型图存
1628. HK	禹洲集团	0. 88	5. 39	6. 4	5. 25	2. 82	转型图存
9993. HK	金辉集团	1. 61	6. 57	8. 5	4. 25	3. 75	转型图存
1813. HK	合景泰富	0. 00	6. 99	5. 3	1. 85	2. 04	生存压力

续表

股票代码	公司名称	抗风险能力综合评分	融资成本评分	税前投入资本回报率	成长潜力综合评分	综合实力评分	生存矩阵
000031. SZ	大悦城	3. 50	8. 60	6. 7	1. 48	4. 46	合作拓展
1996. HK	弘阳地产	0. 00	3. 07	8. 1	3. 50	2. 12	转型图存
2019. HK	德信中国	2. 54	1. 55	12. 0	8. 24	3. 75	转型图存
Z25. SI	仁恒置地	7. 26	9. 45	8. 9	5. 37	5. 98	整合潜力
000736. SZ	中交地产	0. 57	2. 60	7. 3	6. 09	2. 28	转型图存
0832. HK	建业地产	0. 00	2. 38	11. 4	4. 90	2. 24	转型图存
0754. HK	合生创展	3. 44	7. 44	4. 8	3. 50	3. 82	合作拓展
000517. SZ	荣安地产	3. 50	0. 00	13. 8	6. 29	3. 61	转型图存
600340. SH	华夏幸福	0. 00	0. 04	-1. 1	2. 50	0. 45	生存压力
1098. HK	路劲	1. 43	7. 43	7. 0	2. 29	3. 07	生存压力
1622. HK	力高集团	1. 69	0. 00	12. 6	4. 58	2. 32	转型图存
000402. SZ	金融街	1. 92	9. 89	4. 2	5. 18	3. 68	持续发展
2768. HK	佳源国际	6. 81	0. 00	13. 8	7. 16	4. 63	转型图存
600565. SH	迪马股份	0. 00	0. 00	6. 7	5. 14	1. 52	转型图存
600208. SH	新湖中宝	4. 14	7. 52	6. 3	6. 08	3. 98	持续发展
600823. SH	世茂股份	4. 11	4. 27	7. 5	3. 97	3. 42	转型图存
600657. SH	信达地产	2. 43	3. 69	5. 4	4. 99	2. 88	转型图存
600708. SH	光明地产	0. 31	9. 52	6. 3	2. 63	3. 05	合作拓展
600266. SH	城建发展	0. 61	9. 66	5. 9	5. 92	3. 24	持续发展
600466. SH	蓝光发展	0. 00	0. 00	0. 7	3. 03	0. 40	生存压力

续表

股票代码	公司名称	抗风险能力综合评分	融资成本评分	税前投入资本回报率	成长潜力综合评分	综合实力评分	生存矩阵
0272. HK	瑞安地产	3. 87	9. 46	6. 6	4. 47	4. 64	合作拓展
0604. HK	深圳控股	7. 14	10. 00	8. 7	8. 23	5. 94	整合潜力
6111. HK	大发地产	0. 00	0. 00	5. 3	0. 43	0. 77	生存压力
1862. HK	景瑞控股*	0. 33	0. 00	7. 1	0. 60	0. 79	生存压力
0230. HK	五矿地产	2. 93	10. 00	3. 9	2. 74	3. 97	合作拓展
601588. SH	北辰实业	1. 56	8. 01	6. 2	5. 48	3. 34	持续发展
600223. SH	鲁商置业	0. 59	0. 00	17. 6	4. 49	2. 06	转型图存
0106. HK	朗诗地产	1. 47	5. 43	2. 4	2. 50	2. 95	生存压力
002305. SZ	南国置业	0. 00	0. 00	-2. 5	0. 45	0. 18	生存压力
600743. SH	华远地产	1. 15	4. 59	8. 3	5. 29	2. 65	转型图存
600094. SH	大名城	9. 03	1. 56	4. 5	4. 68	4. 29	生存压力
600663. SH	陆家嘴	1. 23	10. 00	9. 1	6. 09	3. 87	持续发展
600665. SH	天地源	1. 52	4. 68	8. 5	5. 84	3. 02	转型图存
600736. SH	苏州高新	1. 43	9. 24	5. 9	2. 83	3. 24	合作拓展
600649. SH	城投控股	1. 80	9. 05	4. 0	5. 49	3. 16	持续发展
000926. SZ	福星股份	4. 25	3. 69	8. 3	0. 79	2. 89	转型图存
600648. SH	外高桥	3. 56	10. 00	5. 5	4. 44	4. 80	合作拓展
600067. SH	冠城大通	4. 29	5. 55	3. 4	4. 91	3. 80	持续发展

注：截至报告发出日，龙光集团、富力地产、景瑞控股尚未公布经审核的财务数据，本报告是以其 2021 年未经审核的财务数据为基础进行测算的。

B.5

无惧颠簸，负重前行：2021年至2022年上半年中国债券市场回顾与展望

黄胤英*

摘　要： 2021年，面对复杂国际环境、新冠肺炎疫情等多重内外挑战，我国经济持续复苏，经济韧性不断增强。在此背景下，我国债券市场经历冰火两重天，全年债市利率震荡下行，10年期国债收益率下行40.26BP，呈现阶段性牛市格局；与此同时，违约风险不断攀升，违约规模维持历史高位，并呈现新的违约特征。从债券违约风险来看，2021年债券违约规模继续维持高位，主要呈现以下特点：在债券违约主体中，高评级国企违约占比持续攀升；在各行业中，房地产行业债券违约高居首位；上市公司债券违约再创新高；随着境内外风险联动加强，中资美元债违约风险加剧；企业潜在信用风险不断加剧。从债市利率走势来看，2021年债市利率震荡下行，国内经济倒"V"形走势推动债市走强。2022年上半年，稳增长政策发力，地方债发行前置，债市利率下行空间受限，呈窄幅震荡走势。展望下半年，在经济韧性增强、货币政策保持稳健的背景下，债市利率或呈现区间震荡态势。此外，债券违约风险依然较大，仍需予以重点防范。一是下半年信用债到期规模仍处于年内高位，流动性风险需重点关注。二是民企面临融资收紧风险仍需重点关注，尽管监管部门出台一系列为民营企业拓宽融资渠道的相关政策，但资源主要向头部民企集中。三是年内房地产行业境内外债券到期偿付压力依然较大，一方面，前期各地积极出台的救楼市政策，从政策落地到产生

* 黄胤英，中国社会科学院上市公司研究中心研究员。

效果、恢复市场信心尚需一定时间；另一方面，在地产调控政策仍延续的背景下，下半年中小型房企违约风险仍较大。四是随着中资美元债市场与国内市场的联动性日益增强，未来在对企业进行风险监测和风险防控过程中，特别是对前期已经出现资产冻结、境外债券展期等信用主体，要加强境内外联动监测和风险防控。

关键词： 债券违约风险　中资美元债　绿色债券　可转债

一　2021年债券违约及其特点分析

2021年，根据Wind统计口径①，违约债券金额达1604亿元，略低于2020年、2019年违约金额（2020年、2019年违约金额分别为1758亿元、1621亿元），债券违约规模已连续三年超过1600亿元。从债券违约数量来看，2021年违约债券150只，略低于上年155只（见图1）。自2018年以来，近四年债券违约规模保持千亿元以上的高位震荡态势。

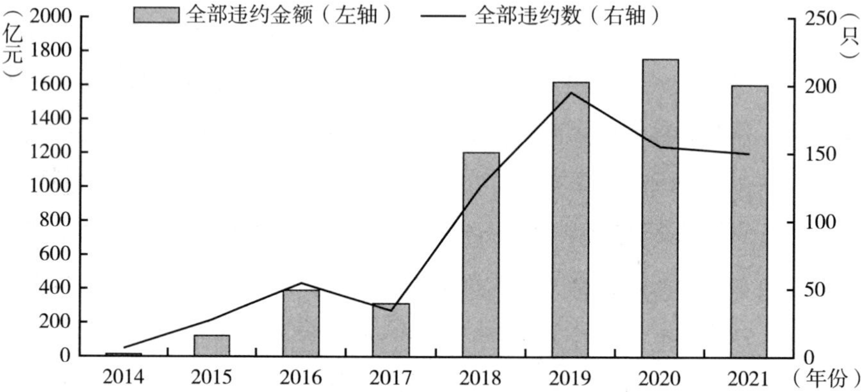

图1　2014~2021年债券违约规模比较

资料来源：根据Wind整理。

① 根据Wind对债券违约规模的统计口径，已剔除重复统计数据。

（一）高评级国企违约占比持续攀升

与2020年相比，2021年国企债券违约规模明显收缩，但是在国企违约债券中，高评级国企违约债券占比显著攀升，一度接近2018年度“信用违约潮”时期的高评级国企违约占比水平。

具体来看，自2020年以来，永煤等高评级大型国企债券违约事件相继爆发，对一直以来的高评级“国企信仰”带来强烈冲击。2021年，高评级国企债券违约占比继续攀升，国企违约债券34只，违约金额473亿元。其中，AA、AA+高评级的国企违约债券8只，违约金额146亿元，即AA评级及以上的国企违约债券规模占全部国企违约债券规模的31%；2020年，国企违约债券54只，违约金额726亿元。其中，AA评级及以上的高评级国企违约债券9只，违约金额74亿元，AA评级及以上的国企违约债券规模占全部国企违约债券规模的10%；而2018年全球金融危机时期，AA评级及以上的国企违约债券占比为33%（见图2）。

从发行人来看，2021年AA评级及以上的国企债券违约主体有天津房地产集团有限公司、北京紫光通信科技集团有限公司、海口美兰国际机场有限责任公司三家。

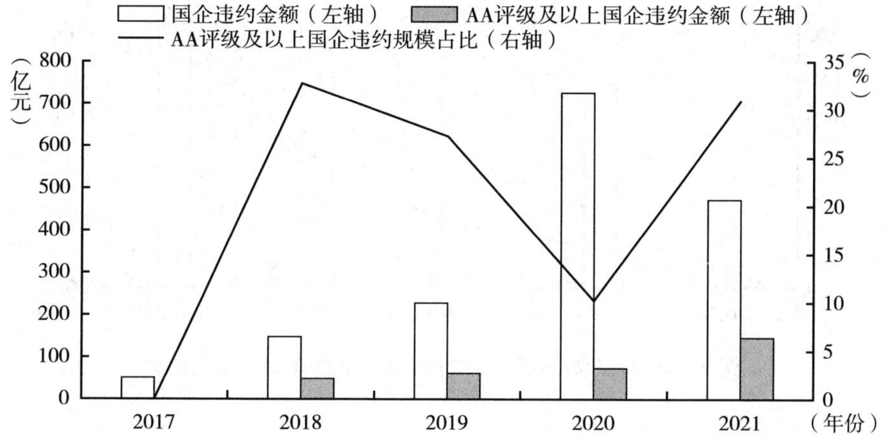

图2　2017~2021年AA评级及以上国企债券违约规模、占比比较

资料来源：根据Wind整理。

（二）房地产行业债券违约高居首位

从债券违约的行业分布来看，房地产行业是2021年最受关注的高风险行业之一，违约数据方面也再次印证了这一情况。2021年，房地产行业债券违约事件频出，其违约规模、违约占比均创历史新高。其中，房地产行业债券违约规模迅速扩张至274亿元，同比增长192%，几近翻番。2021年房地产行业债券违约规模在全部违约规模的占比提高至17.1%，大幅高于2020年的占比8.1%（见图3）。

2021年房地产行业发展经历了先“热”后“冷”，随着房地产市场过快发展，行业调控政策密集出台，部分房企在下行周期背景下，继续盲目举债，杠杆率居高不下，流动性危机叠加疫情下销售受挫，进一步加大债券违约风险。据统计，2021年全年百城新建住宅价格仅上涨2.4%，涨幅较上一年继续收窄1个百分点，创下近7年来最低水平。

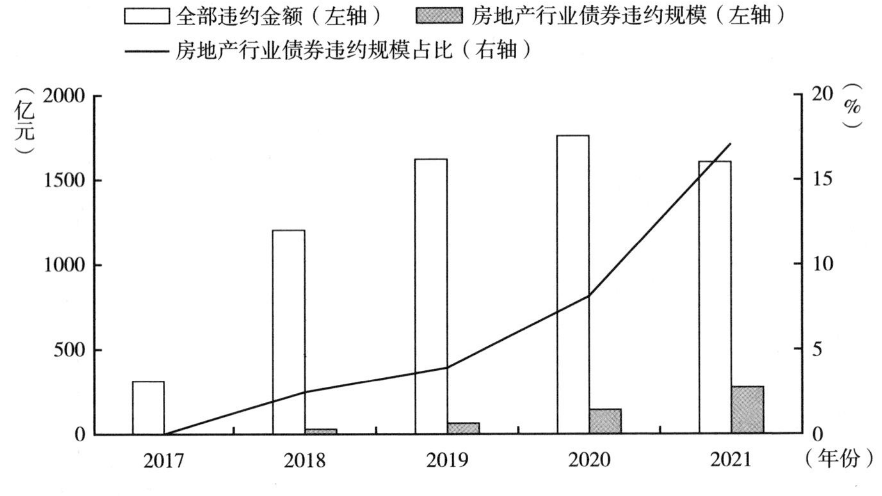

图3　2017~2021年房地产行业债券违约规模、占比比较

具体来看，2021年前三季度，房地产行业快速扩张，监管部门出台多项举措引导房地产市场回归理性竞争，随着“三道红线”、房地产贷款集中度管理等制度措施正式生效，房地产行业融资受到明显限制，行业风险逐步暴露；进入第四季度，面对房市全面降温和经济下行压力，监管部门陆续出台维稳政策，维护房地产市场平稳健康发展的积极信号持续释放，引导金融机构加大信贷投放，以满足房企、个人购房者的合理信贷需求。在政策引导下，市场信心有所回暖，但受境外美元债违约风险传导的影响，房企流动性进一步收紧，房地产开发企业的债务违约率逐步提高。

（三）上市公司债券违约再创新高

2021 年，上市公司的债券违约规模、违约占比均创历史新高。在 2021 年 151 笔违约债券中，有 57 笔上市公司违约债券，涉及违约金额 616 亿元，占全部债券违约金额的 38%（见图 4），超过全年总违约金额的 1/3，是 2020 年上市公司债券违约规模的 2. 8 倍。

从历史数据来看，自 2017 年出现 2 笔上市公司债券违约事件，涉及违约金额 18 亿元，上市公司逐步卷入债券违约大潮中。2018 年、2019 年上市公司债券违约数量快速增加至 39 笔、52 笔，违约金额分别为 322 亿元、464 亿元。2020 年上市公司债券违约数量有所回落，上市公司共 29 笔债券违约，合计违约金额 220 亿元（见图 4），上市公司违约风险有所下降。

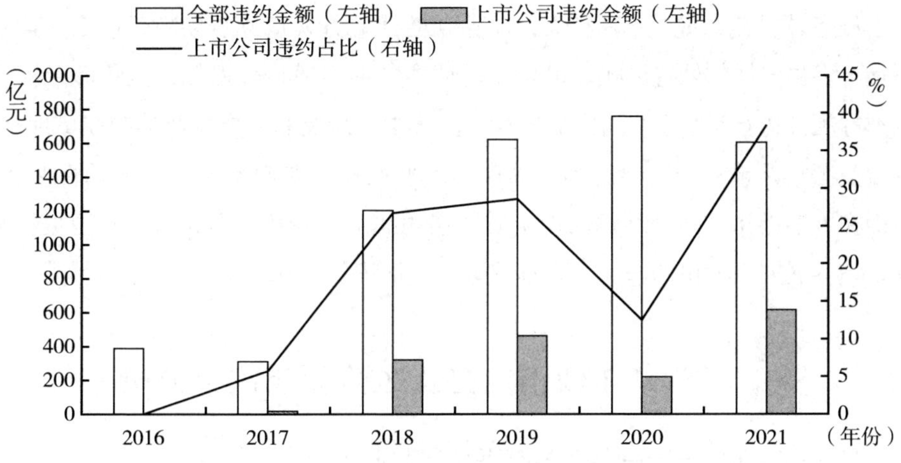

图 4　2016~2021 年上市公司债券违约规模、占比比较

从2021年债券违约的上市公司分布来看，主要集中在海航集团、华夏幸福等负债率偏高、债务负担较重的债券违约大户，涉及违约金额较大，在全部上市公司债券违约金额中的占比较高。全年，海航集团违约的债券超过10只，违约金额合计达132亿元。华夏幸福接连发布公告称，公司因出现流动性阶段性紧张，近期下属子公司未能如期偿还本息债务。

（四）中资美元债违约风险加剧

2021年，随着房地产行业风险攀升，中资美元债市场也受到剧烈冲击，特别是涉房企业作为中资美元债的主要发债主体，中资美元债市场中的房地产信用风险集中爆发。从全年来看，中资美元债违约规模较上年显著上升，违约金额合计108亿美元，同比增长17%。从违约行业看，主要集中在房地产行业，违约行业集中度上升明显。此前被三大评级机构多次下调评级的花样年控股公司10月上旬到期的美元债发生实质性违约，引发系列连锁反应，随之地产美元债被相继抛售，估值快速下降，国际评级机构下调企业评级，整个中资美元市场受到剧烈冲击，并进一步传导至国内债券市场。

（五）企业潜在信用风险不断加剧

随着债券违约规模不断扩大，债券到期处置方式也逐步创新，包括展期和置换等多种多样的处置形式。2021年，债券展期规模显著增加，全年涉及展期的债券规模达636亿元，同比增长60%。其中，涉及的主要行业集中在房地产、综合类等。近年来，债券市场中的债券展期操作主要起源于企业流动性紧张，然而在展期操作后，最终仍出现实质性违约的不乏少数。作为信用风险缓释工具，债券展期规模快速增加，同时暴露了企业潜在信用风险。

二　2021年债市走势及风险影响因素分析

（一）2021年我国债券市场发行情况

按照Wind债券分类统计，2021年全年，各类债券市场发行总量达61.8

万亿元，同比增长 8.5%。从债券品种来看，其中，国债发行 6.8 万亿元，地方政府债发行 7.5 万亿元，二者合计占全部发行债券的 23.1%。同业存单发行 21.8 万亿元，占比 35.3%；金融债发行 9.4 万亿元，占比 15.2%；短期融资券发行 5.2 万亿元，占比 8.5%；公司债、资产支持证券、中期票据分别发行 3.5 万亿、3.1 万亿、2.5 万亿元，分别占比 5.6%、5.1% 和 4.1%。定向工具、企业债、可转债、政府支持机构债分别发行 0.86 万亿元、0.44 万亿元、0.28 万亿元、0.19 万亿元，占比分别为 1.4%、0.7%、0.5%和 0.3%。其余品种，包括央行票据、国际机构债、可交换债、项目收益票据，合计发行金额达 0.12 万亿元，占比 0.2%（见图 5）。

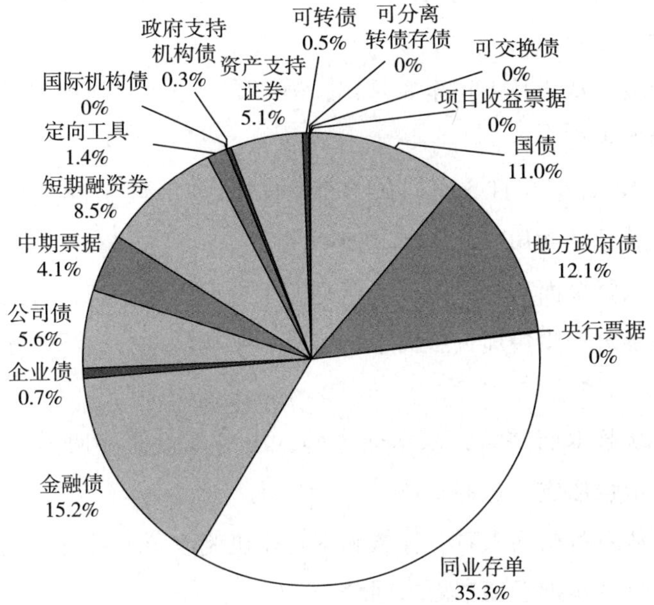

图 5　2021 年各类债券发行结构

（二）债券市场利率走势

从 2021 年全年来看，债券市场利率振荡下行，10 年期国债收益率下行 40.26BP，呈现阶段性牛市格局。全年可以划分为三个阶段。

第一阶段，从年初至2月中旬，流动性收紧，疫苗接种超预期，美债利率冲高，带动国内债市走弱。

从年初至2月18日，10年期国债收益率从2.78%上行至3.28%，利率大幅上行50BP，直线冲高，债市走弱。

首先，从资金面来看，央行公开市场投放不及预期，叠加春节影响，市场对于流动性预期整体收紧，资金利率快速冲高。

其次，从疫情防控来看，海外疫情防控态势好转，叠加疫苗接种速度加快，进一步推动债市利率走高。

最后，从美债利率来看，大宗商品价格上涨，通胀预期走高，美债利率快速上行，10年期美债利率上行至3.28%。上述几方面综合影响，带动国内债市阶段性走弱。

第二阶段，从2月下旬至8月初，全面降准出台，呵护市场流动性，债市呈现阶段性牛市。

从2月18日至8月5日，10年期国债收益率从3.28%的高位下行至2.80%，利率下行48BP，债市呈现小牛市。

首先，从资金面来看，春节后资金面维持偏宽松状态，特别是7月全面降准，向市场进一步传递资金面维稳信号，市场流动性边际宽松，带动债市利率快速下行。

其次，从基本面来看，基本面走弱，市场风险偏好回落，叠加股市降温，对债市走强形成一定的支撑。

再次，从政策层面来看，存款利率自律机制改革，银行负债成本刚性被逐渐打破，进一步推动债市需求回暖。

最后，从供求来看，地方债供给不及预期，叠加城投和地产监管进一步趋严，资产荒延续，进一步推动债市走强。

第三阶段，从8月初至年底，债市处于震荡调整期。

从8月5日至年底，利率先升后降，10月18日为分水岭，10年期国债收益率先从2.80%上行到3.04%，之后又震荡下行至2.78%。

首先，从经济基本面来看，10月下旬以来市场利率快速下行，主要受地产调控影响，地产数据出现回落，显示前期地产调控政策效果逐步显现，市场对经济基本面预期逐步转弱。

其次，从货币政策来看，更加注重发挥结构性货币政策工具的精准导向作用，国庆节后，央行公开市场操作略超预期，流动性边际宽松，带动债市收益率下行。

最后，从资金面来看，8月初至10月中旬，资金面维持紧平稳，带动债市走弱；此外，10月底，国债正式被纳入富时世界国债指数（WGBI），境外资金流入进一步推动债市走强（见图6）。

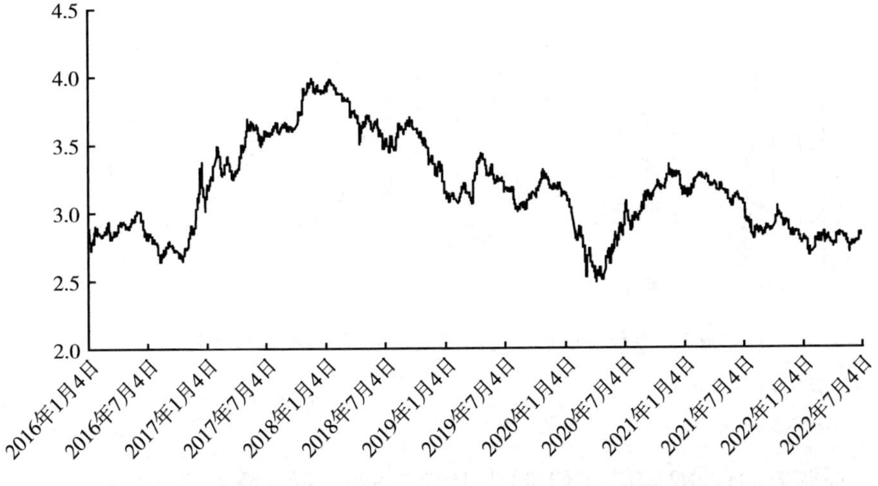

图6　2016年至2022年7月10年期国债到期收益率走势

（三）国内经济增速前高后低，对债市形成稳定支撑

2021年，我国GDP达到114万亿元，同比增长8.1%，名义增量超过13万亿元，增量创历史新高。综合考虑到新冠肺炎疫情的影响，GDP近两年平均增速为5.1%。从季度增长来看，增速呈现逐季放缓的趋势，2021年第一季度同比增长18.3%，第二季度增长7.9%，第三季度增长4.9%，第四季度增长4.0%。

从需求端来看，消费仍是经济增长的主要引擎，在我国扩大内需战略深入实施的背景下，国内循环对经济发展的贡献进一步增强。具体来看，2021 年，拉动经济的“三驾马车”对 GDP 增长均起到了积极拉动作用：最终消费支出、货物和服务净出口、资本形成总额对 GDP 的拉动作用分别为 5.3%、1.7%和 1.1%，对 GDP 增长的贡献率分别为 65.4%、20.9%、13.7%（见图 7）。

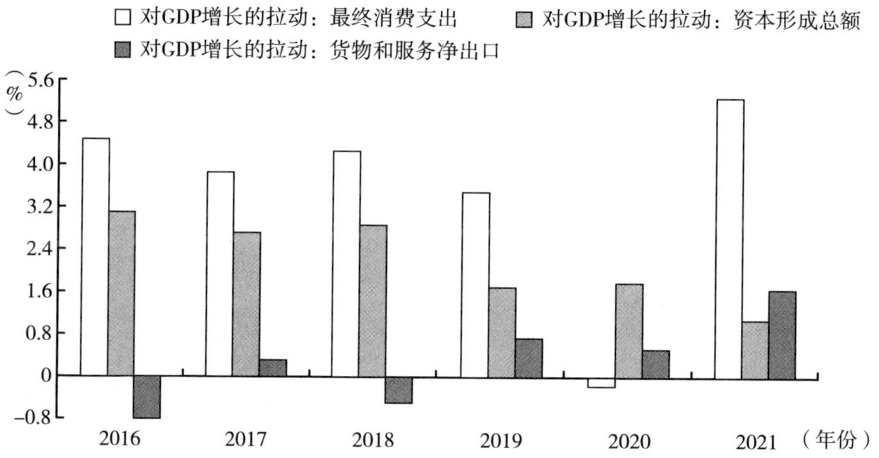

图 7　消费、投资、出口三大需求对 GDP 增长的拉动

资料来源：Wind。

通胀方面，2021 年，CPI 同比上涨 0.9%，低于涨幅 3%左右的全年预期目标。1~12 月，月度的同比增长均低于全年 3%的预期目标，11 月涨幅单月最高，达 2.3%，12 月回落至 1.5%。在全球流动性冲击、国际大宗商品价格上涨的背景下，我国加大重要民生商品的保供稳价力度，取得了良好成效，总体物价仍维持在合理区间。

2021 年，PPI 同比上涨 8.1%，CPI 与 PPI 的剪刀差扩张至 7.2 个百分点，创下 2003 年以来剪刀差的最大值。而自 2021 年 12 月以来，PPI 和 CPI 涨幅均出现回落，PPI 回落幅度相对较大，显示物价上涨速度放缓，剪刀差逐步收窄。截至 2022 年 5 月，剪刀差收窄至 4.3 个百分点（见图 8）。

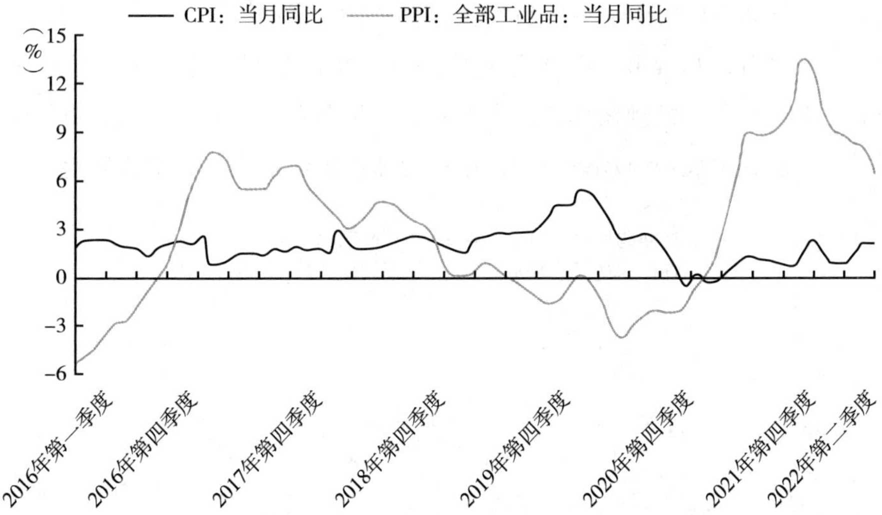

图 8　2016 年至 2022 年第二季度 CPI、PPI 价格指数变化

资料来源：Wind。

（四）货币政策维持稳健，满足实体经济合理有效融资需求

2021 年，货币政策维持稳健中性，保持流动性合理充裕，推动综合融资成本稳中有降，加大对国民经济重点领域和薄弱环节的支持力度，稳定市场信心，为全年债市走强提供有力支撑。

第一，央行综合运用多种货币政策工具，向市场投放流动性。全年两次降准，7 月、12 月各降准 0.5 个百分点，合计向市场投放长期资金 2.2 万亿元。全年社会融资增量为 31.3 万亿元，较 2020 年少增 3.4 万亿元，但与疫情前相比，社会融资增幅仍处于较高历史水平。

第二，持续深化 LPR 改革，提升利率传导效率，推动综合融资成本稳中有降，2021 年两次降准、1 次下调 LPR，引导金融机构下调贷款利率，全年企业贷款平均利率创近 40 年来新低。

第三，加大对国民经济重点领域和薄弱环节的支持力度。2021 年初、9 月分别增加 2000 亿元再贷款、3000 亿元支小再贷款，并于 11 月推出碳减排支持工具和2000亿元支持煤炭清洁高效专项再贷款。

总体来看，2021年，为加强实体经济的货币信贷支撑，央行通过多次降准、再贷款、再贴现操作，向市场释放了长期资金，降低了商业银行的负债成本，起到了稳定市场信心的作用，为债市提供了良好的融资环境。

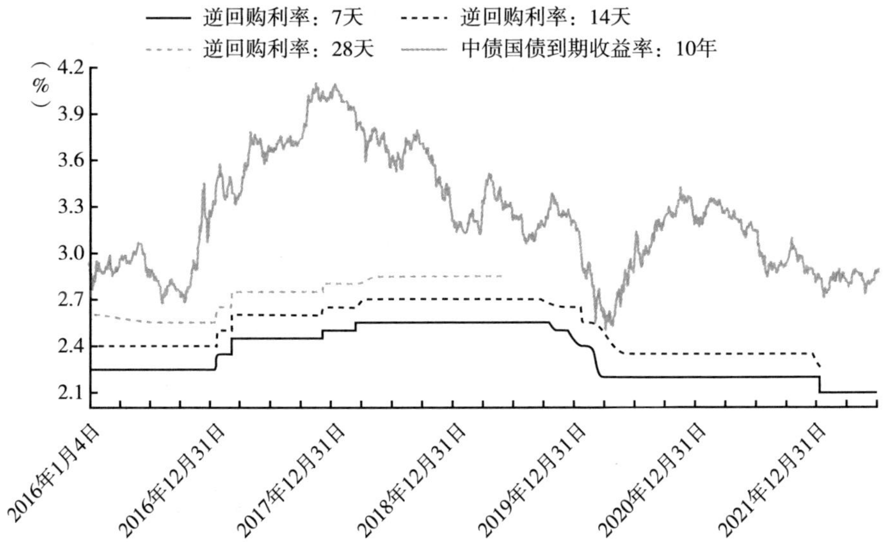

图9　2016年至2022年上半年逆回购利率及国债收益率走势

资料来源：Wind。

（五）人民币汇率双向波动，中美利差逐步收窄

2021年，人民币兑美元汇率呈现双向波动，市场预期总体平稳，人民币兑美元汇率中间价由6.52上升至6.38，小幅升值2.3%。与主要发达经济体和新兴经济体相比，我国汇率呈现较强的稳定性（见图10）。

分阶段来看，全年人民币有升有降，大体分为四个阶段：第一阶段，1~5月，人民币兑美元汇率振荡走强，小幅升值；第二阶段，6月，汇率呈小幅贬值；第三阶段，7~9月，汇率呈现窄幅波动；第四阶段，10~12月，呈现小幅升值。

全年人民币兑美元汇率小幅升值主要受以下两方面驱动：一方面，新冠肺炎疫情发生以来，我国经济最早实现复苏，且市场利率高于主要发达经济体，吸引国际资本流入；另一方面，在全球疫情蔓延下，我国出口增速仍维持高位，推动贸易顺差再创阶段性新高，为稳定汇率预期形成有力支撑。

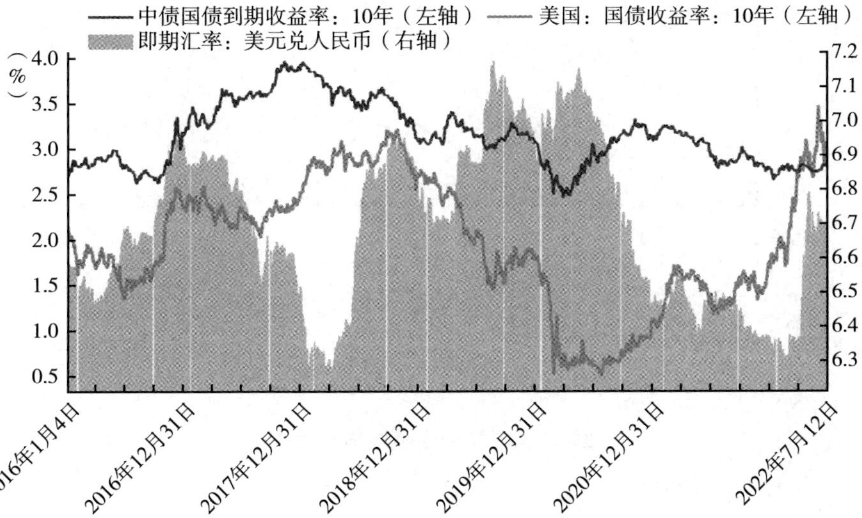

图 10　2016 年至 2022 年 7 月美元汇率及中美国债利差走势

资料来源：Wind。

从中美国债利差走势来看，2021 年，中美国债利差逐步收窄，步入 2022 年上半年，利差继续收窄，甚至一度出现倒挂，利差为负。具体来看，2021 年，中美国债利差从年初的 225BP 持续收窄至年底的 126BP。2022 年 4 月中旬，中美国债利差一度倒挂为负，美债收益率快速上行，超过中债收益率，就 10 年期国债收益率倒挂而言，此次中美国债利差倒挂是近 12 年来的首次。2022 年 5 月 6 日，中美国债利差再次倒挂，一度达到-29BP。中美 10 年期国债利差倒挂，主要源于两国的经济周期和货币周期的错位。一方面，我国经济在“三重压力”下，货币政策稳健中性，2021 年通过降准降息等操作，保证市场流动性合理充裕，政策利率中枢下调带动我国债市利率走低。另一方面，美国在通胀风险加剧下，缩减购债并于 2022 年 3 月联储加息，联储缩表叠加加息政策，推动美国国债利率快速上升，故两国国债利差出现倒挂（见图 11）。

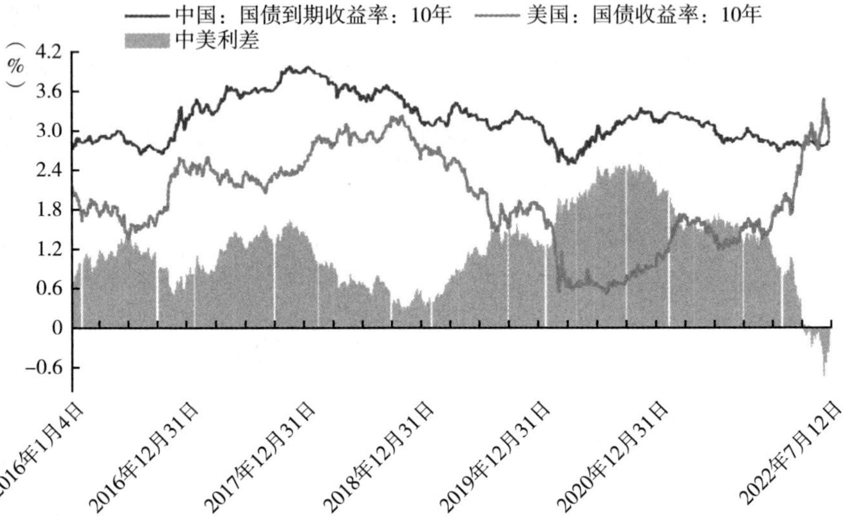

图 11　10 年期中美国债利差走势

资料来源：Wind。

三　2021年可转债市场表现分析

（一）发行快速扩张，银行转债贡献主要力量

2021 年是可转债市场的第三年牛市。中证转债指数年内涨幅超过 16%，步入 2022 年，转债继续走强（见图 12）。

从市场规模来看，2021 年可转债发行规模突破 6000 亿元，特别是大盘银行转债发行扩张。2019 年银行转债发行规模占全年总可转债发行规模的一半以上，而 2020 年全年可转债发行中并无大盘银行转债，直到 2021 年，大盘银行转债再次为转债市场贡献了主要力量。

从发行行业来看，2021 年可转债发行行业越来越多，包括大宗、碳中和、绿电、新能源汽车等行业。

图 12 可转债指数走势

资料来源：Wind。

（二）市场成交火爆，交易规模屡创新高

随着可转债价格逐步上升，成交规模也逐年扩张。2021 年，可转债市场（公募）成交量超过 15 万亿元，再创新高，较 2020 年规模扩张幅度超过 50%。回顾过去三年，可转债市场成交规模快速扩张，从 2019 年的 1 万亿元，至 2020 年的近 10 万亿元，再到 2021 年的逾 15 万亿元的规模（见图 13）。

（三）供需失衡，资产价格持续走高

可转债供需失衡，叠加估值修复，持续推高资产价格。从供给端来看，根据 2021 年 1 月末实施的《可转换公司债券管理办法》，可转债属于《证券法》规定的具有股权性质的证券，将可转债纳入短线交易管理，持股 5% 以上股东配售的可转债，在半年内暂不流通。可转债交易大幅受限。从需求端来看，随着可转债市场中基金的加入，基金的参与比例超过 20%，供需的严重失衡，推动可转债市场的资产价格持续走高。

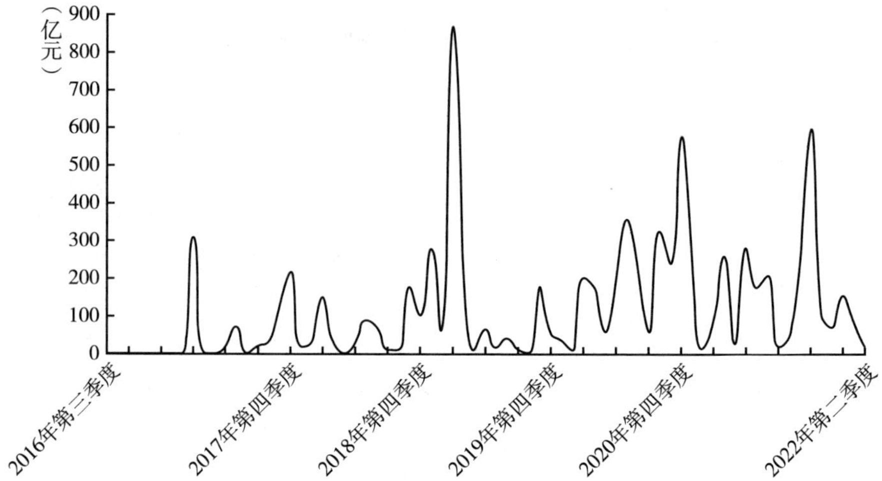

图 13　历年可转债发行规模统计

资料来源：Wind。

四　绿色债券现状及展望

（一）绿色债券发行较快，碳减排加速推进

气候债券倡议组织（CBI）与中债登中债研发中心联合编制的《中国绿色债券市场年度报告 2021》（以下简称《报告》）显示，2021 年我国绿色债券累计发行量仍排全球第二，仅低于美国，年度发行增量居全球第一。我国境内外市场贴标发行绿色债券规模近 1100 亿美元，同比增速达 140%，年度市场增量创下自 2016 年我国建立绿色金融体系以来的新高。2021 年是我国宣布“双碳”目标的第一年，全年绿色债券发行量快速扩张，代表着我国碳减排工作加速推进。

其中，符合 CBI 绿色定义的发行量为 682 亿美元（约 4401 亿元），同比增长 186%，增量领先于其他主要市场。从发行市场来看，122 家发行人在境内绿债市场合计发行 555 亿美元（约 3580 亿元），同比增长 231%，公共事业、金融和工业等行业在境内绿债发行市场占主导地位；17 家发行人在境外绿色债券市场共筹资 127 亿美元（约 820 亿元），同比增长 80%，金融公司债仍属于离岸绿债市场主要类型，占境外发行金额的 62%。

从存量来看，截至 2021 年底，中国在境内外市场累计发行贴标绿色债券 3270 亿美元（约 2.1 万亿元），其中近 2000 亿美元（约 1.3 万亿元）符合 CBI 绿色定义。

（二）非金融企业参与度提升，促进绿债市场多元化

2021 年，非金融企业的绿债发行量快速扩张，一度超过金融企业。2021 年，非金融企业、金融企业的绿债发行规模分别为 312 亿美元、240 亿美元，分别占全部中国绿债市场发行规模的 46%、35%。非金融企业的绿债发行量超过金融企业。共计 79 家非金融企业参与了发行，是 2020 年的 2.3 倍。从首次发行人的结构来看，非金融企业占比最高，为 60%；其次是政府支持机构，占比 21%；其余为金融企业，占比 18%。

（三）可再生能源绿债增势迅猛，碳中和债券发行占比提升

在实现“碳中和”目标驱动下，2021 年，88%的中国绿色债券市场募集资金投向了可再生能源、低碳交通和低碳建筑领域。特别是，用于可再生能源的资金规模扩张至 413 亿元，占我国绿债市场整体募集资金的 60%。2021 年境内市场，投向可再生能源的绿色债券规模达 381 亿美元。

2021 年，我国先后推出碳中和债券、可持续发展挂钩债券，并积极开展境外发行人发行社会责任债券和可持续发展债券的业务试点。其中，碳中和债券占 2021 年贴标绿色债券总额的 40%以上。

（四）面临的挑战及未来发展方向

第一，绿债占比较低，发展空间较大。尽管当前我国绿色债券发行快速扩张，但贴标绿色债券在我国总体债券市场规模占比仍较小，不足 2%，增长空间较大。

第二，绿债发行主体较为单一，发行结构需要进一步优化。从企业类型来看，国有企业在绿色债券市场的主导地位仍然较强。2021 年，在境内发行的绿债中，国有企业发行数量占比高达 97%，发行金额占比接近 99%。非国有企业、民营企业的绿债发行数量和金额有待提高。

第三，积极推动碳密集型产业转型，加强绿色金融国际合作。一方面，要积极探索转型债券、可持续发展挂钩等转型金融工具，加强对碳密集行业低碳转型的金融支持。另一方面，不断加强绿色金融合作，吸引更多的国际资本加入。2021 年更新的《绿色债券支持项目目录》，是向国际标准靠拢的重要一步。展望未来，中国还需要更大规模的绿债市场来支持“双碳”目标的达成，并在绿色债券制定标准方面，继续向国际看齐，引入更多国际标准来进一步扩大绿债市场。

五　2022年上半年债市走势及后期风险防范

（一）地方债发行前置，释放稳经济信号

2022 年上半年，地方政府债券发行节奏前置，向市场释放稳经济信号。上半年，地方政府债券发行数量同比增长接近 130%，募集资金同比增长 57%。信用债发行规模同比小幅收缩，上半年信用债净融资额 1.9 万亿元，同比下降接近 7%。城投债发行量下降，尽管融资成本下行，融资环境相对宽松，但在严监管政策下，城投债发行规模和净融资额均较上年下降。此外，在稳增长背景下，债券市场发行品种不断丰富，服务绿色金融、乡村振兴、科技创新、小微企业等主题的债券迅速发展。

（二）稳增长政策发力，债市利率下行空间受限

从基本面来看，受楼市降温、疫情多点散发的影响，2022 年第一季度 GDP 同比增长 4.8%，基本面偏弱，为债市形成一定支撑，6 月，随着上海解封、北京复工，基本面逐步修复，并且 5 月经济与金融数据逐步向好，经

济复苏超预期，稳增长一揽子政策落地生效，经济韧性进一步增强，对债市利率上行具有一定拉动作用。

从货币政策来看，维持稳健中性，保持流动性合理充裕，4 月，央行全面降准 0.25%，向市场投放长期流动性 5300 亿元，并通过 MLF 等操作投放长期流动性，下调 1 年期 MLF、7 天公开市场操作，并下调 1 年期、5 年期 LPR 利率，促进企业综合融资成本下行。而从全球货币政策走势来看，海外政策收缩，叠加 4 月 10 年期中美国债利差出现倒挂，对国内货币政策放松空间形成一定制约。

（三）上半年债市利率窄幅震荡

2022 年上半年，国内债市总体呈震荡态势，截至 7 月 6 日，10 年期国债收益率从年初的 2.79%震荡上行至 2.83%。回顾上半年，债市利率三起三落，形成三段小“V”字形的震荡阶段。

第一个“V”字形阶段：年初至 3 月中旬。

春节前，债市利率下行，经济下行压力增加，货币政策边际宽松，债市走强。年初至春节前，随着地产走弱，带动基本面下行，央行下调 MLF 和逆回购利率，并全面降准，向市场释放维稳信号，推动债市利率下行。

春节后至 3 月中旬，债市利率上行，地产调控放松、海外政策收紧，债市走弱。步入 3 月，随着地产调控政策逐步放松，市场信心逐步修复，叠加海外联储加息预期升温，美债利率上行，进一步推动国内债市利率回升。

第二个“V”字形阶段：3 月中旬至 5 月中旬。

3 月中旬到 4 月中旬，国内疫情多点散发，避险情绪升温，带动债市利率下行。随着疫情反复，市场避险情绪高企，带动债市走强。

4 月中旬到 5 月中旬，政策宽松力度不及预期，中美国债利差倒挂，外资流出，债市走弱。央行降准力度不及市场预期，叠加美元走强，中美利率出现倒挂，人民币兑美元汇率贬值，外资流出风险加大，国内债市走弱。

第三个“V”字形阶段：5 月中旬至 6 月底。

4 月金融数据弱于预期，5 月下旬全国稳定经济大盘会议召开，市场对经济前景预期偏弱，避险情绪再次升温，债市走强。

6月，随着上海、北京复产复工，疫情进一步缓和，市场信心逐步恢复，经济预期走强，风险偏好回升，债市走弱，债市利率小幅上行。

（四）违约民营企业占比升高，后期关注境内外联动风险

2022年上半年，违约债券48只，涉及违约金额295亿元。从企业形式来看，以民营企业为主，违约民营企业40家，涉及违约金额277亿元，占全部违约金额的93.9%。从行业分布来看，地产行业仍是违约的主要行业，违约房地产企业29家，涉及违约金额199亿元，占全部违约金额的67.5%。

展望下半年，信用债到期规模仍处于年内高位，流动性风险需重点关注。从企业类型看，民营企业仍面临较高违约风险，尽管监管部门出台一系列为民营企业拓宽融资渠道的相关政策，但政策资源主要向头部民营企业集中，资质较差的低信用等民营企业的流动性风险仍较高。从行业风险来看，年内房地产行业境内外债券到期偿付压力依然较大，一方面，前期各地积极出台的救楼市政策，从政策落地到产生效果、恢复市场信心尚需一定时间；另一方面，在地产调控政策仍延续的背景下，下半年中小型民营企业违约风险仍较大。从境内外联动看，随着中资美元债市场与国内市场的联动性日益增强，未来在对企业进行风险监测和风险防控过程中，要加强境内外联动监测和风险防控，将境外债券市场结合起来看，特别是对前期已经出现资产冻结、境外债券展期等信用主体，加强违约风险监测和管理。

B.6
ESG 投资策略在 A 股市场的应用及前景

马宗明*

摘　要： ESG 投资是把环境、社会和治理三个因子纳入投资逻辑的责任投资，在联合国环境规划署、联合国责任投资原则组织（UNPRI）与全球可持续投资联盟（GSIA）等国际组织的共同推动下，ESG 投资理念逐渐走向成熟。目前，我国 ESG 主题产品以泛 ESG 公募基金为主，泛 ESG 公募基金的发展实践是 ESG 投资策略在 A 股市场中应用的重要体现，其规模及数量总体呈上升趋势，从其重仓股情况来看，主要分布于信息技术、工业和材料三大行业，且行业集中度逐步提升；分布于日常消费、可选消费和金融业的比重则明显下降，金融业尤其突出。进一步通过 ESG 投资策略在 A 股市场的有效性检验，发现泛 ESG 基金重仓个股的 ESG 评分均值在 A 股市场中有更好成绩，在可持续发展方面表现亮眼，表明泛 ESG 公募基金确有遵循 ESG 理念进行投资决策，体现了更高的 ESG 属性。最后，为客观评价 ESG 投资在 A 股市场的风险收益特征，本文以 A 股个股被泛 ESG 公募基金重仓频次为权重，构建能代表基金践行 ESG 投资理念的观测指数（以下简称泛 ESG 指数），泛 ESG 指数代表了 A 股市场投资机构对 ESG 投资的定义及实践。回测结果显示，泛 ESG 指数风险调整后的收益率表现突出，体现超额收益属性，且在经济下行中具备较强的抗风险性；与沪深 300、中证 500、万得全 A 等指数及

* 马宗明，中国社会科学院上市公司研究中心研究员。

沪深 300 ESG 基准、华证 ESG 领先、中证 ESG 120 策略等 ESG 主题指数相比，泛 ESG 指数体现了 ESG 投资的商业价值与社会价值的“双赢”特征，在投资的可持续性上，更具指导意义。此外，ESG 投资的静态投资策略难以保证风险收益表现的持续性，应在充分考虑不同时期的外部环境和公司经营情况等前提下，采取动态 ESG 投资策略。

关键词： ESG 投资　A 股市场　风险收益

中国作为全球第二大经济体，已向全世界做出“3060”双碳目标的庄严承诺。实现“双碳”目标需要大量绿色、低碳投资，根据当前不同机构的测算，中国“碳中和”需要的投资规模高达 70 万亿~140 万亿元，约等于美国 2020 年 GDP 的体量。然而，截至 2021 年 12 月底，绿色贷款余额为 14.78 万亿元，绿色债券余额为 1.1 万亿元，距离百万亿元资金需求存在明显缺口。资本市场具有提供直接融资支持、价格发现、资源配置和风险管理等四方面优势，在经济低碳转型融资和发现碳价格方面发挥重要作用。ESG 投资是通过资本市场自下而上推动“双碳”目标实现的重要市场手段，在我国发展起步较晚，关于 ESG 投资在我国 A 股市场的实践现状及发展前景的探讨，是推动 ESG 投资的必要基础性研究。

一　ESG 投资理念由来及发展

（一）ESG 投资理念由来

金融市场促进全球可持续发展的作用不可忽视，然而关于可持续金融（sustainable finance）的相关研究却不尽如人意。2000 年联合国颁布了全球最大的企业可持续发展方案——联合国全球契约（United Nation Global

Compact，UNGC）。UNGC 鼓励世界各地的企业履行社会责任，以环境保护、企业福祉、人权维护、劳工权益及反腐败为框架，致力于自然环境与社会环境的和谐发展，从而促进联合国可持续发展目标的达成。全球各国在应对气候变化及提高人类福祉方面达成的共识奠定了 21 世纪经济发展的新方向——绿色经济建设，即经济、社会和环境的共同发展，从此可持续金融逐渐引起金融市场机构及个人投资者的重视。UN Environment 和 World Bank Group 的报道中指出，可持续金融的相关研究，对可持续金融进一步发展至关重要。然而，根据 Ivan Diaz-Rainey 教授对近 20 年国际领先金融学术杂志的统计发现，只有 0.06%的学术论文与环境金融相关。

目前金融市场关于可持续金融的概念既不清晰也不统一，当金融从业者在谈论可持续金融（sustainable finance）时，难以用准确的术语来陈述自己的观点。目前金融界及学术文献中最常提到的相关术语包括社会责任（Socially Responsibility，SR）、企业社会责任（Corporate Socially Responsibility，CSR）、社会责任投资（Socially Responsible Investing，SRI）、影响力投资（Impact Investing，II）、ESG（Environment，Social，Governance，ESG）等，这些都属于联合国提出的可持续金融的范畴。社会责任投资（SRI）是最常被提到的投资方式，简单来讲，是过滤掉（negative screening process）投资组合中对社会、环境、人文等有负面影响的公司（“sin” stocks），比如涉及烟草、酒精、成人娱乐、武器、生化、赌博等相关产业链，抑或挑选（positive screening process）对环境社会等带来积极影响力的公司，从而实现基金管理人或投资组合所传达的伦理、宗教或道德价值观。

近些年，对于社会责任投资存在一些质疑，这些质疑并不是对社会责任投资本身的否定，而是对社会责任投资原则的进一步认识存在疑问。由于社会责任投资的原则是过滤掉所谓的“sin” stocks，因此，在设计投资组合时，社会责任投资组合相对于传统投资组合（非社会责任投资组合）的选股范围更小，条件也更为严苛。理论上来讲，面对同样的利润最大化的目标函数，非社会责任投资的股票可选域要大于社会责任投资。研究表明，“sin” stocks 的投资组合风险调整后的收益更高。

由于社会责任投资存在以上局限性，ESG 投资策略成为责任投资界的新宠，ESG 投资分析比社会责任投资更灵活，ESG 并不只是通过过滤机制（screening process），而是分别从环境、社会和公司治理的角度对公司进行评估，进而评估投资组合的表现。

（二）ESG 投资内涵

ESG 投资是把环境、社会和治理三个因子纳入投资逻辑的责任投资。ESG 要求企业在发展过程中关注环境问题，承担社会责任，完善公司治理，而这些指标通常无法在传统的财务报表中直观地体现出来。从长远来看，ESG 影响着企业的生存和可持续发展；从短期来看，ESG 也影响了企业盈利及规避风险的能力。因此，越来越多的投资者在对企业进行评估时，除了依赖传统的财务报表外，也愈发注重公司的 ESG 表现。

目前，ESG 已成为金融从业者使用的高频词语之一，并被纳入 CFA（Chartered of Financial Analyst）考试内容。ESG 的概念已经从一种潮流变成金融市场发展的必然趋势，变成所有金融从业者必须要了解的基础金融概念。

ESG 理念发展是企业需求层次升级的自然表现。黑格尔在《法哲学原理——或自然法和国家学纲要》的序言中曾提到，凡是合乎理性的东西都是现实的；凡是现实的东西都是合乎理性的。ESG 作为现代社会的产物，出现的原因是什么？美国心理学家亚伯拉罕·马斯洛 1943 年在《人类激励理论》一文中提出，人类需求由五个部分组成，由低到高依次为生理、安全、社交、尊重及自我实现。偏向物质条件的低层次需求的满足是注重精神世界的高层次需求出现的必要条件与催生因素。因而，在物质文明发展日新月异的当代社会，精神文明的建设方兴未艾，个人、国家如此，企业亦是如此。作为社会经济组织，企业在不断争取利润最大化的同时，逐渐回归以人为本的理念，愈发关注对消费者、环境及社会的贡献，强调可持续发展，承担社会责任。

ESG 中社会和治理两个要素被讨论得较早，而环境要素则随着人类对气候变化的重视才逐渐被关注。金融市场关于社会责任和公司治理的关注和讨论得较早，企业社会责任思想最早可追溯到 18 世纪中叶亚当·斯密提出的“看不见的手”这一概念，人们在追逐个人利益时往往带动了社会的进步而不自知。金融市场对环境这一要素的关注较晚，随着近几十年联合国不断呼吁全人类对气候变化的重视而逐渐进入市场。随着全球对于气候变化的愈发重视，环境规制逐渐趋紧，碳中和进程加快，气候变化的风险（climate risk）成为导致金融市场动荡的主要风险之一，为此，环境这一要素与其他两大要素一样，成为投资者考虑的因素之一，支撑起 ESG 三因子投资框架。

（三）ESG 投资发展趋势

ESG 投资理念最早源于伦理投资，20 世纪 60 年代，社会责任投资逐渐兴起，20 世纪 90 年代至今，社会责任投资内涵进一步扩展和深化，发展为可持续性责任投资，进而 ESG 投资的理论框架逐渐形成。ESG 投资理念经历了从萌芽期到发展期再到成熟期的发展历程。其中，欧美国家最先提出环保生产的概念，完善了 ESG 投资框架，推动了 ESG 投资的发展。在此背景下，作为经济活动主体，企业（尤其是大规模企业）开始注重自身可持续发展。自上而下，政府相继出台了有关 ESG 的法律法规；自下而上，各大机构争相发行可持续投资基金，并获得了国际组织的一致认可和大力推广。

1. 国际组织积极推动 ESG 投资理念的发展

2004 年，联合国环境规划署正式提出了 ESG 原则，两年后设立了联合国责任投资原则组织（United Nations Principles for Responsible Investment，UNPRI），为 ESG 投资提供了标准化框架，签署该原则的机构需要遵循 ESG 理念进行投资活动，UNPRI 的创办是 ESG 投资理念标准化发展实践的重要里程碑。2012 年全球可持续投资联盟（GSIA）首次发布《全球可持续投资回顾》，ESG 投资理念走向成熟。2015 年，联合国正式推出可持续发展目标（SDG）。

2. 政策制定者和监管机构自上而下推动 ESG 投资监管政策的制定，保障了 ESG 在资本市场的快速发展

目前，欧盟市场强制要求所有大型企业和上市公司披露 ESG 绩效，强制欧盟境内银行、保险公司、资产管理公司和投资公司等金融机构做出规定，要求其强制披露产品的 ESG 属性，并要求注明投资策略类型，2022 年后要求其报告碳足迹及投资活动对 ESG 的影响；美国市场强制要求证券发行者向股东和监管机构披露 ESG 信息，要求加州公务员及教师退休基金披露气候风险和 ESG 信息；日本市场鼓励企业进行 ESG 信息披露；中国香港市场强制要求上市公司披露环境和社会两要素相关绩效，不遵守则需进行解释，并有望出台 IPO 企业强制披露 ESG 信息的相关法规；中国大陆市场鼓励上市公司披露 ESG 信息，强制要求所有中央企业发布企业社会责任报告，强制要求在科创板 IPO 企业披露 ESG 信息，鼓励已在科创板上市公司自愿披露 ESG 信息，强制要求基金管理人按年度提交“基金绿色投资自评表”。截至 2021 年，A 股中已有约 25%的上市公司发布了环境报告、ESG 报告等社会责任报告。

（1）欧盟 ESG 投资监管制度最为规范，对全球 ESG 标准化发展起到引领示范作用

欧盟早在 2007 年就发布了首版《股东权指令》，从股东参与角度对企业内部的治理框架以及非财务业绩披露等方面做了要求，在 ESG 发展历程中，欧盟始终积极响应联合国关于可持续发展的各项规定，相继出台各种推进 ESG 发展的政策文书和法律法规。2014 年欧盟颁布了《非财务报告指令》（Non-financial Reporting Directive），首次系统地将 ESG 列入法规条例文件中，明确规定了 ESG 三要素的披露范围，并于 2021 年进行了修订，将可持续发展报告的披露主体扩大到欧盟的所有大型企业和上市公司，对企业披露的 ESG 信息提出更为具体和标准化的要求，要求对可持续发展报告进行认证，并在企业管理报告中进行披露。

表 1　欧盟 ESG 信息披露等监管政策发展历程

年份	发布主体	法规/文件	主要内容
2005	全球契约组织	《在乎者即赢家》	鼓励资本市场将 ESG 纳入进行商业活动需要因素的范畴，首次提出 ESG 的概念
2006	联合国责任投资原则组织	《责任投资原则》	推动商界在投资决策中系统纳入 ESG 因素的考量，ESG 投资逐步成为一种投资方式
2007	欧洲议会和欧盟理事会	《股东权指令》	强调了良好的公司治理与有效的代理投票的重要性，侧重公司治理规范
2010	欧洲可持续投资发展论坛	《回应关于金融机构公司治理和薪酬政策的公众咨询》	建议将 ESG 与公司董事会、股东参与、薪酬等相联系
2013	欧洲可持续投资发展论坛	就《非财务报告指令》发布立场文件	对在披露非财务信息和多元化政策方面表示强烈支持，推动了公司非财务信息披露及相关条例法规的设定
2014	欧洲议会和欧盟理事会	《非财务报告指令》	首次将 ESG 纳入政策法规，侧重议题中 E 在公司可持续发展的地位
2014	全球报告提倡组织和欧洲可持续投资发展论坛	《关于欧洲委员会对报告非财务信息方法的非约束性准则的联合声明》	支持对 ESG 关键绩效的设定与披露
2016	欧盟委员会	《职业退休服务机构的活动及监管》(IORPⅡ)	要求 IOPS 对外披露 ESG 议题细节，将 ESG 议题纳入风险评估范畴
2017	欧洲议会和理事会	《股东权指令》	要求股东参与公司 ESG 议题，实现了 ESG 三项议题的全覆盖
2019	欧洲议会和欧盟理事会	《金融服务业可持续性相关披露条例》	对金融服务业产品的具体披露信息进行明确，以解决可持续发展信息披露的不一致

资料来源：相关官方网站，中国银河证券研究院整理。

自 2020 年以来，欧盟进一步完善可持续发展相关条例及法律法规。具体表现为注重多方共识共同行动、以公司治理为切入点、注重过程管理与实践优化、强调非财务信息的披露与评估、增加非财务风险评估五个突出特点。

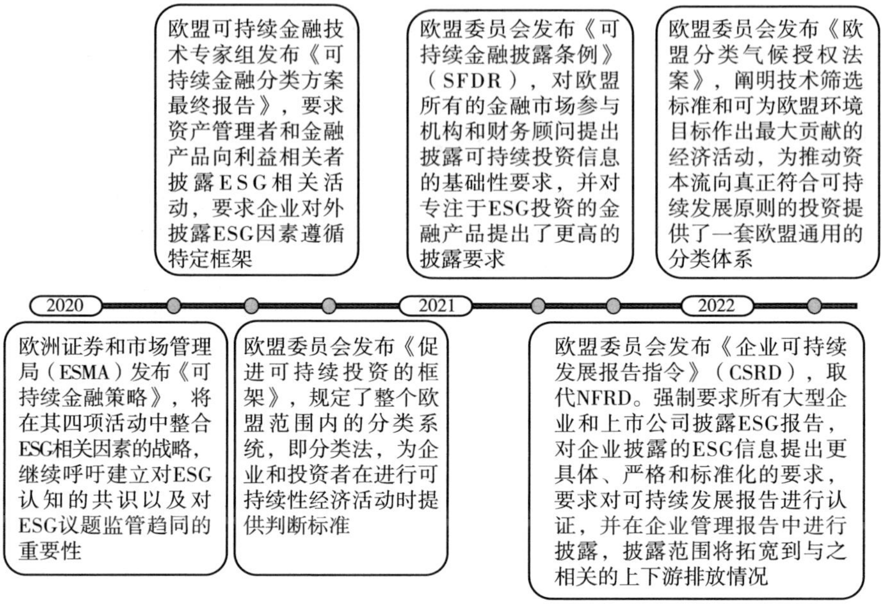

图 1　2020~2022 年欧盟 ESG 信息披露等监管政策发展历程

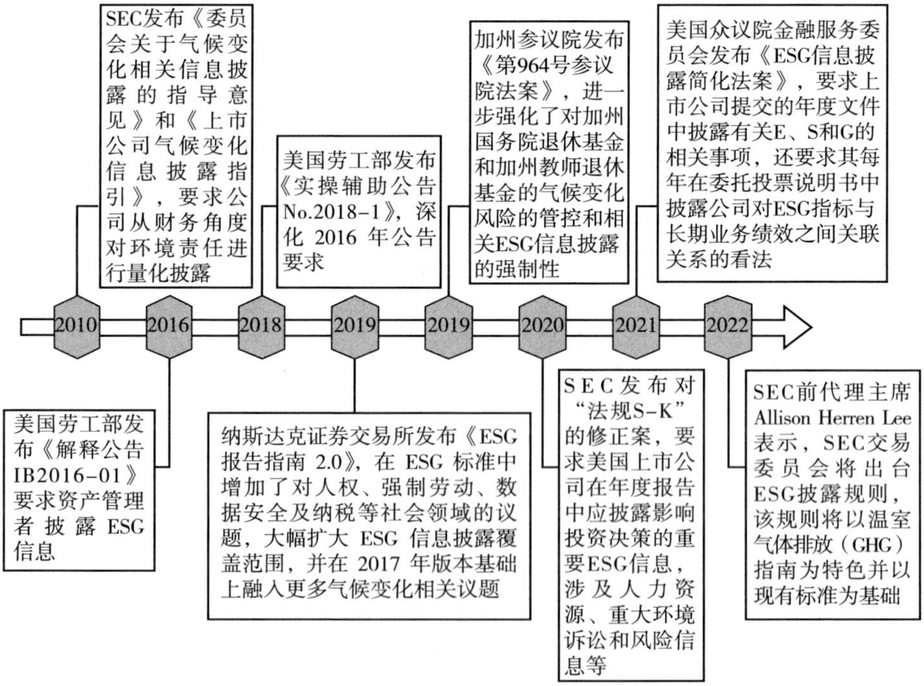

图 2　美国 ESG 信息披露等监管政策发展历程

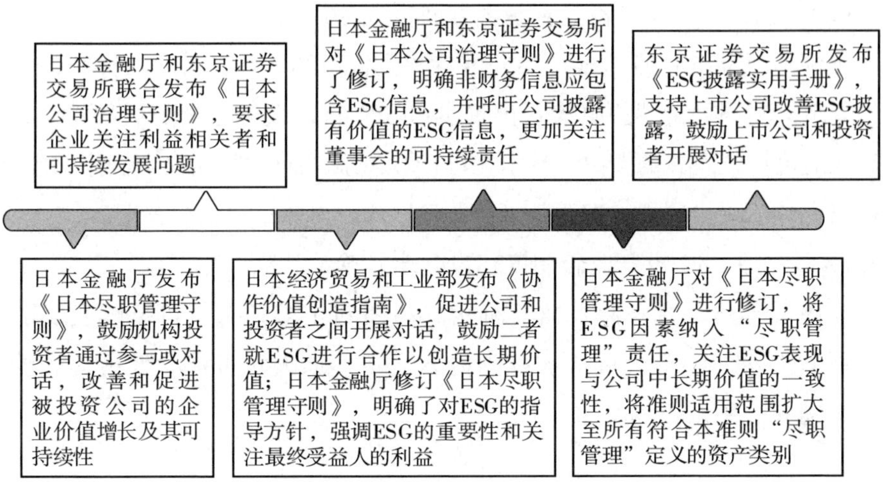

图3　日本ESG信息披露等监管政策发展历程

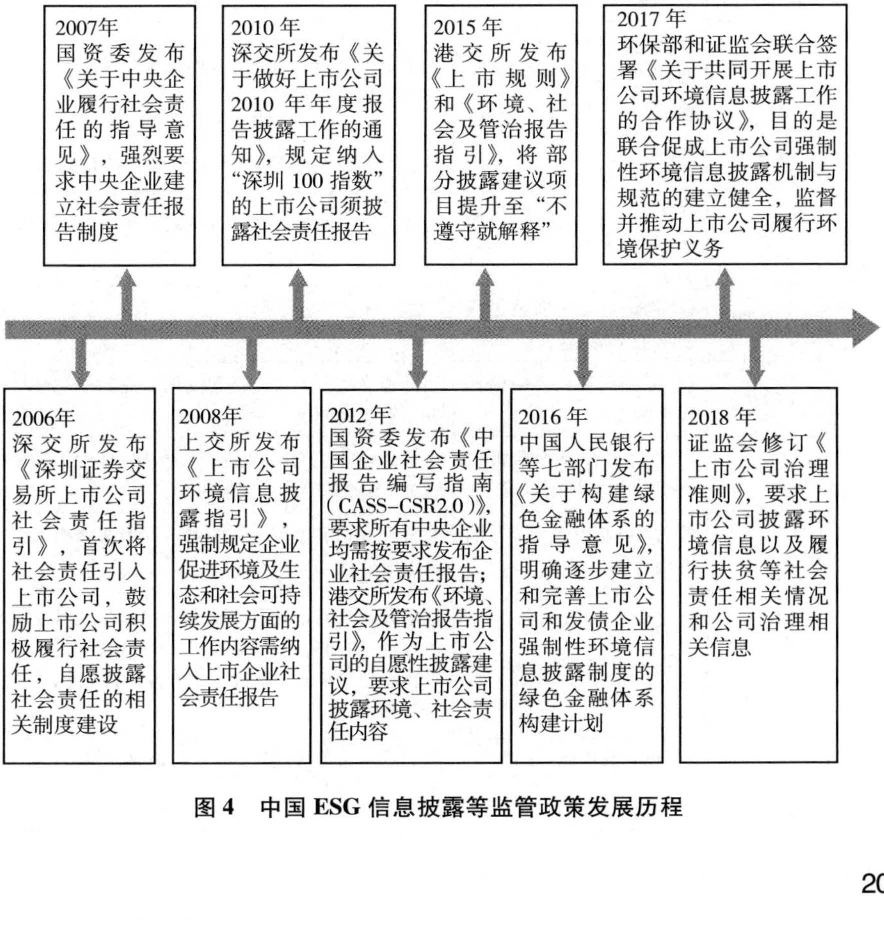

图4　中国ESG信息披露等监管政策发展历程

（2）美日在 ESG 投资监管制度方面也逐渐规范

美国不断推出 ESG 金融产品，可持续投资市场逐步完善，法律法规日趋严格规范。美国可持续投资表现出资本市场先行、政策法规随后的特点，不断深入对可持续发展的探寻。日本在可持续发展方面也紧随欧美国家的步伐，积极出台各项法律法规，把践行可持续发展放在至关重要的位置上。

（3）中国 ESG 投资监管制度建设起步较晚

2019 年至今，国务院及监管机构先后发布了多条有关可持续发展的法规，将 ESG 列入企业发展应披露的内容之一，加大对可持续发展理念的重视，鼓励支持国内机构签署 PRI。

表 2　2019～2022 年中国 ESG 监管新规

年份	发布主体	法规	主要内容
2019	深交所	《深圳证券交易所上市公司规范操作指引（2020 年修订）》	规定上市公司应当及时披露环境污染的产生原因及其对公司的影响
		《深圳证券交易所上市公司信息披露工作考核办法（2020 年修订）》	首次明确使用 ESG 考核上市公司的信息披露工作，重点考核上市公司披露社会责任报告、ESG 履行情况及参与符合国家重大战略方针等事项的主动性、充实性和完整性
	上交所	《上海证券交易所科创板股票上市规则》	要求在科创板上市公司强制披露其社会责任信息
	国务院	《关于构建现代环境治理体系的指导意见》	明确建立完善上市公司和发债企业的机制环境治理信息披露制度
	港交所	《环境、社会及管治报告指引》《上市规则》	进一步增加了 ESG 关键绩效指标，扩大了强制披露和“不披露就解释”的范围
2021	港交所	检讨《企业管制守则》的咨询总结	对 IPO 公司和上市公司的 ESG 信息披露提出了更高的时效性和质量要求
		《企业净零排放实用指引》	促进公司按照国家目标及全球承诺指定其净零排放路径，协助公司在制定净零排放路径时，认识及找到最佳平衡点，考虑与地方及国际目标法规保持一致
		《气候信息披露指引》	为促进上市公司遵守 TCFD 的建议提供实用指引

续表

年份	发布主体	法规	主要内容
2021	证监会	《上市公司投资者关系管理指引(征求意见稿)》	纳入 ESG 内容
		《公开发行证券的公司信息披露内容与格式准则第 2 号——年度报告的内容与格式》	要求上市公司主动披露环境保护、社会责任方面信息,督促上市公司协同做好"碳达峰碳中和"和乡村振兴工作
	生态环境部	《企业环境信息依法披露管理办法》	明确了环境信息依法披露主体、企业环境信息依法披露内容
		《环境保护综合名录(2021 年版)》	有效推动行业绿色转型升级,二硫化碳、硅酸钠等 73 项"高污染、高环境风险"产品重污染工艺全部淘汰
	中国人民银行	《金融机构环境信息披露指南》	金融机构应就与环境相关的信息进行披露,提供了金融机构在环境信息披露过程中遵循的原则、披露的形式、内容要素以及各要素的原则要求
	国新办	《中国应对气候变化的政策与行动白皮书》	克服自身经济、社会等方面困难,实施一系列应对气候变化的战略、措施和行动,参与全球气候治理
2022	国务院国资委	国资委原有的科技创新和社会责任局分拆成立科技创新局和社会责任局两个独立局	独立出来的社会责任局主要的工作职责是抓好中央企业"碳达峰碳中和"有关工作,指导推动企业积极践行 ESG 理念等
	证监会	《上市公司投资者关系管理工作指引》	明确指出,上市公司在投资者沟通内容中增加上市公司的环境、社会和治理(ESG)信息。ESG 首次被纳入投资者关系管理指引中,成为 A 股上市公司"新名片"

3. 全球市场对 ESG 投资的重视程度与日俱增，投资规模增长迅速

（1）UNPRI 签署机构数量与资产规模持续增长

截至 2021 年，全球签署 PRI 的机构已达 3826 家，管理的资产规模超 120 万亿美元（见图 5），相较 2017 年分别增长了 123%、78%，全球可持续投资规模实现大幅增长。签署机构以资产管理者身份为主，2021 年，以资产管理者身份加入的机构所持资产规模占比达 81%，资产规模相较 2017 年增长了 77%，略低于以资产所有者身份加入的机构所持资产规模增速。

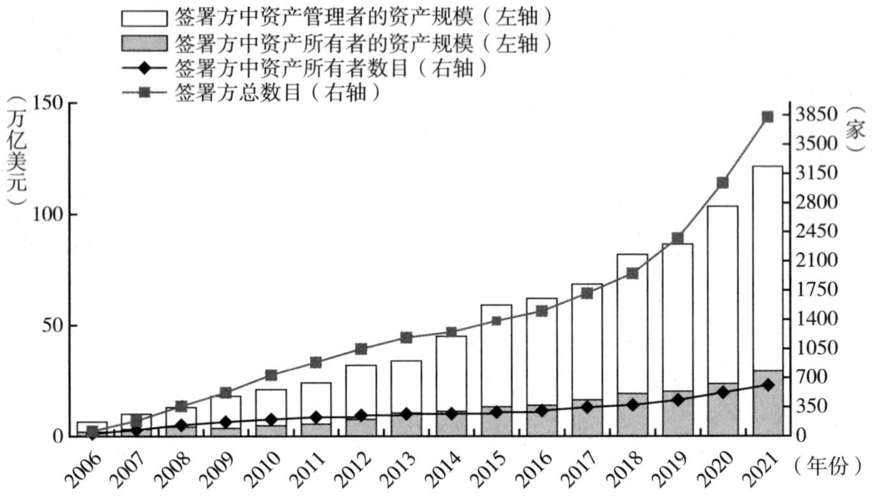

图5　全球 PRI 签署机构数量及规模

（2）中国国内机构签署 PRI 盛行，以资产管理型机构为核心

截至 2022 年 2 月，中国累计共有 95 家公司签署 PRI，其中资产管理型机构 72 家，资产所有型机构 4 家，服务商 19 家（见表 3）。从增量来看，2021 年资产管理型机构数量新增 24 家，服务商新增 6 家，资产所有型机构新增 2 家，资产管理型机构占该年机构增量的 75%，服务商占该年机构增量的 18.75%，资产所有型机构占该年机构增量的 6.25%。

（3）可持续投资规模主要集中于欧、美、日、加和大洋洲，美国超越欧盟成为全球第一

2020 年，美国可持续投资规模高达 17 万亿美元，较 2016 年增长 96%，超越同期欧洲可持续投资规模 12 万亿美元，成为全球可持续投资第一大经济体。日本、加拿大和大洋洲可持续投资规模分别为 2.9 万亿美元、2.4 万亿美元和 0.9 万亿美元（见图 6~图 8）。

（4）ESG 整合策略逐渐超越负面筛选策略，成为全球最受欢迎的 ESG 投资策略

在 2020 年前，投资者大多使用负面筛选策略进行 ESG 投资，即在投资组合中剔除不符合可持续发展目标的公司，2016 年及 2018 年，采用负面筛

表 3　中国签署 PRI 机构一览

签署方名称	机构类别	签署日期	签署方名称	机构类别	签署日期
国投创毅	资产管理者	2022-02-27	恒丰银行资产管理部	资产管理者	2022-02-08
IDG 公司	资产管理者	2022-02-02	世纪资本	资产管理者	2022-01-26
中信证券指数信息服务(上海)有限公司	服务商	2022-01-25	深圳证券信息有限公司	服务商	2022-01-21
漳州漳江私募基金管理有限公司	资产管理者	2022-01-14	上海科技创新中心资本有限公司	资产管理者	2021-12-31
中国太平洋保险股份有限公司	资产管理者	2021-12-21	中国太平洋保险(集团)有限公司	资产所有者	2021-12-21
长城证券有限责任公司	资产管理者	2021-12-20	世纪银河科技集团有限公司	资产管理者	2021-12-17
北京银行丰业银行资产管理有限公司	资产管理者	2021-12-13	九天资本	资产管理者	2021-11-16
优米财富家族办公室联盟有限公司	资产管理者	2021-11-01	ARIE 首创(南京)投资有限公司(临时签署人)	资产管理者	2021-10-28
PLD 资本有限公司	资产管理者	2021-10-20	碳停止	服务商	2021-10-09
国源证券有限公司	资产管理者	2021-10-08	威信和财富(北京)金融科技有限公司	服务商	2021-09-24
HFT 投资管理有限公司	资产管理者	2021-09-17	瑞银 SDIC 基金管理公司	资产管理者	2021-08-13
CPE 客户终端设备	资产管理者	2021-08-06	YoujiVest	服务商	2021-07-26
恒博资本管理有限公司	资产管理者	2021-07-16	LMI 投资	资产管理者	2021-07-12
建信信安资产管理有限公司	资产管理者	2021-07-08	华泰证券(上海)资产管理有限公司	资产管理者	2021-07-06
天空世家资本管理公司	资产管理者	2021-06-30	泰康保险	资产所有者	2021-06-03
泰康资产管理公司	资产管理者	2021-06-03	广发基金	资产管理者	2021-05-14
和玉资本	资产管理者	2021-04-02	金小蜂管理咨询有限公司	服务商	2021-03-01
Hillhouse 希尔豪斯	资产管理者	2021-02-24	绿色阿尔法资本管理(海南)有限公司	服务商	2021-02-05

续表

签署方名称	机构类别	签署日期	签署方名称	机构类别	签署日期
上海领先投资咨询有限公司	服务商	2021-01-26	工银瑞士瑞信银行资产管理有限公司	资产管理者	2021-01-14
上海格林门环境科技有限公司	服务商	2020-12-16	XY 投资有限责任公司	资产管理者	2020-11-11
忠诚谷资本	资产管理者	2020-09-22	第一创业证券有限责任公司	资产管理者	2020-07-20
信任桥合作伙伴	资产管理者	2020-07-13	新资本	资产管理者	2020-06-30
中国证券指数有限公司	服务商	2020-06-12	凌峰资本	资产管理者	2020-05-26
银华基金管理有限公司	资产管理者	2020-05-21	地鼠资产管理	资产管理者	2020-04-28
中国环球资产管理有限公司	资产管理者	2020-04-28	诺亚控股有限公司(纽约证券交易所代码:诺亚)	服务商	2020-04-28
亚洲绿色基金	资产管理者	2020-04-03	首都之家	资产管理者	2020-03-31
吴资本	资产所有者	2020-03-02	AEGON-产业基金管理有限公司	资产管理者	2020-02-21
安联保险资产管理公司	资产管理者	2020-02-21	高成资本管理有限公司	资产管理者	2020-01-03
招商基金管理有限公司	资产管理者	2019-12-19	招商基金管理有限公司	资产管理者	2019-12-19
大成基金管理有限公司	资产管理者	2019-12-06	上河资本	资产管理者	2019-11-11
传奇资本	资产管理者	2019-11-11	杭州尚赫时代投资管理有限公司	资产管理者	2019-11-11
Oner 资本	资产管理者	2019-09-20	袁彬资本有限公司	资产管理者	2019-09-18
中国平安保险股份有限公司	资产所有者	2019-08-23	FOF 周刊	服务商	2019-07-10
东方证券资产管理有限公司	资产管理者	2019-05-29	晨星通信	服务商	2019-05-29
马拉松风险投资伙伴	资产管理者	2019-05-13	CGP 投资	资产管理者	2019-05-07
中国社会价值投资联盟	服务商	2019-04-23	摩根士丹利华鑫基金管理有限公司	资产管理者	2019-04-12

续表

签署方名称	机构类别	签署日期	签署方名称	机构类别	签署日期
华夏财富管理有限公司	资产管理者	2019-03-19	YRD 绿色投资研究所	服务商	2019-01-22
股份资本	资产管理者	2018-12-14	星际资本	资产管理者	2018-12-12
星际资本(中国)	资产管理者	2018-12-12	中国人寿资产管理有限公司	资产管理者	2018-11-12
博时基金	资产管理者	2018-11-01	中国南方资产管理公司	资产管理者	2018-06-07
华宝 WP 基金管理有限公司	资产管理者	2018-06-06	鹏华基金管理有限公司	资产管理者	2018-06-05
清华控股资本	资产管理者	2018-05-29	四川联合环境交易所	服务商	2018-05-24
QuantData 信息技术	服务商	2018-05-11	ZD 代理	服务商	2018-05-11
嘉实基金管理有限公司	资产管理者	2018-03-23	翡翠投资	资产管理者	2017-10-11
中欧资产管理有限公司	资产管理者	2017-07-26	易方达基金管理有限公司	资产管理者	2017-04-01
华夏基金管理有限公司	资产管理者	2017-03-01	合成涛绿色金融	服务商	2016-07-19
绿地金融控股集团	资产管理者	2014-07-21	京东资本	资产管理者	2012-12-20
月球资本管理	资产管理者	2012-05-03			

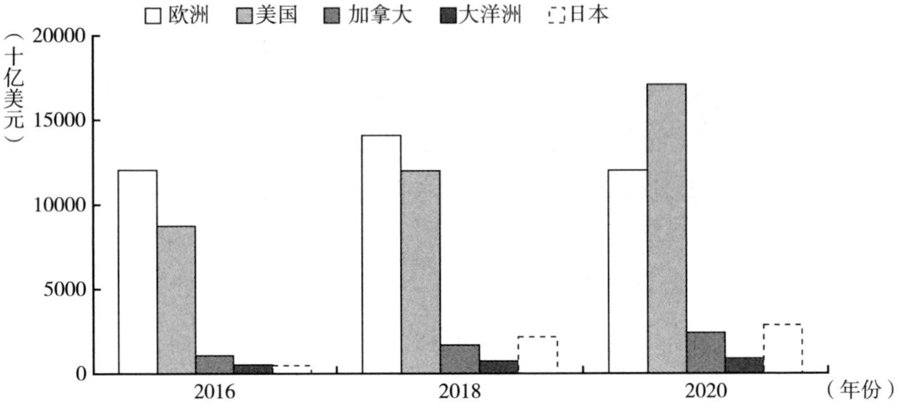

图 6　全球可持续投资规模变化对比

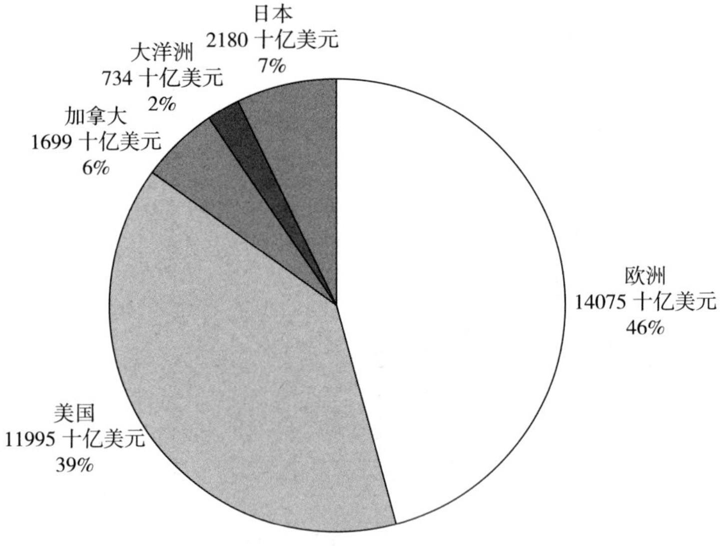

图 7　2018 年全球主要经济体可持续投资规模比例

选策略的 ESG 投资规模分别达到 15 万亿美元和 19 万亿美元，遥遥领先于其他六类 ESG 投资规模。但 2020 年，采用 ESG 整合策略的投资规模首次反超负面筛选，规模超 25 万亿美元，较 2016 年增长率高达 143%，成为当前主流的 ESG 投资策略。可持续发展主题投资规模由 2016 年的 276 万亿美元上升到 2020 年的 1940 万亿美元，实现超 6 倍的规模增长，虽然总体规模仍不足，但发展势头猛劲（见图 8~图 12）。

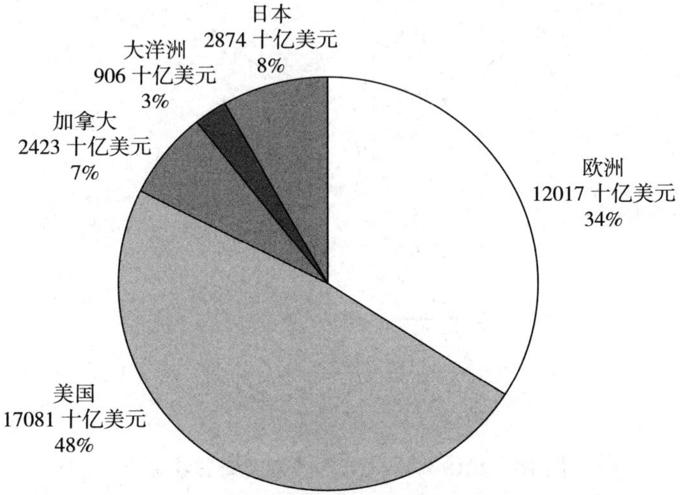

图 8　2020 年全球主要经济体可持续投资资产比例

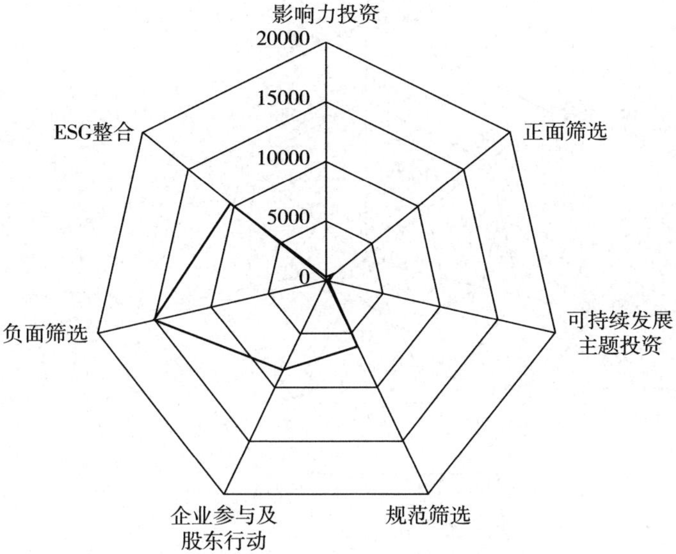

图 9　2016 年全球可持续投资增长状况

注：图中数据单位为十亿美元。

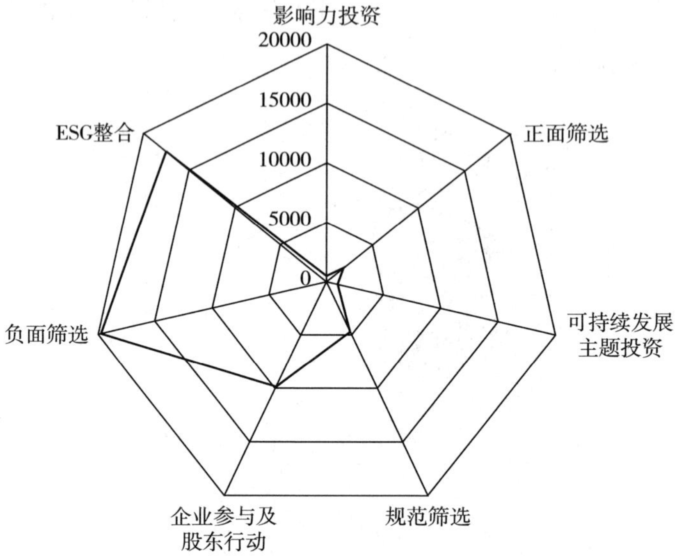

图 10　2018 年全球可持续投资增长状况

注：图中数据单位为十亿美元。

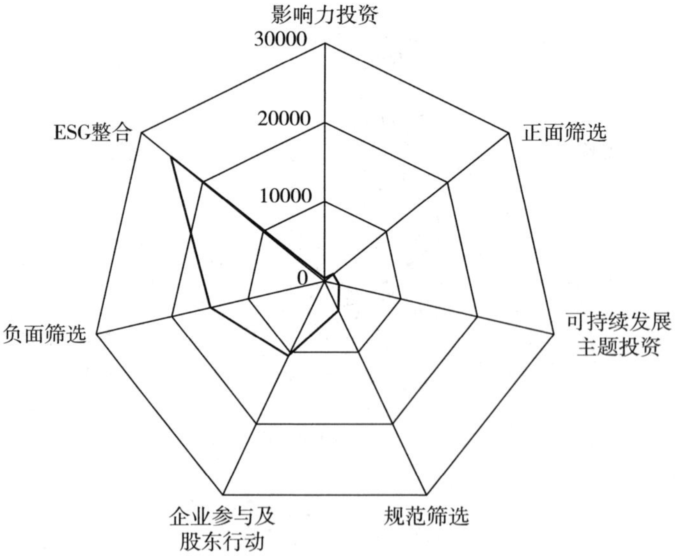

图 11　2020 年全球可持续投资增长状况

注：图中数据单位为十亿美元。

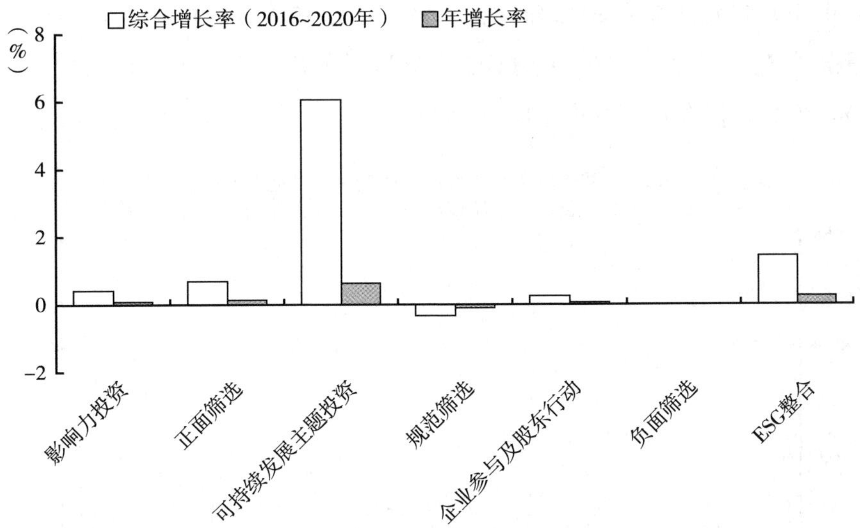

图 12　全球可持续投资增长率变化

二　ESG 投资策略在 A 股市场的应用现状及特征

目前，我国 ESG 主题产品以 ESG 公募基金为主，ESG 公募基金发展实践是 ESG 投资策略在 A 股市场中应用的重要体现。

（一）ESG 公募基金发展特征

规模及数量总体呈上升趋势，以泛 ESG 主题基金为主。ESG 公募基金规模及数量一直保持着稳健增长态势，并在 2022 年 3 月创新高。截至 2022 年 3 月 25 日，泛 ESG 主题基金规模已超 4000 亿元，数量达到 225 只，ESG 主题基金规模超 160 亿元，数量达到 33 只。2022 年 3 月泛 ESG 主题基金规模与 2016 年相比，增长了 447%，数量是 2016 年的 2.6 倍（见图 13）。

ESG 主题基金在规模和数量上均远远落后于泛 ESG 主题基金。2019 年至 2022 年 3 月，ESG 主题基金在规模上实现 80 亿元的增长，增长幅度仅是同期泛 ESG 主题基金的 1/20，同时，ESG 主题基金在数量上与泛 ESG 主题基金也相差较大，截至 2022 年 3 月，ESG 主题基金数量是泛 ESG 主题基金数量的 1/7。近年来，ESG 主题基金发展逐步加快，但仍未出现大规模的急速增长趋势，仍有较大发展空间（见图 14）。

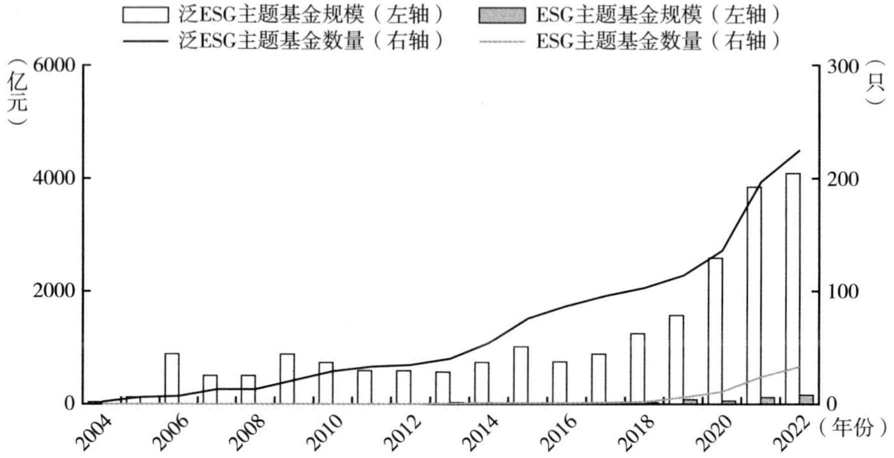

图 13　泛 ESG 主题基金与 ESG 主题基金规模变化情况

注：2022 年数据为截至 3 月的数据。下同。

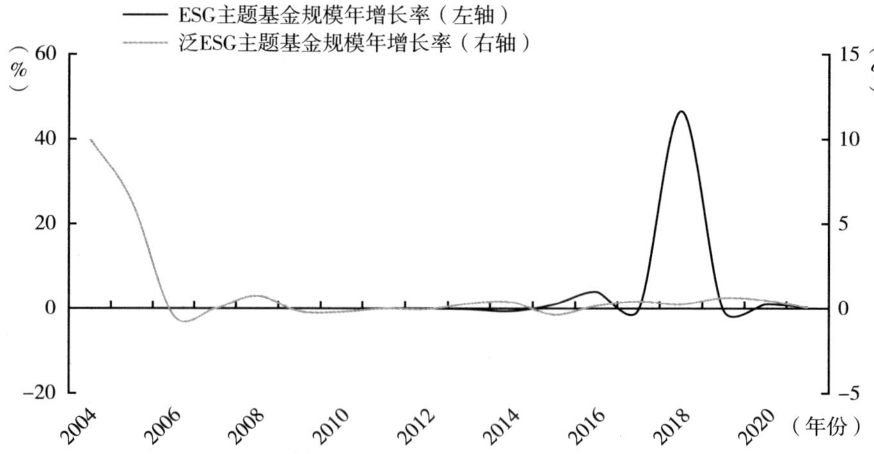

图 14　泛 ESG 主题基金与 ESG 主题基金规模增长情况

泛 ESG 主题基金的快速发展主要得益于权益类基金规模的增长。截至 2022 年 3 月 25 日，泛 ESG 权益类基金达到 209 只，总规模为 3591 亿元，占泛 ESG 主题基金总规模的 88%。近四年来，泛 ESG 权益类基金发展迅速，规模由 2019 年 1000 亿元增长至 2022 年 3 月的 3591 亿元，数量也增加了 100 多只（见图 15）。泛 ESG 非权益类基金在 2017 年之前一直处于慢坡爬行式发展状态，在 2018 年规模达到峰值，占泛 ESG 主题基金总规模的 40%，伴随着权益类基金的稳步发展，非权益类基金在泛 ESG 主题基金中的占比也持续下滑，2022 年（截至 3 月数据）仅占泛 ESG 主题基金总规模的 12%（见图 16）。

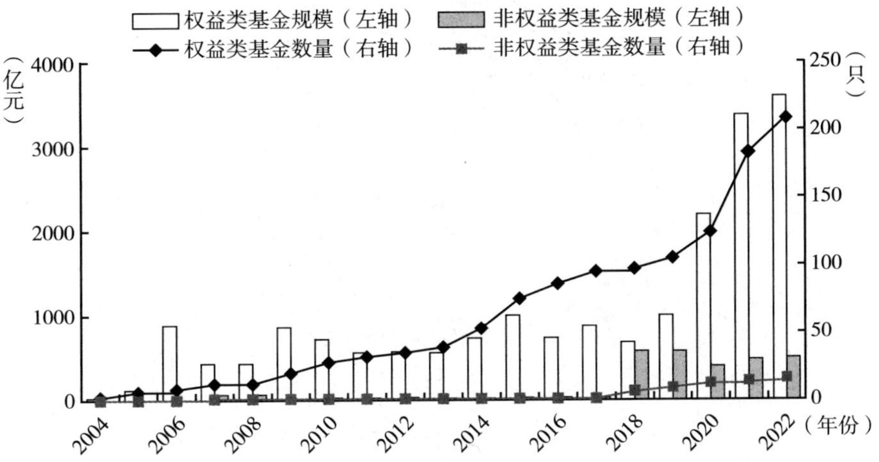

图 15　权益类基金与非权益类基金发展趋势

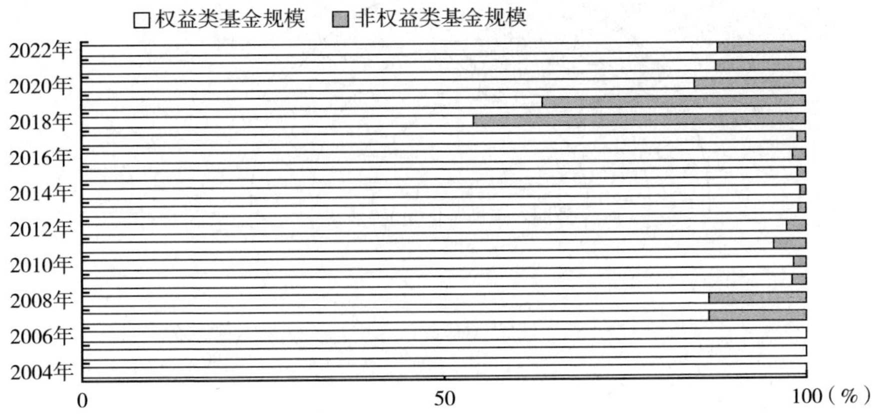

图 16　权益类基金与非权益类基金规模对比

主动权益型基金是权益类泛 ESG 主题基金发展的中坚力量。截至 2022 年 3 月，172 只主动权益类泛 ESG 主题基金规模达 3395 亿元，占权益类泛 ESG 主题基金总规模的 95%，创历史新高。同期被动指数类泛 ESG 主题基金规模仅 195 亿元，数量也只有 37 只。2012 年至 2022 年 3 月十余年间，权益类泛 ESG 主题基金共实现 3019 亿元的规模增长，其中主动权益类泛 ESG 主题基金占 96%（见图 17～图 25）。

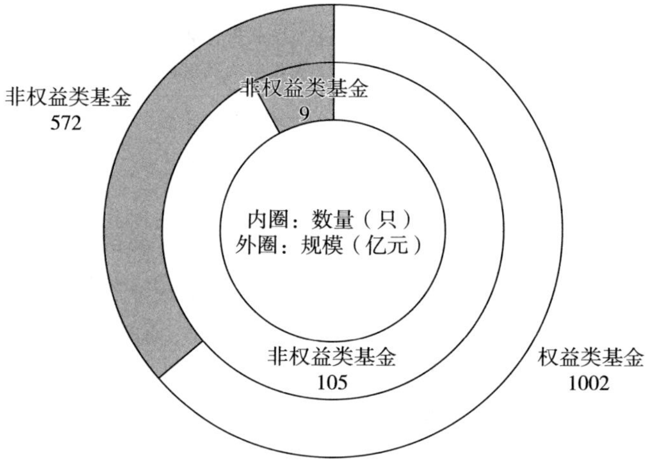

图 17　2019 年权益类与非权益类泛 ESG 主题基金规模对比

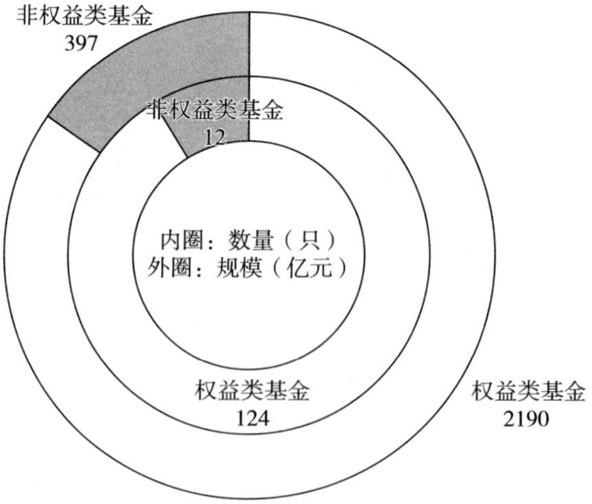

图 18　2020 年权益类与非权益类泛 ESG 主题基金规模对比

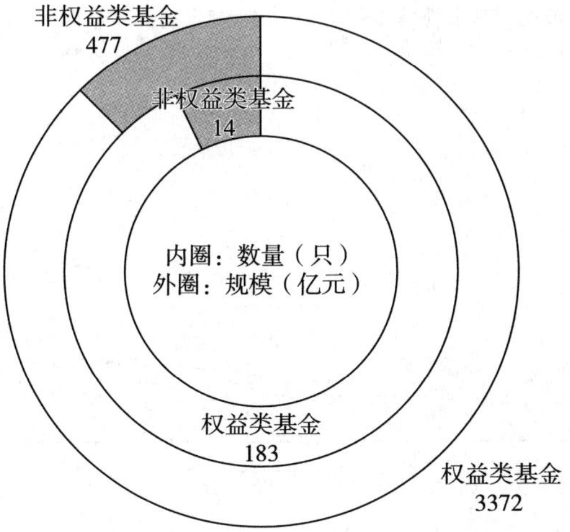

图 19　2021 年权益类与非权益类泛 ESG 主题基金规模对比

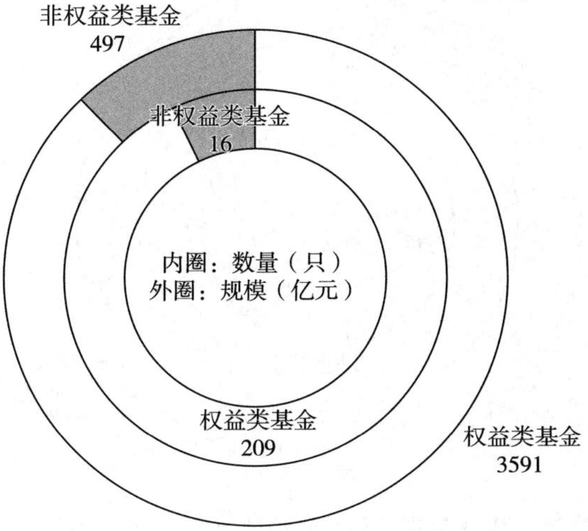

图 20　2022 年权益类与非权益类泛 ESG 主题基金规模对比

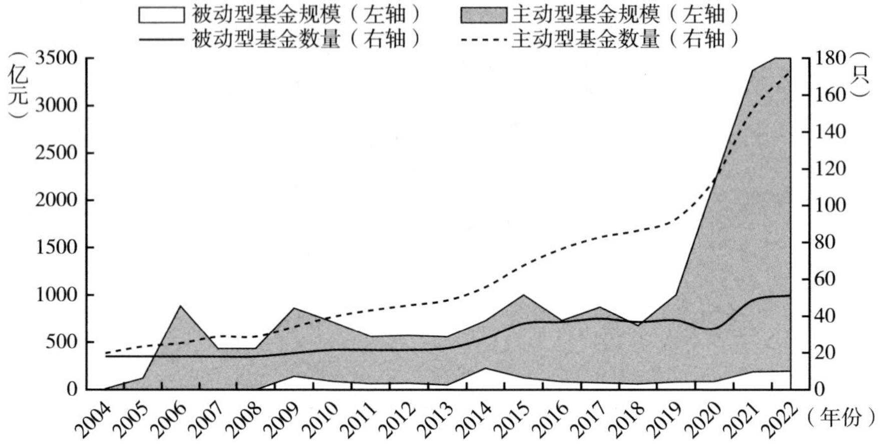

图 21　主动型与被动型泛 ESG 基金状况

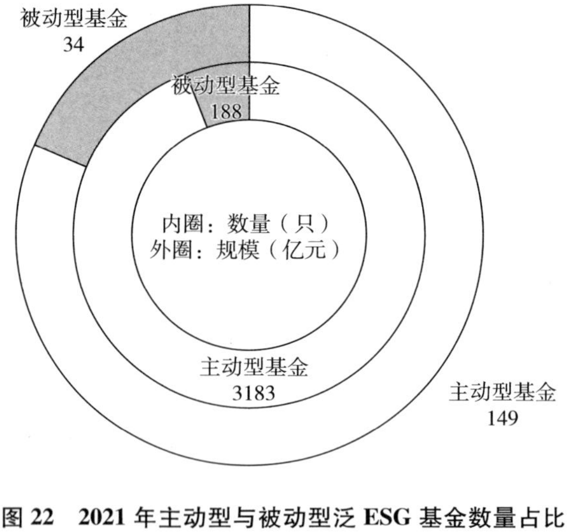

图 22　2021 年主动型与被动型泛 ESG 基金数量占比

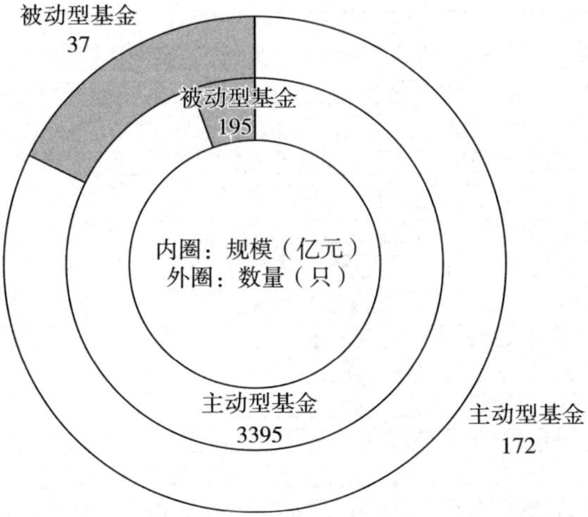

图 23　2022 年主动型与被动型泛 ESG 基金数量占比

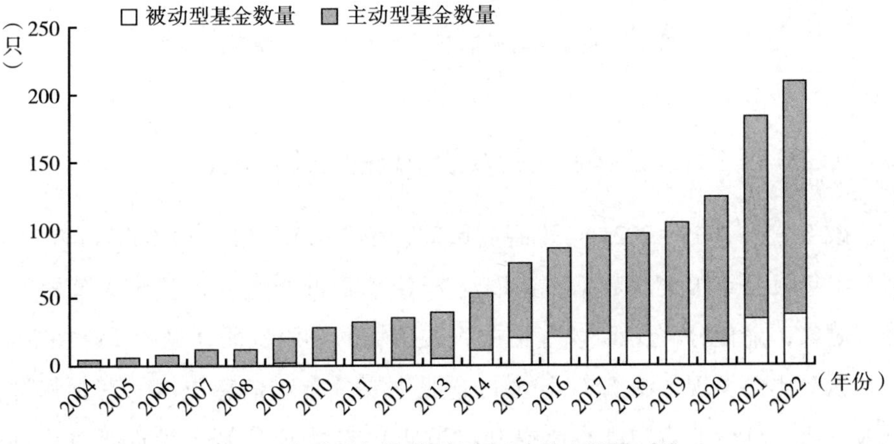

图 24　主动型与被动型泛 ESG 基金数量对比

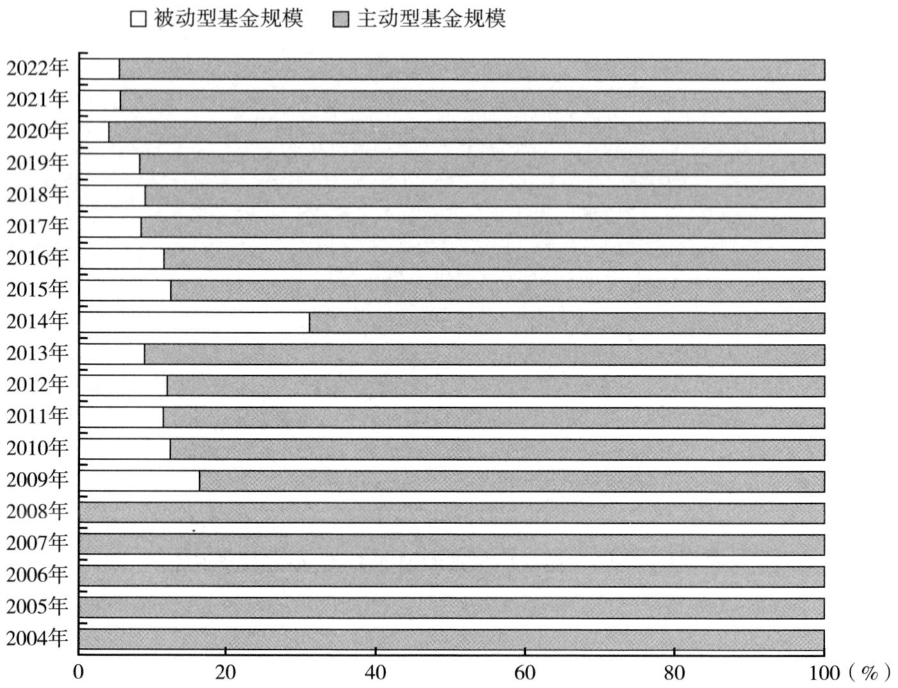

图 25　主动型与被动型泛 ESG 基金规模对比

（二）泛 ESG 公募基金在 A 股市场的应用特征

该部分以 2019~2021 年为观测区间，依据 2019 年、2020 年和 2021 年基金半年报及年报披露数据，选取泛 ESG 基金重仓的 A 股前十大公司作为研究对象，量化分析泛 ESG 基金在 A 股市场的应用特征（见图 26~图 31）。

纵向比较发现，泛 ESG 基金重仓股主要分布于信息技术、工业和材料三大行业，且行业集中度有所提升。2021 年末泛 ESG 基金投资股票数量在信息技术、工业和材料三大行业的比重为 65.9%，高于 2020 年末和 2019 年末的 58.3%和 59.0%。2021 年末泛 ESG 基金重仓前十的公司中有 7 家属于信息技术、工业和材料行业，高于 2020 年末和 2019 年末的 5 家和 6 家。泛 ESG 基金重仓股属于日常消费、可选消费和金融业类的基金数量比重明显下降，尤其是金融业。2021 年末泛 ESG 基金投资股票数量在日常消费、可

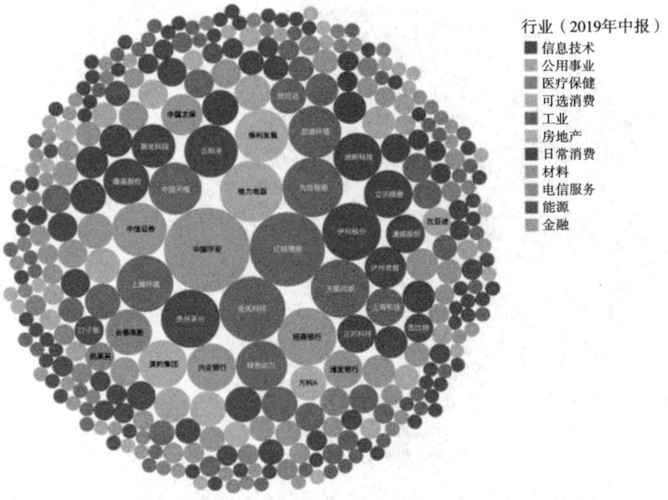

图26　2019年6月泛ESG公募基金选股频次状况

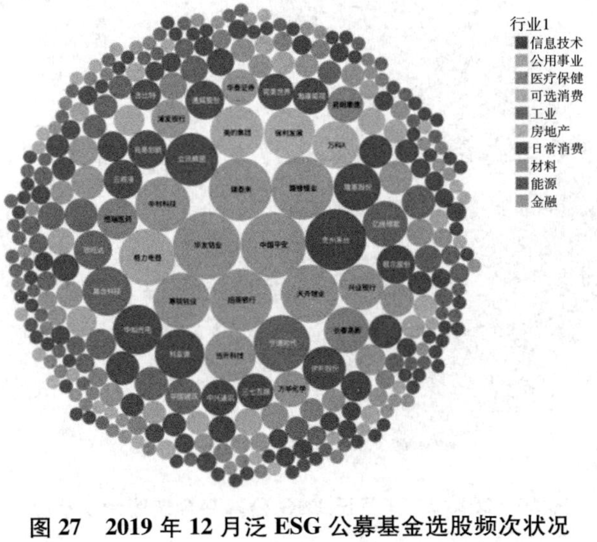

图27　2019年12月泛ESG公募基金选股频次状况

选消费和金融业的比重为22.7%，显著低于2020年末和2019年末的31.8%和29.0%，其中，金融股比重从2020年末和2019年末的9.2%、12.6%，下降到2021年末的6.8%。2021年末泛ESG基金重仓前十的公司中只有1

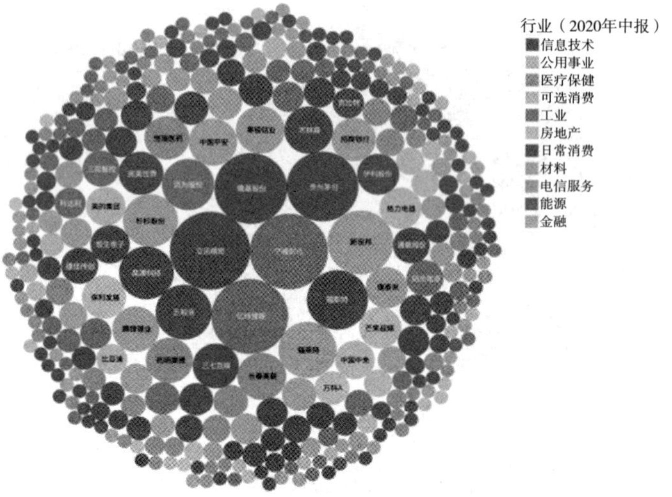

图 28　2020 年 6 月泛 ESG 公募基金选股频次状况

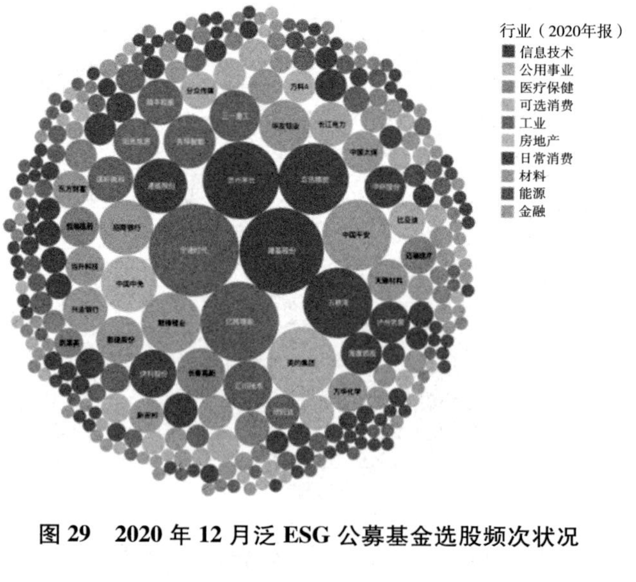

图 29　2020 年 12 月泛 ESG 公募基金选股频次状况

家日常消费类和 1 家金融类公司，而 2020 年末重仓前十的公司中日常消费类 2 家、可选消费类 2 家、金融类 1 家，2019 年末重仓前十的公司中日常消费类 1 家、可选消费类 1 家、金融类 2 家。

详细信息如下：2021 年末，泛 ESG 基金重仓频次最多的股票主要集中于

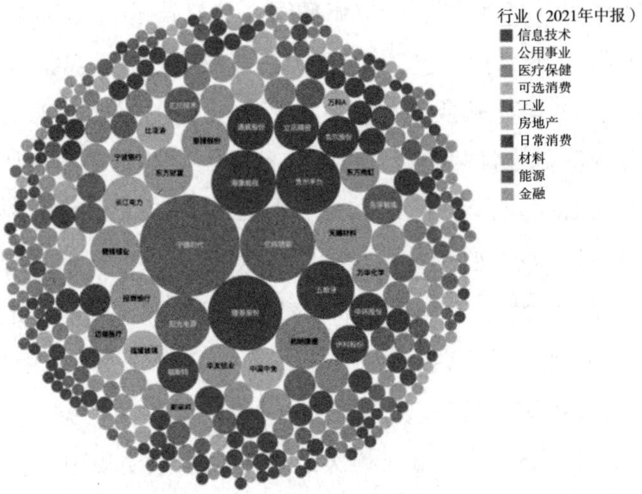

图 30　2021 年 6 月泛 ESG 公募基金选股频次状况

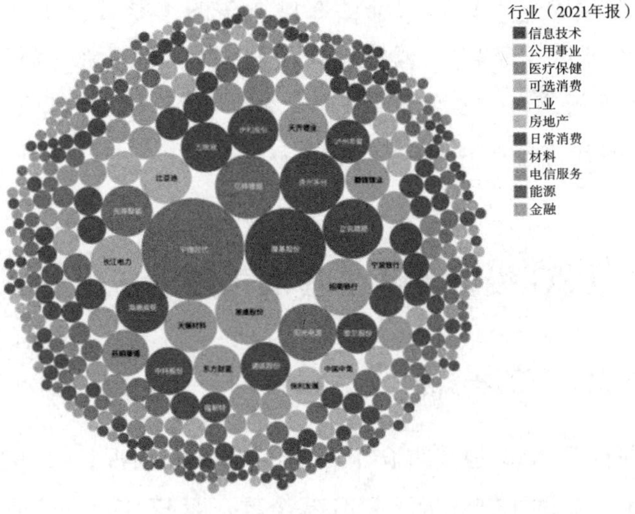

图 31　2021 年 12 月泛 ESG 公募基金选股频次状况

信息技术、工业、材料、日常消费、可选消费、金融等行业，这些行业的股票数量占基金重仓总数量的比重分别为 23.6%、23.4%、18.9%、9.0%、6.9%、6.8%。泛 ESG 基金重仓股按被选频次统计数量最多的十家公司依次为宁德时代（工业）、隆基股份（信息技术）、恩捷股份（材料）、亿纬锂能

（工业）、贵州茅台（日常消费）、立讯精密（信息技术）、招商银行（金融）、阳光电源（工业）、长江电力（公用事业）、海康威视（信息技术）。

2020 年末，泛 ESG 基金重仓频次最多的股票主要集中于工业、信息技术、材料、可选消费、日常消费、金融等行业，这些行业的股票数量占基金重仓总数量的比重分别为 23.2%、21.2%、13.8%、11.7%、10.9%、9.2%。泛 ESG 基金重仓股按被选频次统计数量最多的十家公司依次为宁德时代（工业）、隆基股份（信息技术）、亿纬锂能（工业）、贵州茅台（日常消费）、立讯精密（信息技术）、五粮液（日常消费）、中国平安（金融）、美的集团（可选消费）、赣锋锂业（材料）、中国中免（可选消费）。

2019 年末，泛 ESG 基金重仓频次最多的股票主要集中于信息技术、工业、材料、金融、可选消费、日常消费等行业，这些行业的股票数量占基金重仓总数量的比重分别为 24.0%、18.3%、16.7%、12.6%、8.7%、7.7%。泛 ESG 基金重仓股按被选频次统计数量最多的十家公司依次为华友钴业（材料）、中国平安（金融）、赣锋锂业（材料）、璞泰来（材料）、招商银行（金融）、贵州茅台（日常消费）、天齐锂业（材料）、格力电器（可选消费）、宁德时代（工业）、寒锐钴业（材料）。

三　ESG 投资策略在 A 股市场的适用性验证

（一）ESG 投资理念的有效性检验

为客观评价泛 ESG 基金重仓个股的 ESG 评分情况，该部分根据 Wind ESG 评级数据，通过比较分析泛 ESG 基金重仓股 ESG 评分数值与 A 股 ESG 整体评分数值的差异，检验泛 ESG 基金在 A 股市场的 ESG 实践状况。Wind ESG 综合得分由管理实践得分（总分 7 分）和争议事件得分（总分 3 分）组成，并给予“AAA-CCC”的七档评级，能综合反映公司 ESG 管理实践水平以及重大突发风险。

泛 ESG 基金重仓个股的 ESG 评分均值在 A 股市场中有更好成绩，在可持续发展方面表现亮眼。总的来看，据 2021 年底统计数据，泛 ESG 基金重仓个股的 ESG 评分均值为 6.856，A 股 ESG 评分均值为 6.056，两者均值差值有 0.8，这一差值在我们的观测区间（2019 年 6 月至 2021 年 12 月）整体呈扩大趋势，一定程度上说明，泛 ESG 公募基金重仓个股在可持续发展和社会责任承担程度方面优于 A 股上市公司整体水平，泛 ESG 公募基金确有遵循 ESG 理念进行投资决策，体现了更高的 ESG 属性（见图 32）。

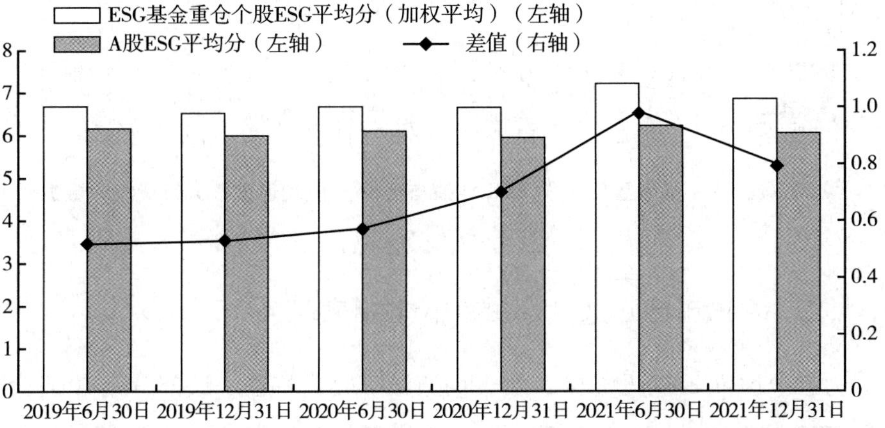

图 32　泛 ESG 基金重仓个股 ESG 平均分值与 A 股 ESG 平均分值统计数据

分行业来看，选取 2019 年底与 2021 年底两个时间节点，并根据申万 28 个行业分类方式统计发现，绝大部分行业中被泛 ESG 基金重仓的个股在 ESG 方面的表现都显著优于该行业 A 股整体平均水平。2021 年，房地产、家用电器、电气设备、传媒等行业 ESG 基金重仓个股的 ESG 均值表现更为凸显，房地产行业这一均值与所有 A 股房地产上市公司 ESG 均值的差值约 1.5，位列各行业之首。值得一提的是，2019 年，综合类行业、休闲服务、化工和计算机四类行业被泛 ESG 基金重仓个股平均表现均不如同行业 A 股平均水平，除此之外，其他 24 类行业被泛 ESG 基金重仓个股的 ESG 评分均优于所在行业 A 股平均水平，到 2021 年，仅钢铁和通信两类行业的 ESG 基金个股表现不如 A 股水平（见图 33）。

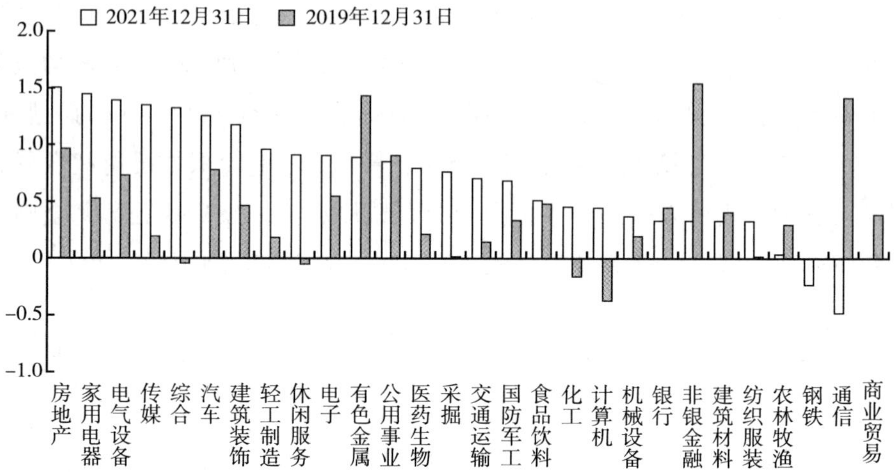

图 33 泛 ESG 基金重仓个股 ESG 均值与全部 A 股均值差值分行业统计数据

（二）A 股市场 ESG 投资的风险收益表现

为客观评价 ESG 投资在 A 股市场的风险收益特征，该部分以 A 股股票被泛 ESG 基金重仓频次为权重，构建能代表基金践行 ESG 投资理念的观测指数（以下简称“泛 ESG 指数”），泛 ESG 指数代表了 A 股市场投资机构对 ESG 投资的定义及实践，通过对泛 ESG 指数的回测检验，能够更真实地反映 A 股市场 ESG 投资的风险收益表现。与此不同的是，A 股市场现存的 ESG 指数，如沪深 300 ESG 基准指数、华证 ESG 领先指数、中证可持续发展 100 指数、中证 ESG120 策略指数等，是在 A 股市场进行 ESG 投资可借助的指数工具，是理论上根据不同选股策略对 ESG 投资的定义。

1. 泛 ESG 指数历史表现良好，取得较高收益

从表 4 可以看出，2019 年、2020 年和 2021 年泛 ESG 指数的年化平均收益率分别为 103.2%、145.1%、59.6%，显著优于同期沪深 300、中证 500、万得全 A 指数，相比沪深 300 ESG 基准、华证 ESG 领先、中证可持续发展 100、中证 ESG 120 策略和中证财通中国可持续发展 100 等由于股票池和选股策略异质而形成的 ESG 相关指数，同样表现出显著的超额收益。在累计

收益方面，2019～2021 年，其他指数累计收益率表现相当，均不超过 100%，而泛 ESG 指数的累计收益率则表现得十分突出，整体上升趋势明显，到 2021 年末累计收益率高达 695.1%，是其他指数的 10 倍左右。

2. 泛 ESG 指数稳定性表现一般，但在经济下行中具备较强抗风险性

从波动率来看，2019 年、2020 年和 2021 年泛 ESG 指数的年化波动率分别为 19.4%、26.0%和 23.3%，略微高于同期沪深 300、中证 500、万得全 A、沪深 300 ESG 基准、华证 ESG 领先、中证可持续发展 100、中证 ESG 120 策略和中证财通中国可持续发展 100 等指数。以上说明，泛 ESG 指数的稳定性相较其他指数略有不足。

新冠肺炎疫情对全球经济造成不同程度的冲击，2020 年 1 月 20 日以来，疫情影响开始在 A 股市场发酵，2020 年 2 月 3 日上证指数由 1 月 20 日的 3095 点跌至 2746 点，跌幅超过 10%，随后多天连续反弹后继续下跌，最低于 3 月 19 日跌至 2646 点。在此期间，避险成为投资者首要关注的问题，为此我们选取 2020 年 1 月 20 日至 3 月 30 日为观测区间，检验泛 ESG 指数的避险属性。

从表 4 可以看出，在 2020 年疫情期间（2020 年 1 月 20 日至 3 月 30 日），受疫情冲击的影响，市场信心不足，各指数在该区间收益率均为负值，中证可持续发展 100 指数受到的负面影响最大，区间收益率为-51.4%，其次是沪深 300 ESG 基准指数，区间收益率为-50.9%，受负面影响较小的中证 500 指数，区间收益率仍低至-30.0%，在此期间，泛 ESG 指数区间收益率为-3.8%，受到负面冲击非常有限，具备较强抗风险性。

3. 泛 ESG 指数风险调整后的收益率表现突出，体现超额收益属性

在综合考虑风险和收益的情况下，泛 ESG 指数的夏普比率表现远超其他指数。2019 年、2020 年和 2021 年泛 ESG 指数的夏普比率分别为 5.2、5.5、2.5，远高于同期沪深 300、中证 500、万得全 A 指数及 ESG 主题指数。疫情期间，在各指数的夏普比率均为负值的情况下，泛 ESG 指数的夏普比率为-0.1514，仍远大于其他指数的夏普比率。

4. ESG 投资需综合考虑 ESG 理念与投资回报，才可保证投资的可持续性

通过将泛 ESG 指数与沪深 300、中证 500、万得全 A 等指数及 ESG 主题指数

的风险收益表现进行比较发现，ESG 主题相关指数与沪深 300 等指数风险收益趋势极其相近，ESG 主题相关指数并未表现出独有的特点，而泛 ESG 指数风险调整后的收益率表现突出，在一定程度上说明，与 ESG 主题相关指数相比，泛 ESG 指数更具投资指导意义。ESG 投资要求投资者讲“义”，承担一定的社会责任，但在市场经济“利”字当头的条件下，只有让投资者在践行 ESG 责任投资的同时获得更高的投资回报，实现 ESG 投资商业价值与社会价值的“双赢”，才能驱使更多的投资者重视 ESG 投资，保障 ESG 投资的可持续性。

根据 2019~2021 年每年的第二季度泛 ESG 基金重仓股票数据，代表了 A 股市场投资机构对 ESG 投资在不同时期的定义及实践，以 A 股股票被泛 ESG 基金重仓频次为权重，并假设每年第二季度泛 ESG 基金选股策略在其他两个年份第二季度依然不变，分别构建能代表各年份第二季度基金践行 ESG 投资理念在其他两个年份沿用的静态观测指数（以下分别简称：泛 ESG_ 2019、泛 ESG_ 2020、泛 ESG_ 2021）。表 5 呈现了三只静态指数在不同年份第二季度区间的风险收益比较，结果显示，泛 ESG_ 2019 指数在 2019 年第二季度的年化收益率和夏普比率显著高于该指数在其他年份第二季度的表现，泛ESG_ 2020 指数和泛 ESG_ 2021 指数也是分别在 2020 年第

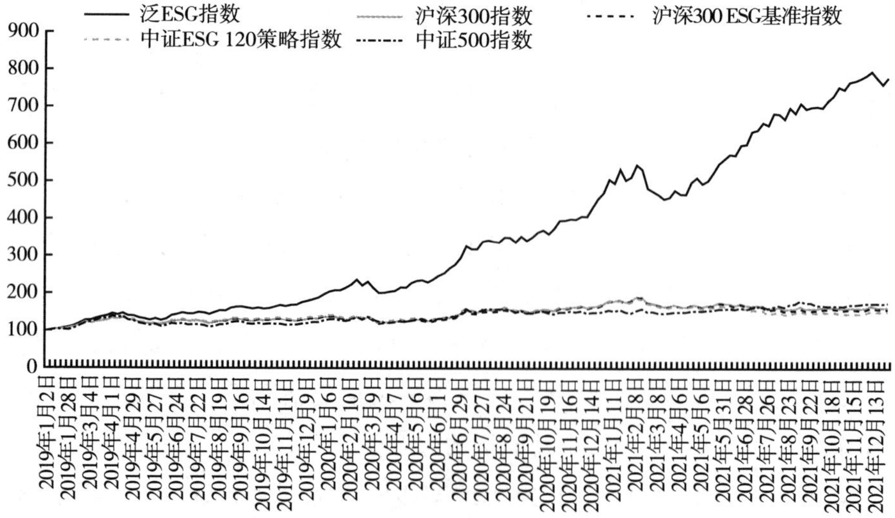

图 34　2019~2021 年泛 ESG 指数与其他指数价格趋势

表 4　2019~2021 年泛 ESG 指数与其他指数风险收益比较

单位：%

指数	泛 ESG	沪深 300	中证 500	万得全 A	沪深 300 ESG 基准	华证 ESG 领先	中证可持续发展 100	中证 ESG 120 策略	中证财通中国可持续发展 100
年化平均收益率									
2019 年	103.2	36.2	27.0	33.3	37.5	35.1	31.6	41.0	25.8
2020 年	145.1	25.4	20.5	24.4	22.1	27.4	17.7	22.3	17.8
2021 年	59.6	-8.9	13.8	7.2	-10.4	-7.1	-11.1	-14.9	2.0
2019~2021 年	105.3	20.1	23.2	24.2	19.0	20.8	15.5	17.3	18.8
疫情期间(2020 年 1 月 20 日至 3 月 30 日)	-3.8	-45.6	-30.0	-36.3	-50.9	-34.7	-51.4	-46.7	-42.5
年化波动率									
2019 年	19.4	18.3	22.0	19.6	18.6	17.3	18.2	18.4	17.9
2020 年	26.0	21.5	23.1	22.1	21.6	21.3	20.6	21.5	21.5
2021 年	23.3	17.7	15.3	14.9	18.2	18.4	16.9	17.5	15.4
2019~2021 年	23.2	19.4	20.2	19.0	19.8	19.2	18.9	19.4	18.5
疫情期间(2020 年 1 月 20 日至 3 月 30 日)	35.0	31.8	32.9	33.2	21.3	32.4	30.6	36.3	31.1
夏普比率									
2019 年	5.2	1.894	1.159	1.621	1.935	1.941	1.625	2.143	1.36
2020 年	5.5	1.113	0.822	1.038	0.956	1.218	0.784	0.964	0.758
2021 年	2.5	-0.588	0.802	0.382	-0.655	-0.468	-0.746	-0.937	0.03
2019~2021 年	4.5	-0.957	1.073	1.197	0.884	1.003	0.739	0.811	0.934
疫情期间(2020 年 1 月 20 日至 3 月 30 日)	-0.2	-1.480	-0.958	-1.141	-1.623	-1.115	-1.731	-1.494	-1.417

二季度和 2021 年第二季度表现最佳。以上说明，ESG 投资的静态投资策略不可取，需要在充分考虑不同时期的外部环境和公司经营情况等条件下，采取动态 ESG 投资策略。

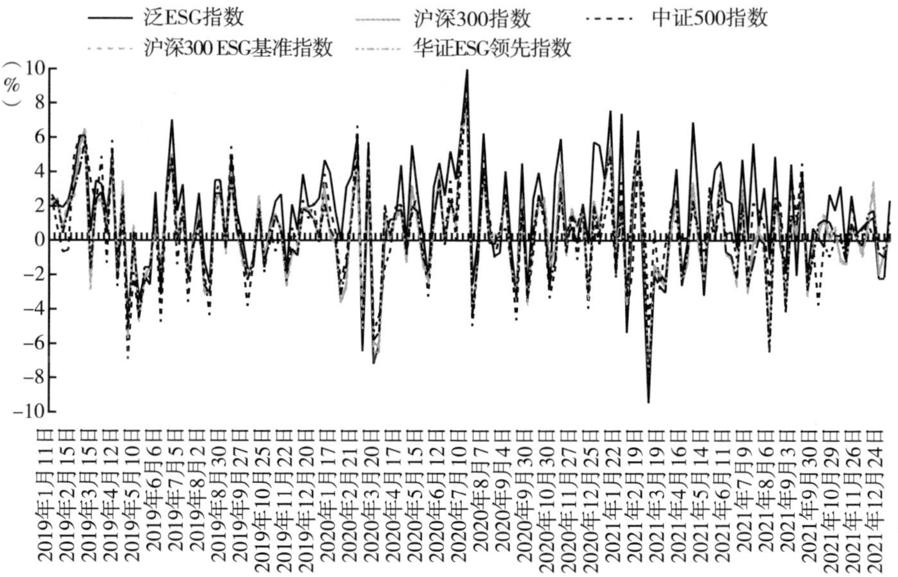

图 35　2019~2021 年泛 ESG 指数与其他指数收益率比较

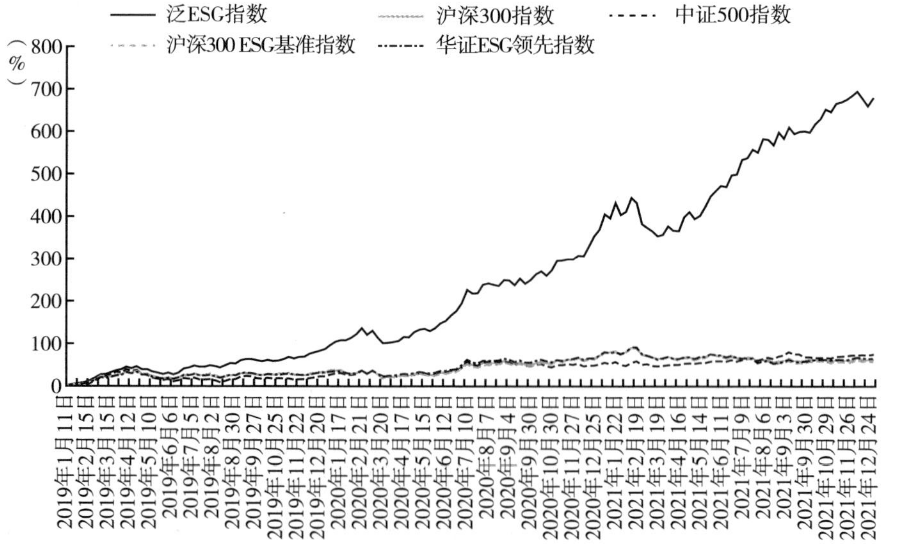

图 36　2019~2021 年泛 ESG 指数与其他指数累计收益率比较

表 5　泛 ESG 指数在不同时间区间的风险收益比较

指数	区间年平均收益率(%)			区间夏普比率		
	2019 年第二季度	2020 年第二季度	2021 年第二季度	2019 年第二季度	2020 年第二季度	2021 年第二季度
泛 ESG_2019	0. 262	1. 62	0. 811	-0. 348	0. 0520	-0. 278
泛 ESG_2020	-0. 0170	2. 57	1. 55	-0. 431	0. 405	0. 0170
泛 ESG_2021	0. 0560	2. 30	2. 05	-0. 411	0. 301	0. 209

附　　录

Appendix

B.7
中国上市公司高质量发展评价结果

（一）银行

排名	代码	公司名称	总得分	财务指标	估值与成长性	创值能力	公司治理	创新与研发
1	600036. SH	招商银行	5. 6	5. 89	4. 81	6. 27	5. 6	5. 41
2	601838. SH	成都银行	5. 47	5. 7	5. 46	6. 56	4. 73	4. 88
3	002142. SZ	宁波银行	5. 41	5. 87	4. 99	6. 54	4. 84	4. 79
4	601009. SH	南京银行	5. 35	5. 43	4. 95	6. 16	5. 38	4. 81
5	002966. SZ	苏州银行	5. 33	5. 24	5. 3	6. 08	5. 29	4. 75
6	600926. SH	杭州银行	5. 31	5. 43	4. 55	6. 67	5. 01	4. 92
7	002948. SZ	青岛银行	5. 31	4. 65	5. 57	6. 19	4. 94	5. 19
8	002839. SZ	张家港行	5. 3	5. 2	5. 14	6. 62	4. 8	4. 75
9	600908. SH	无锡银行	5. 26	5. 03	5. 28	6. 18	5. 05	4. 78
10	600919. SH	江苏银行	5. 23	5. 41	5. 17	5. 62	5. 2	4. 74
11	000001. SZ	平安银行	5. 21	5. 05	4. 73	5. 62	5. 47	5. 19
12	601577. SH	长沙银行	5. 2	5. 37	5. 36	5. 15	5. 1	5. 02
13	601128. SH	常熟银行	5. 16	5. 11	4. 69	6. 21	5. 05	4. 76
14	002807. SZ	江阴银行	5. 15	4. 68	4. 8	6. 6	5. 1	4. 55
15	601939. SH	建设银行	5. 1	5. 21	4. 78	5. 15	4. 96	5. 39

续表

排名	代码	公司名称	总得分	财务指标	估值与成长性	创值能力	公司治理	创新与研发
16	601166. SH	兴业银行	5. 1	5. 41	4. 62	5. 49	5. 18	4. 79
17	601187. SH	厦门银行	5. 03	4. 86	5. 23	5. 93	4. 39	4. 74
18	601658. SH	邮储银行	4. 98	4. 88	4. 92	5. 32	4. 46	5. 31
19	603323. SH	苏农银行	4. 95	4. 69	4. 52	6. 03	4. 86	4. 62
20	601288. SH	农业银行	4. 94	5	5. 07	4. 45	4. 88	5. 32
21	601988. SH	中国银行	4. 9	4. 87	4. 84	4. 28	5. 29	5. 23
22	601229. SH	上海银行	4. 9	5. 11	4. 78	4. 69	5. 05	4. 88
23	601398. SH	工商银行	4. 88	5. 01	4. 49	4. 79	4. 93	5. 15
24	002958. SZ	青农商行	4. 83	4. 81	5. 38	4. 65	4. 6	4. 71
25	601860. SH	紫金银行	4. 82	4. 07	4. 61	5. 51	5. 35	4. 54
26	600928. SH	西安银行	4. 79	4. 64	5. 04	5. 15	4. 38	4. 76
27	601818. SH	光大银行	4. 74	4. 64	5. 01	4. 09	5. 02	4. 95
28	601998. SH	中信银行	4. 73	4. 51	4. 97	4. 05	5. 08	5. 04
29	601077. SH	渝农商行	4. 69	5. 16	4. 58	3. 77	5. 07	4. 87
30	002936. SZ	郑州银行	4. 66	5. 04	4. 93	3. 36	5. 01	4. 94
31	601328. SH	交通银行	4. 64	4. 59	4. 91	4. 01	4. 42	5. 28
32	601997. SH	贵阳银行	4. 59	4. 78	4. 67	4. 22	4. 82	4. 47
33	601916. SH	浙商银行	4. 55	4. 44	4. 7	3. 8	5. 01	4. 78
34	600015. SH	华夏银行	4. 54	4. 17	4. 86	3. 72	5. 19	4. 77
35	600016. SH	民生银行	4. 52	4. 44	4. 77	3. 33	4. 87	5. 18
36	601169. SH	北京银行	4. 46	4. 47	4. 7	3. 37	5. 07	4. 68
37	600000. SH	浦发银行	4. 39	4. 28	4. 6	3. 33	4. 92	4. 82

（二）非银金融

证券

排名	代码	公司名称	总得分	财务指标	估值与成长性	创值能力	公司治理	创新与研发
1	601066. SH	中信建投	5. 54	5. 58	5. 31	6. 2	5. 39	5. 2
2	601878. SH	浙商证券	5. 43	5. 64	4. 96	6. 51	5. 06	4. 96
3	300059. SZ	东方财富	5. 4	5. 25	5. 24	5. 54	5. 2	5. 77
4	601236. SH	红塔证券	5. 31	5. 87	5. 25	5. 63	4. 97	4. 84
5	600030. SH	中信证券	5. 23	5. 38	4. 79	5. 6	5. 39	4. 98

续表

排名	代码	公司名称	总得分	财务指标	估值与成长性	创值能力	公司治理	创新与研发
6	600109. SH	国金证券	5. 22	5. 69	4. 78	5. 55	5. 45	4. 63
7	000776. SZ	广发证券	5. 16	5. 43	4. 6	5. 35	5. 39	5. 01
8	601995. SH	中金公司	5. 14	5. 06	4. 99	5. 89	4. 84	4. 96
9	002939. SZ	长城证券	5. 13	5. 24	5. 27	5. 33	5. 09	4. 74
10	600999. SH	招商证券	5. 11	5. 15	4. 76	5. 5	4. 86	5. 26
11	002736. SZ	国信证券	5. 1	5. 84	4. 82	4. 48	5. 34	5. 04
12	601108. SH	财通证券	5. 08	4. 96	5. 09	5. 34	5. 05	4. 92
13	601377. SH	兴业证券	5. 04	5. 52	5. 05	4. 39	5. 47	4. 77
14	002797. SZ	第一创业	5. 04	4. 96	4. 93	5. 47	5. 17	4. 66
15	601456. SH	国联证券	5. 03	4. 61	5. 16	5. 63	5	4. 75
16	000166. SZ	申万宏源	5. 02	5. 06	4. 86	4. 78	5. 41	5. 02
17	601688. SH	华泰证券	5	5. 08	5. 05	4. 46	5. 2	5. 23
18	600918. SH	中泰证券	5	5	5. 02	5. 24	4. 85	4. 87
19	600958. SH	东方证券	4. 99	5. 05	4. 78	4. 85	5. 15	5. 12
20	601990. SH	南京证券	4. 98	4. 81	4. 79	5. 63	4. 95	4. 71
21	601881. SH	中国银河	4. 96	5. 43	5	4. 48	4. 91	4. 98
22	601555. SH	东吴证券	4. 95	5. 54	5. 28	4. 02	5. 33	4. 58
23	600837. SH	海通证券	4. 94	5. 1	4. 92	4. 18	5. 35	5. 13
24	002673. SZ	西部证券	4. 93	5. 25	5. 34	4. 42	4. 91	4. 73
25	600095. SH	湘财股份	4. 91	4. 85	5. 04	4. 75	4. 86	5. 02
26	002945. SZ	华林证券	4. 9	5. 16	4. 55	5. 52	4. 47	4. 82
27	600621. SH	华鑫股份	4. 87	4. 58	4. 75	5. 38	4. 72	4. 92
28	601211. SH	国泰君安	4. 85	4. 94	4. 79	4. 54	5. 15	4. 85
29	601788. SH	光大证券	4. 84	4. 98	4. 87	4. 73	5	4. 62
30	601375. SH	中原证券	4. 83	4. 71	4. 85	4. 86	4. 99	4. 75
31	000728. SZ	国元证券	4. 82	4. 87	5. 1	3. 99	5. 44	4. 72
32	601901. SH	方正证券	4. 81	4. 59	4. 84	4. 9	5. 04	4. 7
33	601696. SH	中银证券	4. 8	4. 65	4. 82	5. 66	4. 43	4. 44
34	600909. SH	华安证券	4. 78	4. 72	4. 79	4. 63	5. 24	4. 53
35	000686. SZ	东北证券	4. 77	5. 27	5. 15	4. 08	4. 82	4. 55
36	000783. SZ	长江证券	4. 74	4. 7	5. 27	4. 27	5. 02	4. 47
37	601099. SH	太平洋	4. 72	4. 49	4. 19	5. 61	4. 55	4. 77
38	002500. SZ	山西证券	4. 67	4. 31	4. 91	4. 57	4. 98	4. 59
39	601198. SH	东兴证券	4. 64	4. 61	4. 82	4. 53	4. 8	4. 42
40	000750. SZ	国海证券	4. 63	4. 61	5. 19	4. 29	4. 73	4. 31
41	002670. SZ	国盛金控	4. 58	4. 19	4. 16	5. 12	4. 59	4. 87
42	600155. SH	华创阳安	4. 58	4. 39	5. 07	3. 77	5. 01	4. 68

续表

排名	代码	公司名称	总得分	财务指标	估值与成长性	创值能力	公司治理	创新与研发
43	601162. SH	天风证券	4. 57	4. 13	4. 95	4. 19	5. 09	4. 5
44	002926. SZ	华西证券	4. 57	4. 42	4. 84	4. 18	4. 95	4. 43
45	600369. SH	西南证券	4. 5	4. 5	4. 71	4. 3	4. 48	4. 49
46	600864. SH	哈投股份	4. 4	4. 36	4. 37	3. 85	4. 59	4. 83
47	000712. SZ	锦龙股份	4. 39	3. 8	3. 81	5. 51	4. 33	4. 49

保险

排名	代码	公司名称	总得分	财务指标	估值与成长性	创值能力	公司治理	创新与研发
1	601319. SH	中国人保	5. 32	6. 02	5. 11	5. 13	5. 45	4. 87
2	601628. SH	中国人寿	5. 24	5. 05	4. 67	6. 67	4. 77	5. 05
3	601601. SH	中国太保	5. 14	5. 45	4. 74	5. 43	5. 27	4. 8
4	601336. SH	新华保险	5. 1	5. 21	5. 16	5. 57	4. 85	4. 7
5	601318. SH	中国平安	5. 02	4. 88	4. 58	4. 95	5. 32	5. 36
6	000627. SZ	天茂集团	4. 23	3. 73	5. 01	3. 33	4. 51	4. 59

（三）多元金融

排名	代码	公司名称	总得分	财务指标	估值与成长性	创值能力	公司治理	创新与研发
1	300773. SZ	拉卡拉	5. 41	5. 54	4. 68	5. 95	5. 66	5. 36
2	000532. SZ	华金资本	5. 33	5. 31	5. 09	6. 8	5. 1	4. 96
3	600517. SH	国网英大	5. 24	4. 93	5. 16	4. 85	5. 58	5. 49
4	600901. SH	江苏租赁	5. 24	4. 91	5. 11	5. 47	5. 65	5. 13
5	603300. SH	华铁应急	5. 22	5. 36	5. 23	6. 16	4. 87	4. 87
6	000563. SZ	陕国投 A	5. 15	5. 01	5. 19	5. 45	5. 76	4. 45
7	000567. SZ	海德股份	5. 14	4. 92	4. 99	6. 12	4. 89	5. 17
8	002961. SZ	瑞达期货	5. 07	4. 73	5. 02	6. 26	5. 06	4. 8
9	002423. SZ	中粮资本	5. 05	5. 1	5. 52	4. 98	4. 81	4. 89
10	603093. SH	南华期货	5. 04	4. 77	5. 13	6. 1	4. 67	5
11	000987. SZ	越秀金控	4. 98	4. 72	4. 4	5. 5	5. 4	5. 05
12	600643. SH	爱建集团	4. 95	5. 24	4. 9	3. 95	5. 5	4. 74

续表

排名	代码	公司名称	总得分	财务指标	估值与成长性	创值能力	公司治理	创新与研发
13	000416. SZ	民生控股	4. 95	5. 61	4. 35	5. 71	4. 81	4. 51
14	600705. SH	中航产融	4. 93	5. 08	4. 93	4. 03	5. 28	4. 97
15	600061. SH	国投资本	4. 87	4. 78	5. 02	4. 96	5. 12	4. 55
16	000958. SZ	电投产融	4. 8	4. 66	4. 07	5. 96	4. 52	5. 17
17	600120. SH	浙江东方	4. 78	4. 94	4. 72	3. 32	5. 24	5. 07
18	600830. SH	香溢融通	4. 75	4. 74	4. 61	5. 18	4. 73	4. 65
19	002647. SZ	仁东控股	4. 74	4. 62	4. 13	6. 16	4. 09	5. 23
20	000666. SZ	经纬纺机	4. 72	5. 17	4. 29	3. 36	5. 1	5. 03
21	600390. SH	五矿资本	4. 67	4. 9	4. 79	3. 93	5. 15	4. 27
22	000617. SZ	中油资本	4. 62	4. 76	4. 67	3. 68	4. 81	4. 77
23	600318. SH	新力金融	4. 52	4. 95	3. 45	4. 37	4. 85	4. 79
24	000415. SZ	渤海租赁	4. 48	4. 73	4. 22	3. 49	3. 93	5. 6
25	600053. SH	九鼎投资	4. 45	5. 02	3. 65	5. 19	4. 24	4. 36

（四）传媒

排名	代码	公司名称	总得分	财务指标	估值与成长性	创值能力	公司治理	创新与研发
1	603444. SH	吉比特	6. 19	6. 62	5. 34	6. 31	6. 66	5. 97
2	002555. SZ	三七互娱	6. 12	6. 08	5. 51	6. 35	6. 29	6. 39
3	300770. SZ	新媒股份	5. 84	6. 59	5. 8	5. 97	5. 31	5. 6
4	002027. SZ	分众传媒	5. 76	6. 2	4. 8	6. 11	6. 41	5. 29
5	603258. SH	电魂网络	5. 75	6. 26	5. 5	5. 76	5. 4	5. 78
6	300494. SZ	盛天网络	5. 66	5. 49	6. 16	6. 11	5. 03	5. 77
7	300002. SZ	神州泰岳	5. 66	5. 17	5. 82	5. 74	5. 26	6. 36
8	002517. SZ	恺英网络	5. 59	5. 35	4. 99	6. 16	5. 65	5. 95
9	300031. SZ	宝通科技	5. 58	5. 17	5. 71	5. 37	5. 86	5. 72
10	300785. SZ	值得买	5. 57	5. 89	5. 3	5. 47	5. 89	5. 21
11	605168. SH	三人行	5. 55	5. 2	5. 93	6. 47	5. 41	5. 18
12	002558. SZ	巨人网络	5. 55	6. 38	5. 15	5. 09	5. 01	5. 85
13	002605. SZ	姚记科技	5. 53	5. 48	5. 24	6. 08	5. 66	5. 37

续表

排名	代码	公司名称	总得分	财务指标	估值与成长性	创值能力	公司治理	创新与研发
14	603096. SH	新经典	5. 5	6. 42	5. 32	4. 78	5. 83	4. 83
15	002624. SZ	完美世界	5. 48	5. 4	4. 77	5. 61	5. 86	5. 72
16	300413. SZ	芒果超媒	5. 44	5. 04	5. 48	6. 12	5. 28	5. 57
17	300364. SZ	中文在线	5. 43	5. 09	4. 95	6. 25	5. 46	5. 67
18	300518. SZ	盛讯达	5. 4	5. 48	5. 16	6. 86	5. 03	5. 05
19	600633. SH	浙数文化	5. 36	5. 91	5. 09	3. 96	5. 21	6. 02
20	603466. SH	风语筑	5. 36	4. 9	5. 2	6. 05	5. 9	4. 99
21	300315. SZ	掌趣科技	5. 32	5. 79	4. 71	5. 62	4. 93	5. 59
22	300299. SZ	富春股份	5. 28	4. 6	4. 97	6. 63	5. 33	5. 41
23	603533. SH	掌阅科技	5. 26	5. 52	4. 86	5. 68	5. 19	5. 19
24	300467. SZ	迅游科技	5. 26	5. 52	4. 42	6. 06	4. 95	5. 6
25	300781. SZ	因赛集团	5. 26	5. 48	4. 81	5. 68	5. 61	4. 83
26	300533. SZ	冰川网络	5. 25	5. 74	5. 02	4. 64	5. 05	5. 5
27	300113. SZ	顺网科技	5. 25	5. 56	4. 44	5. 78	5. 17	5. 4
28	002602. SZ	世纪华通	5. 24	5. 29	4. 98	4. 97	4. 9	5. 92
29	603999. SH	读者传媒	5. 24	5. 38	5. 77	5. 15	4. 88	5. 05
30	300418. SZ	昆仑万维	5. 22	5. 38	5. 06	4. 75	5. 01	5. 71
31	000156. SZ	华数传媒	5. 22	5. 48	5. 71	4. 36	5. 3	4. 97
32	000529. SZ	广弘控股	5. 22	5. 3	5. 46	5. 26	5. 48	4. 65
33	601858. SH	中国科传	5. 21	5. 73	5. 4	4. 73	5. 18	4. 83
34	300280. SZ	紫天科技	5. 19	5. 14	5. 64	5. 45	4. 65	5. 23
35	603000. SH	人民网	5. 17	5. 67	4. 59	5. 72	5. 04	5. 01
36	002238. SZ	天威视讯	5. 17	5. 65	4. 79	5. 36	5. 21	4. 88
37	601811. SH	新华文轩	5. 15	5. 34	5. 36	4. 27	5. 54	4. 92
38	002995. SZ	天地在线	5. 15	5. 04	5. 2	5. 24	5. 54	4. 77
39	000681. SZ	视觉中国	5. 15	5. 26	4. 72	5. 38	5. 26	5. 16
40	002174. SZ	游族网络	5. 12	5. 02	4. 46	4. 67	5. 21	5. 98
41	002137. SZ	实益达	5. 12	5. 05	5. 33	5. 72	4. 9	4. 89
42	603825. SH	华扬联众	5. 11	4. 19	5. 65	5. 37	5. 54	4. 96
43	300058. SZ	蓝色光标	5. 09	4. 85	4. 66	5. 07	5. 55	5. 25
44	300612. SZ	宣亚国际	5. 08	4. 36	4. 63	6. 4	5. 34	5. 18
45	603888. SH	新华网	5. 08	5. 43	4. 77	5. 51	4. 9	4. 92
46	300291. SZ	百纳千成	5. 07	5. 74	5. 05	4. 51	4. 75	5. 04

续表

排名	代码	公司名称	总得分	财务指标	估值与成长性	创值能力	公司治理	创新与研发
47	600229. SH	城市传媒	5. 04	5. 41	4. 9	4. 95	5. 21	4. 66
48	300459. SZ	汤姆猫	5. 04	5. 25	4. 68	5. 98	4. 24	5. 39
49	601928. SH	凤凰传媒	5. 02	5. 52	4. 97	4. 42	5. 11	4. 81
50	300063. SZ	天龙集团	5	4. 55	5. 49	5. 58	4. 78	4. 92
51	000607. SZ	华媒控股	4. 99	4. 9	5	5. 78	5. 05	4. 58
52	601098. SH	中南传媒	4. 97	5. 16	5. 13	4. 35	5. 28	4. 7
53	600551. SH	时代出版	4. 97	5. 24	5. 21	4. 44	5. 11	4. 66
54	600637. SH	东方明珠	4. 96	5. 56	4. 71	2. 32	5. 84	5. 23
55	300654. SZ	世纪天鸿	4. 96	4. 96	4. 93	5. 93	4. 62	4. 79
56	300788. SZ	中信出版	4. 96	5. 56	4. 85	5. 21	4. 58	4. 7
57	601019. SH	山东出版	4. 96	5. 54	4. 94	4. 18	5	4. 8
58	002103. SZ	广博股份	4. 95	4. 56	5. 43	5. 95	4. 77	4. 53
59	300133. SZ	华策影视	4. 95	5. 21	5. 02	4. 9	5. 12	4. 48
60	002425. SZ	凯撒文化	4. 95	5. 74	4. 66	2. 59	4. 83	5. 87
61	002292. SZ	奥飞娱乐	4. 94	4. 67	5. 02	5. 55	5. 11	4. 6
62	002591. SZ	恒大高新	4. 91	4. 74	5. 01	6. 11	4. 66	4. 57
63	300182. SZ	捷成股份	4. 91	5. 19	4. 4	5. 61	4. 37	5. 23
64	601900. SH	南方传媒	4. 9	5. 13	5. 41	4. 1	4. 97	4. 63
65	601949. SH	中国出版	4. 9	5. 21	5. 13	4. 12	4. 67	5. 07
66	600373. SH	中文传媒	4. 9	5. 5	4. 6	3. 59	5. 37	4. 84
67	000719. SZ	中原传媒	4. 89	5. 38	5. 38	3. 75	4. 93	4. 57
68	600892. SH	大晟文化	4. 88	4. 3	4. 7	6. 6	4. 41	5. 1
69	600977. SH	中国电影	4. 87	4. 99	4. 69	4. 13	5. 69	4. 51
70	300061. SZ	旗天科技	4. 86	4. 65	4. 07	6. 14	5. 06	4. 86
71	601801. SH	皖新传媒	4. 85	5. 4	5	3. 54	5. 29	4. 48
72	002188. SZ	巴士在线	4. 84	4. 2	4. 79	6. 74	4. 74	4. 54
73	300343. SZ	联创股份	4. 84	4. 31	4. 23	6. 67	4. 48	5. 21
74	300051. SZ	三五互联	4. 83	4. 59	4. 71	6. 55	4. 14	4. 88
75	300148. SZ	天舟文化	4. 83	4. 84	4. 61	5. 29	4. 39	5. 18
76	002400. SZ	省广集团	4. 82	4. 96	4. 38	5. 15	4. 91	4. 8
77	600757. SH	长江传媒	4. 82	5. 39	4. 82	3. 56	5	4. 79
78	300528. SZ	幸福蓝海	4. 79	4. 67	4. 72	6. 27	4. 73	4. 19
79	600576. SH	祥源文化	4. 78	4. 36	4. 5	5. 93	4. 71	4. 85

续表

排名	代码	公司名称	总得分	财务指标	估值与成长性	创值能力	公司治理	创新与研发
80	600986. SH	浙文互联	4. 78	4. 22	4. 36	5. 9	5. 11	4. 73
81	600358. SH	国旅联合	4. 76	3. 86	5. 26	6. 62	4. 31	4. 59
82	300242. SZ	佳云科技	4. 75	4. 27	4. 78	6. 17	4. 69	4. 44
83	300251. SZ	光线传媒	4. 74	5. 19	4. 39	4. 11	4. 87	4. 82
84	600088. SH	中视传媒	4. 74	5. 08	4. 61	4. 58	4. 72	4. 62
85	002739. SZ	万达电影	4. 73	4. 4	4. 51	4. 69	5. 28	4. 71
86	603103. SH	横店影视	4. 72	4. 91	4. 14	5. 91	5. 08	3. 98
87	603721. SH	中广天择	4. 71	4. 72	4. 83	4. 12	5. 18	4. 47
88	002131. SZ	利欧股份	4. 71	4. 69	4. 61	4. 44	4. 83	4. 84
89	300052. SZ	中青宝	4. 71	4. 76	4. 14	5. 02	4. 2	5. 47
90	002095. SZ	生意宝	4. 7	4. 86	4. 62	4. 53	4. 62	4. 79
91	002502. SZ	鼎龙文化	4. 67	4. 6	4. 79	5. 54	4. 32	4. 51
92	002181. SZ	粤传媒	4. 67	4. 74	4. 66	4. 61	5. 01	4. 31
93	300805. SZ	电声股份	4. 67	5	4. 6	4. 23	5. 1	4. 22
94	600037. SH	歌华有线	4. 65	5. 84	4. 54	2. 11	4. 78	4. 89
95	300426. SZ	唐德影视	4. 64	3. 6	5. 03	6. 75	4. 27	4. 49
96	002354. SZ	天娱数科	4. 64	4. 52	4. 06	5. 7	4. 33	4. 96
97	603598. SH	引力传媒	4. 63	4. 33	4. 44	4. 38	5. 44	4. 45
98	002247. SZ	聚力文化	4. 63	4. 6	4. 75	6. 03	4. 25	4. 13
99	300295. SZ	三六五网	4. 63	4. 97	4. 64	3. 35	5. 01	4. 63
100	000676. SZ	智度股份	4. 61	4. 65	4. 16	4. 43	4. 41	5. 28
101	601999. SH	出版传媒	4. 61	4. 96	4. 74	3. 49	4. 99	4. 39
102	000917. SZ	电广传媒	4. 59	4. 78	4. 26	3. 8	5. 37	4. 38
103	002712. SZ	思美传媒	4. 59	4. 49	4. 53	4. 74	4. 73	4. 51
104	600831. SH	广电网络	4. 59	4. 62	4. 81	3. 41	4. 88	4. 73
105	000793. SZ	华闻集团	4. 58	4. 12	4. 2	5. 12	5. 13	4. 53
106	002343. SZ	慈文传媒	4. 58	4. 38	4. 64	5. 9	3. 92	4. 62
107	600052. SH	东望时代	4. 57	4. 99	3. 99	4. 68	4. 45	4. 71
108	300027. SZ	华谊兄弟	4. 56	4. 3	4. 2	5. 92	4. 51	4. 4
109	600825. SH	新华传媒	4. 53	4. 17	4. 5	5. 07	4. 77	4. 37
110	600959. SH	江苏有线	4. 53	5. 49	4. 38	2. 48	4. 78	4. 62
111	000802. SZ	北京文化	4. 52	4. 05	4. 05	5. 28	4. 66	4. 82
112	300043. SZ	星辉娱乐	4. 48	4. 82	4. 21	3. 32	4. 44	5. 1

续表

排名	代码	公司名称	总得分	财务指标	估值与成长性	创值能力	公司治理	创新与研发
113	601929. SH	吉视传媒	4. 48	5. 13	4. 54	2. 03	4. 88	4. 77
114	002291. SZ	星期六	4. 47	4. 75	3. 97	3. 77	4. 34	5. 17
115	601595. SH	上海电影	4. 46	4. 6	4. 49	3. 85	4. 95	4. 15
116	603729. SH	龙韵股份	4. 46	4. 65	4. 15	4. 04	4. 56	4. 68
117	600640. SH	新国脉	4. 45	4. 76	3. 77	3. 59	4. 86	4. 83
118	600715. SH	文投控股	4. 43	4. 02	3. 9	5. 48	4. 93	4. 2
119	300071. SZ	福石控股	4. 41	4. 2	3. 74	6. 79	3. 86	4. 41
120	002445. SZ	中南文化	4. 39	3. 9	4. 14	5. 95	4. 3	4. 29
121	600936. SH	广西广电	4. 38	4. 6	4. 16	3. 5	4. 78	4. 46
122	002168. SZ	惠程科技	4. 37	4. 19	3. 77	5. 31	4. 12	4. 78
123	600996. SH	贵广网络	4. 36	4. 32	4. 13	3. 89	4. 53	4. 7
124	002905. SZ	金逸影视	4. 34	4. 38	4. 16	4. 4	4. 78	3. 98
125	000665. SZ	湖北广电	4. 31	4. 72	3. 79	3. 2	4. 72	4. 58
126	000892. SZ	欢瑞世纪	4. 12	3. 94	3. 87	3. 95	4. 45	4. 28

（五）电力设备

排名	代码	公司名称	总得分	财务指标	估值与成长性	创值能力	公司治理	创新与研发
1	002801. SZ	微光股份	5. 83	6. 66	5. 68	5. 77	6. 11	4. 88
2	603489. SH	八方股份	5. 81	6. 81	5. 49	5. 98	5. 69	5. 09
3	300750. SZ	宁德时代	5. 72	5. 74	5. 53	6. 45	5. 46	5. 69
4	600406. SH	国电南瑞	5. 67	5. 51	5. 04	5. 55	5. 97	6. 17
5	603026. SH	石大胜华	5. 67	5. 91	5. 09	6. 48	5. 88	5. 24
6	603606. SH	东方电缆	5. 67	5. 62	5. 31	6. 58	5. 96	5. 21
7	603806. SH	福斯特	5. 66	5. 84	5. 04	6. 11	6. 24	5. 17
8	300443. SZ	金雷股份	5. 62	6. 53	5. 16	5. 95	5. 65	4. 91
9	601012. SH	隆基绿能	5. 62	5. 67	5. 34	6. 26	5. 88	5. 2
10	601126. SH	四方股份	5. 6	5. 94	4. 91	5. 38	5. 73	5. 88
11	003022. SZ	联泓新科	5. 6	6. 13	4. 92	7. 16	5. 33	5. 04
12	002980. SZ	华盛昌	5. 59	6. 82	5. 3	5. 14	5. 64	4. 83

续表

排名	代码	公司名称	总得分	财务指标	估值与成长性	创值能力	公司治理	创新与研发
13	300776. SZ	帝尔激光	5. 59	5. 69	5. 19	6. 17	5. 59	5. 51
14	300286. SZ	安科瑞	5. 57	5. 48	5. 13	5. 86	5. 64	5. 79
15	300037. SZ	新宙邦	5. 56	5. 79	5. 08	5. 87	5. 74	5. 37
16	600877. SH	声光电科	5. 55	5. 41	5. 42	6. 02	4. 93	6. 13
17	300763. SZ	锦浪科技	5. 51	5. 76	5. 74	6. 47	5. 1	4. 92
18	601865. SH	福莱特	5. 51	5. 42	5. 36	6. 23	5. 98	4. 84
19	002709. SZ	天赐材料	5. 5	5. 07	4. 63	6. 71	6. 34	5. 16
20	601615. SH	明阳智能	5. 5	5. 22	5. 35	6. 09	5. 56	5. 51
21	002129. SZ	TCL 中环	5. 49	5. 34	5. 18	6. 37	5. 43	5. 47
22	002812. SZ	恩捷股份	5. 49	5. 3	5. 41	6. 41	5. 71	4. 99
23	002706. SZ	良信股份	5. 48	6. 06	5. 27	6	4. 79	5. 48
24	300593. SZ	新雷能	5. 47	4. 85	5. 27	6. 52	5. 54	5. 59
25	300014. SZ	亿纬锂能	5. 46	5. 3	5. 55	6. 2	5. 11	5. 47
26	603728. SH	鸣志电器	5. 45	6. 25	5. 37	5. 41	5. 21	4. 98
27	300360. SZ	炬华科技	5. 44	6. 49	5. 16	5. 16	5. 01	5. 25
28	300450. SZ	先导智能	5. 44	5. 04	5. 39	6. 07	5. 19	5. 78
29	002850. SZ	科达利	5. 44	5. 37	5. 39	6. 64	5. 42	4. 87
30	300316. SZ	晶盛机电	5. 42	5. 42	5. 15	6. 27	5. 43	5. 15
31	002028. SZ	思源电气	5. 41	5. 4	5. 48	5. 67	5. 49	5. 12
32	300751. SZ	迈为股份	5. 41	4. 79	5. 48	6. 36	4. 98	5. 84
33	300693. SZ	盛弘股份	5. 41	5. 57	5. 28	6. 11	5. 04	5. 32
34	600438. SH	通威股份	5. 4	5. 4	4. 71	5. 99	5. 97	5. 08
35	002498. SZ	汉缆股份	5. 39	5. 95	5. 34	5. 04	5. 43	5. 04
36	600089. SH	特变电工	5. 39	5. 24	4. 89	5. 63	5. 89	5. 34
37	300073. SZ	当升科技	5. 36	5. 56	5. 09	5. 81	5. 31	5. 21
38	603185. SH	上机数控	5. 36	4. 85	5. 74	6. 46	5. 56	4. 71
39	603659. SH	璞泰来	5. 35	5. 15	5. 32	6. 15	5. 42	5. 07
40	003021. SZ	兆威机电	5. 34	6. 7	4. 52	4. 83	5. 11	5. 2
41	002335. SZ	科华数据	5. 32	5. 32	4. 86	7. 16	4. 48	5. 51
42	300341. SZ	麦克奥迪	5. 32	6. 39	4. 89	5. 21	5. 17	4. 84
43	600885. SH	宏发股份	5. 32	5. 76	5. 2	5. 55	5. 23	4. 93
44	002487. SZ	大金重工	5. 29	4. 79	5. 25	6. 83	5. 24	4. 98
45	300820. SZ	英杰电气	5. 28	5. 33	4. 83	5. 86	5. 38	5. 19

续表

排名	代码	公司名称	总得分	财务指标	估值与成长性	创值能力	公司治理	创新与研发
46	300617. SZ	安靠智电	5. 26	5. 76	5. 09	5. 25	4. 92	5. 26
47	603016. SH	新宏泰	5. 25	6. 45	4. 68	5. 27	5. 2	4. 6
48	000400. SZ	许继电气	5. 24	5. 05	5. 04	4. 97	5. 04	5. 97
49	002270. SZ	华明装备	5. 24	5. 79	4. 88	5. 47	5. 45	4. 65
50	300274. SZ	阳光电源	5. 22	4. 73	4. 36	6. 08	5. 54	5. 66
51	300880. SZ	迦南智能	5. 22	5. 45	5. 21	5. 56	4. 85	5. 18
52	002518. SZ	科士达	5. 22	5. 87	4. 97	5. 78	4. 94	4. 76
53	300514. SZ	友讯达	5. 22	5. 9	5	5. 2	4. 91	5. 05
54	300018. SZ	中元股份	5. 22	6. 23	4. 71	4. 77	4. 57	5. 55
55	300724. SZ	捷佳伟创	5. 21	4. 51	5. 59	5. 92	5. 14	5. 24
56	002879. SZ	长缆科技	5. 21	6. 12	5. 14	4. 5	5. 25	4. 71
57	300850. SZ	新强联	5. 2	4. 77	5. 09	6. 61	5. 01	5. 12
58	300690. SZ	双一科技	5. 2	6. 01	5. 06	5. 18	5. 19	4. 55
59	603530. SH	神马电力	5. 19	6	4. 85	5. 14	5. 23	4. 69
60	300660. SZ	江苏雷利	5. 19	5. 9	4. 86	5. 11	5. 3	4. 69
61	600268. SH	国电南自	5. 19	5. 29	4. 79	4. 62	5. 11	5. 82
62	601311. SH	骆驼股份	5. 18	5. 63	5. 11	3. 69	6. 16	4. 69
63	600379. SH	宝光股份	5. 18	5. 64	5. 08	5. 72	5. 21	4. 47
64	002857. SZ	三晖电气	5. 18	6. 19	4. 5	5. 1	4. 86	5. 1
65	002851. SZ	麦格米特	5. 17	4. 99	5. 03	5. 58	5. 01	5. 4
66	002534. SZ	西子洁能	5. 16	5. 15	4. 94	5. 65	5. 19	5. 05
67	000682. SZ	东方电子	5. 15	5. 29	5. 04	4. 88	4. 84	5. 56
68	603218. SH	日月股份	5. 14	5. 95	4. 62	5. 02	5. 34	4. 66
69	600468. SH	百利电气	5. 14	5. 09	5. 26	5. 41	5. 23	4. 84
70	300769. SZ	德方纳米	5. 14	4. 58	5. 17	6. 49	5. 28	4. 76
71	603556. SH	海兴电力	5. 13	6. 06	5. 04	3. 34	5. 22	5. 22
72	603396. SH	金辰股份	5. 13	4. 2	4. 72	5. 77	5. 89	5. 28
73	300670. SZ	大烨智能	5. 12	6. 11	4. 59	4. 71	4. 7	5. 25
74	300409. SZ	道氏技术	5. 11	5. 35	4. 64	4. 99	5. 53	4. 93
75	300772. SZ	运达股份	5. 1	4. 22	5. 61	5. 77	4. 88	5. 38
76	002300. SZ	太阳电缆	5. 09	5. 31	5. 07	5. 2	5. 26	4. 65
77	603063. SH	禾望电气	5. 09	4. 87	4. 79	5. 93	5. 08	5. 08
78	002892. SZ	科力尔	5. 09	5. 64	4. 93	5. 39	5. 2	4. 38

续表

排名	代码	公司名称	总得分	财务指标	估值与成长性	创值能力	公司治理	创新与研发
79	002533. SZ	金杯电工	5. 08	5. 3	5. 41	4. 25	5. 13	5. 02
80	002441. SZ	众业达	5. 08	5. 47	4. 85	4. 76	5. 57	4. 58
81	002927. SZ	泰永长征	5. 08	5. 48	5. 24	5	4. 9	4. 75
82	300491. SZ	通合科技	5. 07	5. 02	5. 21	5. 11	4. 46	5. 61
83	002606. SZ	大连电瓷	5. 07	5. 14	5. 42	5. 48	4. 66	4. 87
84	300882. SZ	万胜智能	5. 07	5. 46	4. 81	5. 35	4. 52	5. 28
85	300111. SZ	向日葵	5. 06	5. 27	4. 75	5. 98	4. 75	4. 9
86	600207. SH	安彩高科	5. 06	5. 22	5. 11	5. 19	5. 3	4. 53
87	300129. SZ	泰胜风能	5. 05	4. 64	5. 15	5. 38	5. 2	5. 04
88	300407. SZ	凯发电气	5. 05	5. 3	5. 63	4. 49	4. 84	4. 82
89	603897. SH	长城科技	5. 04	5. 04	5. 11	4. 84	5. 32	4. 84
90	000049. SZ	德赛电池	5. 04	5. 02	5. 52	5. 34	5. 25	4. 28
91	300207. SZ	欣旺达	5. 04	4. 63	5. 17	5. 29	5. 35	4. 89
92	300842. SZ	帝科股份	5. 04	3. 91	5. 04	5. 8	5. 26	5. 52
93	002249. SZ	大洋电机	5. 03	5. 21	5. 08	4. 24	5. 52	4. 78
94	002202. SZ	金风科技	5. 03	4. 91	4. 77	3. 85	5. 56	5. 53
95	002452. SZ	长高电新	5. 03	5. 19	5. 37	4. 72	5	4. 79
96	600580. SH	卧龙电驱	5. 03	4. 96	5. 14	4. 52	5. 44	4. 87
97	605222. SH	起帆电缆	5. 03	4. 27	5. 43	5. 03	5. 85	4. 6
98	002340. SZ	格林美	5. 01	4. 76	4. 78	4. 88	5. 46	5. 08
99	601877. SH	正泰电器	4. 99	5. 28	4. 49	4. 53	5. 59	4. 78
100	300568. SZ	星源材质	4. 99	5. 16	4. 71	5. 77	4. 66	4. 93
101	600875. SH	东方电气	4. 98	4. 46	4. 9	4. 29	5. 28	5. 69
102	600847. SH	万里股份	4. 98	5. 47	4. 8	5. 5	4. 88	4. 47
103	002546. SZ	新联电子	4. 98	6. 18	4. 71	3. 46	4. 95	4. 92
104	002090. SZ	金智科技	4. 98	4. 95	4. 33	5. 52	4. 86	5. 38
105	002531. SZ	天顺风能	4. 98	4. 96	4. 94	6. 05	4. 64	4. 74
106	300648. SZ	星云股份	4. 97	4. 16	4. 78	6. 01	5. 2	5. 13
107	300870. SZ	欧陆通	4. 97	5. 18	5. 69	5. 26	4. 62	4. 33
108	600517. SH	国网英大	4. 97	4. 68	5. 23	2. 77	5. 58	5. 67
109	002580. SZ	圣阳股份	4. 97	5. 06	5. 04	4. 57	5. 57	4. 42
110	300376. SZ	易事特	4. 96	4. 8	4. 81	5. 04	4. 72	5. 45
111	300827. SZ	上能电气	4. 96	4. 62	4. 69	5. 9	4. 81	5. 14

续表

排名	代码	公司名称	总得分	财务指标	估值与成长性	创值能力	公司治理	创新与研发
112	600884. SH	杉杉股份	4. 95	4. 75	4. 14	5. 54	5. 45	5. 01
113	002759. SZ	天际股份	4. 95	4. 88	4. 55	5. 16	5. 41	4. 77
114	601616. SH	广电电气	4. 94	6. 11	4. 69	3. 45	4. 85	4. 94
115	002364. SZ	中恒电气	4. 94	5. 03	5	4. 83	4. 58	5. 2
116	300919. SZ	中伟股份	4. 93	4. 31	5. 4	6. 69	4. 53	4. 53
117	600475. SH	华光环能	4. 93	5. 23	5. 16	3. 46	5. 25	4. 97
118	002276. SZ	万马股份	4. 93	5. 39	5. 27	4. 48	4. 66	4. 68
119	002058. SZ	威尔泰	4. 92	4. 64	4. 74	6. 26	4. 77	4. 76
120	601218. SH	吉鑫科技	4. 92	5. 31	5. 13	4. 4	4. 72	4. 85
121	002350. SZ	北京科锐	4. 92	5. 32	4. 75	4. 27	4. 87	5. 07
122	300890. SZ	翔丰华	4. 92	4. 82	5. 37	5. 5	4. 6	4. 59
123	002245. SZ	蔚蓝锂芯	4. 91	4. 89	5. 11	5. 71	4. 43	4. 79
124	600151. SH	航天机电	4. 91	4. 95	4. 25	4. 86	5. 32	5. 08
125	601567. SH	三星医疗	4. 91	5. 41	4. 22	4. 7	5. 12	4. 92
126	300283. SZ	温州宏丰	4. 91	4. 57	5. 19	5. 77	4. 88	4. 55
127	002218. SZ	拓日新能	4. 9	4. 93	5. 03	4. 44	5. 09	4. 84
128	600577. SH	精达股份	4. 89	4. 95	4. 89	4. 72	5. 16	4. 66
129	603320. SH	迪贝电气	4. 89	5. 47	4. 89	4. 52	5. 06	4. 35
130	603628. SH	清源股份	4. 89	4. 75	4. 74	5. 4	5. 05	4. 69
131	603507. SH	振江股份	4. 88	4. 53	5. 41	5. 57	4. 9	4. 36
132	300035. SZ	中科电气	4. 88	4. 19	5. 21	6. 07	4. 59	4. 9
133	000009. SZ	中国宝安	4. 88	4. 49	4. 78	4. 73	5. 49	4. 83
134	300457. SZ	赢合科技	4. 87	4. 89	4. 81	5	4. 79	4. 91
135	002576. SZ	通达动力	4. 87	4. 89	5. 44	4. 86	4. 86	4. 38
136	300713. SZ	英可瑞	4. 87	5. 43	4. 37	5. 05	4. 45	5. 06
137	600405. SH	动力源	4. 86	4. 45	4. 98	5. 45	4. 64	5. 06
138	600550. SH	保变电气	4. 86	4. 67	4. 31	6. 16	4. 76	4. 91
139	600458. SH	时代新材	4. 86	4. 94	4. 64	4. 45	5. 09	4. 98
140	300466. SZ	赛摩智能	4. 83	4. 46	4. 88	5. 37	4. 17	5. 51
141	002346. SZ	柘中股份	4. 82	5. 18	4. 85	4. 55	4. 8	4. 59
142	300569. SZ	天能重工	4. 81	4. 21	4. 62	5. 39	5. 03	5. 02
143	300062. SZ	中能电气	4. 8	4. 85	4. 42	5. 59	4. 64	4. 77
144	002169. SZ	智光电气	4. 79	4. 85	4. 55	4. 35	4. 96	5. 02

续表

排名	代码	公司名称	总得分	财务指标	估值与成长性	创值能力	公司治理	创新与研发
145	002953. SZ	日丰股份	4. 77	4. 6	4. 88	5. 2	5. 07	4. 31
146	603212. SH	赛伍技术	4. 77	4. 66	4. 66	5. 27	4. 84	4. 62
147	600869. SH	远东股份	4. 77	4. 72	4. 44	5. 96	4. 57	4. 62
148	002339. SZ	积成电子	4. 77	5. 08	4. 82	2. 94	4. 66	5. 57
149	300619. SZ	金银河	4. 76	4. 71	4. 35	5. 8	4. 5	4. 83
150	002112. SZ	三变科技	4. 76	3. 88	5. 31	5. 84	4. 49	4. 79
151	300185. SZ	通裕重工	4. 74	4. 6	4. 98	4. 13	5. 15	4. 61
152	300141. SZ	和顺电气	4. 74	4. 8	4. 59	5. 34	4. 31	4. 88
153	603829. SH	洛凯股份	4. 73	4. 57	5. 26	4. 34	4. 74	4. 63
154	605066. SH	天正电气	4. 73	5. 15	4. 55	4. 47	4. 7	4. 63
155	300069. SZ	金利华电	4. 72	4. 56	4. 84	5. 89	4. 2	4. 64
156	603988. SH	中电电机	4. 72	4. 85	4. 04	5. 42	5	4. 51
157	000533. SZ	顺钠股份	4. 7	4. 43	4. 36	5. 44	4. 86	4. 67
158	300438. SZ	鹏辉能源	4. 69	4. 6	4. 5	5. 92	4. 35	4. 59
159	600478. SH	科力远	4. 69	4. 8	4. 2	5. 56	4. 57	4. 64
160	600312. SH	平高电气	4. 69	5. 19	4. 38	3. 35	4. 94	4. 99
161	300105. SZ	龙源技术	4. 68	5. 62	4. 06	4. 18	4. 18	5. 07
162	601700. SH	风范股份	4. 68	4. 21	4. 56	4. 6	5. 49	4. 48
163	002121. SZ	科陆电子	4. 67	3. 87	4. 01	6. 13	4. 36	5. 54
164	601179. SH	中国西电	4. 67	4. 58	4. 92	3. 32	5. 15	4. 84
165	000922. SZ	佳电股份	4. 66	4. 96	4. 15	4. 36	5. 06	4. 56
166	300265. SZ	通光线缆	4. 65	4. 78	4. 49	4. 6	4. 77	4. 56
167	300040. SZ	九洲集团	4. 65	4. 44	4. 82	4. 84	4. 37	4. 87
168	600525. SH	长园集团	4. 65	4. 49	3. 55	4. 15	4. 76	5. 92
169	002196. SZ	方正电机	4. 63	4. 53	4. 65	5. 3	4. 57	4. 39
170	603050. SH	科林电气	4. 61	4. 38	4. 62	4. 22	4. 78	4. 88
171	002227. SZ	奥特迅	4. 61	4. 72	3. 9	3. 79	4. 91	5. 28
172	300153. SZ	科泰电源	4. 58	4. 57	3. 94	5. 21	4. 48	4. 89
173	300626. SZ	华瑞股份	4. 56	4. 85	4. 66	4. 96	4. 36	4. 17
174	300118. SZ	东方日升	4. 55	4. 48	4. 5	4. 11	4. 68	4. 8
175	002823. SZ	凯中精密	4. 55	5. 03	4. 45	3. 66	4. 82	4. 4
176	002623. SZ	亚玛顿	4. 53	4. 76	3. 86	4. 66	4. 84	4. 51
177	300393. SZ	中来股份	4. 52	4. 33	4. 45	3. 76	5. 03	4. 7

续表

排名	代码	公司名称	总得分	财务指标	估值与成长性	创值能力	公司治理	创新与研发
178	300001. SZ	特锐德	4. 51	4. 57	4. 63	3. 75	4. 43	4. 88
179	002451. SZ	摩恩电气	4. 5	4. 01	4. 55	5. 29	3. 99	5. 01
180	002074. SZ	国轩高科	4. 48	4. 03	4. 23	3. 54	4. 76	5. 42
181	601727. SH	上海电气	4. 48	4. 59	4. 04	1. 78	5. 18	5. 62
182	002882. SZ	金龙羽	4. 48	4. 51	4. 23	4. 04	4. 83	4. 56
183	002176. SZ	江特电机	4. 48	4. 03	3. 58	6. 29	4. 83	4. 31
184	300490. SZ	华自科技	4. 47	4. 45	4. 31	3. 27	4. 8	5
185	300907. SZ	康平科技	4. 47	4. 97	4. 77	4. 64	4. 07	4. 02
186	603577. SH	汇金通	4. 47	4. 01	4. 78	4. 48	4. 64	4. 46
187	603618. SH	杭电股份	4. 46	4. 05	4. 61	3. 74	4. 81	4. 81
188	603819. SH	神力股份	4. 44	4. 34	4. 48	3. 65	4. 84	4. 57
189	300427. SZ	红相股份	4. 44	4. 92	4. 28	3. 82	4. 06	4. 85
190	600202. SH	哈空调	4. 43	3. 9	4. 67	3. 8	4. 63	4. 92
191	300477. SZ	合纵科技	4. 42	3. 95	4. 3	5. 3	4. 19	4. 71
192	600973. SH	宝胜股份	4. 4	4. 61	4. 44	2. 74	4. 67	4. 84
193	300423. SZ	昇辉科技	4. 38	4. 79	4. 42	2. 72	4. 61	4. 64
194	300340. SZ	科恒股份	4. 37	3. 99	3. 97	5. 67	4. 11	4. 62
195	002733. SZ	雄韬股份	4. 35	4. 8	3. 98	3. 19	4. 83	4. 41
196	603333. SH	尚纬股份	4. 35	4. 51	4. 41	2. 64	4. 81	4. 64
197	603861. SH	白云电器	4. 34	4. 51	4. 49	1. 99	5. 07	4. 67
198	002560. SZ	通达股份	4. 33	4. 7	4. 44	3. 43	4. 29	4. 42
199	300222. SZ	科大智能	4. 33	3. 9	3. 67	3. 98	4. 58	5. 27
200	002506. SZ	协鑫集成	4. 32	4. 39	3. 57	4. 24	4. 78	4. 51
201	600416. SH	湘电股份	4. 27	3. 9	3. 6	5. 79	4. 38	4. 24
202	600590. SH	泰豪科技	4. 26	3. 88	4. 03	1. 75	5. 14	5. 41
203	300444. SZ	双杰电气	4. 24	3. 91	4. 05	3. 93	4. 2	4. 95
204	300068. SZ	南都电源	4. 23	4. 39	3. 93	3. 63	4. 6	4. 32
205	600537. SH	亿晶光电	4. 21	4. 54	4. 12	2. 91	4. 73	4. 19
206	002622. SZ	融钰集团	4. 21	4. 59	3. 29	4. 86	4. 56	3. 93
207	002471. SZ	中超控股	4. 18	3. 97	4	4. 78	3. 51	4. 87
208	002255. SZ	海陆重工	4. 16	4. 01	4. 12	3. 98	4	4. 62
209	600152. SH	维科技术	4. 16	4. 25	3. 87	3. 4	4. 44	4. 46
210	300510. SZ	金冠股份	4. 14	4. 55	3. 53	3. 04	4. 14	4. 91

续表

排名	代码	公司名称	总得分	财务指标	估值与成长性	创值能力	公司治理	创新与研发
211	002610. SZ	爱康科技	4. 11	4. 77	3. 21	3. 9	4. 29	4. 16
212	002665. SZ	首航高科	4. 11	3. 92	4. 13	4	3. 75	4. 68
213	300116. SZ	保力新	4. 06	3. 03	3. 79	6. 35	4. 16	3. 93
214	600192. SH	长城电工	3. 95	3. 8	3. 66	2. 7	4. 46	4. 57
215	002630. SZ	华西能源	3. 89	3. 78	3. 77	2. 88	4	4. 58

（六）电子

排名	代码	公司名称	总得分	财务指标	估值与成长性	创值能力	公司治理	创新与研发
1	300223. SZ	北京君正	6. 2	6. 14	6. 23	7. 1	5. 09	6. 83
2	300661. SZ	圣邦股份	6. 13	6. 82	5. 64	6. 58	5. 65	6. 1
3	603986. SH	兆易创新	6. 13	6. 98	5. 25	6. 12	5. 59	6. 59
4	300782. SZ	卓胜微	6. 12	6. 52	5. 71	6. 5	5. 75	6. 21
5	603501. SH	韦尔股份	6	4. 98	5. 85	7. 4	5. 71	6. 66
6	603005. SH	晶方科技	5. 88	7. 03	5. 24	6. 24	5. 43	5. 55
7	603893. SH	瑞芯微	5. 83	6. 77	4. 93	6. 18	5. 29	6. 03
8	600171. SH	上海贝岭	5. 81	6. 08	5. 03	6. 59	5. 62	5. 97
9	605111. SH	新洁能	5. 79	6. 13	5. 23	6. 21	6. 07	5. 4
10	300458. SZ	全志科技	5. 72	6. 62	5. 18	5. 94	4. 71	6. 15
11	300327. SZ	中颖电子	5. 68	5. 98	5. 17	6. 11	5. 13	6. 12
12	300613. SZ	富瀚微	5. 64	5. 75	4. 75	6. 29	5. 29	6. 31
13	300481. SZ	濮阳惠成	5. 64	6. 45	5. 51	5. 67	5. 32	5. 23
14	002241. SZ	歌尔股份	5. 63	5. 25	5. 32	6. 01	5. 71	6
15	603297. SH	永新光学	5. 6	6. 66	5. 24	5. 94	5. 25	5. 01
16	002222. SZ	福晶科技	5. 6	6. 59	5. 38	5. 67	5. 54	4. 82
17	300623. SZ	捷捷微电	5. 59	6. 26	4. 85	5. 78	5. 99	5. 06
18	300852. SZ	四会富仕	5. 56	6. 18	5. 8	5. 61	5. 37	4. 91
19	002643. SZ	万润股份	5. 56	5. 98	5. 62	5. 29	5. 64	5. 18
20	300390. SZ	天华超净	5. 56	5. 45	5. 33	7. 43	5. 35	5. 02
21	603327. SH	福蓉科技	5. 55	6. 23	5. 33	5. 78	5. 53	4. 94

续表

排名	代码	公司名称	总得分	财务指标	估值与成长性	创值能力	公司治理	创新与研发
22	603160. SH	汇顶科技	5. 54	6. 19	4. 37	5. 39	5. 38	6. 16
23	600563. SH	法拉电子	5. 51	6. 32	5. 02	6. 07	5. 5	4. 84
24	002049. SZ	紫光国微	5. 48	5. 26	4. 89	6. 79	4. 89	6. 06
25	300701. SZ	森霸传感	5. 46	7. 2	4. 77	5. 47	5. 25	4. 54
26	300408. SZ	三环集团	5. 46	6. 59	4. 94	5. 32	5. 49	4. 86
27	003026. SZ	中晶科技	5. 45	5. 93	5. 36	5. 78	5. 82	4. 5
28	603380. SH	易德龙	5. 44	5. 54	5. 46	5. 82	5. 99	4. 56
29	300672. SZ	国科微	5. 43	5. 03	5. 35	6. 34	4. 59	6. 22
30	300866. SZ	安克创新	5. 43	5. 46	5. 69	5. 74	4. 84	5. 57
31	002351. SZ	漫步者	5. 42	5. 83	5. 11	6. 25	5. 31	4. 9
32	300373. SZ	扬杰科技	5. 41	5. 63	5. 13	6. 2	5. 37	5. 03
33	002937. SZ	兴瑞科技	5. 41	6. 36	4. 9	5. 61	5. 51	4. 7
34	603068. SH	博通集成	5. 41	5. 74	5. 16	4. 97	5	5. 94
35	603931. SH	格林达	5. 4	6. 6	4. 92	5. 32	4. 83	5. 24
36	603738. SH	泰晶科技	5. 39	5. 62	5. 09	6. 6	5. 52	4. 61
37	002938. SZ	鹏鼎控股	5. 39	5. 72	5. 04	5. 24	5. 89	4. 94
38	000725. SZ	京东方 A	5. 39	5. 42	4. 99	4. 36	6. 01	5. 67
39	002724. SZ	海洋王	5. 38	5. 98	5. 18	5. 36	5. 31	5. 03
40	002925. SZ	盈趣科技	5. 37	5. 69	5. 3	5. 22	5. 39	5. 19
41	002409. SZ	雅克科技	5. 37	5. 56	5. 1	5. 72	5. 32	5. 27
42	002475. SZ	立讯精密	5. 37	4. 93	5. 13	5. 81	5. 52	5. 61
43	600183. SH	生益科技	5. 37	5. 1	4. 99	5. 24	6. 1	5. 32
44	600745. SH	闻泰科技	5. 35	4. 85	5. 29	5. 77	5. 34	5. 66
45	603290. SH	斯达半导	5. 32	5. 19	5. 6	6. 06	4. 87	5. 24
46	002916. SZ	深南电路	5. 32	5. 16	5. 07	5. 79	5. 79	4. 94
47	002402. SZ	和而泰	5. 32	4. 87	5. 13	5. 68	5. 46	5. 57
48	300346. SZ	南大光电	5. 32	5. 25	5	6. 45	4. 9	5. 42
49	600460. SH	士兰微	5. 31	4. 4	4. 38	7. 3	5. 69	5. 49
50	002079. SZ	苏州固锝	5. 3	5. 42	4. 88	5. 61	5. 79	4. 89
51	300604. SZ	长川科技	5. 3	4. 39	4. 89	6. 43	5. 11	6. 09
52	002463. SZ	沪电股份	5. 3	5. 54	5. 07	5. 45	5. 83	4. 62
53	600206. SH	有研新材	5. 29	5. 54	5. 19	5. 99	5. 17	4. 82
54	002859. SZ	洁美科技	5. 28	5. 38	5. 34	5. 65	5. 25	4. 94

续表

排名	代码	公司名称	总得分	财务指标	估值与成长性	创值能力	公司治理	创新与研发
55	003028. SZ	振邦智能	5. 27	5. 27	5. 13	5. 65	5. 62	4. 8
56	300831. SZ	派瑞股份	5. 27	6. 21	4. 5	5. 45	4. 72	5. 43
57	002180. SZ	纳思达	5. 24	4. 94	5. 07	5. 41	5. 19	5. 67
58	300475. SZ	香农芯创	5. 24	5. 67	5. 43	5. 88	4. 78	4. 73
59	002139. SZ	拓邦股份	5. 24	4. 67	5. 09	5. 45	5. 86	5. 2
60	300054. SZ	鼎龙股份	5. 23	5. 47	4. 59	5. 61	5. 13	5. 42
61	002436. SZ	兴森科技	5. 22	5. 16	5. 23	5. 7	5. 36	4. 85
62	300684. SZ	中石科技	5. 2	6. 18	4. 57	5	5. 22	4. 89
63	002815. SZ	崇达技术	5. 2	5. 34	5. 24	4. 93	5. 58	4. 8
64	300916. SZ	朗特智能	5. 2	5. 54	5. 26	5. 83	5. 07	4. 56
65	002156. SZ	通富微电	5. 19	5. 16	5. 49	5. 18	5. 31	4. 86
66	002138. SZ	顺络电子	5. 19	5. 51	5. 25	5. 54	4. 95	4. 86
67	300671. SZ	富满微	5. 19	4. 43	5. 31	6. 33	4. 85	5. 52
68	300679. SZ	电连技术	5. 18	5. 42	4. 91	5. 71	5. 18	4. 88
69	300656. SZ	民德电子	5. 18	5	5. 04	5. 89	4. 93	5. 33
70	002729. SZ	好利科技	5. 18	5. 8	4. 71	6. 27	4. 69	4. 83
71	600584. SH	长电科技	5. 18	5. 37	4. 83	5. 21	5. 38	5. 07
72	002130. SZ	沃尔核材	5. 17	5. 07	5. 4	5. 44	4. 97	5. 13
73	300433. SZ	蓝思科技	5. 16	5. 28	4. 53	5. 53	5. 43	5. 12
74	002913. SZ	奥士康	5. 16	5. 22	5. 65	5. 29	5. 18	4. 59
75	603002. SH	宏昌电子	5. 16	5. 02	5. 23	5. 76	5. 11	4. 94
76	300708. SZ	聚灿光电	5. 16	5. 14	4. 93	5. 77	5. 38	4. 81
77	300655. SZ	晶瑞电材	5. 14	4. 99	4. 98	5. 91	5. 18	4. 92
78	601138. SH	工业富联	5. 13	4. 75	4. 57	4. 46	5. 81	5. 71
79	000100. SZ	TCL 科技	5. 13	5. 09	5. 03	3. 73	5. 68	5. 52
80	002106. SZ	莱宝高科	5. 13	5. 48	5. 89	4. 24	4. 84	4. 92
81	605358. SH	立昂微	5. 13	4. 81	5. 02	5. 82	5. 36	4. 91
82	300456. SZ	赛微电子	5. 13	5. 45	4. 66	5	5. 01	5. 4
83	002371. SZ	北方华创	5. 13	4. 07	4. 44	6. 21	5. 55	5. 73
84	300516. SZ	久之洋	5. 12	5. 13	4. 78	5. 63	4. 96	5. 28
85	300493. SZ	润欣科技	5. 12	4. 79	5. 2	6	4. 64	5. 35
86	002881. SZ	美格智能	5. 11	4. 42	4. 73	6. 21	4. 94	5. 66
87	002384. SZ	东山精密	5. 1	4. 72	5. 21	5. 51	5. 41	4. 86

续表

排名	代码	公司名称	总得分	财务指标	估值与成长性	创值能力	公司治理	创新与研发
88	300650. SZ	太龙股份	5. 1	4. 98	5. 56	5. 28	4. 88	4. 92
89	002185. SZ	华天科技	5. 1	5. 52	5. 26	4. 8	5. 16	4. 63
90	603989. SH	艾华集团	5. 09	4. 89	5. 02	5. 42	5. 67	4. 58
91	002273. SZ	水晶光电	5. 09	5. 88	4. 84	4. 62	5. 12	4. 75
92	300236. SZ	上海新阳	5. 09	5. 37	4. 59	4. 87	5. 03	5. 42
93	000050. SZ	深天马 A	5. 08	5. 11	5. 06	3. 58	5. 71	5. 3
94	300398. SZ	飞凯材料	5. 07	4. 93	4. 91	5. 39	5. 16	5. 08
95	002866. SZ	传艺科技	5. 07	5. 05	5. 23	5. 57	5. 19	4. 53
96	603228. SH	景旺电子	5. 06	5. 27	5. 07	5. 02	5. 27	4. 66
97	002962. SZ	五方光电	5. 06	6. 42	4. 67	4. 2	5. 03	4. 56
98	300709. SZ	精研科技	5. 06	4. 83	5. 02	5. 33	5. 36	4. 86
99	300088. SZ	长信科技	5. 05	5. 8	4. 92	4. 98	4. 86	4. 67
100	002484. SZ	江海股份	5. 05	5. 14	4. 96	5. 83	4. 99	4. 68
101	601231. SH	环旭电子	5. 05	4. 5	5. 01	5. 18	5. 5	5. 11
102	600552. SH	凯盛科技	5. 04	4. 35	5. 67	5. 45	5. 01	4. 97
103	300136. SZ	信维通信	5. 04	5. 07	4. 53	5	5. 38	5. 14
104	603920. SH	世运电路	5. 04	5. 47	4. 76	5. 12	5. 53	4. 3
105	300909. SZ	汇创达	5. 03	5. 29	5. 09	5. 4	4. 98	4. 56
106	002993. SZ	奥海科技	5. 03	5. 12	5. 32	5. 76	4. 64	4. 64
107	300582. SZ	英飞特	5. 02	4. 88	4. 77	5. 46	5. 27	4. 9
108	300666. SZ	江丰电子	5. 02	4. 45	5. 22	6. 11	5. 01	4. 82
109	600667. SH	太极实业	5. 02	5	5. 05	4. 63	5. 14	5. 12
110	300735. SZ	光弘科技	5. 02	5. 82	4. 82	4. 57	5. 2	4. 47
111	002876. SZ	三利谱	5. 02	4. 41	5. 34	6. 92	4. 65	4. 62
112	300319. SZ	麦捷科技	5. 01	5. 08	5. 38	5. 15	4. 91	4. 66
113	002636. SZ	金安国纪	5. 01	5. 39	5. 15	4. 81	5	4. 64
114	603690. SH	至纯科技	5	4. 07	4. 89	5. 47	5. 27	5. 48
115	002888. SZ	惠威科技	4. 99	5. 59	4. 47	5. 5	4. 95	4. 6
116	002600. SZ	领益智造	4. 99	4. 78	4. 49	5. 48	5. 15	5. 19
117	603890. SH	春秋电子	4. 99	4. 62	5. 6	4. 75	5. 37	4. 59
118	300429. SZ	强力新材	4. 99	5. 28	5. 04	4. 77	5	4. 76
119	300739. SZ	明阳电路	4. 98	5. 21	5. 12	5. 02	5. 14	4. 45
120	300303. SZ	聚飞光电	4. 97	5. 24	4. 94	4. 99	5. 1	4. 6

续表

排名	代码	公司名称	总得分	财务指标	估值与成长性	创值能力	公司治理	创新与研发
121	300296. SZ	利亚德	4. 97	4. 56	4. 53	4. 65	5. 82	5. 09
122	603186. SH	华正新材	4. 97	4. 5	5. 24	5. 08	5. 12	4. 99
123	003015. SZ	日久光电	4. 96	5. 64	4. 75	4. 91	4. 8	4. 68
124	605058. SH	澳弘电子	4. 96	5. 13	5. 2	4. 71	5. 16	4. 53
125	600353. SH	旭光电子	4. 96	4. 73	5	5. 97	5	4. 54
126	300843. SZ	胜蓝股份	4. 96	5. 13	5. 24	5. 43	4. 85	4. 37
127	003019. SZ	宸展光电	4. 95	4. 62	4. 75	5. 15	5. 71	4. 59
128	600360. SH	华微电子	4. 95	4. 93	5. 03	5. 22	5. 06	4. 63
129	300476. SZ	胜宏科技	4. 94	4. 82	5. 37	4. 85	5. 11	4. 59
130	300543. SZ	朗科智能	4. 94	4. 52	5. 34	5. 43	4. 87	4. 8
131	600288. SH	大恒科技	4. 94	4. 74	4. 75	5. 26	4. 7	5. 38
132	603386. SH	骏亚科技	4. 94	4. 49	5. 16	5. 34	5. 21	4. 71
133	002134. SZ	天津普林	4. 94	4. 95	5. 79	5. 9	4. 44	4. 12
134	000062. SZ	深圳华强	4. 93	4. 31	5. 32	4. 67	5. 17	5. 13
135	603328. SH	依顿电子	4. 93	5. 74	4. 98	4. 36	5. 12	4. 21
136	603936. SH	博敏电子	4. 93	4. 73	4. 98	4. 88	5. 19	4. 86
137	002955. SZ	鸿合科技	4. 93	5. 2	4. 65	4. 31	5. 1	5. 08
138	002161. SZ	远望谷	4. 91	4. 14	4. 75	5. 29	4. 73	5. 8
139	002584. SZ	西陇科学	4. 91	4. 71	5. 12	5. 21	4. 79	4. 88
140	002635. SZ	安洁科技	4. 91	5. 22	4. 27	4. 99	5. 32	4. 7
141	300566. SZ	激智科技	4. 91	4. 45	5. 32	5. 39	4. 59	5. 04
142	300787. SZ	海能实业	4. 9	4. 92	5. 13	5. 58	4. 91	4. 27
143	600703. SH	三安光电	4. 9	5. 07	4. 26	4. 42	5. 32	5. 13
144	300857. SZ	协创数据	4. 89	4. 73	5. 5	5. 34	4. 39	4. 77
145	000636. SZ	风华高科	4. 88	5. 41	4. 25	5. 14	4. 86	4. 79
146	603703. SH	盛洋科技	4. 88	4. 68	5. 05	5. 69	4. 73	4. 59
147	300077. SZ	国民技术	4. 86	4. 39	3. 79	5. 91	4. 89	5. 64
148	300812. SZ	易天股份	4. 86	4. 58	4. 59	5. 18	4. 83	5. 21
149	300219. SZ	鸿利智汇	4. 86	4. 64	4. 6	5. 4	5. 07	4. 77
150	000823. SZ	超声电子	4. 85	5. 01	5. 37	3. 86	4. 88	4. 77
151	002449. SZ	国星光电	4. 85	5. 26	4. 72	3. 8	5. 52	4. 48
152	002741. SZ	光华科技	4. 85	4. 45	4. 68	5. 51	5. 17	4. 7
153	002745. SZ	木林森	4. 84	4. 83	4. 92	4. 07	5. 39	4. 65

续表

排名	代码	公司名称	总得分	财务指标	估值与成长性	创值能力	公司治理	创新与研发
154	002922. SZ	伊戈尔	4. 84	4. 62	4. 85	5. 74	4. 86	4. 5
155	600707. SH	彩虹股份	4. 83	5. 2	5. 41	3. 66	4. 38	5. 07
156	300446. SZ	乐凯新材	4. 83	5. 69	4. 33	4. 42	4. 53	4. 91
157	603933. SH	睿能科技	4. 82	4. 61	4. 49	4. 76	5. 28	4. 89
158	002119. SZ	康强电子	4. 82	4. 49	4. 65	5. 53	5. 08	4. 63
159	002983. SZ	芯瑞达	4. 82	4. 66	4. 56	5. 2	5. 33	4. 48
160	002947. SZ	恒铭达	4. 82	5. 38	4. 56	4. 19	4. 8	4. 85
161	002199. SZ	东晶电子	4. 81	5. 04	5. 05	5. 61	4. 5	4. 22
162	300632. SZ	光莆股份	4. 81	5. 52	4. 83	3. 54	5	4. 62
163	600130. SH	波导股份	4. 8	4. 7	5. 18	5. 33	4. 69	4. 38
164	300686. SZ	智动力	4. 8	5. 09	4. 87	5. 11	4. 65	4. 43
165	605258. SH	协和电子	4. 8	5. 22	4. 59	4. 46	5. 06	4. 49
166	002579. SZ	中京电子	4. 8	4. 7	5. 33	4. 3	4. 8	4. 71
167	002655. SZ	共达电声	4. 79	4. 73	4. 9	6. 07	4. 25	4. 57
168	002587. SZ	奥拓电子	4. 79	4. 65	4. 61	4. 59	4. 94	5. 07
169	300460. SZ	惠伦晶体	4. 79	4. 38	5. 27	5. 37	4. 57	4. 67
170	300046. SZ	台基股份	4. 78	5. 02	4. 54	4. 49	5. 1	4. 62
171	300184. SZ	力源信息	4. 78	4. 67	4. 51	4. 75	4. 87	5. 04
172	002660. SZ	茂硕电源	4. 78	4. 49	5. 14	5. 68	4. 74	4. 27
173	603633. SH	徕木股份	4. 77	4. 8	5. 03	5. 35	4. 54	4. 42
174	002388. SZ	新亚制程	4. 77	4. 43	5. 13	4. 88	4. 8	4. 71
175	603078. SH	江化微	4. 77	4. 66	4. 41	5. 8	4. 83	4. 54
176	300903. SZ	科翔股份	4. 77	4. 49	5. 09	5. 51	4. 43	4. 67
177	000021. SZ	深科技	4. 76	4. 22	4. 94	4. 59	5. 76	4. 23
178	300232. SZ	洲明科技	4. 75	4. 49	5. 06	3. 94	4. 63	5. 34
179	300389. SZ	艾比森	4. 75	4. 75	4. 54	4. 9	4. 93	4. 67
180	600237. SH	铜峰电子	4. 74	4. 85	5. 07	5. 56	4. 35	4. 28
181	300822. SZ	贝仕达克	4. 74	5. 15	4. 92	4. 9	4. 25	4. 56
182	600363. SH	联创光电	4. 73	4. 67	4. 76	5. 33	4. 8	4. 35
183	002765. SZ	蓝黛科技	4. 73	4. 33	4. 99	5. 44	4. 61	4. 63
184	603595. SH	东尼电子	4. 72	4. 37	4. 31	5. 33	5. 27	4. 55
185	300576. SZ	容大感光	4. 72	4. 57	4. 31	5. 71	4. 64	4. 75
186	000045. SZ	深纺织 A	4. 72	4. 85	5. 3	3. 49	5. 1	4. 4

续表

排名	代码	公司名称	总得分	财务指标	估值与成长性	创值能力	公司治理	创新与研发
187	300128. SZ	锦富技术	4. 71	4. 81	4. 35	5. 59	4. 76	4. 38
188	300162. SZ	雷曼光电	4. 7	4. 34	4. 66	5. 69	4. 76	4. 48
189	000727. SZ	冠捷科技	4. 7	3. 65	5. 09	4. 32	4. 78	5. 55
190	600651. SH	飞乐音响	4. 7	3. 86	4. 8	5. 59	4. 61	5. 02
191	605218. SH	伟时电子	4. 69	5. 11	4. 39	4. 75	4. 85	4. 35
192	000020. SZ	深华发 A	4. 69	4. 7	4. 94	5. 88	4. 37	4. 12
193	002289. SZ	宇顺电子	4. 69	4. 46	4. 34	5. 9	4. 89	4. 34
194	300322. SZ	硕贝德	4. 69	4. 49	4. 63	5. 16	4. 49	4. 88
195	002952. SZ	亚世光电	4. 68	4. 7	4. 66	4. 87	5. 19	4. 06
196	603773. SH	沃格光电	4. 66	5. 67	4. 62	3. 15	4. 97	4. 25
197	002077. SZ	大港股份	4. 66	4. 86	4. 64	4. 26	5. 11	4. 26
198	300868. SZ	杰美特	4. 65	5. 63	4. 58	2. 77	5. 1	4. 37
199	300053. SZ	欧比特	4. 65	4. 71	4. 14	4. 41	4. 32	5. 51
200	002861. SZ	瀛通通讯	4. 65	5. 28	5. 06	3. 22	4. 6	4. 52
201	603626. SH	科森科技	4. 64	4. 49	4. 61	4. 49	4. 8	4. 75
202	300131. SZ	英唐智控	4. 63	5	3. 9	4. 6	4. 48	5. 05
203	002845. SZ	同兴达	4. 61	4. 2	5. 21	4. 48	4. 67	4. 51
204	600071. SH	凤凰光学	4. 6	4. 33	4. 15	5. 98	4. 76	4. 3
205	300602. SZ	飞荣达	4. 6	4. 59	4. 07	4. 02	5. 18	4. 81
206	603685. SH	晨丰科技	4. 59	4. 47	4. 72	4. 11	4. 85	4. 62
207	002981. SZ	朝阳科技	4. 58	4. 84	5. 26	4. 14	4. 09	4. 47
208	300706. SZ	阿石创	4. 58	4. 55	4. 73	4. 43	4. 48	4. 67
209	002782. SZ	可立克	4. 58	4. 77	4. 18	5. 2	4. 69	4. 26
210	000701. SZ	厦门信达	4. 58	4. 29	4. 69	3. 53	5. 04	4. 9
211	603629. SH	利通电子	4. 57	4. 35	4. 97	3. 87	5. 06	4. 37
212	300545. SZ	联得装备	4. 57	4. 19	4. 3	4. 03	5. 01	5. 07
213	002045. SZ	国光电器	4. 57	4. 43	4. 24	5. 05	4. 64	4. 65
214	002654. SZ	万润科技	4. 57	4. 52	4. 45	4. 72	4. 38	4. 83
215	300241. SZ	瑞丰光电	4. 56	4. 57	4. 23	4. 41	5. 16	4. 34
216	002036. SZ	联创电子	4. 56	4. 15	4. 55	4. 16	4. 56	5. 2
217	300889. SZ	爱克股份	4. 55	4. 74	4. 77	3. 23	4. 89	4. 58
218	600198. SH	大唐电信	4. 54	3. 59	3. 2	5. 73	4. 72	5. 8
219	002141. SZ	贤丰控股	4. 53	4. 1	4. 21	5. 98	4. 24	4. 71

续表

排名	代码	公司名称	总得分	财务指标	估值与成长性	创值能力	公司治理	创新与研发
220	300637. SZ	扬帆新材	4. 53	5. 08	4. 49	3. 97	4. 46	4. 41
221	002288. SZ	超华科技	4. 52	4. 28	4. 45	5. 65	4. 02	4. 67
222	300793. SZ	佳禾智能	4. 5	4. 41	4. 79	4. 04	4. 47	4. 61
223	002369. SZ	卓翼科技	4. 49	4. 82	4. 23	4. 78	4. 56	4. 15
224	300279. SZ	和晶科技	4. 49	3. 9	4. 7	5. 41	4. 36	4. 48
225	300102. SZ	乾照光电	4. 48	4. 1	4. 69	4. 08	4. 54	4. 84
226	000536. SZ	华映科技	4. 46	4. 08	4. 29	3. 68	5. 23	4. 68
227	300808. SZ	久量股份	4. 46	4. 91	4. 57	3. 63	4. 44	4. 42
228	002456. SZ	欧菲光	4. 46	4. 36	3. 82	3. 02	5. 04	5. 34
229	300752. SZ	隆利科技	4. 46	4. 35	4. 3	4. 25	4. 89	4. 38
230	300076. SZ	GQY 视讯	4. 45	4. 46	4. 25	4. 66	4. 16	4. 77
231	002681. SZ	奋达科技	4. 45	4. 39	4. 32	5. 57	3. 78	4. 64
232	002808. SZ	恒久科技	4. 44	4. 39	4. 27	3. 87	4. 85	4. 53
233	600751. SH	海航科技	4. 42	3. 89	4. 41	3. 82	4. 37	5. 34
234	300537. SZ	广信材料	4. 4	4. 35	4. 02	3. 58	4. 89	4. 77
235	300323. SZ	华灿光电	4. 39	3. 93	3. 88	4. 11	5. 08	4. 76
236	002992. SZ	宝明科技	4. 38	4. 36	4. 2	4. 04	4. 79	4. 34
237	002885. SZ	京泉华	4. 38	4. 09	3. 65	5. 49	4. 77	4. 26
238	300736. SZ	百邦科技	4. 36	4. 83	3. 83	4. 98	4. 38	4
239	300115. SZ	长盈精密	4. 36	4. 36	4. 34	3. 58	4. 28	4. 89
240	300120. SZ	经纬辉开	4. 36	4. 68	4. 49	2. 87	4. 51	4. 6
241	600898. SH	国美通讯	4. 34	3. 42	4. 31	5. 97	4. 54	4. 13
242	603679. SH	华体科技	4. 32	4. 01	4. 48	3. 5	4. 39	4. 91
243	002855. SZ	捷荣技术	4. 31	4. 81	4. 44	2. 83	4. 58	4. 29
244	300657. SZ	弘信电子	4. 3	4. 46	4. 14	3. 99	4. 32	4. 45
245	600203. SH	福日电子	4. 3	4. 32	4. 46	2. 12	4. 49	5. 2
246	300032. SZ	金龙机电	4. 3	4. 36	4. 36	5. 67	3. 64	4. 04
247	603133. SH	碳元科技	4. 29	3. 9	3. 85	3. 98	5. 3	4. 22
248	300331. SZ	苏大维格	4. 23	4. 36	4. 31	3. 19	4. 26	4. 57
249	002387. SZ	维信诺	4. 18	4. 85	4. 1	1. 67	3. 93	5. 26
250	002055. SZ	得润电子	4. 16	3. 76	4. 19	3. 15	4. 61	4. 66
251	002217. SZ	合力泰	4. 16	4	4. 27	2. 29	4. 66	4. 79
252	002869. SZ	金溢科技	4. 15	4. 69	3. 32	2. 61	4. 27	5. 12

续表

排名	代码	公司名称	总得分	财务指标	估值与成长性	创值能力	公司治理	创新与研发
253	300647. SZ	超频三	4. 15	3. 94	3. 58	3. 84	4. 4	4. 78
254	002547. SZ	春兴精工	3. 86	3. 94	3. 15	4. 16	3. 72	4. 35
255	000413. SZ	东旭光电	3. 84	3. 67	4	1. 69	4. 01	4. 93

（七）纺织服饰

排名	代码	公司名称	总得分	财务指标	估值与成长性	创值能力	公司治理	创新与研发
1	603587. SH	地素时尚	5. 75	6. 79	5. 06	5. 66	5. 91	5. 22
2	002003. SZ	伟星股份	5. 65	5. 71	5. 5	6. 21	5. 97	5. 05
3	002293. SZ	罗莱生活	5. 62	5. 71	5. 61	5. 84	5. 49	5. 55
4	002832. SZ	比音勒芬	5. 61	5. 91	5. 56	6. 3	5. 33	5. 22
5	002867. SZ	周大生	5. 58	5. 7	4. 8	5. 99	6. 06	5. 42
6	002327. SZ	富安娜	5. 55	6. 14	5. 28	5. 44	5. 75	5. 06
7	605003. SH	众望布艺	5. 5	6. 39	5. 65	5. 81	4. 69	5. 1
8	002563. SZ	森马服饰	5. 47	5. 39	4. 71	4. 89	5. 84	6. 18
9	002154. SZ	报喜鸟	5. 45	5. 46	5. 68	5. 49	5. 58	5. 1
10	000026. SZ	飞亚达	5. 44	5. 35	5. 47	5. 43	5. 86	5. 1
11	603365. SH	水星家纺	5. 43	5. 8	5. 29	5. 25	5. 54	5. 18
12	002763. SZ	汇洁股份	5. 42	5. 91	5. 57	5. 45	5. 19	5
13	002687. SZ	乔治白	5. 41	5. 63	5. 79	5. 57	5. 26	4. 89
14	600612. SH	老凤祥	5. 4	4. 79	5. 63	5. 62	5. 53	5. 55
15	603196. SH	日播时尚	5. 39	5. 5	4. 96	6. 87	5. 13	5. 05
16	600398. SH	海澜之家	5. 38	5. 27	4. 78	4. 95	5. 97	5. 68
17	002612. SZ	朗姿股份	5. 38	5. 26	5. 12	6. 38	5. 01	5. 51
18	603877. SH	太平鸟	5. 29	5. 16	5. 07	5. 73	5. 38	5. 26
19	600527. SH	江南高纤	5. 27	5. 79	4. 56	5. 82	5. 01	5. 32
20	300005. SZ	探路者	5. 24	5. 06	4. 67	6. 15	4. 91	5. 73
21	003016. SZ	欣贺股份	5. 23	5. 84	5. 2	4. 89	5. 04	5. 05
22	002634. SZ	棒杰股份	5. 23	5. 29	5. 52	6. 14	4. 86	4. 77
23	600370. SH	三房巷	5. 23	5. 01	5. 77	5. 49	5. 15	4. 9

续表

排名	代码	公司名称	总得分	财务指标	估值与成长性	创值能力	公司治理	创新与研发
24	601339. SH	百隆东方	5. 22	4. 93	5. 62	5. 6	5. 42	4. 74
25	600177. SH	雅戈尔	5. 22	4. 85	5. 18	4. 39	6. 13	5. 18
26	002144. SZ	宏达高科	5. 17	5. 94	5. 31	3. 19	5. 16	5. 41
27	002674. SZ	兴业科技	5. 16	5. 2	5. 2	5. 83	5. 01	4. 84
28	603558. SH	健盛集团	5. 15	5. 07	5. 14	5. 45	5. 76	4. 48
29	300901. SZ	中胤时尚	5. 13	5. 71	5. 13	5. 52	4. 78	4. 67
30	603055. SH	台华新材	5. 13	4. 84	5. 07	6. 15	4. 77	5. 22
31	603808. SH	歌力思	5. 12	5. 34	4. 79	4. 72	5. 41	5. 13
32	600493. SH	凤竹纺织	5. 11	4. 57	5. 86	5. 7	5. 04	4. 7
33	603889. SH	新澳股份	5. 1	5. 05	5. 11	4. 88	5. 5	4. 85
34	002762. SZ	金发拉比	5. 09	6. 06	3. 95	4. 71	4. 6	5. 84
35	600987. SH	航民股份	5. 06	5. 63	5. 04	4. 22	5. 06	4. 97
36	300840. SZ	酷特智能	5. 03	5. 56	4. 79	5. 59	4. 42	4. 98
37	002345. SZ	潮宏基	5	4. 97	5. 19	4. 98	5. 06	4. 83
38	600735. SH	新华锦	5	5. 21	4. 96	5. 81	4. 71	4. 66
39	300918. SZ	南山智尚	5	5. 2	4. 98	5. 57	4. 84	4. 63
40	603518. SH	锦泓集团	4. 99	4. 73	4. 61	4. 55	5. 17	5. 65
41	603908. SH	牧高笛	4. 98	4. 53	5. 37	6. 81	4. 76	4. 26
42	300577. SZ	开润股份	4. 98	4. 79	5. 05	5. 52	5. 26	4. 52
43	000850. SZ	华茂股份	4. 98	4. 93	5. 26	4	4. 92	5. 41
44	600137. SH	浪莎股份	4. 98	5. 44	5. 19	5. 01	4. 56	4. 72
45	300819. SZ	聚杰微纤	4. 97	5. 6	4. 72	5. 08	4. 78	4. 69
46	002486. SZ	嘉麟杰	4. 96	4. 51	5. 22	5. 99	4. 8	4. 77
47	000955. SZ	欣龙控股	4. 92	4. 83	4. 16	5. 98	4. 89	5. 08
48	002098. SZ	浔兴股份	4. 91	4. 76	4. 68	5. 8	4. 2	5. 48
49	300877. SZ	金春股份	4. 9	5. 54	4. 87	4. 09	4. 8	4. 87
50	603839. SH	安正时尚	4. 89	5. 19	4. 93	3. 55	5. 01	5. 22
51	002722. SZ	物产金轮	4. 88	4. 92	5. 19	5. 07	4. 71	4. 65
52	600400. SH	红豆股份	4. 88	5. 17	4. 73	5. 22	4. 81	4. 61
53	600448. SH	华纺股份	4. 85	4. 42	5	5. 52	4. 41	5. 22
54	000726. SZ	鲁泰 A	4. 85	5	4. 73	3. 15	5. 62	5
55	002404. SZ	嘉欣丝绸	4. 85	4. 66	4. 71	5. 48	5. 2	4. 42
56	603958. SH	哈森股份	4. 81	5. 21	4. 46	5. 23	5. 05	4. 25

续表

排名	代码	公司名称	总得分	财务指标	估值与成长性	创值能力	公司治理	创新与研发
57	600689. SH	上海三毛	4. 81	4. 75	4. 76	6. 21	4. 7	4. 22
58	002780. SZ	三夫户外	4. 79	4. 72	4. 53	5. 18	4. 76	4. 9
59	002731. SZ	萃华珠宝	4. 76	4. 14	4. 79	6. 27	4. 26	5
60	002875. SZ	安奈儿	4. 76	5. 09	4. 33	4. 27	5. 24	4. 58
61	601566. SH	九牧王	4. 74	5. 25	4. 56	3. 97	4. 88	4. 68
62	002042. SZ	华孚时尚	4. 73	4. 55	4. 69	3. 3	5. 59	4. 93
63	002394. SZ	联发股份	4. 73	5. 1	5. 01	3. 32	5. 09	4. 55
64	600439. SH	瑞贝卡	4. 72	4. 67	5. 45	3. 65	4. 7	4. 77
65	002029. SZ	七匹狼	4. 71	5. 15	4. 95	2. 41	4. 67	5. 44
66	603608. SH	天创时尚	4. 71	5. 06	4. 31	3. 83	5. 15	4. 79
67	601599. SH	浙文影业	4. 7	4. 3	4. 52	6. 12	5. 25	3. 92
68	603001. SH	奥康国际	4. 69	5. 42	4. 71	3. 4	4. 83	4. 57
69	000982. SZ	中银绒业	4. 65	4. 17	4. 1	6. 58	4. 56	4. 59
70	601718. SH	际华集团	4. 62	4. 85	3. 87	4. 17	5. 06	4. 86
71	002083. SZ	孚日股份	4. 61	4. 77	5. 22	3. 79	4. 46	4. 55
72	600107. SH	美尔雅	4. 59	4. 41	4. 38	5. 97	4. 46	4. 29
73	002494. SZ	华斯股份	4. 58	4. 03	4. 83	4. 67	4. 69	4. 75
74	002574. SZ	明牌珠宝	4. 57	4. 84	4. 88	3. 97	4. 25	4. 69
75	603555. SH	贵人鸟	4. 55	3. 35	4	6. 35	4. 89	4. 84
76	300591. SZ	万里马	4. 53	4. 31	3. 98	4. 83	4. 51	5. 09
77	002397. SZ	梦洁股份	4. 52	4. 84	4. 05	4. 03	4. 1	5. 3
78	603665. SH	康隆达	4. 51	4. 18	4. 35	4. 98	4. 63	4. 58
79	600630. SH	龙头股份	4. 5	4. 52	4. 21	4. 45	4. 69	4. 59
80	603116. SH	红蜻蜓	4. 5	5. 18	4. 29	2. 3	5. 2	4. 57
81	600156. SH	华升股份	4. 47	4. 52	4. 43	5. 05	4. 43	4. 18
82	600220. SH	江苏阳光	4. 45	4. 56	4. 64	4. 69	4. 23	4. 27
83	002087. SZ	新野纺织	4. 43	4. 37	4. 77	2. 59	4. 73	4. 95
84	603900. SH	莱绅通灵	4. 43	4. 97	4. 45	3. 45	4. 64	4. 21
85	002269. SZ	美邦服饰	4. 2	4. 27	2. 79	4. 86	4. 73	4. 44
86	002193. SZ	如意集团	4. 07	4. 14	3. 99	2. 56	4. 06	4. 96
87	002503. SZ	搜于特	4. 04	3. 69	3. 53	4. 51	4. 27	4. 32
88	002721. SZ	金一文化	4	3. 41	3. 29	4. 71	4. 13	4. 69

（八）钢铁

排名	代码	公司名称	总得分	财务指标	估值与成长性	创值能力	公司治理	创新与研发
1	000708. SZ	中信特钢	5. 81	5. 04	5. 56	7. 5	5. 56	6. 08
2	000923. SZ	河钢资源	5. 71	6. 81	5. 78	6. 32	5. 11	4. 8
3	002756. SZ	永兴材料	5. 52	5. 99	4. 26	6. 63	5. 64	5. 37
4	600295. SH	鄂尔多斯	5. 49	5. 39	5. 22	7. 21	5. 57	4. 74
5	000655. SZ	金岭矿业	5. 37	6. 77	4. 97	5. 8	4. 84	4. 62
6	002318. SZ	久立特材	5. 32	5. 67	5. 48	6. 43	4. 53	4. 99
7	603995. SH	甬金股份	5. 25	5. 33	5. 65	6. 14	4. 88	4. 69
8	600019. SH	宝钢股份	5. 24	5. 26	4. 74	4. 15	5. 68	5. 84
9	000629. SZ	攀钢钒钛	5. 22	5. 85	3. 67	5. 89	5. 35	5. 41
10	000932. SZ	华菱钢铁	5. 19	5. 06	4. 54	4. 37	5. 59	5. 97
11	600282. SH	南钢股份	5. 14	4. 94	4. 72	4. 37	5. 6	5. 71
12	000825. SZ	太钢不锈	5. 14	5. 11	5. 02	4. 86	5. 15	5. 41
13	000959. SZ	首钢股份	5. 13	4. 46	5. 11	5. 18	5. 54	5. 39
14	601969. SH	海南矿业	5. 11	5. 08	4. 99	6. 24	4. 89	4. 8
15	600507. SH	方大特钢	5. 06	5. 69	4. 44	5. 36	5. 31	4. 56
16	600126. SH	杭钢股份	5. 04	5. 47	4. 79	4. 5	4. 84	5. 34
17	000717. SZ	韶钢松山	5. 04	5. 66	4. 41	4. 39	5. 11	5. 26
18	605158. SH	华达新材	5. 02	5. 12	4. 95	5. 54	4. 72	4. 96
19	002443. SZ	金洲管道	5. 01	5. 2	5. 07	5. 71	4. 53	4. 87
20	000898. SZ	鞍钢股份	4. 97	5. 44	4. 56	3. 39	5. 72	5. 01
21	600808. SH	马钢股份	4. 96	4. 66	4. 38	4. 51	5. 61	5. 37
22	002075. SZ	沙钢股份	4. 95	5. 56	4. 56	5. 06	4. 96	4. 6
23	603878. SH	武进不锈	4. 92	5. 11	5. 29	4. 81	4. 92	4. 48
24	002110. SZ	三钢闽光	4. 91	5. 23	4. 28	3. 84	5. 43	5. 22
25	600022. SH	山东钢铁	4. 9	5. 06	4. 52	4. 23	5. 08	5. 28
26	600581. SH	八一钢铁	4. 81	3. 97	4. 73	6. 65	4. 62	4. 86
27	601005. SH	重庆钢铁	4. 8	4. 49	5. 24	4. 67	4. 87	4. 75
28	000778. SZ	新兴铸管	4. 73	4. 81	4. 76	4. 27	4. 83	4. 8
29	600307. SH	酒钢宏兴	4. 72	4. 3	4. 73	5. 41	4. 99	4. 45
30	600782. SH	新钢股份	4. 69	4. 95	4. 45	3. 52	5. 21	4. 78
31	600399. SH	抚顺特钢	4. 58	4. 82	3. 95	5. 75	4. 23	4. 58
32	601686. SH	友发集团	4. 56	4. 88	4. 87	3. 84	4. 92	4. 04

续表

排名	代码	公司名称	总得分	财务指标	估值与成长性	创值能力	公司治理	创新与研发
33	600231. SH	凌钢股份	4. 56	4. 74	4. 52	4. 2	4. 73	4. 45
34	600569. SH	安阳钢铁	4. 56	4. 32	4. 42	3. 95	4. 8	5. 03
35	600516. SH	方大炭素	4. 53	5. 45	3. 51	4. 73	4. 6	4. 32
36	601003. SH	柳钢股份	4. 49	4. 53	4. 8	2. 91	4. 92	4. 66
37	600010. SH	包钢股份	4. 47	4. 16	3. 95	5. 34	4. 5	4. 7
38	000761. SZ	本钢板材	4. 46	3. 7	4. 94	4. 84	4. 75	4. 28
39	600117. SH	西宁特钢	4. 43	3. 59	4. 47	5. 5	4. 37	4. 67
40	000709. SZ	河钢股份	4. 34	4. 38	4. 3	3. 18	4. 48	4. 84
41	300881. SZ	盛德鑫泰	4. 31	3. 52	4. 37	5. 27	4. 25	4. 57
42	002478. SZ	常宝股份	4. 18	4. 09	3. 95	3. 49	4. 25	4. 79

（九）公用事业

排名	代码	公司名称	总得分	财务指标	估值与成长性	创值能力	公司治理	创新与研发
1	600900. SH	长江电力	5. 82	5. 98	5. 08	6. 19	6. 3	5. 6
2	600803. SH	新奥股份	5. 76	5. 1	6. 02	5. 57	6. 05	6
3	605169. SH	洪通燃气	5. 61	6. 51	5. 36	5. 89	5. 6	4. 76
4	603393. SH	新天然气	5. 6	6. 31	5. 27	5. 82	5. 81	4. 83
5	603105. SH	芯能科技	5. 58	5. 6	5. 24	6. 58	5. 35	5. 53
6	603706. SH	东方环宇	5. 56	6. 21	5. 59	5. 92	5. 5	4. 75
7	600163. SH	中闽能源	5. 56	5. 48	5. 57	7. 2	5. 1	5. 16
8	601985. SH	中国核电	5. 53	5. 21	5. 53	5. 59	5. 59	5. 76
9	300139. SZ	晓程科技	5. 5	5. 77	5. 14	6. 21	4. 77	5. 9
10	002911. SZ	佛燃能源	5. 48	5. 06	5. 15	5. 86	5. 79	5. 67
11	600167. SH	联美控股	5. 48	6	4. 89	5. 77	5. 73	5. 05
12	300435. SZ	中泰股份	5. 47	5. 18	5. 82	6. 44	4. 99	5. 39
13	600116. SH	三峡水利	5. 46	5. 15	5. 9	6. 53	5. 31	4. 93
14	600917. SH	重庆燃气	5. 43	5. 4	5. 24	6. 1	5. 74	4. 92
15	003816. SZ	中国广核	5. 41	5. 24	5	4. 85	5. 45	6. 22
16	600956. SH	新天绿能	5. 4	4. 89	5. 43	6. 17	5. 66	5. 17

续表

排名	代码	公司名称	总得分	财务指标	估值与成长性	创值能力	公司治理	创新与研发
17	601139. SH	深圳燃气	5. 36	5. 12	5. 21	5. 6	5. 71	5. 23
18	600674. SH	川投能源	5. 35	5. 49	5. 53	5. 69	5. 06	5. 15
19	603053. SH	成都燃气	5. 35	5. 64	5. 07	5. 93	5. 62	4. 69
20	300483. SZ	首华燃气	5. 33	5. 61	6. 4	4. 59	4. 51	5. 39
21	603080. SH	新疆火炬	5. 33	5. 69	5. 52	5. 7	5. 23	4. 71
22	600236. SH	桂冠电力	5. 32	5. 53	4. 95	5. 87	5. 33	5. 12
23	600025. SH	华能水电	5. 32	5. 57	4. 96	5. 92	5. 38	4. 97
24	600101. SH	明星电力	5. 31	5. 7	5. 41	5. 93	5. 15	4. 64
25	000722. SZ	湖南发展	5. 29	5. 25	5. 24	6. 13	4. 84	5. 32
26	600868. SH	梅雁吉祥	5. 28	6. 03	4. 68	6. 07	4. 63	5. 26
27	600452. SH	涪陵电力	5. 28	6. 03	5. 01	6. 25	4. 63	4. 87
28	601222. SH	林洋能源	5. 28	5. 18	5. 32	5. 44	5. 06	5. 47
29	601619. SH	嘉泽新能	5. 27	5. 15	5. 42	6. 45	4. 71	5. 16
30	600644. SH	乐山电力	5. 25	5. 39	5. 33	6. 04	5. 16	4. 69
31	600681. SH	百川能源	5. 24	5. 59	4. 96	5. 5	5. 62	4. 62
32	000690. SZ	宝新能源	5. 24	5. 46	5. 18	5. 16	5. 17	5. 19
33	603689. SH	皖天然气	5. 24	5. 81	5. 87	4. 31	5. 23	4. 65
34	002479. SZ	富春环保	5. 2	4. 75	5. 45	5. 55	5. 65	4. 8
35	000591. SZ	太阳能	5. 19	4. 77	4. 95	5. 87	4. 85	5. 77
36	600483. SH	福能股份	5. 18	5. 15	5. 39	5. 17	5. 31	4. 91
37	601908. SH	京运通	5. 18	4. 64	5. 2	7. 26	4. 86	4. 83
38	000593. SZ	德龙汇能	5. 18	5. 07	5. 73	6	4. 88	4. 62
39	603318. SH	水发燃气	5. 16	4. 69	5. 38	6. 2	5. 13	4. 88
40	300332. SZ	天壕环境	5. 16	4. 83	5. 03	6. 39	4. 92	5. 13
41	002267. SZ	陕天然气	5. 15	5. 14	5. 34	5. 31	5. 17	4. 88
42	600149. SH	廊坊发展	5. 11	4. 56	5. 01	6. 72	4. 91	5. 03
43	600886. SH	国投电力	5. 08	5. 16	4. 71	3. 75	5. 74	5. 41
44	600982. SH	宁波能源	5. 06	4. 89	5. 7	5. 62	4. 68	4. 72
45	600995. SH	文山电力	5. 06	5. 9	4. 06	5. 5	5. 11	4. 77
46	000155. SZ	川能动力	5. 06	5. 24	4. 66	6. 59	4. 96	4. 44
47	000883. SZ	湖北能源	5. 05	5. 14	5. 23	3. 71	5. 59	5. 04
48	000875. SZ	吉电股份	5. 05	4. 59	5. 51	5. 51	5. 02	4. 86
49	002039. SZ	黔源电力	5. 04	5. 9	5. 09	4. 2	4. 9	4. 73

续表

排名	代码	公司名称	总得分	财务指标	估值与成长性	创值能力	公司治理	创新与研发
50	600098. SH	广州发展	5. 03	4. 93	5. 18	3. 31	5. 61	5. 4
51	601016. SH	节能风电	5. 01	5. 05	5. 42	5. 16	4. 43	5. 12
52	603693. SH	江苏新能	5	5. 21	5. 24	4. 84	5. 09	4. 59
53	600333. SH	长春燃气	4. 99	4. 7	5. 11	5. 61	4. 91	4. 9
54	000027. SZ	深圳能源	4. 97	4. 72	5. 18	3. 73	5. 5	5. 21
55	002893. SZ	华通热力	4. 97	4. 98	4. 93	6. 51	4. 55	4. 52
56	000862. SZ	银星能源	4. 96	4. 87	5. 01	5. 96	4. 38	5. 03
57	300335. SZ	迪森股份	4. 96	5. 04	4. 46	4. 33	5. 27	5. 35
58	000993. SZ	闽东电力	4. 95	5. 27	4. 77	6. 36	4. 46	4. 46
59	000407. SZ	胜利股份	4. 93	4. 95	5. 17	3. 9	5. 57	4. 63
60	000803. SZ	北清环能	4. 92	3. 83	5. 28	6. 58	4. 26	5. 41
61	600780. SH	通宝能源	4. 91	5. 96	4. 93	3. 41	5. 15	4. 46
62	000899. SZ	赣能股份	4. 82	4. 92	4. 76	5. 14	4. 8	4. 6
63	600795. SH	国电电力	4. 8	4. 66	4. 63	2. 75	5. 34	5. 72
64	300317. SZ	珈伟新能	4. 8	4. 19	4. 73	6. 41	4. 4	4. 94
65	600903. SH	贵州燃气	4. 78	4. 65	4. 74	5. 02	5. 22	4. 38
66	000531. SZ	穗恒运 A	4. 78	4. 45	4. 87	4. 84	5	4. 77
67	000958. SZ	电投产融	4. 77	4. 01	4. 33	5. 77	4. 37	5. 73
68	600863. SH	内蒙华电	4. 76	4. 98	4. 69	3. 39	5. 35	4. 78
69	600635. SH	大众公用	4. 76	4. 74	4. 73	4. 7	5. 28	4. 3
70	600505. SH	西昌电力	4. 75	4. 99	4. 91	3. 9	4. 94	4. 67
71	002617. SZ	露笑科技	4. 74	4. 16	4. 63	6. 71	4. 06	4. 95
72	600969. SH	郴电国际	4. 73	4. 91	5. 33	4. 54	4. 56	4. 32
73	600310. SH	桂东电力	4. 72	4. 65	4. 94	3. 91	4. 83	4. 97
74	600642. SH	申能股份	4. 71	4. 96	4. 88	2. 86	5. 46	4. 63
75	600617. SH	国新能源	4. 71	4. 35	4. 54	5. 41	4. 93	4. 58
76	600979. SH	广安爱众	4. 67	5. 15	5. 13	3. 66	4. 64	4. 39
77	000791. SZ	甘肃电投	4. 67	5. 43	4. 86	3. 37	4. 67	4. 48
78	600011. SH	华能国际	4. 66	4. 46	4. 04	3. 61	5. 35	5. 3
79	601778. SH	晶科科技	4. 6	4. 97	4. 52	4. 81	4. 33	4. 45
80	300125. SZ	聆达股份	4. 58	4. 14	4. 68	5. 71	3. 83	5. 02
81	600023. SH	浙能电力	4. 56	5. 09	4. 83	1. 87	4. 62	5. 3
82	600021. SH	上海电力	4. 55	4. 4	4. 45	2. 71	5. 64	4. 77

续表

排名	代码	公司名称	总得分	财务指标	估值与成长性	创值能力	公司治理	创新与研发
83	002616. SZ	长青集团	4. 55	4. 32	4. 63	4. 31	4. 72	4. 7
84	000601. SZ	韶能股份	4. 53	4. 68	4. 68	3. 54	4. 75	4. 63
85	002256. SZ	兆新股份	4. 51	4. 17	3. 73	6. 31	4. 02	4. 98
86	000966. SZ	长源电力	4. 51	4. 58	4. 47	4. 03	4. 76	4. 48
87	002608. SZ	江苏国信	4. 49	4. 54	4. 71	2. 73	5. 13	4. 63
88	600509. SH	天富能源	4. 48	4. 49	4. 46	4. 6	4. 49	4. 44
89	000037. SZ	深南电 A	4. 47	4. 59	3. 49	5. 02	4. 74	4. 63
90	601991. SH	大唐发电	4. 46	4. 55	4. 12	2. 7	5. 21	4. 93
91	000767. SZ	晋控电力	4. 46	4. 5	4. 12	5. 24	4. 42	4. 29
92	600578. SH	京能电力	4. 42	4. 42	4. 15	3. 4	5. 06	4. 61
93	600396. SH	金山股份	4. 4	3. 93	3. 56	6. 57	4. 32	4. 43
94	000539. SZ	粤电力 A	4. 39	4. 5	4. 33	2. 74	5. 06	4. 63
95	000543. SZ	皖能电力	4. 39	4. 62	4. 89	2. 46	4. 35	4. 89
96	001896. SZ	豫能控股	4. 39	4. 19	4. 19	5. 01	4. 23	4. 57
97	600744. SH	华银电力	4. 36	3. 99	3. 45	5. 36	4. 66	4. 63
98	600027. SH	华电国际	4. 28	4. 38	3. 78	2. 89	5. 22	4. 49
99	000600. SZ	建投能源	4. 27	4. 5	4. 18	2. 71	4. 33	4. 98
100	000692. SZ	惠天热电	4. 22	3. 41	3. 47	6. 12	4. 31	4. 53
101	000421. SZ	南京公用	4. 12	3. 71	4. 86	1. 92	4. 92	4. 34
102	000040. SZ	东旭蓝天	3. 97	4. 52	4. 52	1. 67	3. 3	4. 95

（十）国防军工

排名	代码	公司名称	总得分	财务指标	估值与成长性	创值能力	公司治理	创新与研发
1	300699. SZ	光威复材	5. 91	6. 82	5. 66	6. 19	5. 9	5. 08
2	300474. SZ	景嘉微	5. 76	6. 17	5. 36	6. 44	5. 02	6. 06
3	603267. SH	鸿远电子	5. 67	6. 09	5. 43	6. 35	5. 78	4. 93
4	300395. SZ	菲利华	5. 65	6. 34	5. 71	6. 22	5. 62	4. 6
5	300726. SZ	宏达电子	5. 64	6. 16	5. 47	6. 12	5. 6	5. 05
6	002414. SZ	高德红外	5. 63	5. 47	5. 53	6. 53	5. 52	5. 47

续表

排名	代码	公司名称	总得分	财务指标	估值与成长性	创值能力	公司治理	创新与研发
7	300777. SZ	中简科技	5. 57	6. 86	4. 87	6. 35	4. 93	5. 06
8	300696. SZ	爱乐达	5. 54	5. 94	5. 52	6. 33	5. 43	4. 83
9	002179. SZ	中航光电	5. 54	5. 2	5. 56	6. 01	5. 82	5. 32
10	002985. SZ	北摩高科	5. 48	5. 59	5. 61	6. 27	5. 54	4. 75
11	601698. SH	中国卫通	5. 43	6. 88	5. 18	4. 13	5. 41	4. 94
12	603678. SH	火炬电子	5. 42	5. 24	5. 22	5. 93	5. 82	5. 09
13	000733. SZ	振华科技	5. 42	4. 99	4. 84	7. 56	5. 57	4. 98
14	300101. SZ	振芯科技	5. 41	4. 63	4. 64	7. 57	5. 34	5. 67
15	600562. SH	国睿科技	5. 37	4. 63	5. 42	6. 86	4. 77	5. 81
16	300922. SZ	天秦装备	5. 35	6. 57	4. 85	5. 16	5. 35	4. 66
17	000738. SZ	航发控制	5. 33	5. 54	5. 32	5. 25	5. 58	4. 9
18	600764. SH	中国海防	5. 33	5. 1	5. 23	5. 84	5. 19	5. 49
19	002025. SZ	航天电器	5. 32	5. 1	5. 74	5. 74	4. 94	5. 31
20	300722. SZ	新余国科	5. 3	6. 3	4. 71	6. 23	4. 89	4. 68
21	300762. SZ	上海瀚讯	5. 29	5. 29	5. 45	5. 23	4. 37	6. 11
22	000519. SZ	中兵红箭	5. 29	5. 93	4. 99	5. 88	5. 26	4. 6
23	603712. SH	七一二	5. 29	4. 82	5. 48	6. 07	4. 92	5. 51
24	600760. SH	中航沈飞	5. 28	4. 83	5. 07	6. 36	5. 21	5. 36
25	600862. SH	中航高科	5. 27	5. 25	4. 7	6. 17	5. 35	5. 19
26	600765. SH	中航重机	5. 26	4. 82	5. 09	7. 12	5. 08	4. 98
27	300775. SZ	三角防务	5. 25	4. 94	5. 49	6. 36	5. 12	4. 85
28	605123. SH	派克新材	5. 24	4. 76	5. 73	6. 2	5. 25	4. 74
29	002151. SZ	北斗星通	5. 24	4. 87	5. 24	5. 49	5. 25	5. 44
30	600435. SH	北方导航	5. 21	4. 64	5. 23	6. 69	5. 35	4. 77
31	002214. SZ	大立科技	5. 2	5. 31	4. 71	5. 38	5. 27	5. 34
32	002829. SZ	星网宇达	5. 19	4. 87	4. 85	6. 04	5. 47	5. 05
33	003009. SZ	中天火箭	5. 19	5. 27	5. 18	5. 84	5. 02	4. 92
34	002338. SZ	奥普光电	5. 17	5. 92	5. 31	5. 68	4. 74	4. 44
35	300114. SZ	中航电测	5. 13	5. 21	5. 3	5. 27	5. 29	4. 67
36	002013. SZ	中航机电	5. 13	4. 91	5. 15	5. 08	5. 31	5. 18
37	600893. SH	航发动力	5. 12	5. 17	4. 9	4. 37	5. 53	5. 26
38	300034. SZ	钢研高纳	5. 11	5. 02	5. 06	6. 37	4. 77	4. 88
39	002933. SZ	新兴装备	5. 09	6. 37	5. 1	3. 42	4. 77	5. 09

续表

排名	代码	公司名称	总得分	财务指标	估值与成长性	创值能力	公司治理	创新与研发
40	002465. SZ	海格通信	5. 07	5. 24	4. 93	4. 38	5. 41	5. 08
41	600038. SH	中直股份	5. 07	4. 4	5. 35	5. 5	5. 17	5. 14
42	600372. SH	中航电子	5. 07	4. 63	5. 28	5. 38	5. 07	5. 13
43	002935. SZ	天奥电子	5. 06	5. 03	5. 01	5. 55	4. 86	5. 04
44	300447. SZ	全信股份	5. 02	4. 96	4. 85	5. 53	5. 24	4. 72
45	601890. SH	亚星锚链	5. 01	5. 42	5. 44	5. 23	4. 92	4. 2
46	600967. SH	内蒙一机	5. 01	5. 33	5. 22	3. 59	5. 55	4. 78
47	300875. SZ	捷强装备	5	5. 6	5. 01	3. 96	5. 03	4. 97
48	002977. SZ	天箭科技	4. 99	5. 19	4. 59	5. 43	5. 07	4. 8
49	002625. SZ	光启技术	4. 94	5. 34	4. 85	5. 71	4. 11	4. 99
50	300397. SZ	天和防务	4. 85	4. 98	5. 06	5. 03	4. 09	5. 2
51	000547. SZ	航天发展	4. 85	4. 94	4. 39	4. 1	4. 73	5. 71
52	600118. SH	中国卫星	4. 85	4. 59	5. 04	4. 34	4. 97	5. 1
53	002389. SZ	航天彩虹	4. 81	5. 17	4. 7	3. 15	5. 24	5. 08
54	000576. SZ	甘化科工	4. 8	5. 44	4. 04	5. 07	4. 65	4. 83
55	300581. SZ	晨曦航空	4. 8	4. 56	4. 45	5. 89	4. 67	4. 86
56	600184. SH	光电股份	4. 8	5. 15	4. 98	3. 85	5. 09	4. 56
57	300719. SZ	安达维尔	4. 79	4. 9	4. 45	4. 7	4. 97	4. 87
58	600879. SH	航天电子	4. 79	4. 44	5. 06	3. 74	4. 88	5. 43
59	600150. SH	中国船舶	4. 79	4. 77	4. 66	2. 92	5. 11	5. 67
60	002189. SZ	中光学	4. 79	5. 1	4. 51	4. 62	5. 19	4. 41
61	300589. SZ	江龙船艇	4. 78	4. 83	4. 8	5. 95	4. 37	4. 44
62	002231. SZ	奥维通信	4. 75	4. 13	4. 62	5. 82	4. 85	4. 78
63	300065. SZ	海兰信	4. 75	4. 78	4. 08	4. 53	4. 67	5. 52
64	002023. SZ	海特高新	4. 74	5. 03	4. 83	4. 39	4. 82	4. 5
65	000561. SZ	烽火电子	4. 74	4. 68	5. 01	4. 94	4. 41	4. 77
66	600072. SH	中船科技	4. 74	5. 04	4. 44	4. 59	5. 01	4. 51
67	600316. SH	洪都航空	4. 72	4. 34	4. 56	5. 47	4. 92	4. 62
68	300424. SZ	航新科技	4. 72	4. 17	4. 92	5. 54	4. 48	4. 88
69	300177. SZ	中海达	4. 72	4. 34	4. 24	4. 59	4. 56	5. 77
70	600990. SH	四创电子	4. 7	4. 28	4. 29	4. 09	5. 52	5. 03
71	300045. SZ	华力创通	4. 66	4. 76	4. 38	3. 52	4. 63	5. 49
72	601606. SH	长城军工	4. 65	4. 57	5. 03	5. 26	4. 5	4. 21

续表

排名	代码	公司名称	总得分	财务指标	估值与成长性	创值能力	公司治理	创新与研发
73	300810. SZ	中科海讯	4. 65	4. 37	4. 15	3. 75	4. 96	5. 57
74	601989. SH	中国重工	4. 61	4. 37	4. 5	3. 5	5. 08	5. 15
75	600391. SH	航发科技	4. 61	3. 94	4. 99	5. 34	4. 99	4. 17
76	000901. SZ	航天科技	4. 57	4. 76	4. 77	3. 05	4. 85	4. 78
77	300900. SZ	广联航空	4. 55	4. 78	4. 59	4. 08	4. 93	4. 2
78	002190. SZ	成飞集成	4. 5	4. 74	4. 37	4. 21	4. 89	4. 14
79	300252. SZ	金信诺	4. 48	4. 9	4. 26	3. 79	4. 47	4. 65
80	600685. SH	中船防务	4. 47	4. 52	4. 04	3. 82	5. 23	4. 39
81	000768. SZ	中航西飞	4. 46	3. 34	4. 05	5. 8	4. 92	4. 7
82	600482. SH	中国动力	4. 44	4. 76	4. 74	1. 67	5. 31	4. 6
83	002297. SZ	博云新材	4. 38	4. 36	4. 08	4. 72	4. 37	4. 46
84	300527. SZ	中船应急	4. 34	4. 23	4. 06	3. 93	4. 96	4. 29
85	300008. SZ	天海防务	4. 3	3. 54	4. 63	5. 7	3. 63	4. 64
86	002413. SZ	雷科防务	4. 27	4. 59	4. 1	1. 87	4. 48	5. 27
87	002446. SZ	盛路通信	4. 27	4. 52	3. 65	3. 11	4. 57	4. 91
88	002383. SZ	合众思壮	4. 23	3. 83	3. 94	3. 37	4. 18	5. 41
89	600343. SH	航天动力	4. 15	3. 99	3. 71	4. 18	4. 9	3. 94
90	000697. SZ	炼石航空	4. 02	3. 7	3. 43	4. 98	4. 54	3. 77
91	300600. SZ	国瑞科技	3. 95	3. 72	3. 49	3. 69	4. 42	4. 28
92	300123. SZ	亚光科技	3. 85	4. 23	3. 66	1. 93	4. 09	4. 5

（十一）环保

排名	代码	公司名称	总得分	财务指标	估值与成长性	创值能力	公司治理	创新与研发
1	603568. SH	伟明环保	5. 77	6. 01	5. 37	6. 54	6. 01	5. 22
2	603279. SH	景津装备	5. 67	5. 88	5. 52	6. 68	5. 6	5. 1
3	300800. SZ	力合科技	5. 61	6. 59	4. 6	5. 62	5. 64	5. 49
4	000035. SZ	中国天楹	5. 61	5. 12	5. 86	5. 43	5. 78	5. 8
5	601158. SH	重庆水务	5. 59	6. 2	5. 17	5. 48	5. 96	5. 03
6	002658. SZ	雪迪龙	5. 53	6. 22	4. 85	5. 59	5. 72	5. 18

续表

排名	代码	公司名称	总得分	财务指标	估值与成长性	创值能力	公司治理	创新与研发
7	601199. SH	江南水务	5. 47	6. 35	5. 02	5. 86	5. 58	4. 65
8	002645. SZ	华宏科技	5. 47	5. 7	5. 36	6. 5	5. 03	5. 19
9	300864. SZ	南大环境	5. 45	6. 42	4. 5	6. 01	5. 32	5. 11
10	300899. SZ	上海凯鑫	5. 43	5. 86	5. 3	5. 64	4. 99	5. 43
11	000920. SZ	沃顿科技	5. 39	5. 72	5. 11	5. 95	5. 56	4. 8
12	000598. SZ	兴蓉环境	5. 37	5. 68	5. 58	4. 85	5. 55	4. 99
13	603588. SH	高能环境	5. 36	5. 07	5. 18	6. 12	5. 48	5. 27
14	002034. SZ	旺能环境	5. 32	5. 82	5. 28	5. 63	5. 01	5. 01
15	002266. SZ	浙富控股	5. 32	4. 75	5. 11	6. 98	4. 77	5. 66
16	300815. SZ	玉禾田	5. 29	6. 14	4. 9	5. 84	5. 43	4. 31
17	600323. SH	瀚蓝环境	5. 29	5	5. 45	5. 38	5. 78	4. 88
18	300137. SZ	先河环保	5. 28	6. 15	4. 9	4. 98	4. 83	5. 34
19	000551. SZ	创元科技	5. 26	5. 23	5. 25	5. 17	5. 45	5. 17
20	600283. SH	钱江水利	5. 25	5. 8	5. 19	5. 81	5. 39	4. 3
21	603126. SH	中材节能	5. 23	4. 95	4. 93	5. 82	5. 47	5. 2
22	600461. SH	洪城环境	5. 22	5. 51	5. 31	5. 16	5. 14	4. 97
23	601330. SH	绿色动力	5. 22	4. 65	5. 56	5. 59	5. 54	4. 95
24	601827. SH	三峰环境	5. 19	5. 43	5. 04	5. 24	5. 23	5. 03
25	300425. SZ	中建环能	5. 19	5. 21	5. 32	5. 48	5. 19	4. 92
26	003027. SZ	同兴环保	5. 18	5. 65	4. 8	5. 17	5. 35	4. 89
27	002887. SZ	绿茵生态	5. 17	5. 74	5. 18	4. 73	5. 11	4. 91
28	600874. SH	创业环保	5. 15	5. 1	5. 11	4. 94	5. 62	4. 89
29	300172. SZ	中电环保	5. 15	5. 27	4. 85	5. 42	4. 97	5. 31
30	603686. SH	福龙马	5. 13	5. 27	4. 89	5. 24	5. 61	4. 66
31	603817. SH	海峡环保	5. 13	5. 31	5. 28	5. 36	5. 12	4. 68
32	603903. SH	中持股份	5. 11	4. 92	5. 17	5. 79	5. 22	4. 73
33	300867. SZ	圣元环保	5. 1	5. 28	4. 92	5. 68	5. 04	4. 82
34	300692. SZ	中环环保	5. 1	4. 23	5. 86	5. 74	5. 24	4. 8
35	300786. SZ	国林科技	5. 07	5. 47	4. 8	5. 59	4. 98	4. 69
36	300631. SZ	久吾高科	5. 06	5. 09	4. 24	6. 14	4. 97	5. 19
37	002973. SZ	侨银股份	5. 05	5. 04	4. 97	6. 03	5. 36	4. 26
38	603200. SH	上海洗霸	5. 02	5. 17	4. 3	5. 92	5. 1	4. 89
39	601200. SH	上海环境	5. 01	4. 93	4. 57	4. 33	5. 4	5. 46

续表

排名	代码	公司名称	总得分	财务指标	估值与成长性	创值能力	公司治理	创新与研发
40	000685. SZ	中山公用	4. 99	5. 63	5. 19	4. 77	4. 8	4. 51
41	300187. SZ	永清环保	4. 99	5. 31	4. 96	6. 18	4. 36	4. 63
42	600769. SH	祥龙电业	4. 96	4. 94	4. 83	6. 64	4. 61	4. 47
43	002573. SZ	清新环境	4. 94	4. 52	4. 83	4. 92	5. 12	5. 3
44	600526. SH	菲达环保	4. 93	4. 54	4. 77	5. 75	4. 99	4. 94
45	300055. SZ	万邦达	4. 9	5. 22	4. 88	5. 41	4. 69	4. 52
46	000967. SZ	盈峰环境	4. 9	5. 26	4. 5	3. 27	4. 95	5. 77
47	600008. SH	首创环保	4. 89	4. 93	4. 84	2. 59	5. 45	5. 64
48	300388. SZ	节能国祯	4. 88	4. 99	5. 25	3. 99	5. 02	4. 81
49	300385. SZ	雪浪环境	4. 86	4. 36	4. 51	6. 69	4. 54	4. 96
50	300437. SZ	清水源	4. 85	4. 51	4. 83	5. 25	5. 1	4. 73
51	002672. SZ	东江环保	4. 83	5. 29	4. 44	3. 41	5. 38	4. 97
52	601368. SH	绿城水务	4. 82	5. 3	5. 2	3. 5	5. 05	4. 53
53	600217. SH	中再资环	4. 79	4. 39	4. 48	5. 8	4. 76	4. 93
54	300072. SZ	海新能科	4. 78	4. 8	4. 46	3. 4	5. 36	5. 26
55	300664. SZ	鹏鹞环保	4. 73	4. 62	4. 62	5. 03	4. 72	4. 78
56	000068. SZ	华控赛格	4. 7	4. 11	4. 15	6. 35	4. 48	5. 07
57	300334. SZ	津膜科技	4. 7	4. 17	4. 26	6. 16	4. 4	5. 08
58	600292. SH	远达环保	4. 69	4. 96	4. 74	3. 2	4. 95	5
59	300210. SZ	森远股份	4. 66	3. 93	4. 1	5. 65	4. 67	5. 31
60	603797. SH	联泰环保	4. 65	5. 14	5. 18	3. 35	4. 59	4. 52
61	300779. SZ	惠城环保	4. 63	4. 32	4. 63	4. 47	4. 9	4. 77
62	000544. SZ	中原环保	4. 63	4. 19	4. 96	3. 27	5. 09	5. 1
63	002205. SZ	国统股份	4. 59	4. 18	4. 72	5. 64	4. 31	4. 58
64	300203. SZ	聚光科技	4. 53	4. 37	3. 63	5. 02	4	5. 71
65	300056. SZ	中创环保	4. 51	4. 09	4. 3	6. 27	4. 3	4. 33
66	300190. SZ	维尔利	4. 51	4. 83	4. 77	2. 95	4. 54	4. 84
67	000605. SZ	渤海股份	4. 51	4. 76	4. 35	3. 94	4. 92	4. 32
68	600168. SH	武汉控股	4. 51	5. 09	4. 7	2. 22	4. 95	4. 62
69	300266. SZ	兴源环境	4. 48	3. 65	4. 1	6. 15	3. 94	5. 22
70	603177. SH	德创环保	4. 43	3. 93	4. 44	4. 5	4. 71	4. 61
71	300152. SZ	科融环境	4. 41	3. 95	3. 59	6. 43	4. 15	4. 69
72	300070. SZ	碧水源	4. 32	4. 4	3. 78	1. 67	4. 98	5. 59

续表

排名	代码	公司名称	总得分	财务指标	估值与成长性	创值能力	公司治理	创新与研发
73	300422. SZ	博世科	4. 16	3. 89	4. 05	3. 06	4. 13	5. 19
74	300140. SZ	中环装备	4. 14	3. 71	3. 74	3. 86	4. 03	5. 18
75	600187. SH	国中水务	4. 12	4. 29	4. 03	4. 63	3. 74	4. 13
76	000711. SZ	京蓝科技	3. 93	3. 56	3. 58	4	3. 99	4. 52
77	300262. SZ	巴安水务	3. 85	3. 54	3. 29	4. 24	3. 96	4. 32
78	000826. SZ	启迪环境	3. 68	3. 99	3. 73	1. 67	4. 17	3. 99

（十二）基础化工

排名	代码	公司名称	总得分	财务指标	估值与成长性	创值能力	公司治理	创新与研发
1	002064. SZ	华峰化学	5. 73	5. 56	5. 08	5. 85	6. 03	6. 1
2	600746. SH	江苏索普	5. 73	5. 78	5. 63	6. 48	5. 41	5. 64
3	600299. SH	安迪苏	5. 64	5. 91	5. 52	4. 55	5. 94	5. 81
4	603010. SH	万盛股份	5. 64	5. 58	5. 45	6. 59	5. 74	5. 21
5	600426. SH	华鲁恒升	5. 63	6. 36	5. 1	5. 32	5. 58	5. 6
6	300910. SZ	瑞丰新材	5. 62	5. 95	5. 85	5. 86	5. 52	5. 03
7	300858. SZ	科拓生物	5. 6	6. 78	4. 65	5. 45	5. 32	5. 62
8	605399. SH	晨光新材	5. 58	6. 3	5. 36	6. 12	5. 47	4. 86
9	603041. SH	美思德	5. 52	6. 17	5. 52	5. 22	4. 91	5. 66
10	600309. SH	万华化学	5. 5	5. 3	5. 18	5. 61	5. 65	5. 78
11	002810. SZ	山东赫达	5. 49	5. 65	5. 56	6. 35	5. 36	4. 91
12	600378. SH	昊华科技	5. 48	5. 17	5. 07	5. 93	5. 48	5. 89
13	600486. SH	扬农化工	5. 48	5. 26	5. 35	5. 72	5. 54	5. 61
14	002601. SZ	龙佰集团	5. 47	5. 11	5. 23	5. 22	5. 86	5. 8
15	603599. SH	广信股份	5. 47	5. 69	5. 6	5. 42	5. 52	5. 13
16	603260. SH	合盛硅业	5. 46	5. 06	4. 96	5. 99	5. 76	5. 7
17	300305. SZ	裕兴股份	5. 46	5. 84	5. 53	6. 56	5. 07	4. 78
18	600989. SH	宝丰能源	5. 46	6. 1	4. 8	5. 46	5. 69	5. 16
19	600618. SH	氯碱化工	5. 45	6. 03	5. 08	4. 89	5. 91	5. 07
20	603505. SH	金石资源	5. 45	5. 86	4. 97	6. 16	5. 72	4. 79

续表

排名	代码	公司名称	总得分	财务指标	估值与成长性	创值能力	公司治理	创新与研发
21	300285. SZ	国瓷材料	5. 44	5. 83	4. 87	5. 82	5. 45	5. 34
22	600389. SH	江山股份	5. 44	5. 05	5. 5	6. 06	5. 5	5. 35
23	002585. SZ	双星新材	5. 41	5. 55	5. 09	6. 06	5. 32	5. 28
24	600096. SH	云天化	5. 4	4. 75	5. 1	6. 66	5. 62	5. 36
25	300741. SZ	华宝股份	5. 4	6. 91	4. 22	4. 84	4. 84	5. 8
26	603938. SH	三孚股份	5. 39	5. 61	5. 12	6. 26	5. 53	4. 79
27	300801. SZ	泰和科技	5. 39	6. 11	5. 32	5. 22	4. 99	5. 25
28	000893. SZ	亚钾国际	5. 39	6. 16	5. 4	6. 17	4. 61	4. 94
29	603722. SH	阿科力	5. 38	5. 46	5. 47	6. 41	5. 11	4. 91
30	002109. SZ	兴化股份	5. 38	6. 56	4. 8	4. 73	5. 45	4. 98
31	002597. SZ	金禾实业	5. 37	5. 82	4. 99	5. 57	5. 73	4. 79
32	002254. SZ	泰和新材	5. 35	5. 23	5. 37	6. 04	5. 52	4. 91
33	002145. SZ	中核钛白	5. 35	5. 37	5. 44	5. 79	5. 32	5. 05
34	600063. SH	皖维高新	5. 35	5. 26	5. 05	5. 89	5. 49	5. 24
35	300610. SZ	晨化股份	5. 34	5. 94	5. 35	5. 76	5. 11	4. 72
36	603067. SH	振华股份	5. 34	5. 09	5. 48	5. 79	5. 56	5
37	300522. SZ	世名科技	5. 34	6. 03	4. 89	5. 74	4. 48	5. 67
38	002539. SZ	云图控股	5. 34	4. 61	5. 1	6. 65	5. 83	5. 04
39	002648. SZ	卫星化学	5. 34	4. 77	5. 34	5. 84	4. 8	6. 14
40	300848. SZ	美瑞新材	5. 31	5. 35	5. 42	5. 51	4. 98	5. 41
41	002749. SZ	国光股份	5. 31	6. 28	4. 58	5. 27	5. 57	4. 76
42	300596. SZ	利安隆	5. 31	4. 72	5. 86	5. 68	5. 5	5. 02
43	600141. SH	兴发集团	5. 31	4. 66	4. 99	5. 82	5. 48	5. 77
44	600273. SH	嘉化能源	5. 31	5. 94	4. 95	4. 45	5. 33	5. 45
45	002407. SZ	多氟多	5. 3	4. 07	4. 9	7. 53	5. 41	5. 48
46	300019. SZ	硅宝科技	5. 3	5. 08	5. 21	5. 89	5. 19	5. 37
47	603977. SH	国泰集团	5. 3	5. 39	5. 37	5. 34	4. 98	5. 44
48	601216. SH	君正集团	5. 29	5. 62	4. 7	4. 69	5. 37	5. 75
49	601568. SH	北元集团	5. 29	6. 12	4. 49	4. 48	5. 5	5. 42
50	603580. SH	艾艾精工	5. 29	5. 8	5. 29	5. 33	4. 92	5. 12
51	600596. SH	新安股份	5. 28	5. 02	4. 83	5. 16	5. 86	5. 42
52	002802. SZ	洪汇新材	5. 27	5. 95	5. 15	5. 44	4. 83	5. 05
53	300487. SZ	蓝晓科技	5. 27	4. 92	5	6. 14	5. 31	5. 33

续表

排名	代码	公司名称	总得分	财务指标	估值与成长性	创值能力	公司治理	创新与研发
54	603155. SH	新亚强	5. 27	6. 29	5. 18	5. 35	4. 86	4. 69
55	300821. SZ	东岳硅材	5. 27	5. 93	4. 86	5. 6	4. 76	5. 29
56	002274. SZ	华昌化工	5. 26	4. 75	5. 11	6. 42	5. 57	4. 91
57	605183. SH	确成股份	5. 26	6. 24	4. 76	5. 29	4. 98	4. 97
58	603217. SH	元利科技	5. 25	5. 43	5. 06	5. 24	5. 47	5. 03
59	002258. SZ	利尔化学	5. 24	5. 1	5. 41	5. 28	5. 19	5. 26
60	603906. SH	龙蟠科技	5. 24	4. 7	4. 85	6. 42	5. 25	5. 42
61	300806. SZ	斯迪克	5. 23	4. 62	5. 34	6. 08	5. 29	5. 2
62	000677. SZ	恒天海龙	5. 22	5. 06	5. 63	5. 82	5. 32	4. 6
63	300727. SZ	润禾材料	5. 21	5. 01	5. 54	5. 79	5. 04	4. 99
64	002497. SZ	雅化集团	5. 21	5. 21	4. 54	6. 35	5. 06	5. 31
65	603688. SH	石英股份	5. 21	5. 58	4. 55	6. 32	4. 93	5. 06
66	002136. SZ	安纳达	5. 21	4. 82	5. 4	5. 98	5. 28	4. 92
67	002549. SZ	凯美特气	5. 2	5. 66	4. 52	6. 09	4. 94	5. 08
68	002312. SZ	川发龙蟒	5. 19	4. 56	5. 34	5. 87	5. 51	4. 99
69	600727. SH	鲁北化工	5. 19	5. 16	5. 48	4. 84	5. 38	4. 94
70	000731. SZ	四川美丰	5. 18	5. 63	4. 96	4. 87	5. 53	4. 76
71	300200. SZ	高盟新材	5. 18	6. 04	4. 98	4. 89	4. 92	4. 93
72	002683. SZ	广东宏大	5. 18	5. 14	4. 99	5. 54	5. 13	5. 24
73	300876. SZ	蒙泰高新	5. 18	6. 18	5. 01	5. 08	4. 88	4. 68
74	603299. SH	苏盐井神	5. 18	5. 13	4. 78	6. 68	5. 2	4. 67
75	000830. SZ	鲁西化工	5. 17	5. 25	4. 43	4. 33	5. 78	5. 63
76	603360. SH	百傲化学	5. 17	5. 6	5. 24	5. 57	4. 95	4. 68
77	002250. SZ	联化科技	5. 17	4. 98	5. 48	5. 39	5. 11	5. 01
78	300109. SZ	新开源	5. 16	5. 06	4. 72	4. 82	5. 22	5. 79
79	600714. SH	金瑞矿业	5. 16	5. 37	4. 81	6. 23	4. 9	4. 88
80	002588. SZ	史丹利	5. 16	5. 37	4. 67	5. 48	5. 12	5. 23
81	600929. SH	雪天盐业	5. 15	5. 15	4. 91	5. 28	5. 16	5. 28
82	603948. SH	建业股份	5. 15	5. 03	5. 2	5. 14	5. 41	4. 98
83	603379. SH	三美股份	5. 15	6. 05	4. 43	5. 05	5. 48	4. 6
84	300847. SZ	中船汉光	5. 15	6. 04	4. 65	5. 39	4. 61	5. 08
85	300891. SZ	惠云钛业	5. 15	5. 25	5. 39	5. 71	5. 06	4. 59
86	603639. SH	海利尔	5. 14	5. 25	5. 21	4. 91	5. 22	5. 03

续表

排名	代码	公司名称	总得分	财务指标	估值与成长性	创值能力	公司治理	创新与研发
87	000859. SZ	国风新材	5. 14	5. 14	4. 79	6. 61	4. 91	4. 82
88	300218. SZ	安利股份	5. 14	4. 88	5. 06	5. 67	5. 28	5
89	600075. SH	新疆天业	5. 13	5. 3	5. 06	3. 92	5. 22	5. 61
90	000510. SZ	新金路	5. 13	5. 39	4. 76	5. 49	5. 46	4. 65
91	603968. SH	醋化股份	5. 13	5. 26	4. 96	5. 07	5. 49	4. 82
92	600500. SH	中化国际	5. 13	4. 61	5. 03	4. 06	6. 13	5. 34
93	002895. SZ	川恒股份	5. 12	5. 04	5. 49	6. 18	4. 69	4. 72
94	600143. SH	金发科技	5. 12	4. 65	5. 17	4. 6	5. 34	5. 63
95	603916. SH	苏博特	5. 12	4. 88	5. 22	4. 97	5. 03	5. 44
96	603181. SH	皇马科技	5. 11	5	4. 48	5. 66	5. 35	5. 2
97	601208. SH	东材科技	5. 11	4. 6	5. 27	5. 78	5. 05	5. 14
98	000792. SZ	盐湖股份	5. 11	4. 39	4. 04	6. 32	5. 6	5. 56
99	603650. SH	彤程新材	5. 1	4. 9	4. 35	5. 64	5. 29	5. 46
100	603826. SH	坤彩科技	5. 1	5. 1	5. 04	5. 97	4. 83	4. 93
101	002522. SZ	浙江众成	5. 1	4. 95	5. 51	5. 29	5. 11	4. 77
102	300041. SZ	回天新材	5. 1	4. 62	5. 35	5. 58	4. 75	5. 42
103	002224. SZ	三力士	5. 1	6. 19	4. 95	5. 08	4. 32	4. 91
104	600328. SH	中盐化工	5. 09	5. 16	4. 66	5. 32	5. 35	5. 01
105	002263. SZ	大东南	5. 09	6. 09	4. 85	5. 25	4. 32	5
106	300796. SZ	贝斯美	5. 09	5. 42	5. 04	4. 96	4. 81	5. 16
107	002915. SZ	中欣氟材	5. 09	4. 75	5. 2	5. 95	5. 06	4. 86
108	603077. SH	和邦生物	5. 09	5. 01	4. 8	5. 83	5. 15	4. 92
109	603227. SH	雪峰科技	5. 08	4. 62	5. 26	6. 24	4. 97	4. 8
110	000902. SZ	新洋丰	5. 08	5. 23	5	5. 23	5. 29	4. 68
111	300905. SZ	宝丽迪	5. 07	6. 07	4. 91	4. 74	4. 98	4. 5
112	300587. SZ	天铁股份	5. 06	4. 48	5. 08	6. 43	4. 69	5. 23
113	002768. SZ	国恩股份	5. 06	4. 67	5. 49	4. 05	5. 1	5. 63
114	603110. SH	东方材料	5. 06	5. 55	4. 39	6. 11	4. 74	4. 88
115	600160. SH	巨化股份	5. 06	5. 46	4. 23	5. 16	5. 08	5. 29
116	603585. SH	苏利股份	5. 06	5. 48	5. 17	3. 76	5. 4	4. 94
117	603192. SH	汇得科技	5. 06	5. 06	4. 96	4. 97	5. 24	5. 01
118	000818. SZ	航锦科技	5. 05	4. 97	4. 47	5. 84	5. 24	5. 01
119	002170. SZ	芭田股份	5. 05	4. 99	4. 96	5. 27	5. 02	5. 11

续表

排名	代码	公司名称	总得分	财务指标	估值与成长性	创值能力	公司治理	创新与研发
120	600731. SH	湖南海利	5. 05	5. 02	5. 15	5. 26	4. 98	4. 92
121	603020. SH	爱普股份	5. 05	5. 63	4. 98	3. 78	5. 49	4. 8
122	600722. SH	金牛化工	5. 04	6. 32	4. 51	5. 15	4. 75	4. 47
123	002942. SZ	新农股份	5. 04	5. 7	4. 68	4. 97	5. 1	4. 67
124	600367. SH	红星发展	5. 04	4. 7	4. 76	5. 97	5. 68	4. 44
125	300505. SZ	川金诺	5. 03	5. 09	5. 22	5. 98	4. 97	4. 33
126	002734. SZ	利民股份	5. 03	4. 56	5. 49	4. 16	5. 22	5. 41
127	300214. SZ	日科化学	5. 03	5. 38	5. 52	5. 19	4. 48	4. 7
128	000683. SZ	远兴能源	5. 02	5. 39	3. 96	4. 97	5. 6	5. 05
129	002206. SZ	海利得	5. 02	4. 7	5. 06	5. 01	5. 77	4. 58
130	603086. SH	先达股份	5. 02	5. 39	5. 02	4. 54	5. 12	4. 85
131	002825. SZ	纳尔股份	5. 02	5. 2	5. 15	5. 17	4. 83	4. 84
132	002125. SZ	湘潭电化	5. 02	4. 22	4. 6	7. 5	4. 92	4. 83
133	600866. SH	星湖科技	5. 01	5. 34	5. 24	5. 42	4. 79	4. 48
134	000408. SZ	藏格矿业	5. 01	5. 07	4. 32	5. 86	5. 14	4. 92
135	605366. SH	宏柏新材	5. 01	5. 3	4. 69	5. 56	4. 99	4. 7
136	600623. SH	华谊集团	5. 01	4. 63	4. 9	4. 39	5. 72	5. 11
137	002360. SZ	同德化工	5	5. 78	4. 52	4. 67	4. 98	4. 83
138	002108. SZ	沧州明珠	4. 99	5. 06	4. 71	5. 11	5. 56	4. 54
139	002886. SZ	沃特股份	4. 99	4. 64	4. 82	5. 77	4. 73	5. 32
140	300920. SZ	润阳科技	4. 99	5. 9	4. 88	4. 38	4. 72	4. 77
141	002909. SZ	集泰股份	4. 99	4. 64	4. 84	6. 1	4. 77	5. 04
142	300535. SZ	达威股份	4. 98	4. 84	5. 69	4. 31	4. 65	5. 23
143	605166. SH	聚合顺	4. 98	4. 68	5. 55	5. 24	4. 4	5. 23
144	601678. SH	滨化股份	4. 98	5. 24	4. 68	3. 88	5. 62	4. 98
145	603663. SH	三祥新材	4. 98	5. 17	4. 57	5. 6	4. 85	4. 93
146	603823. SH	百合花	4. 98	4. 95	5. 21	4. 65	5. 4	4. 57
147	000422. SZ	湖北宜化	4. 98	4. 53	4. 47	7. 35	4. 78	4. 7
148	430489. BJ	佳先股份	4. 97	5. 11	5. 47	4. 63	4. 64	4. 91
149	603970. SH	中农立华	4. 97	4. 6	5. 29	5. 83	4. 61	4. 92
150	002054. SZ	德美化工	4. 96	4. 82	4. 9	5	5. 3	4. 82
151	002226. SZ	江南化工	4. 96	5. 17	4. 71	5. 08	4. 83	5. 05
152	603681. SH	永冠新材	4. 96	4. 72	5. 22	4. 83	5. 3	4. 7

续表

排名	代码	公司名称	总得分	财务指标	估值与成长性	创值能力	公司治理	创新与研发
153	603928. SH	兴业股份	4. 96	5. 34	4. 74	4. 32	5. 39	4. 69
154	603790. SH	雅运股份	4. 95	4. 98	4. 59	4. 06	5. 29	5. 4
155	603867. SH	新化股份	4. 95	4. 83	4. 79	5. 2	5. 23	4. 77
156	000990. SZ	诚志股份	4. 95	5. 27	4. 33	3. 61	5. 35	5. 51
157	300575. SZ	中旗股份	4. 93	5. 03	4. 88	5. 24	4. 91	4. 72
158	002838. SZ	道恩股份	4. 92	4. 58	4. 56	5. 94	4. 61	5. 32
159	300082. SZ	奥克股份	4. 91	5. 17	4. 86	4. 76	5. 03	4. 69
160	002917. SZ	金奥博	4. 91	4. 82	4. 74	4. 98	5. 09	4. 92
161	300721. SZ	怡达股份	4. 91	4. 43	4. 71	6. 82	5. 04	4. 33
162	002637. SZ	赞宇科技	4. 9	4. 67	4. 88	4. 8	5. 03	5. 09
163	300539. SZ	横河精密	4. 9	4. 63	5. 32	5. 69	4. 42	4. 84
164	605008. SH	长鸿高科	4. 9	4. 85	4. 51	5. 64	4. 65	5. 11
165	002096. SZ	南岭民爆	4. 89	4. 95	4. 38	5. 28	5	4. 94
166	002391. SZ	长青股份	4. 89	4. 91	5. 29	3. 09	5. 21	5. 24
167	300586. SZ	美联新材	4. 89	4. 84	4. 85	5. 92	4. 49	4. 78
168	603330. SH	上海天洋	4. 88	4. 53	4. 56	5. 55	5. 31	4. 72
169	300121. SZ	阳谷华泰	4. 88	5. 03	4. 6	4. 99	5. 21	4. 6
170	300107. SZ	建新股份	4. 88	6. 45	4. 17	3. 91	4. 84	4. 53
171	300829. SZ	金丹科技	4. 88	5. 1	4. 98	5. 49	4. 33	4. 77
172	300320. SZ	海达股份	4. 88	4. 84	4. 45	5. 38	5	4. 89
173	300758. SZ	七彩化学	4. 88	5. 06	4. 94	5. 17	4. 63	4. 73
174	002748. SZ	世龙实业	4. 88	4. 62	5. 06	6. 24	4. 93	4. 13
175	002386. SZ	天原股份	4. 87	4. 83	4. 45	4. 71	5. 17	5. 08
176	603612. SH	索通发展	4. 87	3. 98	4. 86	5. 63	5. 2	4. 99
177	003002. SZ	壶化股份	4. 86	5. 59	4. 65	4. 97	4. 68	4. 44
178	300243. SZ	瑞丰高材	4. 86	4. 84	5. 09	5. 04	4. 91	4. 53
179	600796. SH	钱江生化	4. 85	4. 81	5. 53	4. 16	4. 47	5. 08
180	000949. SZ	新乡化纤	4. 85	4. 33	5. 28	3. 98	5. 45	4. 89
181	002666. SZ	德联集团	4. 85	4. 8	5. 04	3. 95	5. 13	4. 95
182	002395. SZ	双象股份	4. 84	4. 39	5. 18	5. 38	4. 65	4. 88
183	002809. SZ	红墙股份	4. 84	4. 46	5. 13	4. 71	5. 04	4. 83
184	000545. SZ	金浦钛业	4. 83	4. 35	4. 8	5. 36	5. 02	4. 85
185	002326. SZ	永太科技	4. 83	4. 59	4. 14	5. 94	4. 59	5. 27

续表

排名	代码	公司名称	总得分	财务指标	估值与成长性	创值能力	公司治理	创新与研发
186	300261. SZ	雅本化学	4. 83	4. 93	4. 59	5. 75	4. 07	5. 16
187	603822. SH	嘉澳环保	4. 83	4. 24	5. 57	5. 69	4. 31	4. 8
188	300641. SZ	正丹股份	4. 82	4. 6	5. 28	4. 72	4. 61	4. 91
189	002381. SZ	双箭股份	4. 8	5. 27	4. 83	4. 09	4. 89	4. 64
190	300174. SZ	元力股份	4. 8	5. 34	4. 91	4. 71	4. 61	4. 4
191	300717. SZ	华信新材	4. 8	5. 87	4. 54	3. 89	4. 41	4. 85
192	002999. SZ	天禾股份	4. 79	5	4. 96	4. 49	4. 46	4. 95
193	000881. SZ	中广核技	4. 79	4. 67	4. 74	3. 75	4. 84	5. 48
194	002827. SZ	高争民爆	4. 78	4. 85	4. 6	5. 45	4. 72	4. 56
195	300767. SZ	震安科技	4. 77	4. 44	4. 03	5. 73	4. 53	5. 45
196	600409. SH	三友化工	4. 77	4. 76	4. 4	3. 32	5. 35	5. 38
197	603225. SH	新凤鸣	4. 77	5	4. 75	3. 29	4. 73	5. 47
198	300387. SZ	富邦股份	4. 76	5. 41	4. 91	3. 01	4. 21	5. 53
199	002246. SZ	北化股份	4. 76	5. 19	4. 73	4. 05	4. 9	4. 63
200	002753. SZ	永东股份	4. 76	4. 66	4. 68	4. 34	5. 25	4. 68
201	000953. SZ	河化股份	4. 76	4. 23	4. 66	6. 17	4. 45	4. 86
202	300067. SZ	安诺其	4. 75	4. 92	4. 91	4. 12	4. 35	5. 21
203	002440. SZ	闰土股份	4. 75	5. 61	4. 32	3. 06	5. 12	4. 86
204	003017. SZ	大洋生物	4. 75	5	4. 79	4. 44	4. 94	4. 43
205	603033. SH	三维股份	4. 74	4. 66	4. 89	4. 32	5. 11	4. 57
206	603683. SH	晶华新材	4. 74	4. 8	4. 47	4. 93	4. 84	4. 72
207	000822. SZ	山东海化	4. 74	4. 48	4. 63	4. 84	5. 38	4. 38
208	600810. SH	神马股份	4. 74	4. 4	4. 91	3. 62	5. 26	5. 05
209	002455. SZ	百川股份	4. 73	4. 42	4. 91	5. 59	4. 72	4. 41
210	002092. SZ	中泰化学	4. 73	5. 05	4. 04	3. 29	5. 38	5. 18
211	002215. SZ	诺普信	4. 73	4. 72	4. 99	4. 07	4. 94	4. 67
212	002442. SZ	龙星化工	4. 72	4. 28	4. 38	4. 67	5. 37	4. 82
213	600352. SH	浙江龙盛	4. 71	4. 94	4. 5	3. 11	5. 16	5. 16
214	603879. SH	永悦科技	4. 71	5. 39	3. 49	4. 31	5. 09	4. 93
215	600470. SH	六国化工	4. 71	4. 29	4. 82	5. 24	4. 54	4. 88
216	002971. SZ	和远气体	4. 71	4. 76	4. 64	5. 23	4. 67	4. 44
217	000737. SZ	北方铜业	4. 7	4. 29	4. 82	5. 53	4. 76	4. 49
218	000565. SZ	渝三峡 A	4. 7	4. 78	4. 56	5. 08	4. 83	4. 41

续表

排名	代码	公司名称	总得分	财务指标	估值与成长性	创值能力	公司治理	创新与研发
219	002538. SZ	司尔特	4. 7	4. 9	4. 56	4. 48	4. 61	4. 85
220	002998. SZ	优彩资源	4. 7	5. 05	4. 9	4. 32	4. 5	4. 6
221	002805. SZ	丰元股份	4. 7	3. 91	4. 48	5. 86	5. 01	4. 69
222	603810. SH	丰山集团	4. 69	4. 98	4. 41	4	5. 31	4. 45
223	600610. SH	中毅达	4. 69	4. 36	4. 41	6. 44	4. 53	4. 42
224	603332. SH	苏州龙杰	4. 68	6. 07	4. 7	3. 67	4. 3	4. 24
225	300731. SZ	科创新源	4. 67	5	4. 44	4. 1	4. 7	4. 84
226	600135. SH	乐凯胶片	4. 67	5. 02	4. 7	4. 45	4. 61	4. 47
227	002361. SZ	神剑股份	4. 66	4. 24	4. 73	4. 64	4. 8	4. 87
228	000912. SZ	泸天化	4. 65	5. 32	4. 51	3. 77	4. 62	4. 64
229	300230. SZ	永利股份	4. 65	5. 09	3. 96	3. 72	5. 07	4. 92
230	002324. SZ	普利特	4. 64	4. 47	4. 21	4. 86	4. 45	5. 26
231	300163. SZ	先锋新材	4. 64	4. 89	5. 13	5. 28	3. 79	4. 46
232	002068. SZ	黑猫股份	4. 64	4. 06	4. 33	5. 56	5. 37	4. 25
233	000973. SZ	佛塑科技	4. 64	4. 47	4. 57	4. 63	4. 9	4. 63
234	600319. SH	亚星化学	4. 63	3. 87	4. 85	7. 26	4. 34	3. 97
235	300644. SZ	南京聚隆	4. 62	4. 22	4. 64	5. 34	4. 43	4. 76
236	002669. SZ	康达新材	4. 6	4. 73	4. 54	2. 75	4. 81	5. 38
237	300221. SZ	银禧科技	4. 58	4. 3	4. 28	5. 03	4. 14	5. 29
238	000707. SZ	双环科技	4. 56	4. 15	4. 04	6. 31	4. 82	4. 16
239	002632. SZ	道明光学	4. 54	4. 71	4. 82	3. 78	4. 52	4. 6
240	002453. SZ	华软科技	4. 54	4. 54	3. 91	4. 16	4. 93	4. 92
241	300665. SZ	飞鹿股份	4. 54	4. 42	4. 87	3. 56	4. 83	4. 65
242	002165. SZ	红宝丽	4. 53	4. 35	4. 62	3. 07	4. 99	5. 02
243	600277. SH	亿利洁能	4. 53	5. 07	3. 88	3. 42	4. 33	5. 4
244	002319. SZ	乐通股份	4. 52	3. 91	4. 02	6. 16	4. 51	4. 65
245	300180. SZ	华峰超纤	4. 52	4. 83	4. 41	2. 67	4. 45	5. 44
246	300798. SZ	锦鸡股份	4. 51	4. 76	4. 62	3. 8	4. 75	4. 32
247	300321. SZ	同大股份	4. 5	5. 14	4. 75	3. 43	4. 31	4. 45
248	000553. SZ	安道麦 A	4. 48	4. 72	4. 57	2. 41	4. 59	5. 25
249	600691. SH	阳煤化工	4. 46	4. 22	4. 26	4. 16	4. 63	4. 88
250	603725. SH	天安新材	4. 46	4. 56	4. 59	2. 95	4. 88	4. 68
251	002002. SZ	鸿达兴业	4. 44	4. 39	4. 41	3. 65	4. 43	4. 97
252	300405. SZ	科隆股份	4. 44	4. 3	4. 1	4. 99	4. 63	4. 35

续表

排名	代码	公司名称	总得分	财务指标	估值与成长性	创值能力	公司治理	创新与研发
253	600423. SH	柳化股份	4. 43	4. 03	3. 66	5. 61	4. 4	4. 83
254	000635. SZ	英力特	4. 42	5. 02	4. 04	3. 2	5. 27	4. 02
255	002562. SZ	兄弟科技	4. 42	4. 22	4. 61	3. 54	4. 82	4. 55
256	002496. SZ	辉丰股份	4. 39	4. 22	4. 14	4. 67	4. 42	4. 58
257	603980. SH	吉华集团	4. 39	4. 78	4. 33	2. 23	4. 89	4. 78
258	603991. SH	至正股份	4. 36	4. 42	4. 22	4. 35	3. 91	4. 86
259	000782. SZ	美达股份	4. 35	4. 07	4. 5	4. 73	4. 54	4. 11
260	300225. SZ	金力泰	4. 35	4. 44	3. 71	3. 86	4. 35	5. 08
261	600230. SH	沧州大化	4. 32	5. 01	4. 01	3. 36	4. 4	4. 35
262	002513. SZ	蓝丰生化	4. 31	4. 11	4. 32	5. 23	4. 23	4. 06
263	300538. SZ	同益股份	4. 31	4. 04	4. 54	3. 26	4. 49	4. 81
264	002783. SZ	凯龙股份	4. 27	4. 35	3. 97	2. 92	4. 94	4. 55
265	002037. SZ	保利联合	4. 27	4. 22	4. 77	1. 67	4. 75	4. 9
266	300530. SZ	达志科技	4. 24	3. 91	3. 44	4. 55	4. 26	5. 06
267	000420. SZ	吉林化纤	4. 23	4. 01	4. 2	4. 01	4. 77	4. 05
268	300716. SZ	国立科技	4. 21	4. 12	4. 24	3. 98	4. 04	4. 56
269	000936. SZ	华西股份	4. 19	4. 47	4. 08	3. 22	4. 66	4. 11
270	600165. SH	新日恒力	4. 12	3. 87	4. 14	5. 57	3. 85	3. 8
271	600889. SH	南京化纤	4. 01	4. 03	3. 72	2. 82	5. 26	3. 7
272	603188. SH	亚邦股份	3. 97	3. 89	3. 67	1. 92	5. 15	4. 32
273	600844. SH	丹化科技	3. 97	4. 31	3. 54	4. 46	3. 65	4. 04
274	300478. SZ	杭州高新	3. 96	2. 91	3. 52	5. 93	3. 75	4. 46
275	300169. SZ	天晟新材	3. 95	3. 8	3. 52	3. 97	4. 13	4. 28
276	002172. SZ	澳洋健康	3. 85	3. 26	2. 91	4. 64	4. 31	4. 33
277	002341. SZ	新纶新材	3. 78	3. 58	3. 01	3. 3	3. 71	5. 02

（十三）机械设备

排名	代码	公司名称	总得分	财务指标	估值与成长性	创值能力	公司治理	创新与研发
1	002690. SZ	美亚光电	6	6. 91	5. 3	6. 2	5. 92	5. 65
2	601100. SH	恒立液压	5. 91	6. 47	5. 37	6. 53	5. 96	5. 39
3	300445. SZ	康斯特	5. 82	6. 7	5. 4	5. 28	5. 24	6. 2

续表

排名	代码	公司名称	总得分	财务指标	估值与成长性	创值能力	公司治理	创新与研发
4	300720. SZ	海川智能	5. 76	7. 03	5. 54	5. 89	5. 3	5. 06
5	002972. SZ	科安达	5. 71	6. 4	5. 28	5. 21	5. 68	5. 7
6	300124. SZ	汇川技术	5. 7	5. 37	5. 09	6. 53	5. 77	6. 02
7	603203. SH	快克股份	5. 7	6. 77	5. 07	5. 98	5. 45	5. 27
8	603666. SH	亿嘉和	5. 7	5. 52	4. 85	6. 23	5. 52	6. 48
9	002975. SZ	博杰股份	5. 69	6. 32	5. 48	5. 64	5. 65	5. 31
10	300354. SZ	东华测试	5. 68	6. 21	5. 03	6. 93	5. 27	5. 42
11	002884. SZ	凌霄泵业	5. 68	7. 03	5. 18	5. 76	5. 66	4. 74
12	605186. SH	健麾信息	5. 68	6. 45	5. 34	5. 88	5. 4	5. 36
13	300885. SZ	海昌新材	5. 67	6. 84	5. 43	5. 81	5. 35	4. 96
14	300515. SZ	三德科技	5. 67	5. 93	5. 58	5. 84	5. 43	5. 6
15	002833. SZ	弘亚数控	5. 61	6. 64	5. 05	5. 53	5. 61	5. 09
16	603025. SH	大豪科技	5. 6	6. 39	4. 14	6. 26	5. 75	5. 55
17	300629. SZ	新劲刚	5. 6	5. 6	5. 17	6. 68	5. 53	5. 42
18	603338. SH	浙江鼎力	5. 57	5. 58	5. 4	5. 79	6. 05	5. 11
19	603859. SH	能科科技	5. 56	5. 4	5. 48	5. 2	5. 34	6. 21
20	600031. SH	三一重工	5. 56	5. 36	5. 16	5. 31	5. 34	6. 45
21	300813. SZ	泰林生物	5. 55	6. 31	4. 76	6. 15	5. 52	5. 15
22	300371. SZ	汇中股份	5. 54	6. 12	4. 99	5. 19	5. 81	5. 39
23	300179. SZ	四方达	5. 54	6. 38	5. 19	6. 3	5	5. 12
24	002979. SZ	雷赛智能	5. 54	5. 84	5. 47	6. 19	4. 97	5. 5
25	002158. SZ	汉钟精机	5. 53	5. 52	5. 45	6. 12	5. 87	4. 92
26	300480. SZ	光力科技	5. 52	5. 81	4. 92	6. 11	5. 09	5. 87
27	300259. SZ	新天科技	5. 5	6. 29	5. 01	4. 64	5. 54	5. 58
28	603956. SH	威派格	5. 49	5. 24	5. 29	5. 84	5. 79	5. 44
29	002903. SZ	宇环数控	5. 49	5. 59	4. 96	6. 4	5. 58	5. 23
30	002430. SZ	杭氧股份	5. 48	5. 15	4. 94	5. 99	6. 16	5. 29
31	300837. SZ	浙矿股份	5. 48	6	5. 48	5. 78	5. 45	4. 8
32	430510. BJ	丰光精密	5. 47	6. 8	5. 31	5. 95	4. 67	4. 8
33	300470. SZ	中密控股	5. 46	5. 76	5. 18	5. 69	5. 71	5. 04
34	300553. SZ	集智股份	5. 46	5. 44	5. 47	6. 3	4. 99	5. 46
35	300861. SZ	美畅股份	5. 44	6. 73	4. 26	6. 11	5. 62	4. 63
36	002698. SZ	博实股份	5. 44	5. 21	5. 6	6. 25	5. 11	5. 4

续表

排名	代码	公司名称	总得分	财务指标	估值与成长性	创值能力	公司治理	创新与研发
37	603416. SH	信捷电气	5. 43	5. 86	5. 06	5. 63	5. 36	5. 28
38	601369. SH	陕鼓动力	5. 43	4. 82	5. 62	5. 9	5. 89	5. 14
39	603277. SH	银都股份	5. 43	5. 75	5. 34	5. 86	5. 86	4. 51
40	300833. SZ	浩洋股份	5. 42	6. 52	4. 91	5. 58	5. 07	5. 05
41	300853. SZ	申昊科技	5. 42	5. 06	4. 85	5. 6	5. 52	6. 09
42	300851. SZ	交大思诺	5. 42	6. 13	4. 83	4. 36	5. 53	5. 72
43	002353. SZ	杰瑞股份	5. 41	4. 97	5. 19	5. 79	5. 9	5. 33
44	300151. SZ	昌红科技	5. 41	6. 03	5. 26	6. 45	5. 03	4. 7
45	601882. SH	海天精工	5. 4	5. 56	5. 25	6. 56	5. 35	4. 76
46	002651. SZ	利君股份	5. 4	5. 61	5. 41	6. 31	5. 3	4. 74
47	300306. SZ	远方信息	5. 39	6. 56	4. 89	5. 13	4. 77	5. 43
48	002008. SZ	大族激光	5. 39	5. 05	4. 87	5. 3	5. 39	6. 22
49	603855. SH	华荣股份	5. 38	5. 33	5. 27	6. 16	5. 58	4. 85
50	603015. SH	弘讯科技	5. 37	5. 09	5. 7	5. 37	5. 14	5. 6
51	300718. SZ	长盛轴承	5. 37	6. 22	4. 93	5. 88	5. 37	4. 6
52	300007. SZ	汉威科技	5. 36	4. 98	5. 11	5. 54	5. 75	5. 47
53	003025. SZ	思进智能	5. 36	6. 13	4. 94	5. 84	5. 11	4. 92
54	300416. SZ	苏试试验	5. 35	5. 05	5. 48	6. 16	4. 7	5. 73
55	300112. SZ	万讯自控	5. 35	5. 83	5. 29	5. 31	5. 28	5. 02
56	300193. SZ	佳士科技	5. 35	6. 17	5. 64	4. 8	5. 25	4. 67
57	300415. SZ	伊之密	5. 35	5. 23	5. 07	5. 96	5. 67	5. 03
58	300154. SZ	瑞凌股份	5. 33	6. 02	5. 64	4. 52	5. 62	4. 54
59	300897. SZ	山科智能	5. 32	5. 49	5. 1	5. 1	5. 34	5. 46
60	002184. SZ	海得控制	5. 32	5. 3	4. 83	5. 72	5. 53	5. 34
61	002870. SZ	香山股份	5. 32	4. 94	5. 7	6. 5	5	5. 02
62	603915. SH	国茂股份	5. 32	5. 76	5. 27	5. 88	5. 3	4. 63
63	002438. SZ	江苏神通	5. 32	4. 92	5. 57	6. 04	5. 55	4. 86
64	601717. SH	郑煤机	5. 32	5. 15	4. 74	5. 01	6. 07	5. 42
65	300066. SZ	三川智慧	5. 31	5. 73	5. 32	5. 75	5. 01	4. 93
66	002960. SZ	青鸟消防	5. 31	5. 54	5. 01	5. 79	5. 3	5. 08
67	300099. SZ	精准信息	5. 31	5. 61	5. 13	5. 68	4. 81	5. 46
68	002757. SZ	南兴股份	5. 31	6. 05	5. 34	4. 46	5. 35	4. 99
69	300488. SZ	恒锋工具	5. 3	6. 35	4. 79	5. 92	4. 8	4. 85

续表

排名	代码	公司名称	总得分	财务指标	估值与成长性	创值能力	公司治理	创新与研发
70	603583. SH	捷昌驱动	5. 3	5. 95	5. 21	5. 44	5. 01	4. 94
71	000988. SZ	华工科技	5. 29	4. 92	5. 33	6. 12	5. 15	5. 31
72	300802. SZ	矩子科技	5. 29	5. 87	4. 95	5. 89	5. 05	4. 9
73	600761. SH	安徽合力	5. 29	5. 54	5. 32	4. 01	6. 04	5
74	300667. SZ	必创科技	5. 29	5. 4	5. 34	5. 42	4. 8	5. 54
75	603638. SH	艾迪精密	5. 28	5. 44	4. 98	6. 15	5. 21	4. 96
76	002204. SZ	大连重工	5. 28	4. 96	5. 38	5. 44	5. 41	5. 29
77	002774. SZ	快意电梯	5. 28	5. 29	5. 35	5. 32	5. 64	4. 8
78	603298. SH	杭叉集团	5. 27	5. 49	5	5. 12	5. 57	5. 08
79	603100. SH	川仪股份	5. 27	5. 47	4. 9	5. 12	5. 63	5. 12
80	603700. SH	宁水集团	5. 27	5. 71	5. 11	4. 87	5. 47	4. 98
81	603088. SH	宁波精达	5. 26	5. 42	5. 23	6. 41	5. 1	4. 64
82	603500. SH	祥和实业	5. 26	5. 98	4. 83	5. 66	5. 37	4. 57
83	000925. SZ	众合科技	5. 26	4. 8	5. 13	5. 09	5. 41	5. 76
84	300669. SZ	沪宁股份	5. 26	6. 61	5. 25	5	4. 79	4. 52
85	000039. SZ	中集集团	5. 25	4. 88	5. 13	4. 11	6. 16	5. 48
86	002747. SZ	埃斯顿	5. 25	4. 85	4. 85	6. 19	4. 99	5. 73
87	002595. SZ	豪迈科技	5. 25	5. 17	5. 22	5. 53	5. 75	4. 69
88	002150. SZ	通润装备	5. 25	6. 01	5. 51	4. 66	5. 58	4. 26
89	000425. SZ	徐工机械	5. 25	4. 76	5. 23	3. 95	5. 55	6. 18
90	603757. SH	大元泵业	5. 24	6. 18	4. 9	4. 88	5. 45	4. 59
91	603283. SH	赛腾股份	5. 23	4. 33	5. 53	5. 59	5. 5	5. 42
92	002760. SZ	凤形股份	5. 23	5. 47	5. 45	6. 65	4. 26	4. 97
93	002843. SZ	泰嘉股份	5. 23	5. 61	4. 79	6. 3	5. 13	4. 72
94	600499. SH	科达制造	5. 22	5. 06	5. 23	6. 2	5. 1	4. 94
95	603985. SH	恒润股份	5. 22	5. 29	4. 71	6. 18	5. 26	5. 02
96	300902. SZ	国安达	5. 22	5. 74	4. 79	5. 01	5. 19	5. 21
97	603187. SH	海容冷链	5. 21	5. 26	4. 91	5. 75	5. 67	4. 66
98	000157. SZ	中联重科	5. 21	4. 77	4. 94	4. 09	5. 36	6. 37
99	300817. SZ	双飞股份	5. 21	5. 45	5. 14	5. 42	5. 58	4. 53
100	603901. SH	永创智能	5. 2	4. 95	5. 48	5. 79	5. 32	4. 76
101	002046. SZ	国机精工	5. 2	5. 05	5. 1	5. 54	5. 37	5. 06
102	300818. SZ	耐普矿机	5. 19	5. 45	5. 41	5. 48	4. 92	4. 84

续表

排名	代码	公司名称	总得分	财务指标	估值与成长性	创值能力	公司治理	创新与研发
103	300906. SZ	日月明	5. 19	6. 58	4. 76	4. 34	4. 75	5. 1
104	603036. SH	如通股份	5. 19	6. 06	5. 56	4. 48	5. 03	4. 55
105	603611. SH	诺力股份	5. 19	4. 77	5. 41	5. 19	5. 6	5
106	002931. SZ	锋龙股份	5. 18	5. 33	5. 57	5. 87	4. 83	4. 66
107	002871. SZ	伟隆股份	5. 18	5. 67	5. 16	5. 42	5. 4	4. 35
108	300092. SZ	科新机电	5. 18	4. 79	5. 76	6. 14	4. 92	4. 78
109	603289. SH	泰瑞机器	5. 18	5. 56	5. 21	5. 3	5. 14	4. 74
110	300823. SZ	建科机械	5. 17	5. 63	4. 99	4. 69	5. 38	4. 95
111	603656. SH	泰禾智能	5. 17	5. 41	4. 94	4. 82	5. 29	5. 2
112	002026. SZ	山东威达	5. 17	5. 37	5. 31	5. 32	5. 2	4. 72
113	300382. SZ	斯莱克	5. 17	5. 04	5. 06	6. 13	5. 02	4. 97
114	603698. SH	航天工程	5. 17	5. 22	4. 72	4. 99	5. 26	5. 51
115	002896. SZ	中大力德	5. 16	5. 53	5. 08	5. 91	5. 12	4. 45
116	600582. SH	天地科技	5. 16	5. 27	4. 98	3. 7	5. 52	5. 66
117	603662. SH	柯力传感	5. 15	5. 97	5. 2	4. 95	5. 22	4. 33
118	002730. SZ	电光科技	5. 15	5. 61	5. 02	5. 56	5. 06	4. 67
119	300828. SZ	锐新科技	5. 15	5. 64	4. 88	5. 7	4. 87	4. 86
120	002837. SZ	英维克	5. 15	4. 91	4. 93	6. 36	4. 8	5. 23
121	603960. SH	克来机电	5. 15	5. 11	4. 02	5. 86	5. 37	5. 54
122	300103. SZ	达刚控股	5. 15	4. 89	5. 28	4. 62	5. 53	5. 2
123	300484. SZ	蓝海华腾	5. 14	4. 6	5. 14	6. 23	4. 9	5. 3
124	600481. SH	双良节能	5. 14	4. 89	5. 13	6. 45	4. 9	4. 88
125	002334. SZ	英威腾	5. 14	4. 91	4. 92	5. 45	5. 08	5. 43
126	300260. SZ	新莱应材	5. 14	4. 71	5. 35	6. 85	4. 99	4. 54
127	603966. SH	法兰泰克	5. 13	5. 13	5. 14	5. 88	5. 02	4. 81
128	603488. SH	展鹏科技	5. 13	6. 28	4. 72	5. 05	4. 89	4. 62
129	002367. SZ	康力电梯	5. 12	5. 17	5. 1	5. 25	5. 48	4. 66
130	603131. SH	上海沪工	5. 12	5. 12	5. 11	5. 62	5. 36	4. 61
131	603699. SH	纽威股份	5. 12	4. 96	5. 34	5. 09	5. 68	4. 55
132	603028. SH	赛福天	5. 12	5. 03	5. 59	5. 94	4. 86	4. 58
133	603159. SH	上海亚虹	5. 12	5. 8	4. 72	5. 68	5. 15	4. 42
134	300557. SZ	理工光科	5. 11	4. 82	4. 68	6	4. 89	5. 5
135	300161. SZ	华中数控	5. 11	4. 51	4. 69	6. 62	4. 46	5. 84

续表

排名	代码	公司名称	总得分	财务指标	估值与成长性	创值能力	公司治理	创新与研发
136	603308. SH	应流股份	5. 1	4. 74	5. 31	5. 59	5. 04	5. 07
137	600528. SH	中铁工业	5. 09	4. 84	5. 16	3. 56	5. 68	5. 57
138	002444. SZ	巨星科技	5. 09	5. 32	5. 32	4. 85	5. 13	4. 76
139	300402. SZ	宝色股份	5. 09	4. 28	5. 1	6. 71	5. 07	4. 98
140	000976. SZ	华铁股份	5. 09	5. 45	5. 06	4. 5	5	5. 18
141	300567. SZ	精测电子	5. 09	4. 5	4. 25	5. 54	5. 18	6. 05
142	603337. SH	杰克股份	5. 08	4. 97	4. 76	5. 41	5. 43	4. 92
143	600592. SH	龙溪股份	5. 08	5. 2	5. 14	4. 65	5. 48	4. 76
144	000680. SZ	山推股份	5. 07	4. 72	5. 29	5. 13	5. 31	4. 97
145	600560. SH	金自天正	5. 06	4. 21	5. 33	5. 82	4. 9	5. 41
146	603912. SH	佳力图	5. 06	5. 09	4. 87	5. 43	5. 14	4. 9
147	300838. SZ	浙江力诺	5. 05	5. 32	5. 07	5. 21	5. 24	4. 49
148	601038. SH	一拖股份	5. 05	5. 06	4. 7	5. 09	5. 41	4. 95
149	600501. SH	航天晨光	5. 05	4. 84	5. 14	5. 05	5. 23	4. 99
150	300503. SZ	昊志机电	5. 05	4. 32	5. 29	5. 59	5. 22	5. 08
151	300747. SZ	锐科激光	5. 04	4. 96	4. 63	6. 02	4. 84	5. 12
152	300275. SZ	梅安森	5. 04	4. 71	5. 22	5. 77	4. 44	5. 39
153	002527. SZ	新时达	5. 03	4. 89	5. 15	4. 27	5. 11	5. 43
154	002819. SZ	东方中科	5. 03	5. 38	5. 23	4. 26	4. 76	5. 22
155	300257. SZ	开山股份	5. 03	4. 82	5. 43	6. 29	4. 72	4. 48
156	603339. SH	四方科技	5. 02	5. 34	4. 78	4. 86	5. 39	4. 64
157	300281. SZ	金明精机	5. 02	5. 64	4. 99	4. 84	4. 84	4. 72
158	002957. SZ	科瑞技术	5. 02	5. 34	4. 6	5	4. 92	5. 19
159	601608. SH	中信重工	5. 02	4. 59	4. 86	5. 09	5. 34	5. 23
160	603969. SH	银龙股份	5. 01	4. 85	4. 96	5. 13	5. 44	4. 71
161	002965. SZ	祥鑫科技	5	4. 89	4. 6	5. 54	5. 62	4. 54
162	605100. SH	华丰股份	5	5. 94	4. 96	3. 97	5. 07	4. 6
163	600894. SH	广日股份	4. 99	5. 34	4. 82	3. 87	5. 57	4. 87
164	603095. SH	越剑智能	4. 99	5. 62	5. 21	3. 88	5. 09	4. 68
165	001696. SZ	宗申动力	4. 99	5. 3	5. 4	4. 39	4. 89	4. 75
166	300606. SZ	金太阳	4. 98	5. 46	4. 95	5. 42	4. 68	4. 58
167	600444. SH	国机通用	4. 97	4. 58	4. 52	5. 51	4. 93	5. 49
168	600262. SH	北方股份	4. 96	4. 9	5	4. 64	5. 2	4. 94

续表

排名	代码	公司名称	总得分	财务指标	估值与成长性	创值能力	公司治理	创新与研发
169	000927. SZ	中国铁物	4. 96	4. 05	5. 21	4. 94	5	5. 61
170	002483. SZ	润邦股份	4. 96	4. 98	5. 51	5. 06	4. 6	4. 74
171	300607. SZ	拓斯达	4. 95	4. 66	4. 61	4. 28	5. 34	5. 55
172	000811. SZ	冰轮环境	4. 95	5. 19	4. 73	4. 21	5. 18	5. 09
173	300549. SZ	优德精密	4. 95	5. 33	4. 43	5. 43	5. 25	4. 44
174	300227. SZ	光韵达	4. 94	5. 35	4. 8	5. 28	4. 65	4. 75
175	603321. SH	梅轮电梯	4. 94	5. 27	4. 45	4. 8	5. 39	4. 66
176	300486. SZ	东杰智能	4. 94	4. 65	5. 1	5. 25	4. 32	5. 51
177	601766. SH	中国中车	4. 93	4. 79	4. 48	3. 46	5. 62	5. 63
178	300421. SZ	力星股份	4. 93	5. 06	5. 05	5. 41	4. 83	4. 52
179	000821. SZ	京山轻机	4. 93	4. 45	5. 07	6. 08	4. 72	4. 82
180	002009. SZ	天奇股份	4. 93	4. 41	4. 91	5. 87	4. 77	5. 06
181	002598. SZ	山东章鼓	4. 92	4. 8	4. 73	5. 81	5. 12	4. 51
182	000528. SZ	柳工	4. 92	4. 87	4. 83	3. 02	5. 51	5. 55
183	002337. SZ	赛象科技	4. 92	4. 49	4. 75	5. 44	5. 09	5. 01
184	300923. SZ	研奥股份	4. 92	5. 62	5. 03	4. 29	4. 97	4. 41
185	601177. SH	杭齿前进	4. 91	4. 73	5. 18	5. 13	5. 09	4. 56
186	300809. SZ	华辰装备	4. 91	5. 5	4. 31	5. 43	4. 78	4. 68
187	300263. SZ	隆华科技	4. 91	4. 81	4. 63	5. 81	4. 58	5. 06
188	300417. SZ	南华仪器	4. 91	5. 55	3. 9	4. 25	4. 88	5. 55
189	002278. SZ	神开股份	4. 91	5. 06	4. 82	5. 6	4. 55	4. 79
190	300865. SZ	大宏立	4. 9	4. 9	4. 76	4. 72	5. 41	4. 62
191	300509. SZ	新美星	4. 9	4. 72	4. 64	5. 4	5. 05	4. 86
192	300345. SZ	华民股份	4. 9	5. 96	4. 1	6. 2	4. 09	4. 58
193	603029. SH	天鹅股份	4. 9	5. 08	5. 18	5. 06	4. 57	4. 69
194	002849. SZ	威星智能	4. 89	4. 65	4. 9	4. 45	5. 03	5. 26
195	002132. SZ	恒星科技	4. 89	4. 99	5. 3	5. 41	4. 79	4. 24
196	002689. SZ	远大智能	4. 89	4. 78	4. 42	5. 45	4. 93	5. 07
197	300441. SZ	鲍斯股份	4. 89	5. 07	5. 11	5. 37	4. 55	4. 59
198	601106. SH	中国一重	4. 88	4. 61	4. 74	4. 81	5. 02	5. 19
199	600330. SH	天通股份	4. 88	4. 59	5. 13	5. 42	4. 77	4. 78
200	300349. SZ	金卡智能	4. 88	5. 49	4. 63	3. 39	4. 73	5. 49
201	603011. SH	合锻智能	4. 88	4. 61	5. 13	5. 06	4. 99	4. 7

续表

排名	代码	公司名称	总得分	财务指标	估值与成长性	创值能力	公司治理	创新与研发
202	300095. SZ	华伍股份	4. 88	4. 68	5. 17	5. 4	4. 72	4. 67
203	603012. SH	创力集团	4. 87	4. 93	5. 1	4. 24	5. 02	4. 83
204	300412. SZ	迦南科技	4. 87	4. 83	4. 94	5. 62	4. 44	4. 83
205	603315. SH	福鞍股份	4. 86	4. 46	4. 97	6. 18	4. 43	4. 87
206	002073. SZ	软控股份	4. 86	4. 82	5. 39	4. 48	4. 56	4. 96
207	600992. SH	贵绳股份	4. 86	4. 67	5. 17	5. 67	5. 05	4. 11
208	600835. SH	上海机电	4. 86	4. 95	4. 75	3. 36	5. 45	5. 13
209	300011. SZ	鼎汉技术	4. 86	4. 29	4. 82	5. 26	4. 96	5. 12
210	300351. SZ	永贵电器	4. 86	4. 84	4. 61	5. 57	4. 87	4. 66
211	300862. SZ	蓝盾光电	4. 85	5. 14	5. 03	4. 69	4. 84	4. 53
212	603667. SH	五洲新春	4. 85	4. 89	5. 11	5. 4	4. 8	4. 31
213	600558. SH	大西洋	4. 85	5. 37	5. 04	4. 15	4. 9	4. 49
214	000777. SZ	中核科技	4. 84	4. 49	5. 18	5. 25	4. 97	4. 55
215	603269. SH	海鸥股份	4. 84	4. 27	5. 28	4. 82	5. 25	4. 64
216	300400. SZ	劲拓股份	4. 84	4. 5	4. 3	5. 89	4. 93	4. 97
217	300521. SZ	爱司凯	4. 84	5. 42	4. 3	4. 26	4. 29	5. 6
218	002559. SZ	亚威股份	4. 83	5. 03	4. 77	4. 64	4. 78	4. 85
219	002347. SZ	泰尔股份	4. 83	4. 61	4. 97	4. 5	4. 93	5
220	002611. SZ	东方精工	4. 82	5. 45	4. 74	4. 66	4. 58	4. 61
221	300512. SZ	中亚股份	4. 82	4. 62	4. 62	4. 85	5. 1	4. 89
222	002342. SZ	巨力索具	4. 82	4. 8	5. 33	4. 56	4. 97	4. 39
223	603090. SH	宏盛股份	4. 81	4. 69	4. 81	5. 05	5. 15	4. 46
224	603617. SH	君禾股份	4. 81	4. 9	4. 72	5. 1	4. 99	4. 44
225	000837. SZ	秦川机床	4. 81	4. 34	5. 09	5. 03	5. 02	4. 68
226	002890. SZ	弘宇股份	4. 8	5. 23	4. 82	5. 48	4. 47	4. 29
227	002795. SZ	永和智控	4. 8	5. 29	4. 94	4. 5	4. 73	4. 42
228	603331. SH	百达精工	4. 8	4. 61	5. 11	4. 97	5. 22	4. 19
229	002282. SZ	博深股份	4. 79	5. 53	5. 08	4. 13	4. 5	4. 48
230	300471. SZ	厚普股份	4. 79	4. 43	4. 34	6. 17	4. 55	4. 99
231	300083. SZ	创世纪	4. 79	3. 94	4. 17	6. 16	4. 99	5. 18
232	300126. SZ	锐奇股份	4. 78	5. 24	5. 4	4. 61	4. 49	4. 19
233	300499. SZ	高澜股份	4. 78	4. 41	4. 69	5. 7	4. 83	4. 66
234	002272. SZ	川润股份	4. 78	4. 21	5. 11	4. 79	5. 08	4. 77

续表

排名	代码	公司名称	总得分	财务指标	估值与成长性	创值能力	公司治理	创新与研发
235	300430. SZ	诚益通	4. 78	5. 01	4. 93	4. 35	4. 66	4. 76
236	002552. SZ	宝鼎科技	4. 77	5. 64	3. 84	4. 31	5. 22	4. 52
237	603111. SH	康尼机电	4. 76	5. 34	4. 62	4. 11	4. 47	4. 97
238	600495. SH	晋西车轴	4. 76	5. 51	4. 23	4. 25	5. 18	4. 35
239	300048. SZ	合康新能	4. 74	4. 7	4. 47	5. 97	4. 2	4. 86
240	600114. SH	东睦股份	4. 74	4. 87	4. 38	4. 54	4. 98	4. 79
241	600860. SH	京城股份	4. 73	4. 28	4. 45	6. 35	5	4. 23
242	000852. SZ	石化机械	4. 73	3. 79	4. 95	5. 92	4. 69	4. 84
243	002248. SZ	华东数控	4. 73	3. 85	4. 64	6. 69	4. 88	4. 4
244	600320. SH	振华重工	4. 72	4. 33	4. 83	3. 49	5. 2	5. 26
245	603680. SH	今创集团	4. 72	4. 53	4. 36	3. 7	5. 76	4. 76
246	002006. SZ	精功科技	4. 72	4. 25	4. 44	6. 7	4. 39	4. 61
247	002877. SZ	智能自控	4. 71	4. 38	4. 42	5. 19	5. 01	4. 71
248	002779. SZ	中坚科技	4. 7	4. 51	4. 89	5. 79	4. 49	4. 32
249	000856. SZ	冀东装备	4. 7	4. 3	4. 23	6. 25	4. 93	4. 38
250	300228. SZ	富瑞特装	4. 7	4. 57	4. 8	4. 88	4. 74	4. 6
251	300410. SZ	正业科技	4. 69	3. 78	4. 05	6. 23	4. 71	5. 25
252	605288. SH	凯迪股份	4. 69	5. 05	5. 05	3. 76	4. 81	4. 43
253	002686. SZ	亿利达	4. 68	4. 41	4. 67	4. 97	4. 68	4. 8
254	300411. SZ	金盾股份	4. 68	4. 47	4. 58	5. 87	3. 91	5. 08
255	601002. SH	晋亿实业	4. 68	5. 22	4. 58	3. 61	5. 22	4. 3
256	002520. SZ	日发精机	4. 67	5. 3	4. 94	2. 85	4. 62	4. 91
257	600421. SH	华嵘控股	4. 67	3. 87	4. 78	6. 57	4. 25	4. 7
258	600232. SH	金鹰股份	4. 67	4. 56	4. 94	5. 02	5. 03	3. 98
259	002097. SZ	山河智能	4. 65	4. 46	4. 85	2. 8	4. 91	5. 48
260	002526. SZ	山东矿机	4. 65	5. 48	4. 71	3. 5	4. 51	4. 57
261	300461. SZ	田中精机	4. 63	4. 02	4. 08	6. 37	4. 76	4. 58
262	002111. SZ	威海广泰	4. 62	4. 49	4. 38	3. 25	5. 37	5. 02
263	600520. SH	文一科技	4. 62	4. 43	4. 55	5. 81	4. 39	4. 42
264	603169. SH	兰石重装	4. 61	4. 12	4. 81	5. 58	4. 56	4. 42
265	002164. SZ	宁波东力	4. 61	4. 86	3. 85	5. 8	4. 7	4. 23
266	002943. SZ	宇晶股份	4. 6	4. 58	4. 1	4. 94	4. 87	4. 6
267	002767. SZ	先锋电子	4. 6	4. 89	4. 62	3. 2	4. 73	4. 97

续表

排名	代码	公司名称	总得分	财务指标	估值与成长性	创值能力	公司治理	创新与研发
268	300540. SZ	蜀道装备	4. 6	3. 86	4. 46	6. 16	4. 32	4. 85
269	603076. SH	乐惠国际	4. 59	4. 16	4. 67	4. 37	4. 96	4. 73
270	300024. SZ	机器人	4. 59	4. 23	4. 23	3. 84	4. 48	5. 78
271	300780. SZ	德恩精工	4. 57	4. 72	4. 92	4. 75	4. 63	3. 95
272	601399. SH	国机重装	4. 57	4. 28	4. 34	4. 69	4. 83	4. 73
273	002523. SZ	天桥起重	4. 56	4. 6	4. 53	3. 18	5. 01	4. 88
274	600815. SH	厦工股份	4. 54	3. 22	4. 64	5. 79	5. 5	4. 09
275	002691. SZ	冀凯股份	4. 54	4. 47	4. 46	4. 86	4. 4	4. 63
276	300080. SZ	易成新能	4. 52	4. 54	4. 27	5. 13	4. 3	4. 59
277	300879. SZ	大叶股份	4. 52	4. 01	5. 03	4. 73	4. 39	4. 61
278	300276. SZ	三丰智能	4. 51	4. 2	4. 54	4. 2	4. 55	4. 94
279	300836. SZ	佰奥智能	4. 51	4. 32	4. 58	4. 09	4. 5	4. 89
280	300173. SZ	福能东方	4. 51	3. 84	4. 5	5. 5	4. 09	5. 02
281	600169. SH	太原重工	4. 49	3. 83	4. 43	4. 55	4. 62	5. 03
282	300442. SZ	普丽盛	4. 48	3. 67	4. 81	6. 41	3. 78	4. 6
283	600172. SH	黄河旋风	4. 48	4. 62	3. 99	5. 87	3. 99	4. 45
284	002514. SZ	宝馨科技	4. 47	4. 43	4. 06	5. 2	4. 53	4. 42
285	300594. SZ	朗进科技	4. 47	4. 48	4. 66	3. 53	4. 52	4. 8
286	300195. SZ	长荣股份	4. 46	4. 57	4. 58	3. 46	4. 39	4. 9
287	600843. SH	上工申贝	4. 46	4. 96	4. 7	2. 5	4. 73	4. 6
288	300757. SZ	罗博特科	4. 45	3. 73	4. 23	4. 82	4. 51	5. 1
289	603356. SH	华菱精工	4. 45	4. 46	4. 64	3. 58	4. 85	4. 37
290	002031. SZ	巨轮智能	4. 45	4. 76	4. 07	4. 21	4. 36	4. 68
291	600984. SH	建设机械	4. 44	4. 6	4. 98	2. 66	4. 66	4. 63
292	002816. SZ	和科达	4. 44	3. 83	4. 24	5. 61	4. 48	4. 52
293	600579. SH	克劳斯	4. 44	4. 51	4. 68	2. 32	4. 87	4. 94
294	002209. SZ	达意隆	4. 43	4. 37	4. 6	3. 99	4. 48	4. 53
295	000890. SZ	法尔胜	4. 42	4. 05	4. 33	6. 45	3. 97	4. 16
296	002633. SZ	申科股份	4. 42	4. 33	4. 09	5. 28	4. 45	4. 27
297	000008. SZ	神州高铁	4. 4	4. 37	4. 36	2. 05	4. 72	5. 51
298	002796. SZ	世嘉科技	4. 4	4. 5	4	3. 71	5. 2	4. 24
299	603895. SH	天永智能	4. 39	3. 54	4. 13	5	4. 36	5. 17
300	603800. SH	道森股份	4. 36	3. 97	3. 86	4. 65	5. 05	4. 31

续表

排名	代码	公司名称	总得分	财务指标	估值与成长性	创值能力	公司治理	创新与研发
301	300293. SZ	蓝英装备	4. 34	4. 17	3. 75	4. 39	3. 76	5. 59
302	300145. SZ	中金环境	4. 34	4. 49	3. 65	3. 62	4. 83	4. 73
303	300472. SZ	新元科技	4. 34	3. 78	3. 93	3. 72	4. 55	5. 39
304	300554. SZ	三超新材	4. 34	4. 75	4. 07	3. 97	4. 4	4. 3
305	002639. SZ	雪人股份	4. 34	4. 47	3. 56	4. 41	4. 54	4. 64
306	002529. SZ	海源复材	4. 33	3. 65	4. 3	6. 24	3. 85	4. 42
307	300307. SZ	慈星股份	4. 32	4. 05	4. 01	4. 76	4. 11	4. 84
308	300084. SZ	海默科技	4. 29	4. 25	3. 88	2. 73	4. 79	5. 11
309	601798. SH	蓝科高新	4. 29	4. 12	4. 08	3. 45	4. 44	4. 99
310	002786. SZ	银宝山新	4. 28	3. 74	3. 77	4. 26	5. 26	4. 31
311	300278. SZ	华昌达	4. 27	3. 75	3. 65	5. 41	4. 2	4. 74
312	002426. SZ	胜利精密	4. 25	4. 16	4. 22	4. 8	3. 86	4. 44
313	300091. SZ	金通灵	4. 24	4. 04	4. 13	3. 31	4. 62	4. 7
314	600545. SH	卓郎智能	4. 24	3. 96	4. 32	3. 2	4. 29	4. 99
315	300700. SZ	岱勒新材	4. 23	3. 91	3. 99	4. 34	4. 82	4. 09
316	600243. SH	青海华鼎	4. 22	3. 53	4. 53	4. 81	4. 41	4. 13
317	300420. SZ	五洋停车	4. 22	4. 39	4. 23	2. 52	4. 34	4. 87
318	603278. SH	大业股份	4. 21	4. 38	4. 57	2. 52	4. 59	4. 33
319	300004. SZ	南风股份	4. 2	4. 01	4. 28	4. 87	3. 75	4. 4
320	000595. SZ	宝塔实业	4. 19	3. 18	3. 28	5. 99	4. 65	4. 52
321	600375. SH	汉马科技	4. 19	3. 84	3. 62	3. 71	4. 8	4. 69
322	300220. SZ	金运激光	4. 19	4. 18	4	4. 49	3. 49	4. 86
323	002685. SZ	华东重机	4. 17	4. 48	4. 04	2. 78	4. 3	4. 64
324	002564. SZ	天沃科技	4. 17	3. 97	3. 64	3. 45	4. 47	4. 94
325	603789. SH	星光农机	4. 16	3. 41	4. 01	4. 41	4. 76	4. 29
326	002480. SZ	新筑股份	4. 16	3. 91	3. 32	3. 64	4. 78	4. 8
327	000584. SZ	哈工智能	4. 14	3. 9	3. 74	3. 52	4. 24	5. 01
328	300165. SZ	天瑞仪器	4. 14	4. 33	3. 68	2. 57	4. 12	5. 28
329	002667. SZ	鞍重股份	4. 14	4. 3	3. 4	4. 48	4. 18	4. 38
330	000530. SZ	冰山冷热	4. 1	4. 48	3. 87	2. 48	4. 56	4. 38
331	600302. SH	标准股份	4. 05	3. 73	4. 24	3. 12	4. 2	4. 56
332	002490. SZ	山东墨龙	4. 03	4. 47	3. 38	3. 29	4. 49	4. 14
333	300097. SZ	智云股份	4	3. 84	3. 21	3. 33	4. 13	5. 09
334	605001. SH	威奥股份	3. 89	4. 16	4. 1	2. 03	4. 12	4. 27

（十四）计算机

排名	代码	公司名称	总得分	财务指标	估值与成长性	创值能力	公司治理	创新与研发
1	300033. SZ	同花顺	6. 06	7. 03	5. 27	6. 56	5. 71	5. 84
2	002410. SZ	广联达	5. 92	6. 09	5. 35	6. 53	6. 12	5. 68
3	002415. SZ	海康威视	5. 88	5. 75	5. 2	6. 07	6. 5	5. 89
4	300496. SZ	中科创达	5. 8	5. 4	5. 69	6. 76	5. 69	5. 86
5	600570. SH	恒生电子	5. 67	5. 95	4. 96	6. 52	5. 78	5. 39
6	002230. SZ	科大讯飞	5. 65	5. 07	4. 99	6. 42	5. 87	6. 14
7	300768. SZ	迪普科技	5. 62	6. 79	5. 27	5. 5	5. 18	5. 26
8	300624. SZ	万兴科技	5. 61	6. 26	5. 31	6. 17	5. 22	5. 28
9	300659. SZ	中孚信息	5. 58	5. 94	5. 52	5. 8	5. 19	5. 54
10	002063. SZ	远光软件	5. 56	5. 77	4. 93	5. 85	5. 8	5. 51
11	300379. SZ	东方通	5. 56	5. 87	5. 21	6. 05	4. 86	5. 99
12	300803. SZ	指南针	5. 55	6. 59	5. 24	6. 66	5. 43	4. 27
13	300454. SZ	深信服	5. 52	5. 99	4. 63	6. 18	5. 27	5. 7
14	600845. SH	宝信软件	5. 51	5. 51	5. 14	6. 65	5. 35	5. 35
15	600850. SH	电科数字	5. 5	5. 16	5. 55	5. 69	5. 96	5. 24
16	603383. SH	顶点软件	5. 49	6. 57	4. 97	5. 7	5. 48	4. 78
17	300508. SZ	维宏股份	5. 49	5. 87	4. 96	6. 5	5. 2	5. 29
18	002236. SZ	大华股份	5. 47	5. 03	5. 27	4. 83	6. 16	5. 77
19	300682. SZ	朗新科技	5. 45	5. 47	5. 14	6. 62	4. 88	5. 6
20	003029. SZ	吉大正元	5. 45	5. 74	5. 41	5. 48	5. 55	5. 08
21	002439. SZ	启明星辰	5. 45	5. 61	5. 3	5. 47	5. 27	5. 59
22	300235. SZ	方直科技	5. 44	6. 7	4. 96	5. 79	4. 65	5. 21
23	300525. SZ	博思软件	5. 43	5. 87	5. 14	6. 28	5. 18	4. 99
24	300188. SZ	美亚柏科	5. 42	5. 39	5. 01	5. 62	5. 35	5. 75
25	002649. SZ	博彦科技	5. 39	5. 6	5. 84	4. 7	5. 85	4. 74
26	300229. SZ	拓尔思	5. 39	5. 67	4. 9	6. 1	5. 04	5. 49
27	600536. SH	中国软件	5. 37	4. 92	5. 03	6. 47	5. 34	5. 51
28	300369. SZ	绿盟科技	5. 37	5. 79	5. 04	5. 36	5. 26	5. 34
29	002920. SZ	德赛西威	5. 36	5. 13	5. 24	6. 78	5. 17	5. 05
30	600588. SH	用友网络	5. 36	5. 38	4. 29	6. 38	5. 88	5. 15
31	300248. SZ	新开普	5. 34	5. 87	5. 1	5. 15	5. 26	5. 21
32	300468. SZ	四方精创	5. 33	5. 99	4. 97	5. 98	4. 99	4. 97

续表

排名	代码	公司名称	总得分	财务指标	估值与成长性	创值能力	公司治理	创新与研发
33	300378. SZ	鼎捷软件	5. 33	5. 88	5. 12	5. 53	5. 33	4. 86
34	600718. SH	东软集团	5. 33	5. 01	5. 04	5. 56	6. 02	5. 08
35	300687. SZ	赛意信息	5. 3	5. 48	5. 2	6. 01	5. 01	5. 1
36	300579. SZ	数字认证	5. 3	5. 13	4. 59	6. 46	5. 56	5. 13
37	600131. SH	国网信通	5. 29	4. 7	4. 58	6. 57	5. 3	5. 76
38	300846. SZ	首都在线	5. 28	5. 55	4. 97	6. 26	4. 91	5. 09
39	002152. SZ	广电运通	5. 26	5. 66	5. 23	4. 87	5. 73	4. 64
40	002990. SZ	盛视科技	5. 26	5. 22	4. 72	5. 74	5. 45	5. 3
41	300348. SZ	长亮科技	5. 26	5. 15	4. 79	6. 2	5. 62	4. 88
42	601519. SH	大智慧	5. 26	6. 05	4. 38	6. 32	4. 83	5. 04
43	603189. SH	网达软件	5. 25	5. 32	5. 28	5. 56	5. 02	5. 22
44	300766. SZ	每日互动	5. 23	5. 87	4. 73	5. 26	4. 91	5. 33
45	300253. SZ	卫宁健康	5. 23	5. 51	4. 89	5. 62	5. 18	5. 08
46	002268. SZ	卫士通	5. 23	5. 34	5. 02	6. 58	4. 38	5. 37
47	300036. SZ	超图软件	5. 22	5. 47	4. 96	5. 56	5. 33	4. 9
48	300738. SZ	奥飞数据	5. 21	5	5. 53	6. 3	4. 41	5. 34
49	002777. SZ	久远银海	5. 21	5. 63	5. 07	5. 98	5. 02	4. 68
50	300552. SZ	万集科技	5. 21	5. 78	4. 94	5. 24	4. 77	5. 31
51	603232. SH	格尔软件	5. 21	5. 55	4. 5	4. 6	5. 7	5. 34
52	300541. SZ	先进数通	5. 21	4. 1	5. 67	5. 97	5. 64	5. 04
53	603019. SH	中科曙光	5. 21	4. 94	4. 63	5. 76	5. 4	5. 47
54	300634. SZ	彩讯股份	5. 2	5. 81	4. 58	5. 32	5. 16	5. 1
55	600455. SH	博通股份	5. 2	5. 62	5. 48	6. 37	4. 7	4. 35
56	603516. SH	淳中科技	5. 19	5. 81	4. 77	4. 97	5. 53	4. 74
57	002368. SZ	太极股份	5. 19	4. 47	5. 21	5. 68	5. 26	5. 55
58	002362. SZ	汉王科技	5. 19	5. 08	5. 36	5. 17	5. 16	5. 2
59	300079. SZ	数码视讯	5. 19	6. 02	4. 95	4. 79	4. 66	5. 31
60	300925. SZ	法本信息	5. 18	5. 02	4. 77	5. 93	5. 97	4. 49
61	002261. SZ	拓维信息	5. 18	5. 36	5. 31	5. 32	4. 85	5. 15
62	603508. SH	思维列控	5. 18	5. 7	4. 73	3. 86	5. 78	5. 22
63	300231. SZ	银信科技	5. 18	4. 81	5. 53	5. 22	5. 61	4. 78
64	603927. SH	中科软	5. 17	5. 15	4. 97	6. 23	5. 24	4. 7
65	002405. SZ	四维图新	5. 17	5. 4	4. 16	5. 38	5. 09	5. 78

续表

排名	代码	公司名称	总得分	财务指标	估值与成长性	创值能力	公司治理	创新与研发
66	603918. SH	金桥信息	5. 16	4. 9	5. 2	5. 27	5. 65	4. 83
67	605118. SH	力鼎光电	5. 16	6. 41	4. 93	5. 85	4. 78	4. 09
68	300377. SZ	赢时胜	5. 16	5. 88	4. 62	5. 21	4. 85	5. 18
69	300542. SZ	新晨科技	5. 14	5. 24	4. 82	6. 46	5. 13	4. 55
70	300559. SZ	佳发教育	5. 13	6. 11	4. 6	5. 5	4. 73	4. 82
71	300333. SZ	兆日科技	5. 13	5. 47	4. 45	5. 54	4. 84	5. 44
72	601360. SH	三六零	5. 13	5. 97	3. 64	4. 1	5. 56	5. 73
73	002835. SZ	同为股份	5. 12	5. 09	5. 66	5. 93	5	4. 34
74	300451. SZ	创业慧康	5. 12	5. 47	4. 8	5. 28	4. 99	5. 07
75	300771. SZ	智莱科技	5. 12	6. 1	5. 12	4. 75	5. 27	4. 18
76	000997. SZ	新大陆	5. 12	4. 98	5. 18	5. 07	5. 42	4. 92
77	300075. SZ	数字政通	5. 11	5. 41	4. 9	5. 52	5. 25	4. 64
78	002987. SZ	京北方	5. 11	5. 41	5. 17	5. 88	5. 21	4. 23
79	603990. SH	麦迪科技	5. 11	5. 58	4. 76	5. 69	4. 88	4. 84
80	000555. SZ	神州信息	5. 11	4. 78	4. 95	5. 07	5. 69	5. 03
81	300455. SZ	康拓红外	5. 11	4. 68	5. 17	5. 89	5. 08	5. 06
82	300532. SZ	今天国际	5. 11	4. 56	5. 26	6. 57	4. 71	5. 08
83	600728. SH	佳都科技	5. 1	4. 68	4. 92	5. 86	5. 31	5. 04
84	002153. SZ	石基信息	5. 1	5. 52	4. 22	4. 15	5. 7	5. 41
85	300608. SZ	思特奇	5. 1	4. 96	4. 74	5. 09	5. 34	5. 33
86	300799. SZ	左江科技	5. 09	4. 72	4. 42	6. 11	5. 01	5. 55
87	300250. SZ	初灵信息	5. 09	4. 77	4. 79	6. 11	4. 84	5. 33
88	300531. SZ	优博讯	5. 08	5. 49	5. 4	5. 39	4. 63	4. 68
89	300830. SZ	金现代	5. 08	5. 01	5. 01	5. 51	5. 28	4. 77
90	300678. SZ	中科信息	5. 08	4. 78	5. 09	6. 08	4. 68	5. 19
91	600271. SH	航天信息	5. 08	5. 61	4. 41	3. 6	5. 77	5. 28
92	600571. SH	信雅达	5. 07	5. 13	4. 84	5. 79	5. 26	4. 63
93	300790. SZ	宇瞳光学	5. 07	4. 78	5. 42	6. 08	5. 13	4. 43
94	300277. SZ	海联讯	5. 07	5. 16	4. 67	6. 29	4. 91	4. 79
95	000948. SZ	南天信息	5. 06	4. 42	5. 15	4. 89	5. 51	5. 29
96	000938. SZ	紫光股份	5. 06	4. 78	4. 34	4. 46	5. 44	5. 93
97	002279. SZ	久其软件	5. 05	4. 83	4. 56	5. 83	5. 14	5. 13
98	002609. SZ	捷顺科技	5. 04	5. 02	5. 53	5. 28	4. 93	4. 63

续表

排名	代码	公司名称	总得分	财务指标	估值与成长性	创值能力	公司治理	创新与研发
99	002474. SZ	榕基软件	5. 04	4. 78	4. 75	5. 7	5. 34	4. 88
100	300674. SZ	宇信科技	5. 04	5. 05	4. 61	6. 04	5. 26	4. 59
101	300383. SZ	光环新网	5. 02	5. 48	5. 09	3. 61	5. 28	5. 08
102	002373. SZ	千方科技	5. 01	5. 04	4. 78	3. 69	5. 58	5. 38
103	002401. SZ	中远海科	5. 01	5. 18	5. 07	5. 56	4. 69	4. 81
104	000977. SZ	浪潮信息	4. 99	4. 07	4. 69	5. 29	5. 57	5. 43
105	300561. SZ	汇金科技	4. 99	5. 34	4. 69	4. 82	5. 11	4. 88
106	003005. SZ	竞业达	4. 99	5. 17	4. 55	4. 54	5. 7	4. 72
107	300017. SZ	网宿科技	4. 99	6. 02	4. 3	3. 76	5. 09	5. 16
108	300440. SZ	运达科技	4. 98	4. 93	5. 01	5. 05	4. 84	5. 11
109	300448. SZ	浩云科技	4. 98	5. 79	4. 64	4. 05	5. 13	4. 85
110	300645. SZ	正元智慧	4. 98	4. 52	5. 3	5. 8	4. 73	4. 94
111	000066. SZ	中国长城	4. 98	4. 37	4. 57	5. 41	5. 57	5. 09
112	300245. SZ	天玑科技	4. 98	5. 86	5. 38	3. 17	4. 93	4. 83
113	002577. SZ	雷柏科技	4. 97	5. 28	5. 13	5. 69	4. 36	4. 74
114	300730. SZ	科创信息	4. 95	4. 67	4. 97	6. 04	5. 06	4. 47
115	300609. SZ	汇纳科技	4. 94	5. 49	4. 67	3. 85	5. 12	5. 1
116	600602. SH	云赛智联	4. 94	5. 29	4. 83	5. 02	4. 92	4. 66
117	300130. SZ	新国都	4. 94	5. 47	4. 74	5. 34	4. 87	4. 41
118	300789. SZ	唐源电气	4. 94	4. 6	5. 17	4. 92	5. 17	4. 84
119	300895. SZ	铜牛信息	4. 94	5. 26	4. 72	4. 49	4. 78	5. 21
120	603138. SH	海量数据	4. 93	5. 28	4. 31	5. 55	5	4. 71
121	002912. SZ	中新赛克	4. 93	5. 13	4. 5	5. 05	4. 71	5. 26
122	002065. SZ	东华软件	4. 93	4. 66	4. 69	4. 49	5. 29	5. 3
123	430198. BJ	微创光电	4. 93	5. 84	5. 3	3. 61	4. 52	4. 84
124	300598. SZ	诚迈科技	4. 92	4. 81	4. 47	6. 1	4. 47	5. 2
125	603636. SH	南威软件	4. 92	4. 42	4. 7	5. 36	5. 51	4. 76
126	000503. SZ	国新健康	4. 92	4. 43	4. 12	6. 47	5. 03	5. 08
127	600476. SH	湘邮科技	4. 91	4. 24	4. 92	6. 58	4. 86	4. 68
128	002195. SZ	二三四五	4. 91	5. 9	4. 56	3. 2	5. 19	4. 93
129	300166. SZ	东方国信	4. 91	5. 38	4. 52	4. 13	4. 66	5. 46
130	603496. SH	恒为科技	4. 9	4. 44	4. 44	5. 19	5. 17	5. 35
131	300168. SZ	万达信息	4. 9	3. 79	4. 19	7. 1	5. 09	5. 18

续表

排名	代码	公司名称	总得分	财务指标	估值与成长性	创值能力	公司治理	创新与研发
132	300845. SZ	捷安高科	4. 9	5. 4	4. 6	4. 64	5. 26	4. 46
133	300288. SZ	朗玛信息	4. 89	5. 74	4. 55	4. 81	4. 85	4. 43
134	300330. SZ	华虹计通	4. 89	4. 43	5. 77	6. 04	3. 98	4. 83
135	300550. SZ	和仁科技	4. 88	4. 75	4. 62	5. 23	4. 87	5. 05
136	300556. SZ	丝路视觉	4. 88	4. 96	5. 19	5. 74	4. 87	4. 04
137	300311. SZ	任子行	4. 88	4. 72	4. 1	5. 81	4. 86	5. 2
138	002253. SZ	川大智胜	4. 88	5. 27	4. 56	4. 74	4. 67	5. 05
139	600756. SH	浪潮软件	4. 87	4. 87	4. 61	4. 57	4. 86	5. 29
140	002322. SZ	理工能科	4. 87	6. 13	4. 66	3. 31	4. 91	4. 66
141	300520. SZ	科大国创	4. 87	4. 46	4. 74	5. 61	5. 02	4. 82
142	300605. SZ	恒锋信息	4. 87	4. 22	4. 64	5. 83	5. 16	4. 85
143	300042. SZ	朗科科技	4. 86	5. 05	5. 4	5. 1	4. 42	4. 51
144	300872. SZ	天阳科技	4. 86	4. 34	4. 54	5. 15	5. 6	4. 76
145	300663. SZ	科蓝软件	4. 86	4. 25	4. 73	6. 17	4. 85	4. 85
146	300226. SZ	上海钢联	4. 86	4. 36	5. 25	4. 56	5. 33	4. 72
147	002197. SZ	证通电子	4. 85	4. 92	5. 23	4. 86	4. 44	4. 87
148	600446. SH	金证股份	4. 85	4. 69	4. 52	5. 48	5. 08	4. 72
149	300884. SZ	狄耐克	4. 85	5. 01	4. 94	4. 86	4. 81	4. 65
150	002232. SZ	启明信息	4. 84	4. 48	4. 01	5. 81	5. 51	4. 7
151	002970. SZ	锐明技术	4. 84	4. 48	4. 55	5. 4	5. 18	4. 8
152	002212. SZ	天融信	4. 84	5. 32	4. 25	3. 63	5. 06	5. 35
153	002178. SZ	延华智能	4. 84	4. 38	4. 34	6. 15	4. 88	4. 95
154	300691. SZ	联合光电	4. 84	4. 74	4. 92	5. 32	4. 91	4. 5
155	603881. SH	数据港	4. 83	4. 97	4. 85	4. 18	5. 03	4. 83
156	003007. SZ	直真科技	4. 83	5. 19	4. 39	4. 17	5. 06	4. 99
157	300366. SZ	创意信息	4. 82	4. 27	5	5. 32	4. 66	5. 08
158	300271. SZ	华宇软件	4. 82	5. 14	4. 78	3. 51	4. 83	5. 28
159	300170. SZ	汉得信息	4. 81	5. 23	4. 38	4. 68	4. 68	4. 96
160	003004. SZ	声迅股份	4. 81	5. 34	4. 65	4. 99	4. 68	4. 44
161	300743. SZ	天地数码	4. 79	4. 84	5. 13	5. 69	4. 66	4. 08
162	300155. SZ	安居宝	4. 77	5. 23	4. 75	4. 75	4. 52	4. 58
163	002376. SZ	新北洋	4. 76	4. 77	4. 6	3. 46	5. 49	4. 91
164	300339. SZ	润和软件	4. 76	4. 5	4. 36	6. 16	4. 45	4. 87

续表

排名	代码	公司名称	总得分	财务指标	估值与成长性	创值能力	公司治理	创新与研发
165	300386. SZ	飞天诚信	4. 73	5. 68	4. 4	4. 1	4. 39	4. 79
166	002771. SZ	真视通	4. 71	5. 07	4. 83	4. 59	4. 65	4. 38
167	300546. SZ	雄帝科技	4. 7	4. 76	4. 26	5. 6	4. 66	4. 56
168	600855. SH	航天长峰	4. 69	4. 59	4. 35	5. 51	4. 79	4. 52
169	300074. SZ	华平股份	4. 69	4. 93	4. 65	4. 44	4. 65	4. 65
170	000158. SZ	常山北明	4. 68	4. 56	4. 12	4. 75	4. 91	5. 03
171	300047. SZ	天源迪科	4. 68	4. 35	4. 9	3. 43	5. 11	5. 12
172	300419. SZ	浩丰科技	4. 68	4. 65	4. 7	5. 45	4. 2	4. 72
173	603660. SH	苏州科达	4. 68	4. 57	4. 63	3. 9	5. 07	4. 88
174	600410. SH	华胜天成	4. 67	4. 71	4. 65	3. 74	5. 03	4. 82
175	300380. SZ	安硕信息	4. 67	4. 53	4. 44	5. 88	4. 89	4. 1
176	002642. SZ	荣联科技	4. 67	3. 97	4. 65	5. 52	4. 81	4. 75
177	300167. SZ	迪威迅	4. 66	4. 35	4. 67	6. 11	4. 48	4. 32
178	600797. SH	浙大网新	4. 66	5. 19	4. 21	2. 96	5. 13	5. 03
179	300212. SZ	易华录	4. 66	4. 34	4. 29	3. 66	5. 4	5. 12
180	300465. SZ	高伟达	4. 65	4. 2	4. 44	6. 34	4. 66	4. 31
181	300523. SZ	辰安科技	4. 64	4. 24	4. 59	4. 36	4. 9	4. 97
182	300302. SZ	同有科技	4. 63	4. 62	4. 88	3. 41	4. 89	4. 88
183	603869. SH	新智认知	4. 63	5. 49	4. 32	2. 49	4. 87	5. 04
184	300096. SZ	易联众	4. 63	4. 44	4. 08	4. 57	4. 77	5. 17
185	300150. SZ	世纪瑞尔	4. 62	4. 73	4. 59	3. 69	5. 01	4. 69
186	300399. SZ	天利科技	4. 62	4. 82	4. 16	4. 5	4. 65	4. 84
187	300287. SZ	飞利信	4. 6	4. 19	4. 66	5. 6	4. 24	4. 75
188	002657. SZ	中科金财	4. 57	4. 51	3. 43	5. 25	5. 09	4. 73
189	300479. SZ	神思电子	4. 56	4. 81	4. 01	4. 08	4. 62	5. 01
190	002298. SZ	中电兴发	4. 54	4. 43	5. 26	2. 65	4. 85	4. 79
191	000034. SZ	神州数码	4. 53	4. 51	4. 22	2. 59	5. 09	5. 38
192	300020. SZ	银江技术	4. 53	4. 19	4. 71	4. 16	4. 35	5. 11
193	600100. SH	同方股份	4. 52	4. 04	4. 67	3. 7	4. 34	5. 53
194	300290. SZ	荣科科技	4. 51	4. 76	4. 07	3. 35	5. 01	4. 83
195	300324. SZ	旋极信息	4. 51	4. 74	4. 07	4. 11	4. 49	4. 91
196	300098. SZ	高新兴	4. 5	4. 23	4. 22	4. 45	4. 82	4. 73

续表

排名	代码	公司名称	总得分	财务指标	估值与成长性	创值能力	公司治理	创新与研发
197	603528. SH	多伦科技	4. 5	5. 03	4. 55	3. 6	4. 72	4. 21
198	300469. SZ	信息发展	4. 5	3. 81	4. 04	5. 18	5. 24	4. 45
199	300365. SZ	恒华科技	4. 47	4. 04	4. 18	4. 12	5. 2	4. 62
200	300352. SZ	北信源	4. 45	4. 16	3. 82	3. 9	4. 76	5. 28
201	300249. SZ	依米康	4. 44	4. 05	3. 76	5. 1	5. 09	4. 4
202	300551. SZ	古鳌科技	4. 43	4. 83	3. 86	4. 72	4. 49	4. 31
203	300270. SZ	中威电子	4. 41	4. 07	4. 54	5. 2	3. 86	4. 73
204	002512. SZ	达华智能	4. 41	3. 69	4. 55	5. 7	4. 11	4. 56
205	300368. SZ	汇金股份	4. 4	3. 83	4. 64	4. 88	4. 41	4. 48
206	300085. SZ	银之杰	4. 39	4. 33	3. 98	4. 41	4. 07	5. 11
207	002380. SZ	科远智慧	4. 38	4. 43	4. 63	3. 03	4. 65	4. 62
208	300044. SZ	赛为智能	4. 37	3. 83	4. 09	3. 64	4. 66	5. 3
209	002421. SZ	达实智能	4. 37	4. 09	4. 27	3. 28	4. 64	5. 09
210	002331. SZ	皖通科技	4. 32	4. 68	4. 31	2. 39	4. 96	4. 45
211	002530. SZ	金财互联	4. 29	4. 25	3. 87	4	4. 84	4. 31
212	603003. SH	龙宇燃油	4. 26	4. 86	3. 98	2. 53	4. 65	4. 52
213	300588. SZ	熙菱信息	4. 25	4. 05	3. 68	4. 08	4. 54	4. 75
214	603106. SH	恒银科技	4. 24	4. 57	4. 16	3. 24	4. 71	4. 09
215	300078. SZ	思创医惠	4. 23	4. 26	4. 89	2. 96	3. 62	4. 98
216	603887. SH	城地香江	4. 22	4. 26	4. 49	1. 67	4. 96	4. 69
217	300264. SZ	佳创视讯	4. 19	3. 52	3. 38	4. 61	4. 81	4. 69
218	300807. SZ	天迈科技	4. 19	4. 04	4	4. 22	3. 89	4. 78
219	300209. SZ	天泽信息	4. 17	3. 91	4. 15	4. 42	3. 79	4. 69
220	300462. SZ	华铭智能	4. 14	4. 53	4. 62	1. 79	4. 12	4. 72
221	300344. SZ	立方数科	4. 1	2. 85	3. 83	4. 77	4. 39	4. 92
222	002308. SZ	威创股份	4. 09	4. 71	3. 67	2. 99	4. 29	4. 26
223	002528. SZ	英飞拓	4. 06	3. 47	4. 37	2. 78	4. 62	4. 55
224	300449. SZ	汉邦高科	4. 01	3. 95	3. 19	4. 46	3. 98	4. 54
225	300300. SZ	海峡创新	3. 78	3. 64	3. 59	4. 18	3. 72	3. 94

（十五）家用电器

排名	代码	公司名称	总得分	财务指标	估值与成长性	创值能力	公司治理	创新与研发
1	002677. SZ	浙江美大	5. 93	7. 38	4. 9	6. 02	5. 76	5. 48
2	300894. SZ	火星人	5. 78	6. 47	5. 18	6. 48	5. 68	5. 29
3	603486. SH	科沃斯	5. 76	5. 34	5. 59	6. 77	5. 67	5. 84
4	300911. SZ	亿田智能	5. 65	6. 49	5. 03	6. 22	5. 4	5. 26
5	605336. SH	帅丰电器	5. 53	6. 99	4. 99	4. 97	5. 58	4. 79
6	000333. SZ	美的集团	5. 51	4. 98	5. 32	5. 54	5. 94	5. 76
7	002508. SZ	老板电器	5. 51	5. 99	4. 59	5. 44	5. 85	5. 53
8	600690. SH	海尔智家	5. 51	4. 94	5. 09	5. 6	5. 59	6. 29
9	300824. SZ	北鼎股份	5. 43	6. 32	5. 26	5. 98	4. 91	4. 91
10	002032. SZ	苏泊尔	5. 42	5. 72	5. 14	5. 93	5. 45	5. 05
11	603868. SH	飞科电器	5. 38	6. 3	4. 3	6. 12	5. 62	4. 72
12	300403. SZ	汉宇集团	5. 32	5. 65	5. 34	5. 54	5. 11	5. 05
13	603579. SH	荣泰健康	5. 31	5. 83	4. 96	4. 84	5. 63	5. 04
14	002050. SZ	三花智控	5. 3	5. 33	4. 75	6. 19	5. 17	5. 39
15	603515. SH	欧普照明	5. 29	5. 66	5. 02	5. 13	5. 72	4. 82
16	002242. SZ	九阳股份	5. 29	5. 18	4. 3	5. 53	5. 77	5. 66
17	002860. SZ	星帅尔	5. 26	5. 41	5. 31	5. 8	5. 22	4. 79
18	002705. SZ	新宝股份	5. 22	5. 15	5. 21	5. 65	5. 44	4. 83
19	603578. SH	三星新材	5. 19	5. 26	5. 67	5. 44	4. 99	4. 74
20	603311. SH	金海高科	5. 1	5. 33	5. 05	5. 69	5. 35	4. 32
21	603355. SH	莱克电气	5. 09	5. 18	4. 98	5. 89	5	4. 73
22	600060. SH	海信视像	5. 09	4. 81	5. 21	4. 44	5. 33	5. 38
23	603519. SH	立霸股份	5. 07	5. 07	4. 87	5. 82	4. 82	5. 07
24	000651. SZ	格力电器	5. 07	4. 73	4. 64	4. 75	5. 24	5. 81
25	000810. SZ	创维数字	5. 05	4. 5	5. 17	5. 88	4. 74	5. 34
26	603657. SH	春光科技	5. 04	5. 66	5. 01	5. 08	4. 83	4. 62
27	603551. SH	奥普家居	5. 02	5. 95	3. 84	4. 31	5. 4	5. 13
28	600854. SH	春兰股份	5. 01	5. 63	4. 93	4. 91	4. 63	4. 91
29	300160. SZ	秀强股份	5	5. 15	4. 69	6. 14	4. 9	4. 57
30	000404. SZ	长虹华意	4. 97	4. 91	5. 7	4. 43	4. 86	4. 83
31	002543. SZ	万和电气	4. 97	5	4. 69	4. 31	5. 37	5. 17
32	300342. SZ	天银机电	4. 97	4. 96	4. 25	5. 46	4. 83	5. 45

续表

排名	代码	公司名称	总得分	财务指标	估值与成长性	创值能力	公司治理	创新与研发
33	002519. SZ	银河电子	4. 96	5. 15	4. 21	5. 29	4. 7	5. 49
34	603112. SH	华翔股份	4. 95	5. 02	5. 33	5. 59	4. 84	4. 31
35	000921. SZ	海信家电	4. 95	4. 76	4. 93	4. 05	5. 62	5. 01
36	002959. SZ	小熊电器	4. 94	5. 46	4. 59	5. 83	4. 43	4. 73
37	300272. SZ	开能健康	4. 9	5. 22	4. 76	5. 11	4. 74	4. 76
38	603677. SH	奇精机械	4. 89	4. 75	5. 22	5. 36	4. 93	4. 43
39	000801. SZ	四川九洲	4. 88	4. 69	5. 24	5. 51	4. 31	4. 96
40	600336. SH	澳柯玛	4. 87	4. 29	4. 57	6. 67	5. 02	4. 55
41	603303. SH	得邦照明	4. 82	4. 91	4. 91	5. 33	4. 48	4. 72
42	603726. SH	朗迪集团	4. 81	4. 73	4. 69	5. 17	4. 82	4. 76
43	002676. SZ	顺威股份	4. 8	4. 39	5. 43	5. 74	4. 62	4. 32
44	603366. SH	日出东方	4. 8	4. 85	5. 18	4. 2	4. 98	4. 59
45	600261. SH	阳光照明	4. 78	5. 27	4. 46	4. 14	5. 02	4. 7
46	002290. SZ	禾盛新材	4. 73	3. 61	5. 07	6. 18	4. 5	4. 96
47	002035. SZ	华帝股份	4. 69	4. 82	4. 35	4. 1	4. 85	5. 02
48	300247. SZ	融捷健康	4. 67	4. 7	4. 73	5. 82	4. 01	4. 57
49	300217. SZ	东方电热	4. 66	4. 11	4. 66	5. 59	5. 01	4. 35
50	600839. SH	四川长虹	4. 59	4. 4	4. 55	3. 55	4. 68	5. 31
51	003023. SZ	彩虹集团	4. 57	5. 12	4. 28	4. 13	5. 03	4. 09
52	002723. SZ	金莱特	4. 57	4. 05	4. 76	5. 8	4. 14	4. 64
53	300625. SZ	三雄极光	4. 56	5. 47	4. 54	2. 86	4. 81	4. 4
54	600619. SH	海立股份	4. 54	4. 28	4. 75	2. 96	5. 05	5
55	002429. SZ	兆驰股份	4. 52	4. 21	4. 73	3. 99	4. 39	5. 1
56	002614. SZ	奥佳华	4. 51	4. 74	4. 43	3. 47	4. 58	4. 89
57	000521. SZ	长虹美菱	4. 51	4. 24	4. 57	3. 57	4. 68	5. 1
58	002420. SZ	毅昌科技	4. 49	3. 73	4. 16	6. 08	4. 93	4. 19
59	000541. SZ	佛山照明	4. 44	4. 84	4. 64	2. 53	4. 93	4. 5
60	002418. SZ	康盛股份	4. 41	4. 03	4. 32	5. 66	4. 48	4. 08
61	002011. SZ	盾安环境	4. 39	4. 08	3. 96	6. 44	3. 89	4. 42
62	000016. SZ	深康佳 A	4. 31	3. 61	4. 97	2. 56	4. 85	4. 89
63	601956. SH	东贝集团	4. 28	4. 24	4. 7	3. 46	4. 24	4. 47
64	002403. SZ	爱仕达	4. 28	4. 07	4. 77	2. 42	4. 13	5. 28
65	002848. SZ	高斯贝尔	4. 27	3. 36	4	5. 89	4. 39	4. 38
66	600983. SH	惠而浦	4. 05	3. 81	3. 86	3. 26	4. 42	4. 54

（十六）建筑材料

排名	代码	公司名称	总得分	财务指标	估值与成长性	创值能力	公司治理	创新与研发
1	600585. SH	海螺水泥	5. 77	6. 79	5. 08	4. 4	6. 13	5. 76
2	000877. SZ	天山股份	5. 7	5. 63	6. 02	5. 23	5. 39	6. 1
3	601636. SH	旗滨集团	5. 66	5. 97	5. 47	5. 69	5. 82	5. 35
4	002372. SZ	伟星新材	5. 64	6. 61	5. 08	6. 03	5. 42	5. 14
5	002271. SZ	东方雨虹	5. 63	5. 34	5. 41	5. 99	5. 85	5. 7
6	000935. SZ	四川双马	5. 61	6. 94	4. 74	5. 69	5. 39	5. 2
7	600801. SH	华新水泥	5. 49	5. 93	4. 87	4. 89	5. 96	5. 48
8	000012. SZ	南玻 A	5. 47	5. 73	5. 39	5. 51	5. 33	5. 42
9	002233. SZ	塔牌集团	5. 46	6. 72	5. 08	4. 17	5. 93	4. 82
10	002791. SZ	坚朗五金	5. 45	5. 16	5. 42	6. 3	5. 62	5. 09
11	603601. SH	再升科技	5. 43	5. 3	5. 34	5. 82	5. 44	5. 41
12	002088. SZ	鲁阳节能	5. 43	5. 67	5. 28	5. 97	5. 14	5. 31
13	600678. SH	四川金顶	5. 4	5. 66	5. 37	6. 13	5. 1	5. 06
14	002080. SZ	中材科技	5. 4	5. 02	5. 34	6. 06	5. 25	5. 58
15	300737. SZ	科顺股份	5. 38	4. 97	5. 21	5. 85	5. 84	5. 2
16	002641. SZ	公元股份	5. 38	5. 2	5. 39	5. 1	5. 87	5. 2
17	600176. SH	中国巨石	5. 38	5. 09	5. 33	5. 77	5. 72	5. 13
18	000672. SZ	上峰水泥	5. 37	6. 06	5. 49	5. 21	5. 51	4. 52
19	300196. SZ	长海股份	5. 34	5. 99	5. 57	5. 56	4. 97	4. 73
20	000786. SZ	北新建材	5. 31	5. 61	4. 86	5. 64	5. 17	5. 36
21	600449. SH	宁夏建材	5. 29	6. 09	5. 28	4. 22	5. 21	5. 2
22	002043. SZ	兔宝宝	5. 29	5. 33	5. 35	5. 9	5. 24	4. 89
23	000789. SZ	万年青	5. 22	5. 86	5. 1	3. 95	5. 8	4. 84
24	600720. SH	祁连山	5. 18	5. 98	4. 97	4. 59	5. 17	4. 89
25	600724. SH	宁波富达	5. 16	6. 2	4. 5	5. 08	5. 34	4. 57
26	002613. SZ	北玻股份	5. 15	4. 97	5. 16	5. 91	4. 94	5. 1
27	603256. SH	宏和科技	5. 12	5. 35	4. 73	5. 73	4. 99	5. 02
28	002302. SZ	西部建设	5. 11	4. 7	5. 33	4. 59	4. 97	5. 79
29	000401. SZ	冀东水泥	5. 1	5. 43	5. 08	4. 05	5. 43	5. 06
30	600819. SH	耀皮玻璃	5. 09	5. 32	5. 23	4. 68	5. 03	5. 06
31	300599. SZ	雄塑科技	5. 09	5. 46	4. 96	4. 75	5. 37	4. 76
32	600586. SH	金晶科技	5. 08	4. 9	5. 6	5. 88	4. 8	4. 61

续表

排名	代码	公司名称	总得分	财务指标	估值与成长性	创值能力	公司治理	创新与研发
33	600876. SH	洛阳玻璃	5. 07	4. 38	5. 24	6. 18	4. 94	5. 13
34	601992. SH	金隅集团	5. 06	4. 56	5. 19	3. 36	5. 91	5. 58
35	002398. SZ	垒知集团	5. 05	5. 14	5. 45	4. 96	4. 4	5. 29
36	605006. SH	山东玻纤	5. 05	4. 71	5. 4	5. 96	5. 03	4. 57
37	002392. SZ	北京利尔	5. 04	4. 74	5. 2	4. 65	5. 07	5. 39
38	600802. SH	福建水泥	5. 04	5. 3	4. 93	4. 92	5. 42	4. 56
39	600883. SH	博闻科技	5. 03	5. 19	5. 53	5. 72	4. 59	4. 47
40	300234. SZ	开尔新材	5. 02	4. 79	4. 94	5. 88	4. 93	4. 91
41	002066. SZ	瑞泰科技	4. 96	4. 5	4. 91	5. 68	5. 26	4. 75
42	603737. SH	三棵树	4. 95	4. 42	4. 56	5. 16	5. 38	5. 26
43	605318. SH	法狮龙	4. 93	5. 68	4. 64	5. 41	4. 55	4. 52
44	002201. SZ	正威新材	4. 88	4. 62	4. 66	6. 44	4. 45	4. 85
45	600425. SH	青松建化	4. 86	5. 22	4. 6	4. 85	5. 02	4. 58
46	002163. SZ	海南发展	4. 82	4. 44	4. 19	6. 27	4. 57	5. 15
47	002457. SZ	青龙管业	4. 78	4. 63	4. 89	5. 18	4. 65	4. 74
48	002333. SZ	罗普斯金	4. 78	4. 48	4. 49	5. 66	4. 69	4. 91
49	603856. SH	东宏股份	4. 75	4. 61	4. 7	5. 09	5. 04	4. 46
50	002225. SZ	濮耐股份	4. 74	4. 4	5. 14	4. 5	4. 88	4. 75
51	600326. SH	西藏天路	4. 71	4. 83	4. 43	3. 23	5. 07	5. 34
52	603038. SH	华立股份	4. 69	4. 91	4. 56	3. 88	4. 93	4. 81
53	300715. SZ	凯伦股份	4. 65	4. 2	4. 58	4. 49	4. 65	5. 26
54	000055. SZ	方大集团	4. 63	4. 52	4. 44	3. 91	4. 94	5
55	603616. SH	韩建河山	4. 62	4. 08	4. 34	5. 54	4. 84	4. 66
56	000619. SZ	海螺新材	4. 61	4. 47	4. 74	4. 8	4. 63	4. 49
57	000546. SZ	金圆股份	4. 61	4. 75	4. 33	4. 7	4. 51	4. 74
58	002785. SZ	万里石	4. 57	4. 15	4. 5	5. 35	4. 54	4. 65
59	002671. SZ	龙泉股份	4. 54	4. 22	4. 84	4. 9	4. 58	4. 35
60	603378. SH	亚士创能	4. 53	4. 3	4. 55	3. 76	4. 94	4. 76
61	002718. SZ	友邦吊顶	4. 52	4. 58	4. 36	4. 29	4. 29	4. 96
62	300198. SZ	纳川股份	4. 5	4. 31	4. 52	5. 7	3. 99	4. 51
63	600321. SH	正源股份	4. 4	3. 62	4. 95	4. 94	4. 46	4. 32
64	600293. SH	三峡新材	4. 39	4. 48	4	6. 07	3. 73	4. 31
65	000023. SZ	深天地 A	4. 38	4. 05	4. 42	4. 5	4. 63	4. 34

续表

排名	代码	公司名称	总得分	财务指标	估值与成长性	创值能力	公司治理	创新与研发
66	002694. SZ	顾地科技	4. 32	4. 1	3. 67	5. 2	4. 29	4. 62
67	300093. SZ	金刚玻璃	4. 18	3. 57	3. 96	4. 61	4. 19	4. 73
68	300374. SZ	中铁装配	4. 14	3. 89	3. 82	3. 63	4. 45	4. 66
69	002742. SZ	三圣股份	4. 13	4. 17	4. 57	4. 33	3. 24	4. 48
70	002596. SZ	海南瑞泽	4. 11	4. 08	3. 63	3. 41	5. 04	4. 05
71	002652. SZ	扬子新材	4. 01	3. 38	3. 84	4. 89	3. 57	4. 73

（十七）建筑装饰

排名	代码	公司名称	总得分	财务指标	估值与成长性	创值能力	公司治理	创新与研发
1	002469. SZ	三维化学	6	6. 59	5. 79	6. 81	5. 77	5. 34
2	300384. SZ	三联虹普	5. 89	6. 65	5. 39	6. 23	5. 34	5. 91
3	603860. SH	中公高科	5. 59	6. 84	4. 75	5. 77	5. 18	5. 39
4	300564. SZ	筑博设计	5. 49	6. 24	4. 97	5. 72	5. 65	4. 89
5	003013. SZ	地铁设计	5. 49	5. 91	4. 73	6. 17	5. 36	5. 45
6	601226. SH	华电重工	5. 47	5. 42	5. 44	5. 94	5. 45	5. 27
7	600970. SH	中材国际	5. 45	5. 27	5. 3	5. 71	5. 95	5. 09
8	603979. SH	金诚信	5. 43	6. 18	5. 58	6	5. 29	4. 37
9	002883. SZ	中设股份	5. 43	5. 93	4. 92	5. 95	5. 33	5. 17
10	300668. SZ	杰恩设计	5. 42	6. 58	4. 52	5. 83	5. 38	4. 86
11	300675. SZ	建科院	5. 42	5. 8	4. 69	6. 59	4. 93	5. 5
12	603357. SH	设计总院	5. 36	6. 23	4. 83	5. 7	5. 29	4. 84
13	002949. SZ	华阳国际	5. 36	6. 12	4. 75	5. 65	5. 66	4. 67
14	600039. SH	四川路桥	5. 35	4. 82	4. 86	6. 62	5. 36	5. 58
15	300500. SZ	启迪设计	5. 35	5. 77	4. 93	5. 84	5. 12	5. 22
16	603909. SH	建发合诚	5. 34	5. 97	5. 28	5. 79	5. 18	4. 66
17	601390. SH	中国中铁	5. 34	5. 04	5. 25	3. 91	6. 05	5. 84
18	002140. SZ	东华科技	5. 34	5. 21	5. 24	5. 99	5. 44	5. 06
19	600629. SH	华建集团	5. 32	5. 34	5. 05	5. 69	5. 48	5. 16
20	300746. SZ	汉嘉设计	5. 3	6. 15	5. 15	5. 87	4. 65	4. 9

续表

排名	代码	公司名称	总得分	财务指标	估值与成长性	创值能力	公司治理	创新与研发
21	603637. SH	镇海股份	5. 3	5. 45	5. 09	6. 13	5. 03	5. 11
22	002811. SZ	郑中设计	5. 29	5. 93	5. 06	5. 27	5. 21	4. 94
23	300826. SZ	测绘股份	5. 28	5. 8	4. 93	5. 7	5. 26	4. 85
24	002830. SZ	名雕股份	5. 28	6. 37	4. 66	5. 72	4. 88	4. 87
25	300517. SZ	海波重科	5. 28	4. 9	4. 73	6. 62	5. 39	5. 25
26	600496. SH	精工钢构	5. 27	5. 04	5. 3	6. 27	5. 31	4. 86
27	600284. SH	浦东建设	5. 25	4. 95	5. 33	5. 16	5. 52	5. 25
28	000928. SZ	中钢国际	5. 24	5	5. 13	5. 58	5. 48	5. 15
29	601117. SH	中国化学	5. 24	5. 12	5. 07	5. 49	5. 35	5. 27
30	603018. SH	华设集团	5. 24	5. 44	4. 72	5. 77	5. 63	4. 78
31	002116. SZ	中国海诚	5. 24	5. 68	5. 11	5. 91	5. 22	4. 52
32	601618. SH	中国中冶	5. 23	5. 18	4. 84	3. 96	5. 81	5. 78
33	601668. SH	中国建筑	5. 23	4. 92	5. 33	3. 91	5. 81	5. 62
34	300635. SZ	中达安	5. 23	5. 78	5. 02	6. 07	5	4. 6
35	601669. SH	中国电建	5. 22	5	4. 95	4. 31	5. 46	5. 97
36	300778. SZ	新城市	5. 22	6. 21	4. 65	5. 68	4. 88	4. 8
37	300732. SZ	设研院	5. 22	5. 62	5. 02	5. 4	5. 19	4. 91
38	000779. SZ	甘咨询	5. 21	5. 65	4. 7	5. 93	5. 22	4. 8
39	601186. SH	中国铁建	5. 2	4. 96	4. 86	3. 8	5. 79	5. 97
40	600820. SH	隧道股份	5. 17	5. 08	5. 55	4. 2	5. 55	5. 12
41	002541. SZ	鸿路钢构	5. 15	4. 99	4. 67	6. 31	5. 62	4. 6
42	600512. SH	腾达建设	5. 15	5. 7	5. 16	5. 14	5. 18	4. 55
43	603081. SH	大丰实业	5. 14	5. 16	4. 95	5. 73	5. 42	4. 65
44	000498. SZ	山东路桥	5. 13	4. 58	5. 11	5. 32	5. 64	5. 08
45	000628. SZ	高新发展	5. 12	4. 48	5. 56	6. 51	4. 67	5. 04
46	600477. SH	杭萧钢构	5. 1	4. 71	4. 45	5. 95	5. 68	4. 99
47	603359. SH	东珠生态	5. 1	4. 9	4. 92	5. 6	5. 12	5. 13
48	002062. SZ	宏润建设	5. 09	5. 15	4. 77	5. 88	5. 09	4. 86
49	002061. SZ	浙江交科	5. 08	4. 94	4. 77	5. 29	5. 43	5. 04
50	002989. SZ	中天精装	5. 07	5. 45	4. 77	5. 72	4. 96	4. 68
51	300621. SZ	维业股份	5. 06	5. 1	5. 05	6. 07	5	4. 52
52	003001. SZ	中岩大地	5. 06	5. 14	4. 61	5. 51	5. 29	4. 88
53	601800. SH	中国交建	5. 06	4. 83	4. 36	3. 77	5. 63	6. 05

续表

排名	代码	公司名称	总得分	财务指标	估值与成长性	创值能力	公司治理	创新与研发
54	600170. SH	上海建工	5. 04	4. 8	5. 28	3. 81	5. 49	5. 33
55	603017. SH	中衡设计	5. 04	5. 59	4. 62	4. 33	5. 49	4. 81
56	300492. SZ	华图山鼎	5. 03	6. 65	3. 85	5. 38	4. 6	4. 67
57	002051. SZ	中工国际	5. 02	5. 15	4. 7	4. 18	5. 21	5. 46
58	002713. SZ	东易日盛	5. 02	5. 39	4. 33	5. 8	4. 71	5. 09
59	300284. SZ	苏交科	4. 97	5. 46	4. 7	4. 99	4. 9	4. 79
60	300355. SZ	蒙草生态	4. 97	4. 55	4. 89	5. 54	4. 83	5. 28
61	600193. SH	创兴资源	4. 97	4. 83	4. 73	6. 06	4. 53	5. 12
62	603388. SH	元成股份	4. 96	5. 01	4. 71	5. 39	4. 92	4. 93
63	603458. SH	勘设股份	4. 96	4. 96	4. 62	5. 04	5. 24	4. 92
64	600248. SH	陕西建工	4. 94	4. 43	5. 33	5. 48	5. 03	4. 73
65	300649. SZ	杭州园林	4. 93	5. 17	4. 45	6. 12	4. 59	4. 77
66	600133. SH	东湖高新	4. 93	4. 98	4. 86	4. 48	5. 25	4. 87
67	002545. SZ	东方铁塔	4. 93	5. 82	4. 55	4. 49	4. 79	4. 76
68	002060. SZ	粤水电	4. 91	4. 98	4. 71	5. 93	4. 58	4. 76
69	002593. SZ	日上集团	4. 91	5	5. 37	4. 65	5. 36	4. 11
70	000065. SZ	北方国际	4. 9	4. 37	5. 35	5. 04	5. 19	4. 68
71	603955. SH	大千生态	4. 88	5. 35	4. 81	4. 25	4. 85	4. 88
72	603098. SH	森特股份	4. 88	5. 1	4. 06	5. 34	5. 05	4. 94
73	002963. SZ	豪尔赛	4. 87	5. 38	4. 85	4. 45	4. 64	4. 87
74	002135. SZ	东南网架	4. 86	4. 89	4. 86	5. 69	4. 65	4. 58
75	601789. SH	宁波建工	4. 85	4. 76	4. 56	5. 83	4. 85	4. 64
76	002325. SZ	洪涛股份	4. 85	4. 78	4. 59	5. 53	4. 4	5. 21
77	600853. SH	龙建股份	4. 85	4. 4	5. 54	5. 1	4. 71	4. 69
78	300712. SZ	永福股份	4. 82	4. 19	4. 9	5. 26	4. 85	5. 11
79	601886. SH	江河集团	4. 81	5. 11	4. 42	3. 93	5. 25	4. 91
80	603843. SH	正平股份	4. 8	4. 79	5. 18	3. 97	4. 86	4. 88
81	601611. SH	中国核建	4. 8	4. 53	5. 36	3. 29	5. 23	4. 99
82	000010. SZ	美丽生态	4. 79	3. 85	5. 03	6. 34	4. 36	5. 09
83	002743. SZ	富煌钢构	4. 77	4. 44	4. 82	5. 14	5. 02	4. 6
84	605178. SH	时空科技	4. 77	4. 76	4. 62	4. 21	4. 93	5. 06
85	600502. SH	安徽建工	4. 76	4. 12	5. 23	4. 2	5. 31	4. 75
86	002941. SZ	新疆交建	4. 71	4. 25	4. 71	4. 88	5. 13	4. 62

续表

排名	代码	公司名称	总得分	财务指标	估值与成长性	创值能力	公司治理	创新与研发
87	603929. SH	亚翔集成	4. 7	4. 62	4. 64	5. 02	4. 61	4. 72
88	600939. SH	重庆建工	4. 69	4. 54	4. 42	4. 38	5. 05	4. 91
89	603959. SH	百利科技	4. 69	3. 87	4. 39	6. 1	4. 44	5. 23
90	300506. SZ	名家汇	4. 66	4. 49	4. 11	4. 97	4. 96	4. 86
91	300536. SZ	农尚环境	4. 65	4. 52	4. 28	4. 92	4. 9	4. 71
92	002542. SZ	中化岩土	4. 63	4. 75	4. 57	3. 72	4. 82	4. 89
93	002307. SZ	北新路桥	4. 62	4. 33	4. 68	4. 26	4. 87	4. 82
94	600491. SH	龙元建设	4. 57	4. 65	4. 42	4. 66	4. 61	4. 52
95	002822. SZ	中装建设	4. 56	4. 71	4. 53	3. 77	4. 78	4. 67
96	603316. SH	诚邦股份	4. 56	3. 95	4. 96	4. 31	4. 89	4. 63
97	002081. SZ	金螳螂	4. 55	5. 07	4. 03	3. 9	4. 62	4. 79
98	002628. SZ	成都路桥	4. 54	3. 85	4. 76	5. 09	4. 99	4. 28
99	002717. SZ	岭南股份	4. 5	4. 75	3. 94	4. 04	4. 51	5. 01
100	002047. SZ	宝鹰股份	4. 5	4. 84	4. 29	4. 13	4. 26	4. 8
101	603828. SH	柯利达	4. 48	4. 28	4. 04	3. 94	4. 77	5. 07
102	603815. SH	交建股份	4. 46	4. 03	4. 63	4. 95	4. 52	4. 42
103	601068. SH	中铝国际	4. 44	4. 82	4	2. 73	5. 16	4. 7
104	603778. SH	乾景园林	4. 42	4. 03	3. 95	4. 45	4. 52	5. 08
105	002663. SZ	普邦股份	4. 41	4. 97	3. 8	3. 84	4. 74	4. 4
106	002620. SZ	瑞和股份	4. 41	4. 38	4. 41	3. 86	4. 25	4. 9
107	002375. SZ	亚厦股份	4. 37	4. 99	4. 2	2. 85	4. 33	4. 81
108	603030. SH	全筑股份	4. 31	4. 36	4. 01	3. 75	4. 63	4. 52
109	002431. SZ	棕榈股份	4. 26	4. 33	3. 42	4. 19	4. 47	4. 76
110	300197. SZ	节能铁汉	4. 26	4. 43	3. 9	2. 8	4. 97	4. 53
111	002789. SZ	建艺集团	4. 24	3. 99	3. 4	4. 65	4	5. 21
112	002323. SZ	雅博股份	4. 19	3. 12	3. 52	6. 3	3. 96	4. 87
113	002856. SZ	美芝股份	4. 18	4. 43	3. 77	4. 26	4. 47	3. 94
114	300117. SZ	嘉寓股份	4. 13	3. 99	3. 44	4. 6	3. 85	4. 87
115	300237. SZ	美晨生态	4. 11	4. 4	3. 99	3. 56	3. 82	4. 55
116	603717. SH	天域生态	4. 11	4. 06	3. 56	3. 7	4. 57	4. 44
117	002310. SZ	东方园林	4. 09	4. 24	4. 28	2. 58	4. 24	4. 49
118	002775. SZ	文科园林	4	3. 63	3. 85	4. 13	4. 01	4. 4

（十八）交通运输

排名	代码	公司名称	总得分	财务指标	估值与成长性	创值能力	公司治理	创新与研发
1	601919. SH	中远海控	5. 74	5. 41	5. 33	6. 38	6. 05	5. 77
2	300873. SZ	海晨股份	5. 73	6. 24	5. 77	6. 09	5. 41	5. 27
3	002930. SZ	宏川智慧	5. 69	5. 58	5. 91	6. 44	5. 46	5. 42
4	600012. SH	皖通高速	5. 49	6. 02	5. 05	5. 09	5. 94	5. 13
5	002492. SZ	恒基达鑫	5. 45	6. 23	5. 43	5. 94	4. 69	5. 15
6	603713. SH	密尔克卫	5. 45	4. 83	5. 7	6. 47	5. 66	5. 05
7	603648. SH	畅联股份	5. 43	6. 22	5. 43	5. 7	5. 09	4. 85
8	603128. SH	华贸物流	5. 39	4. 95	5. 63	6. 23	5. 24	5. 29
9	002010. SZ	传化智联	5. 38	4. 84	5. 12	5. 36	6. 05	5. 5
10	600018. SH	上港集团	5. 34	5. 53	5. 02	5. 41	5. 71	5
11	000520. SZ	长航凤凰	5. 34	5. 08	5. 14	6. 3	5. 22	5. 34
12	000429. SZ	粤高速 A	5. 33	6. 07	5. 07	5. 49	5. 31	4. 74
13	600233. SH	圆通速递	5. 33	5. 54	5. 05	5. 91	5. 54	4. 82
14	000099. SZ	中信海直	5. 31	5. 73	5. 41	5. 51	4. 81	5. 17
15	600798. SH	宁波海运	5. 3	5. 7	5. 23	5. 1	5. 14	5. 26
16	603565. SH	中谷物流	5. 29	5. 62	5. 02	6. 15	4. 95	5. 05
17	600787. SH	中储股份	5. 28	5. 03	5. 41	5. 05	5. 47	5. 36
18	601880. SH	辽港股份	5. 28	5. 43	5. 61	5. 21	5. 1	5. 05
19	601228. SH	广州港	5. 28	5. 05	5. 21	6. 53	5. 21	4. 9
20	000906. SZ	浙商中拓	5. 27	4. 63	5. 66	5. 51	5. 24	5. 48
21	002352. SZ	顺丰控股	5. 27	5. 02	4. 67	4. 88	5. 95	5. 6
22	000828. SZ	东莞控股	5. 27	5. 86	5. 09	4. 84	5. 14	5. 21
23	001965. SZ	招商公路	5. 27	5. 26	4. 84	4. 69	5. 09	6. 15
24	002120. SZ	韵达股份	5. 26	5. 11	4. 88	5. 84	5. 36	5. 33
25	601000. SH	唐山港	5. 26	5. 92	4. 71	4. 82	5. 74	4. 84
26	603535. SH	嘉诚国际	5. 24	5. 21	4. 99	5. 97	5	5. 32
27	601326. SH	秦港股份	5. 23	5. 82	4. 94	5. 19	5. 66	4. 5
28	000557. SZ	西部创业	5. 21	6. 21	4. 89	5. 49	4. 7	4. 85
29	603329. SH	上海雅仕	5. 21	4. 86	5. 69	6. 38	4. 68	4. 99
30	601298. SH	青岛港	5. 2	5. 25	4. 77	4. 99	5. 57	5. 3
31	600057. SH	厦门象屿	5. 19	4. 63	5. 32	5. 57	5. 06	5. 56
32	600377. SH	宁沪高速	5. 19	5. 13	4. 68	5. 14	5. 88	5. 04

续表

排名	代码	公司名称	总得分	财务指标	估值与成长性	创值能力	公司治理	创新与研发
33	603223. SH	恒通股份	5. 19	5. 35	4. 82	6. 46	4. 94	4. 87
34	600033. SH	福建高速	5. 18	5. 99	5. 28	4. 33	5. 23	4. 75
35	601872. SH	招商轮船	5. 18	5. 19	5. 03	5. 94	4. 99	5. 04
36	600794. SH	保税科技	5. 16	5. 37	5. 25	5. 74	4. 76	4. 97
37	002320. SZ	海峡股份	5. 16	6. 68	5. 08	4. 03	4. 61	4. 93
38	603066. SH	音飞储存	5. 16	4. 79	5. 55	5. 86	4. 55	5. 42
39	601866. SH	中远海发	5. 16	4. 88	5. 14	5. 51	5. 45	4. 97
40	603967. SH	中创物流	5. 15	5. 1	5. 24	5. 5	5. 31	4. 77
41	600704. SH	物产中大	5. 15	4. 61	5. 13	4. 62	5. 37	5. 8
42	600368. SH	五洲交通	5. 15	5. 39	4. 82	5. 19	5. 26	5. 06
43	603871. SH	嘉友国际	5. 14	5. 18	4. 52	5. 94	5. 47	4. 86
44	601018. SH	宁波港	5. 13	5. 26	4. 95	5. 82	5. 15	4. 75
45	601006. SH	大秦铁路	5. 11	5. 82	4. 77	4. 29	5. 33	4. 96
46	601598. SH	中国外运	5. 11	4. 91	4. 84	5. 11	5. 57	5. 1
47	000626. SZ	远大控股	5. 11	4. 59	5. 37	5. 85	4. 68	5. 41
48	000885. SZ	城发环境	5. 1	4. 85	5. 53	5. 03	4. 95	5. 17
49	000582. SZ	北部湾港	5. 1	5. 19	5. 14	5. 46	4. 9	4. 96
50	601816. SH	京沪高铁	5. 09	5. 56	4. 8	3. 68	5. 08	5. 71
51	600755. SH	厦门国贸	5. 09	4. 41	5. 4	4. 14	5. 48	5. 64
52	600717. SH	天津港	5. 08	5. 24	5. 13	3. 95	5. 6	5. 03
53	001872. SZ	招商港口	5. 07	5. 23	4. 98	3. 76	5. 45	5. 37
54	600350. SH	山东高速	5. 07	5. 28	5. 04	3. 75	5. 58	5. 11
55	600035. SH	楚天高速	5. 05	5. 18	4. 99	4. 93	5. 13	4. 97
56	002040. SZ	南京港	5. 05	5. 68	4. 98	4. 88	4. 61	5. 02
57	601107. SH	四川成渝	5. 04	4. 98	4. 92	4. 54	5. 44	5. 11
58	601518. SH	吉林高速	5. 04	5. 54	5. 17	5. 52	4. 72	4. 48
59	600897. SH	厦门空港	5. 04	6. 04	4. 5	4. 3	5. 29	4. 68
60	601188. SH	龙江交通	5. 04	6. 52	4. 7	3. 81	4. 84	4. 75
61	600548. SH	深高速	5. 03	4. 77	5. 06	4. 32	5. 22	5. 48
62	600428. SH	中远海特	5. 03	4. 97	5. 4	5. 26	5. 21	4. 44
63	000755. SZ	山西路桥	5. 02	4. 73	5. 37	6. 12	4. 38	5. 03
64	603032. SH	德新交运	5. 02	5. 13	4. 5	6. 13	4. 75	4. 99
65	600017. SH	日照港	4. 99	4. 94	5. 22	4. 71	5. 16	4. 84

续表

排名	代码	公司名称	总得分	财务指标	估值与成长性	创值能力	公司治理	创新与研发
66	000088. SZ	盐田港	4. 98	5. 57	5. 25	4. 19	5. 09	4. 51
67	000905. SZ	厦门港务	4. 98	4. 79	5. 62	5. 28	4. 84	4. 58
68	300240. SZ	飞力达	4. 98	4. 47	5. 12	6. 11	4. 77	4. 94
69	601975. SH	招商南油	4. 98	5. 72	4. 82	4. 94	4. 63	4. 76
70	600153. SH	建发股份	4. 97	4. 61	5. 11	2. 46	5. 73	5. 87
71	002800. SZ	天顺股份	4. 96	4. 57	5. 25	6. 12	4. 77	4. 61
72	000507. SZ	珠海港	4. 96	4. 76	5. 76	4. 66	4. 8	4. 78
73	600575. SH	淮河能源	4. 96	5. 09	4. 86	5. 25	4. 77	4. 92
74	600106. SH	重庆路桥	4. 95	5. 23	4. 87	5. 35	4. 4	5. 05
75	605050. SH	福然德	4. 88	4. 55	4. 86	5. 5	5	4. 74
76	600125. SH	铁龙物流	4. 88	5. 2	4. 75	4. 26	5. 29	4. 59
77	002889. SZ	东方嘉盛	4. 88	4. 39	5. 09	5. 73	5. 04	4. 52
78	603056. SH	德邦股份	4. 87	5. 07	4. 65	4. 74	5. 13	4. 69
79	603813. SH	原尚股份	4. 86	5. 01	4. 78	5. 74	4. 67	4. 47
80	002183. SZ	怡亚通	4. 86	4. 63	4. 89	5. 64	4. 5	4. 99
81	002627. SZ	三峡旅游	4. 86	4. 76	5. 02	5. 09	4. 97	4. 58
82	600650. SH	锦江在线	4. 84	5. 46	4. 62	4. 49	4. 79	4. 67
83	601008. SH	连云港	4. 83	4. 61	5. 36	5. 16	4. 81	4. 43
84	603569. SH	长久物流	4. 83	4. 91	4. 95	4. 69	4. 76	4. 79
85	600269. SH	赣粤高速	4. 83	5. 18	4. 7	3. 92	4. 99	4. 94
86	600026. SH	中远海能	4. 8	4. 91	4. 52	4. 5	5. 35	4. 56
87	600190. SH	锦州港	4. 79	5. 01	4. 66	4. 9	4. 7	4. 7
88	600834. SH	申通地铁	4. 78	3. 93	5. 04	6. 03	4. 9	4. 59
89	000548. SZ	湖南投资	4. 74	4. 15	4. 75	5. 37	4. 98	4. 74
90	600180. SH	瑞茂通	4. 72	4. 52	4. 57	5. 15	4. 63	4. 89
91	002468. SZ	申通快递	4. 71	4. 92	4. 12	4. 78	4. 65	5. 05
92	000886. SZ	海南高速	4. 7	4. 73	4. 08	4. 04	5. 14	5. 15
93	300350. SZ	华鹏飞	4. 69	4. 44	4. 6	6. 17	4. 05	4. 82
94	600119. SH	长江投资	4. 69	4. 13	4. 64	6. 3	4. 43	4. 63
95	000089. SZ	深圳机场	4. 68	4. 9	4. 72	3. 35	5. 33	4. 55
96	002769. SZ	普路通	4. 68	3. 91	4. 47	5. 88	4. 64	4. 99
97	603167. SH	渤海轮渡	4. 67	5. 37	4. 32	4. 05	4. 81	4. 52
98	002357. SZ	富临运业	4. 67	4. 8	4. 76	5. 47	4. 44	4. 2

续表

排名	代码	公司名称	总得分	财务指标	估值与成长性	创值能力	公司治理	创新与研发
99	600561. SH	江西长运	4. 6	4. 23	4. 31	5. 17	4. 94	4. 55
100	600279. SH	重庆港	4. 6	4. 94	4. 65	3. 45	4. 84	4. 63
101	600020. SH	中原高速	4. 58	4. 75	4. 69	2. 88	4. 96	4. 92
102	601021. SH	春秋航空	4. 58	4. 9	4. 13	4. 85	4. 7	4. 38
103	600179. SH	安通控股	4. 55	3. 98	4. 41	6. 29	4. 12	4. 69
104	000900. SZ	现代投资	4. 51	4. 65	4. 99	2. 57	4. 85	4. 71
105	603885. SH	吉祥航空	4. 48	4. 42	3. 95	4. 79	4. 74	4. 56
106	002928. SZ	华夏航空	4. 47	4. 56	4. 57	4. 86	4. 21	4. 31
107	600004. SH	白云机场	4. 46	4. 72	3. 9	4. 23	4. 62	4. 64
108	600009. SH	上海机场	4. 44	4. 55	4	4. 96	4. 61	4. 26
109	600611. SH	大众交通	4. 4	4. 53	4. 56	3. 42	4. 77	4. 32
110	603069. SH	海汽集团	4. 39	4. 53	3. 6	4. 34	4. 96	4. 39
111	601111. SH	中国国航	4. 34	4. 08	4. 15	4. 21	5. 11	4. 09
112	600753. SH	东方银星	4. 34	3. 73	4. 2	4. 43	4. 05	5. 29
113	601333. SH	广深铁路	4. 32	4. 72	3. 99	2. 77	4. 59	4. 82
114	600029. SH	南方航空	4. 28	4. 18	4. 19	3. 48	4. 88	4. 31
115	002210. SZ	飞马国际	4. 25	3. 38	3. 5	6. 51	4. 02	4. 69
116	600115. SH	中国东航	4. 18	4. 06	3. 85	3. 71	4. 7	4. 33
117	002682. SZ	龙洲股份	4. 18	4. 43	4. 09	3. 27	4. 31	4. 38
118	300013. SZ	新宁物流	4. 1	3. 88	3. 42	4. 48	3. 89	4. 89

（十九）煤炭

排名	代码	公司名称	总得分	财务指标	估值与成长性	创值能力	公司治理	创新与研发
1	601225. SH	陕西煤业	5. 99	6. 67	5. 22	5. 52	6. 02	6. 21
2	601088. SH	中国神华	5. 78	6. 85	4. 88	4. 9	5. 84	5. 96
3	600546. SH	山煤国际	5. 54	5. 13	5. 3	6. 17	5. 69	5. 63
4	601898. SH	中煤能源	5. 46	5. 32	5. 47	4. 76	5. 5	5. 96
5	601001. SH	晋控煤业	5. 39	6. 06	4. 98	5. 58	5. 26	5. 08

续表

排名	代码	公司名称	总得分	财务指标	估值与成长性	创值能力	公司治理	创新与研发
6	600188. SH	兖矿能源	5. 27	5. 05	4. 75	5. 76	5. 63	5. 32
7	002128. SZ	电投能源	5. 26	5. 76	4. 94	4. 76	5. 04	5. 53
8	601666. SH	平煤股份	5. 18	4. 6	5. 12	6. 86	5. 01	5. 01
9	000983. SZ	山西焦煤	5. 14	5	4. 67	5. 92	5. 43	4. 95
10	601699. SH	潞安环能	5. 08	4. 79	4. 6	5. 26	5. 4	5. 36
11	000552. SZ	靖远煤电	5. 07	5. 77	5. 34	4. 68	5. 1	4. 32
12	000937. SZ	冀中能源	5. 05	5. 27	4. 82	5	5. 5	4. 61
13	601918. SH	新集能源	5. 01	5. 17	4. 84	5. 44	5. 02	4. 75
14	600348. SH	华阳股份	5	5. 12	4. 59	5. 82	5. 16	4. 59
15	600985. SH	淮北矿业	4. 99	5. 07	4. 84	4. 39	5	5. 38
16	000723. SZ	美锦能源	4. 98	4. 64	4. 43	6. 36	5. 1	4. 88
17	600395. SH	盘江股份	4. 98	5. 08	5. 02	5. 97	4. 71	4. 54
18	601101. SH	昊华能源	4. 97	5. 6	4. 7	4. 12	5. 3	4. 72
19	600725. SH	云维股份	4. 96	4. 64	5. 23	5. 22	4. 65	5. 22
20	600123. SH	兰花科创	4. 87	4. 74	4. 84	5. 1	4. 91	4. 87
21	600971. SH	恒源煤电	4. 87	6. 33	4. 39	3. 97	4. 56	4. 64
22	603113. SH	金能科技	4. 76	5. 24	4. 59	4. 08	4. 78	4. 79
23	600997. SH	开滦股份	4. 76	5. 32	5. 1	3. 38	4. 98	4. 47
24	600508. SH	上海能源	4. 72	5. 04	4. 53	3. 8	5. 01	4. 79
25	600740. SH	山西焦化	4. 58	4. 52	4. 63	4. 73	4. 6	4. 5
26	601015. SH	陕西黑猫	4. 54	3. 7	4. 4	5. 71	4. 78	4. 57
27	600408. SH	安泰集团	4. 54	4. 75	4. 26	4. 47	4. 13	5
28	600403. SH	大有能源	4. 53	4. 25	4. 57	5. 7	4. 29	4. 36
29	600157. SH	永泰能源	4. 51	4. 54	4. 19	3. 8	4. 59	5. 07
30	601011. SH	宝泰隆	4. 48	4. 79	4. 34	4. 58	4. 39	4. 34
31	600397. SH	安源煤业	4. 28	3. 54	4. 43	4. 99	4. 49	4. 27
32	600792. SH	云煤能源	4. 27	3. 51	4. 39	3. 04	5	4. 91
33	600758. SH	辽宁能源	4. 18	4. 51	3. 79	4. 62	4. 23	3. 9
34	600121. SH	郑州煤电	3. 85	3. 06	3. 19	4. 78	4. 33	4. 21

（二十）美容护理

排名	代码	公司名称	总得分	财务指标	估值与成长性	创值能力	公司治理	创新与研发
1	300896. SZ	爱美客	6. 17	6. 93	5. 33	7. 18	5. 66	6. 05
2	603605. SH	珀莱雅	5. 71	5. 37	5. 16	6. 67	5. 95	5. 71
3	300888. SZ	稳健医疗	5. 6	5. 36	5. 26	5. 67	5. 58	6. 09
4	002511. SZ	中顺洁柔	5. 41	5. 14	5. 36	5. 68	5. 54	5. 42
5	600315. SH	上海家化	5. 34	5. 14	4. 72	5. 73	5. 62	5. 57
6	003006. SZ	百亚股份	5. 3	5. 56	5. 21	6. 13	5. 27	4. 68
7	002919. SZ	名臣健康	5. 3	5. 37	5. 33	7. 14	4. 58	4. 88
8	300856. SZ	科思股份	5. 2	5. 1	5. 37	5. 92	5. 03	4. 9
9	603983. SH	丸美股份	5. 18	5. 6	4. 58	5. 32	5. 22	5. 16
10	605009. SH	豪悦护理	5. 14	5. 71	5. 04	4. 96	5. 01	4. 88
11	300740. SZ	水羊股份	5. 03	4. 36	5. 5	6. 11	4. 63	5. 06
12	603238. SH	诺邦股份	4. 96	5. 08	5. 65	4. 05	4. 94	4. 76
13	002243. SZ	力合科创	4. 94	4. 32	4. 32	4. 68	5. 18	6
14	300886. SZ	华业香料	4. 9	5. 22	4. 47	4. 86	4. 92	4. 98
15	000523. SZ	广州浪奇	4. 73	3. 6	4. 5	6. 53	5. 13	4. 6
16	603059. SH	倍加洁	4. 72	5. 03	4. 62	4. 5	5. 25	4. 08
17	300849. SZ	锦盛新材	4. 58	5. 35	4. 72	4. 19	4. 22	4. 29
18	300132. SZ	青松股份	4. 56	4. 54	4. 99	3. 01	5. 1	4. 57
19	300658. SZ	延江股份	4. 54	4. 66	4. 65	3. 72	4. 84	4. 51
20	603630. SH	拉芳家化	4. 4	5. 18	4. 04	3. 34	4. 22	4. 74
21	600249. SH	两面针	4. 3	4. 59	3. 95	4. 03	4. 6	4. 19
22	002094. SZ	青岛金王	3. 82	4. 08	3. 82	2. 01	3. 78	4. 63
23	000615. SZ	奥园美谷	3. 8	3. 51	3. 46	3. 72	4. 29	3. 92

（二十一）农林牧渔

排名	代码	公司名称	总得分	财务指标	估值与成长性	创值能力	公司治理	创新与研发
1	603566. SH	普莱柯	5. 97	6. 37	5. 53	6. 45	6. 15	5. 49
2	002714. SZ	牧原股份	5. 92	5. 68	5. 69	7. 33	5. 89	5. 57
3	002311. SZ	海大集团	5. 7	5. 19	5. 48	6. 54	5. 7	5. 9

续表

排名	代码	公司名称	总得分	财务指标	估值与成长性	创值能力	公司治理	创新与研发
4	600201. SH	生物股份	5. 66	6. 62	4. 85	4. 8	5. 62	5. 96
5	002041. SZ	登海种业	5. 63	6. 25	5. 26	6. 56	4. 61	5. 81
6	300119. SZ	瑞普生物	5. 5	5. 89	5. 26	5. 28	5. 25	5. 71
7	002556. SZ	辉隆股份	5. 43	4. 94	5. 62	5. 87	5. 79	5. 17
8	605198. SH	德利股份	5. 43	6. 25	5. 23	5. 9	5. 08	4. 85
9	002481. SZ	双塔食品	5. 42	5. 51	5. 02	6. 4	5. 37	5. 17
10	603668. SH	天马科技	5. 42	5. 14	5. 39	6. 18	5. 3	5. 41
11	002286. SZ	保龄宝	5. 41	5. 48	5. 24	5. 72	5. 94	4. 77
12	300087. SZ	荃银高科	5. 4	4. 72	5. 54	6. 64	4. 95	5. 72
13	600195. SH	中牧股份	5. 4	5. 61	5. 27	5. 27	5. 28	5. 49
14	603739. SH	蔚蓝生物	5. 39	5. 89	5. 27	5. 43	5. 24	5. 12
15	002891. SZ	中宠股份	5. 39	5. 18	5. 6	6. 13	5. 44	4. 92
16	600598. SH	北大荒	5. 37	6. 72	4. 65	6. 03	5. 03	4. 63
17	300138. SZ	晨光生物	5. 36	4. 71	5. 7	6. 16	5. 23	5. 38
18	600371. SH	万向德农	5. 34	5. 55	4. 69	6. 43	5. 05	5. 37
19	000019. SZ	深粮控股	5. 32	5. 13	5. 19	5. 31	5. 72	5. 23
20	603718. SH	海利生物	5. 32	5. 13	4. 6	6. 76	5. 11	5. 51
21	601952. SH	苏垦农发	5. 31	5. 66	5. 52	5. 9	4. 95	4. 8
22	000930. SZ	中粮科技	5. 31	4. 84	5. 54	4. 65	5. 96	5. 31
23	603477. SH	巨星农牧	5. 29	5. 02	6. 07	6. 74	4. 71	4. 64
24	600313. SH	农发种业	5. 27	5. 37	4. 71	6. 45	5. 01	5. 25
25	000713. SZ	丰乐种业	5. 27	5. 29	4. 84	5. 93	5. 05	5. 46
26	300871. SZ	回盛生物	5. 22	5. 55	5. 59	5. 3	4. 63	5. 1
27	600097. SH	开创国际	5. 2	5. 89	5. 28	3. 93	5. 28	5. 07
28	600127. SH	金健米业	5. 19	4. 5	5. 34	6. 6	5. 06	5. 06
29	300021. SZ	大禹节水	5. 17	4. 27	5. 44	5. 41	5. 43	5. 43
30	002385. SZ	大北农	5. 15	5. 18	4. 73	3. 61	5. 65	5. 88
31	600965. SH	福成股份	5. 11	5. 63	4. 98	5. 7	4. 93	4. 54
32	300999. SZ	金龙鱼	5. 11	4. 85	4. 66	4. 84	5. 44	5. 57
33	600251. SH	冠农股份	5. 07	3. 89	5. 8	5. 88	5. 26	4. 94
34	002688. SZ	金河生物	5. 06	5. 23	5. 24	4. 17	5. 1	5. 19
35	002505. SZ	鹏都农牧	5. 05	4. 51	4. 87	6. 31	5. 16	4. 92
36	300761. SZ	立华股份	5. 04	5. 34	4. 85	4. 77	5. 26	4. 83

续表

排名	代码	公司名称	总得分	财务指标	估值与成长性	创值能力	公司治理	创新与研发
37	603609. SH	禾丰股份	5. 03	5. 39	5. 03	3. 09	5. 82	4. 97
38	000998. SZ	隆平高科	5. 01	5. 08	4. 4	4. 92	4. 79	5. 75
39	300498. SZ	温氏股份	5	4. 9	4. 39	4. 94	5. 92	4. 75
40	002868. SZ	绿康生化	4. 97	5. 58	5. 34	4. 96	4. 46	4. 57
41	000505. SZ	京粮控股	4. 96	4. 97	5. 22	4. 85	5. 05	4. 69
42	300673. SZ	佩蒂股份	4. 94	5. 05	5. 43	4. 69	5. 14	4. 36
43	603336. SH	宏辉果蔬	4. 93	5. 03	5. 11	4. 61	4. 98	4. 8
44	600737. SH	中粮糖业	4. 93	4. 99	4. 82	3. 55	5. 75	4. 91
45	601118. SH	海南橡胶	4. 91	5. 25	5. 02	5. 14	4. 68	4. 58
46	000911. SZ	南宁糖业	4. 91	4. 59	4. 62	6. 55	4. 85	4. 62
47	002299. SZ	圣农发展	4. 89	5. 72	4. 69	4. 7	4. 71	4. 5
48	002661. SZ	克明食品	4. 88	5. 58	4. 77	3. 56	5. 39	4. 54
49	002982. SZ	湘佳股份	4. 87	5. 42	4. 77	4. 63	4. 98	4. 43
50	600359. SH	新农开发	4. 86	4. 59	5. 09	6. 62	4. 37	4. 41
51	600354. SH	敦煌种业	4. 86	4. 52	4. 47	6. 46	4. 37	5. 1
52	000876. SZ	新希望	4. 83	4. 91	4. 51	3. 15	5. 66	5. 18
53	002746. SZ	仙坛股份	4. 82	5. 82	4. 6	3. 86	4. 92	4. 47
54	603363. SH	傲农生物	4. 79	4. 39	4. 79	4. 45	5. 21	4. 98
55	002234. SZ	民和股份	4. 77	5. 47	4. 43	4. 15	5. 24	4. 24
56	000639. SZ	西王食品	4. 77	4. 97	4. 76	3. 61	4. 72	5. 26
57	600467. SH	好当家	4. 73	5. 36	5. 45	3. 86	4. 48	4. 2
58	300189. SZ	神农科技	4. 72	4. 52	3. 95	6. 29	4. 04	5. 37
59	002458. SZ	益生股份	4. 71	5. 21	4. 24	4. 91	4. 69	4. 51
60	600506. SH	香梨股份	4. 7	4. 59	5. 09	5. 41	4. 49	4. 3
61	600257. SH	大湖股份	4. 7	4. 66	4. 41	4. 53	4. 83	4. 97
62	002548. SZ	金新农	4. 69	4. 8	4. 58	4. 64	4. 73	4. 67
63	600975. SH	新五丰	4. 66	4. 41	4. 62	4. 89	4. 83	4. 64
64	002100. SZ	天康生物	4. 65	4. 61	5. 15	3. 29	4. 38	5. 29
65	600962. SH	国投中鲁	4. 65	3. 79	4. 67	5. 98	4. 66	4. 72
66	002696. SZ	百洋股份	4. 65	4. 75	4. 48	4. 86	4. 98	4. 24
67	600108. SH	亚盛集团	4. 64	4. 62	4. 64	4. 75	4. 63	4. 62
68	002567. SZ	唐人神	4. 6	4. 88	4. 39	2. 81	5. 29	4. 83
69	300268. SZ	佳沃食品	4. 58	4. 14	5. 23	4. 28	4. 25	4. 96

续表

排名	代码	公司名称	总得分	财务指标	估值与成长性	创值能力	公司治理	创新与研发
70	002852. SZ	道道全	4. 57	4. 67	4. 55	3. 59	4. 76	4. 86
71	002679. SZ	福建金森	4. 56	4. 37	4. 42	5. 04	4. 29	4. 87
72	002124. SZ	天邦食品	4. 54	4. 41	3. 96	4. 85	4. 95	4. 6
73	300511. SZ	雪榕生物	4. 53	5. 06	4. 81	3. 36	4. 56	4. 41
74	300094. SZ	国联水产	4. 49	4. 12	4. 86	4. 3	4. 43	4. 7
75	000592. SZ	平潭发展	4. 44	4. 66	4. 41	4. 02	4. 7	4. 21
76	300175. SZ	朗源股份	4. 41	4. 72	4. 41	4. 26	4. 01	4. 59
77	002772. SZ	众兴菌业	4. 4	4. 82	4. 5	2. 97	4. 77	4. 35
78	000735. SZ	罗牛山	4. 39	4. 56	4. 97	2. 76	4. 52	4. 5
79	000702. SZ	正虹科技	4. 32	4. 03	4. 44	4. 4	4. 65	4. 15
80	000798. SZ	中水渔业	4. 27	4. 24	4. 27	4. 33	4. 42	4. 13
81	002157. SZ	正邦科技	4. 25	4. 14	3. 67	4. 23	4. 37	4. 73
82	600540. SH	新赛股份	4. 05	3. 46	3. 59	4. 95	4. 17	4. 39

（二十二）汽车

排名	代码	公司名称	总得分	财务指标	估值与成长性	创值能力	公司治理	创新与研发
1	000625. SZ	长安汽车	5. 79	5. 46	4. 95	5. 91	6. 16	6. 41
2	601633. SH	长城汽车	5. 77	5. 32	5. 06	6. 08	5. 98	6. 44
3	601965. SH	中国汽研	5. 75	6. 33	5. 17	5. 8	5. 36	6. 06
4	603129. SH	春风动力	5. 74	5. 12	6. 18	6. 27	5. 7	5. 69
5	002594. SZ	比亚迪	5. 62	5. 11	5. 15	6. 52	5. 85	5. 78
6	000800. SZ	一汽解放	5. 61	4. 83	6	6. 17	5. 51	5. 82
7	603040. SH	新坐标	5. 6	6. 77	5. 16	5. 57	5. 27	5. 16
8	603786. SH	科博达	5. 59	6. 3	4. 81	6. 04	5. 04	5. 85
9	000025. SZ	特力 A	5. 54	6. 22	5. 34	6. 3	5. 08	5. 08
10	603596. SH	伯特利	5. 54	5. 65	5. 36	6. 48	5. 24	5. 33
11	002906. SZ	华阳集团	5. 53	5. 19	5. 8	6. 53	4. 87	5. 72
12	300825. SZ	阿尔特	5. 52	5. 52	5. 51	5. 71	5. 22	5. 72
13	603037. SH	凯众股份	5. 52	6. 65	4. 94	5. 1	5. 26	5. 37

续表

排名	代码	公司名称	总得分	财务指标	估值与成长性	创值能力	公司治理	创新与研发
14	600660. SH	福耀玻璃	5. 5	5. 76	4. 95	5. 74	5. 85	5. 24
15	000550. SZ	江铃汽车	5. 5	5. 24	5. 19	5. 32	6. 04	5. 59
16	603949. SH	雪龙集团	5. 5	6. 45	5. 07	6. 07	5. 07	5. 02
17	002984. SZ	森麒麟	5. 47	5. 93	5. 48	5. 76	5. 39	4. 93
18	300893. SZ	松原股份	5. 47	5. 71	5. 44	6. 31	5. 25	5. 01
19	603758. SH	秦安股份	5. 45	6. 1	5. 02	5. 51	5. 55	5. 05
20	002105. SZ	信隆健康	5. 45	5. 15	5. 81	6. 51	5. 59	4. 69
21	300643. SZ	万通智控	5. 42	5. 24	6. 02	6. 8	4. 7	4. 99
22	603306. SH	华懋科技	5. 41	6. 71	4. 64	5. 46	5. 3	4. 87
23	601689. SH	拓普集团	5. 4	5. 33	5. 29	6. 31	5. 25	5. 21
24	601799. SH	星宇股份	5. 4	5. 37	5. 06	6. 27	5. 41	5. 22
25	600933. SH	爱柯迪	5. 4	6. 11	5. 12	5. 57	5. 36	4. 86
26	603305. SH	旭升股份	5. 38	5. 37	5. 84	6. 08	4. 86	5. 12
27	603655. SH	朗博科技	5. 37	6. 55	4. 76	5. 52	5. 26	4. 74
28	000913. SZ	钱江摩托	5. 36	5. 1	5. 46	6. 34	5. 35	4. 98
29	300304. SZ	云意电气	5. 35	5. 63	5. 42	5. 46	4. 83	5. 45
30	605018. SH	长华股份	5. 33	6. 02	4. 86	5. 65	5. 28	4. 9
31	300680. SZ	隆盛科技	5. 31	4. 86	5. 85	6. 66	4. 72	5. 1
32	605068. SH	明新旭腾	5. 3	5. 43	5. 31	5. 47	5. 01	5. 37
33	002553. SZ	南方精工	5. 3	6. 19	4. 85	5. 97	4. 76	4. 95
34	603239. SH	浙江仙通	5. 28	5. 49	5. 2	5. 96	5. 46	4. 57
35	300580. SZ	贝斯特	5. 28	5. 81	5. 4	5. 25	4. 78	5. 16
36	000338. SZ	潍柴动力	5. 28	4. 93	5. 14	3. 86	5. 76	6. 08
37	603266. SH	天龙股份	5. 26	5. 63	5. 5	5. 45	4. 81	5. 02
38	002213. SZ	大为股份	5. 26	4. 4	6. 02	6. 43	4. 86	5. 18
39	600523. SH	贵航股份	5. 25	5. 93	4. 98	5. 79	5. 03	4. 71
40	002101. SZ	广东鸿图	5. 23	5. 47	4. 51	5. 7	5. 68	4. 91
41	603335. SH	迪生力	5. 23	5. 01	5. 52	6. 21	5. 22	4. 64
42	603197. SH	保隆科技	5. 22	4. 79	5. 34	6. 09	5. 2	5. 08
43	600741. SH	华域汽车	5. 22	4. 97	4. 61	4. 28	5. 77	5. 98
44	603348. SH	文灿股份	5. 2	5. 15	5. 34	5. 96	5. 13	4. 76
45	605255. SH	天普股份	5. 2	6. 36	4. 98	4. 95	4. 8	4. 78
46	300432. SZ	富临精工	5. 19	5. 13	5. 1	6. 5	4. 81	4. 97

续表

排名	代码	公司名称	总得分	财务指标	估值与成长性	创值能力	公司治理	创新与研发
47	600679. SH	上海凤凰	5. 19	5. 38	5. 94	5. 31	4. 86	4. 61
48	601058. SH	赛轮轮胎	5. 19	4. 93	5. 47	6. 06	4. 78	5. 11
49	605128. SH	上海沿浦	5. 19	5. 58	4. 93	5. 69	5. 37	4. 55
50	430418. BJ	苏轴股份	5. 19	6. 35	5. 02	4. 62	4. 54	5. 13
51	603166. SH	福达股份	5. 18	5. 41	5. 28	5. 37	5. 23	4. 71
52	600822. SH	上海物贸	5. 17	5. 06	4. 95	6. 3	5. 14	4. 87
53	300695. SZ	兆丰股份	5. 17	6. 17	5. 12	4. 87	4. 42	5. 13
54	600386. SH	北巴传媒	5. 17	5. 35	5. 27	5. 36	5. 44	4. 51
55	002472. SZ	双环传动	5. 17	4. 88	5. 29	6. 41	4. 95	4. 85
56	002283. SZ	天润工业	5. 15	5. 16	5. 45	4. 76	5. 19	5. 09
57	600104. SH	上汽集团	5. 15	4. 78	4. 7	3. 42	6. 02	6. 06
58	603926. SH	铁流股份	5. 15	5. 2	5. 58	5. 16	5. 04	4. 83
59	002976. SZ	瑞玛精密	5. 15	5. 35	4. 91	5. 52	5. 14	4. 95
60	300507. SZ	苏奥传感	5. 15	5. 87	4. 63	5. 71	4. 98	4. 73
61	603809. SH	豪能股份	5. 15	5. 37	5. 23	5. 66	5	4. 7
62	603319. SH	湘油泵	5. 14	4. 93	5. 11	5. 67	5. 12	5. 11
63	300707. SZ	威唐工业	5. 14	5. 04	5. 28	5. 51	5. 2	4. 87
64	300652. SZ	雷迪克	5. 14	5. 32	5. 49	5. 74	4. 95	4. 5
65	300547. SZ	川环科技	5. 13	5. 98	4. 83	5. 87	4. 69	4. 57
66	603109. SH	神驰机电	5. 13	4. 91	5. 46	5. 49	5. 32	4. 65
67	603358. SH	华达科技	5. 13	5. 18	5. 08	5. 65	5. 34	4. 6
68	603013. SH	亚普股份	5. 12	5. 4	4. 99	5. 44	5. 11	4. 79
69	601163. SH	三角轮胎	5. 12	5. 33	5. 16	3. 95	5. 55	5. 12
70	000581. SZ	威孚高科	5. 12	5. 29	5. 02	3. 74	5. 43	5. 5
71	300816. SZ	艾可蓝	5. 12	4. 71	5. 11	5. 34	5. 09	5. 43
72	603767. SH	中马传动	5. 11	5. 06	5. 44	5. 22	5. 22	4. 68
73	600841. SH	动力新科	5. 1	4. 51	5. 31	5. 42	5. 12	5. 31
74	605088. SH	冠盛股份	5. 1	5	5. 34	5. 24	5. 43	4. 58
75	600218. SH	全柴动力	5. 09	4. 71	5. 35	6. 03	4. 99	4. 83
76	603917. SH	合力科技	5. 09	5. 35	4. 76	5. 88	5. 03	4. 71
77	000559. SZ	万向钱潮	5. 09	5. 05	5. 03	5. 23	5. 05	5. 14
78	603121. SH	华培动力	5. 09	5. 53	5. 19	5. 07	4. 81	4. 84
79	603788. SH	宁波高发	5. 08	6. 49	4. 49	4. 54	5. 14	4. 44

续表

排名	代码	公司名称	总得分	财务指标	估值与成长性	创值能力	公司治理	创新与研发
80	000880. SZ	潍柴重机	5. 08	4. 78	5. 49	5. 85	4. 76	4. 89
81	000887. SZ	中鼎股份	5. 08	5. 02	4. 61	5. 54	5. 32	5. 03
82	603730. SH	岱美股份	5. 08	5. 33	4. 81	5. 58	5. 28	4. 57
83	002284. SZ	亚太股份	5. 06	5. 02	4. 9	5. 64	5. 05	4. 92
84	002703. SZ	浙江世宝	5. 06	4. 55	4. 53	6. 24	5. 49	4. 91
85	600698. SH	湖南天雁	5. 06	4. 83	4. 94	6. 3	4. 89	4. 84
86	600066. SH	宇通客车	5. 05	4. 99	4. 43	3. 91	5. 79	5. 59
87	600148. SH	长春一东	5. 05	4. 68	5. 1	5. 68	5. 02	5. 05
88	603035. SH	常熟汽饰	5. 05	5. 09	4. 92	4. 88	5. 42	4. 85
89	300428. SZ	立中集团	5. 04	4. 43	5. 3	5. 99	4. 66	5. 26
90	603023. SH	威帝股份	5. 04	6. 55	4. 1	4. 19	4. 6	5. 28
91	002516. SZ	旷达科技	5. 04	5. 73	4. 52	5. 46	5. 03	4. 55
92	002048. SZ	宁波华翔	5. 03	5. 43	5. 2	4. 13	5. 33	4. 71
93	603950. SH	长源东谷	5. 02	5. 55	4. 8	4. 83	5. 06	4. 74
94	603006. SH	联明股份	5. 02	5. 66	5. 08	4. 84	5. 1	4. 34
95	600178. SH	东安动力	5. 02	4. 73	5. 92	3. 65	5. 1	5. 22
96	601238. SH	广汽集团	5. 02	4. 8	4. 2	4. 65	6. 09	5. 07
97	002406. SZ	远东传动	5. 01	5. 83	5. 23	3. 55	4. 98	4. 87
98	603766. SH	隆鑫通用	5. 01	5. 34	4. 87	3. 97	5. 07	5. 34
99	603286. SH	日盈电子	5	4. 83	4. 68	5. 46	5. 26	4. 91
100	002328. SZ	新朋股份	4. 98	5. 02	4. 66	5. 09	5. 24	4. 91
101	601966. SH	玲珑轮胎	4. 98	4. 83	4. 99	5. 31	4. 92	4. 98
102	002126. SZ	银轮股份	4. 97	4. 69	4. 92	5. 04	5. 34	4. 9
103	002921. SZ	联诚精密	4. 97	4. 66	5. 55	5. 6	4. 99	4. 39
104	600099. SH	林海股份	4. 96	4. 85	5. 44	5. 95	4. 42	4. 62
105	300258. SZ	精锻科技	4. 96	5. 49	4. 9	4. 74	4. 67	4. 9
106	603178. SH	圣龙股份	4. 96	4. 75	4. 85	5. 69	5. 08	4. 72
107	603997. SH	继峰股份	4. 95	4. 74	5. 54	4. 57	4. 65	5. 17
108	603179. SH	新泉股份	4. 95	4. 49	4. 81	5. 75	5. 11	4. 9
109	605151. SH	西上海	4. 95	5. 82	4. 53	5. 05	4. 98	4. 35
110	002448. SZ	中原内配	4. 95	4. 9	5. 24	4. 5	4. 99	4. 94
111	603701. SH	德宏股份	4. 94	5. 15	4. 55	5. 29	4. 87	4. 94
112	300585. SZ	奥联电子	4. 94	5. 14	4. 39	5. 6	4. 58	5. 2

续表

排名	代码	公司名称	总得分	财务指标	估值与成长性	创值能力	公司治理	创新与研发
113	603982. SH	泉峰汽车	4. 93	4. 96	4. 94	5. 54	4. 76	4. 73
114	002997. SZ	瑞鹄模具	4. 93	4. 7	5. 18	5. 82	4. 33	5. 03
115	000030. SZ	富奥股份	4. 92	5. 07	5	4. 27	5. 16	4. 84
116	600166. SH	福田汽车	4. 92	4. 52	4. 03	4. 92	5. 22	5. 8
117	000017. SZ	深中华 A	4. 91	3. 74	4. 97	6. 55	4. 49	5. 51
118	600327. SH	大东方	4. 91	4. 91	4. 68	4. 36	5. 44	4. 87
119	600742. SH	一汽富维	4. 91	5. 12	5. 54	3. 76	5. 15	4. 55
120	002085. SZ	万丰奥威	4. 9	4. 95	4. 77	4. 99	4. 72	5. 1
121	600335. SH	国机汽车	4. 9	4. 72	4. 36	4. 92	5. 3	5. 12
122	600818. SH	中路股份	4. 89	4. 97	4. 5	6. 41	4. 26	4. 89
123	603009. SH	北特科技	4. 89	4. 52	4. 84	5. 33	4. 71	5. 21
124	600609. SH	金杯汽车	4. 88	4. 85	4. 56	6. 46	4. 71	4. 43
125	000951. SZ	中国重汽	4. 87	4. 72	5. 29	4. 13	4. 91	5. 05
126	002715. SZ	登云股份	4. 86	4. 88	4. 98	5. 88	4. 59	4. 4
127	000589. SZ	贵州轮胎	4. 85	5. 1	5. 09	3. 9	5. 11	4. 69
128	600418. SH	江淮汽车	4. 85	4. 45	4. 46	5. 37	4. 93	5. 22
129	300681. SZ	英搏尔	4. 84	3. 98	4. 48	6. 42	4. 9	5. 04
130	002590. SZ	万安科技	4. 83	4. 68	4. 68	5. 31	4. 98	4. 69
131	300863. SZ	卡倍亿	4. 83	3. 94	5. 64	5. 98	4. 54	4. 62
132	603787. SH	新日股份	4. 82	5. 15	4. 36	4. 39	5. 15	4. 79
133	002863. SZ	今飞凯达	4. 8	4. 5	5. 19	5. 28	4. 61	4. 68
134	002813. SZ	路畅科技	4. 8	3. 88	3. 88	6. 44	5. 04	5. 35
135	000816. SZ	智慧农业	4. 8	4. 42	4. 98	5. 65	4. 66	4. 66
136	002537. SZ	海联金汇	4. 79	4. 41	4. 71	5. 52	4. 48	5. 13
137	603158. SH	腾龙股份	4. 78	4. 8	5. 08	4. 98	4. 46	4. 72
138	002536. SZ	飞龙股份	4. 78	4. 8	5. 05	4. 4	4. 74	4. 78
139	600480. SH	凌云股份	4. 77	4. 67	4. 8	4. 45	4. 88	4. 93
140	002454. SZ	松芝股份	4. 77	5. 32	4. 27	4. 44	4. 75	4. 85
141	600081. SH	东风科技	4. 76	4. 8	4. 68	4. 6	4. 87	4. 78
142	300391. SZ	康跃科技	4. 75	4. 02	5. 28	5. 86	4. 27	4. 87
143	603089. SH	正裕工业	4. 74	4. 81	4. 92	4. 63	4. 81	4. 52
144	000996. SZ	中国中期	4. 73	4. 65	4. 55	5. 87	4. 54	4. 52
145	000903. SZ	云内动力	4. 72	4. 59	4. 37	3. 99	5. 17	5. 12

续表

排名	代码	公司名称	总得分	财务指标	估值与成长性	创值能力	公司治理	创新与研发
146	300375. SZ	鹏翎股份	4. 72	5. 33	4. 39	4. 3	4. 87	4. 48
147	000757. SZ	浩物股份	4. 71	4. 85	4. 79	3. 67	5. 07	4. 75
148	600653. SH	申华控股	4. 71	4. 1	4. 68	5. 95	4. 73	4. 62
149	603085. SH	天成自控	4. 7	4. 05	4. 76	6	4. 38	4. 88
150	002766. SZ	索菱股份	4. 7	3. 61	3. 89	6. 25	5. 01	5. 29
151	002434. SZ	万里扬	4. 69	4. 68	4	3. 41	5. 43	5. 31
152	000572. SZ	海马汽车	4. 69	4. 57	3. 97	5. 44	4. 81	4. 89
153	002865. SZ	钧达股份	4. 69	4. 34	4. 55	4. 34	5. 04	4. 99
154	002708. SZ	光洋股份	4. 68	4. 51	4. 65	5. 44	4. 65	4. 48
155	002662. SZ	京威股份	4. 68	4. 86	4. 4	5. 27	4. 75	4. 33
156	300745. SZ	欣锐科技	4. 68	3. 78	4. 59	4. 59	4. 76	5. 61
157	600006. SH	东风汽车	4. 67	4. 97	4. 49	3. 56	4. 8	5. 02
158	002265. SZ	西仪股份	4. 65	5	4. 1	6. 21	4. 35	4. 2
159	603390. SH	通达电气	4. 65	4. 75	4. 45	3. 51	4. 73	5. 32
160	603768. SH	常青股份	4. 65	4. 22	4. 87	3. 93	5. 31	4. 64
161	300473. SZ	德尔股份	4. 65	4. 6	4. 7	4. 23	4. 57	4. 97
162	300611. SZ	美力科技	4. 64	4. 74	5. 32	3. 64	4. 57	4. 61
163	600213. SH	亚星客车	4. 64	4. 25	3. 79	6. 37	4. 99	4. 43
164	603586. SH	金麒麟	4. 64	5. 52	4. 81	2. 7	4. 78	4. 58
165	605333. SH	沪光股份	4. 63	4. 29	4. 78	5. 21	4. 6	4. 53
166	002664. SZ	长鹰信质	4. 62	4. 71	4. 52	4. 08	4. 76	4. 81
167	000570. SZ	苏常柴 A	4. 62	4. 45	5. 27	4. 25	4. 65	4. 41
168	002363. SZ	隆基机械	4. 6	4. 85	4. 8	4. 3	4. 75	4. 19
169	603922. SH	金鸿顺	4. 59	5. 67	4. 31	3. 67	4. 33	4. 54
170	600297. SH	广汇汽车	4. 59	4. 83	4. 79	1. 67	4. 98	5. 46
171	601258. SH	庞大集团	4. 59	4. 05	4. 91	4. 37	4. 57	4. 97
172	000700. SZ	模塑科技	4. 58	4. 55	4	5. 37	4. 67	4. 57
173	600699. SH	均胜电子	4. 58	4. 69	4. 11	3. 18	4. 88	5. 37
174	000868. SZ	安凯客车	4. 57	3. 91	4. 04	6. 49	4. 84	4. 32
175	300100. SZ	双林股份	4. 57	4. 59	4. 54	5. 15	4. 3	4. 5
176	002725. SZ	跃岭股份	4. 56	4. 88	4. 67	3. 68	4. 89	4. 34
177	002239. SZ	奥特佳	4. 56	4. 67	3. 6	4. 93	4. 96	4. 66
178	000678. SZ	襄阳轴承	4. 55	4. 17	4. 68	5. 41	4. 9	3. 99

续表

排名	代码	公司名称	总得分	财务指标	估值与成长性	创值能力	公司治理	创新与研发
179	300694. SZ	蠡湖股份	4. 54	4. 84	4. 8	3. 38	4. 77	4. 46
180	300733. SZ	西菱动力	4. 54	4. 74	4. 92	3. 71	4. 68	4. 36
181	002488. SZ	金固股份	4. 53	3. 99	4. 3	5. 27	4. 7	4. 66
182	601127. SH	小康股份	4. 45	4. 11	3. 12	4. 4	5. 04	5. 4
183	603161. SH	科华控股	4. 45	4. 52	4. 85	2. 49	5. 22	4. 39
184	601500. SH	通用股份	4. 43	4. 31	4. 65	2. 25	5. 33	4. 71
185	600469. SH	风神股份	4. 42	4. 6	4. 44	2. 5	5. 26	4. 5
186	600960. SH	渤海汽车	4. 41	4. 77	4. 32	3. 25	4. 89	4. 34
187	603776. SH	永安行	4. 39	5. 77	4. 09	1. 79	4. 74	4. 43
188	300912. SZ	凯龙高科	4. 34	4. 65	4. 08	3. 39	4. 27	4. 89
189	600733. SH	北汽蓝谷	4. 31	3	3. 42	3. 95	5. 19	5. 74
190	000957. SZ	中通客车	4. 29	4. 35	3. 85	4. 25	4. 32	4. 63
191	000599. SZ	青岛双星	4. 28	4	4. 28	2. 52	5. 15	4. 7
192	601777. SH	力帆科技	4. 23	3. 76	3. 8	5. 24	4. 26	4. 45
193	300176. SZ	派生科技	4. 2	4. 38	3. 85	4. 19	4. 14	4. 39
194	002355. SZ	兴民智通	4. 17	3. 85	3. 72	4. 79	4. 44	4. 25
195	600626. SH	申达股份	4. 13	4. 6	4. 33	2. 27	4. 52	4. 16
196	600686. SH	金龙汽车	4. 11	4. 34	4. 21	2. 26	4. 17	4. 79
197	002510. SZ	天汽模	4. 09	4	3. 8	3. 33	4. 2	4. 78
198	300742. SZ	越博动力	3. 83	2. 74	3. 26	4. 42	3. 74	5. 18

（二十三）轻工制造

排名	代码	公司名称	总得分	财务指标	估值与成长性	创值能力	公司治理	创新与研发
1	603195. SH	公牛集团	6. 01	6. 83	4. 87	6. 68	5. 67	6. 15
2	603833. SH	欧派家居	5. 92	6. 23	5. 12	6. 48	5. 95	5. 95
3	603899. SH	晨光股份	5. 87	5. 63	5. 15	6. 67	6. 14	6. 01
4	603816. SH	顾家家居	5. 72	5. 61	5. 36	6. 5	6. 08	5. 35
5	603848. SH	好太太	5. 59	6. 32	4. 69	6. 12	5. 62	5. 3
6	603992. SH	松霖科技	5. 59	5. 63	5. 31	5. 95	5. 87	5. 3

续表

排名	代码	公司名称	总得分	财务指标	估值与成长性	创值能力	公司治理	创新与研发
7	002191. SZ	劲嘉股份	5. 57	6. 23	4. 83	5. 46	5. 84	5. 35
8	603801. SH	志邦家居	5. 56	5. 56	5. 06	6. 08	5. 93	5. 31
9	605099. SH	共创草坪	5. 56	6. 4	5. 3	6. 47	5. 19	4. 78
10	300729. SZ	乐歌股份	5. 51	5. 03	5. 69	5. 86	5. 11	6. 02
11	605377. SH	华旺科技	5. 47	5. 39	5. 55	6. 16	5. 34	5. 21
12	600433. SH	冠豪高新	5. 47	5. 32	5. 09	5. 44	5. 8	5. 63
13	603429. SH	集友股份	5. 45	6. 19	4. 57	6. 38	5. 38	5. 04
14	601515. SH	东风股份	5. 45	5. 92	4. 95	4. 85	5. 94	5. 27
15	600966. SH	博汇纸业	5. 43	4. 89	5. 26	6. 18	5. 46	5. 67
16	605155. SH	西大门	5. 42	6. 77	4. 91	5. 35	5. 3	4. 68
17	002799. SZ	环球印务	5. 4	4. 57	5. 53	6. 79	5. 02	5. 72
18	002117. SZ	东港股份	5. 39	5. 95	4. 46	5. 73	5. 54	5. 29
19	002078. SZ	太阳纸业	5. 37	5. 32	5. 32	5. 35	5. 4	5. 46
20	603008. SH	喜临门	5. 37	4. 92	5. 4	6. 4	5. 3	5. 28
21	603661. SH	恒林股份	5. 37	4. 81	6. 06	5. 08	5. 76	5. 09
22	603610. SH	麒盛科技	5. 36	5. 47	4. 83	5	5. 77	5. 51
23	002572. SZ	索菲亚	5. 35	5. 58	4. 57	5	5. 76	5. 61
24	002014. SZ	永新股份	5. 35	5. 8	5. 35	5. 65	5. 17	4. 89
25	603408. SH	建霖家居	5. 35	5. 35	5. 23	5. 53	5. 39	5. 29
26	003018. SZ	金富科技	5. 31	6. 77	5. 34	5. 48	4. 51	4. 53
27	601968. SH	宝钢包装	5. 3	5. 12	5. 59	5. 98	5. 07	5. 09
28	002012. SZ	凯恩股份	5. 29	5. 22	5. 43	6. 16	5. 03	5. 02
29	603180. SH	金牌厨柜	5. 29	5. 69	4. 87	5. 34	5. 17	5. 35
30	603607. SH	京华激光	5. 29	5. 88	4. 76	6	4. 86	5. 18
31	603165. SH	荣晟环保	5. 28	5. 95	4. 88	5. 67	5. 23	4. 8
32	002831. SZ	裕同科技	5. 28	4. 83	4. 91	5. 89	5. 27	5. 68
33	002678. SZ	珠江钢琴	5. 27	5. 5	5. 01	5. 58	5. 47	4. 89
34	002615. SZ	哈尔斯	5. 26	4. 62	5. 59	6. 15	5. 46	4. 89
35	603733. SH	仙鹤股份	5. 25	4. 76	5. 4	6. 46	5. 27	4. 91
36	002790. SZ	瑞尔特	5. 25	5. 48	5. 16	5. 49	5. 06	5. 15
37	002701. SZ	奥瑞金	5. 21	4. 7	5. 23	5. 6	5. 22	5. 48
38	603818. SH	曲美家居	5. 2	4. 87	5. 5	6. 08	4. 9	5. 07
39	605007. SH	五洲特纸	5. 2	4. 64	5. 59	6. 41	5. 37	4. 54

续表

排名	代码	公司名称	总得分	财务指标	估值与成长性	创值能力	公司治理	创新与研发
40	603058. SH	永吉股份	5. 14	5. 76	4. 55	5. 9	5. 41	4. 35
41	605500. SH	森林包装	5. 12	5. 76	4. 6	4. 82	5. 43	4. 82
42	002918. SZ	蒙娜丽莎	5. 11	4. 58	4. 65	4. 71	6. 01	5. 37
43	002162. SZ	悦心健康	5. 11	4. 76	5. 04	6. 16	5. 31	4. 7
44	002951. SZ	金时科技	5. 1	6. 8	4. 33	4. 66	4. 96	4. 48
45	300640. SZ	德艺文创	5. 09	4. 79	5. 18	5. 66	4. 51	5. 59
46	605299. SH	舒华体育	5. 08	5. 26	4. 28	6. 01	5. 46	4. 69
47	600210. SH	紫江企业	5. 07	5. 04	4. 74	5. 35	5. 35	4. 96
48	603600. SH	永艺股份	5. 07	4. 68	5. 74	5. 64	5. 01	4. 61
49	603208. SH	江山欧派	5. 05	4. 57	5. 03	6. 15	5. 08	4. 91
50	002067. SZ	景兴纸业	5. 05	5. 27	5. 24	3. 79	5. 4	5. 05
51	600308. SH	华泰股份	5. 05	5. 53	4. 98	3. 76	5. 33	5. 09
52	002836. SZ	新宏泽	5. 03	6. 22	4. 12	5. 37	4. 64	4. 84
53	601996. SH	丰林集团	5	5. 21	5. 25	5. 02	4. 9	4. 67
54	002735. SZ	王子新材	5	4. 91	4. 82	6. 58	4. 92	4. 41
55	300501. SZ	海顺新材	4. 97	5. 11	5. 05	5. 52	4. 54	4. 86
56	600356. SH	恒丰纸业	4. 95	5. 5	5. 26	4. 06	4. 82	4. 77
57	002899. SZ	英派斯	4. 94	5. 38	4. 98	3. 85	5. 23	4. 81
58	603226. SH	菲林格尔	4. 93	5. 88	4. 33	4. 91	4. 75	4. 7
59	002489. SZ	浙江永强	4. 93	4. 21	5. 2	5. 81	5. 01	4. 81
60	300616. SZ	尚品宅配	4. 92	5. 22	4. 75	3. 83	4. 98	5. 35
61	000488. SZ	晨鸣纸业	4. 9	5. 12	4. 47	3. 69	4. 82	5. 82
62	600836. SH	上海易连	4. 89	4. 8	4. 62	6. 48	5. 09	4. 12
63	003011. SZ	海象新材	4. 88	4. 55	4. 97	5. 31	4. 98	4. 77
64	600103. SH	青山纸业	4. 86	4. 8	4. 43	5. 19	5. 2	4. 78
65	300703. SZ	创源股份	4. 86	4. 41	4. 95	5. 57	4. 72	4. 97
66	603898. SH	好莱客	4. 85	5. 53	4. 48	3. 56	5. 15	4. 95
67	300883. SZ	龙利得	4. 84	5. 08	4. 65	4. 39	4. 56	5. 32
68	603385. SH	惠达卫浴	4. 84	4. 54	4. 58	3. 61	5. 94	4. 95
69	000812. SZ	陕西金叶	4. 83	4. 88	4. 78	5. 85	4. 38	4. 68
70	300756. SZ	金马游乐	4. 83	4. 35	4. 53	5. 36	5. 03	5. 06
71	600235. SH	民丰特纸	4. 83	4. 61	4. 93	5. 25	4. 99	4. 56
72	002599. SZ	盛通股份	4. 83	4. 66	4. 74	5. 25	4. 92	4. 73

续表

排名	代码	公司名称	总得分	财务指标	估值与成长性	创值能力	公司治理	创新与研发
73	002575. SZ	群兴玩具	4. 81	4. 45	4. 18	6. 25	3. 97	5. 75
74	002229. SZ	鸿博股份	4. 81	5. 45	4. 17	5. 47	4. 95	4. 21
75	003012. SZ	东鹏控股	4. 8	5. 27	4. 47	3. 54	4. 97	5. 17
76	600567. SH	山鹰国际	4. 79	4. 32	4. 71	3. 44	5. 35	5. 54
77	600337. SH	美克家居	4. 78	5. 13	4. 73	3. 38	5	5. 06
78	002521. SZ	齐峰新材	4. 77	5. 16	5. 3	3. 93	4. 48	4. 7
79	000910. SZ	大亚圣象	4. 77	5. 23	4. 45	3. 62	4. 94	5. 09
80	002228. SZ	合兴包装	4. 77	4. 38	4. 87	4. 57	4. 66	5. 28
81	002752. SZ	昇兴股份	4. 76	4. 24	5. 12	5. 49	4. 6	4. 69
82	000659. SZ	珠海中富	4. 76	4. 6	4. 4	6. 74	4. 5	4. 34
83	002301. SZ	齐心集团	4. 75	4. 63	4. 76	3. 24	4. 5	5. 97
84	002787. SZ	华源控股	4. 75	4. 52	5. 16	4. 58	4. 72	4. 74
85	002846. SZ	英联股份	4. 74	4. 65	5	5. 71	4	4. 77
86	603313. SH	梦百合	4. 73	4. 38	4. 93	3. 92	4. 93	5. 17
87	002084. SZ	海鸥住工	4. 72	4. 44	5. 28	2. 77	5. 21	5. 17
88	603389. SH	亚振家居	4. 72	4. 34	4. 59	5. 78	4. 88	4. 43
89	603709. SH	中源家居	4. 65	4. 58	4. 74	4. 4	5	4. 43
90	603326. SH	我乐家居	4. 63	4. 81	4. 49	4. 31	4. 56	4. 83
91	002571. SZ	德力股份	4. 62	4. 62	4. 84	5. 5	4. 33	4. 23
92	600963. SH	岳阳林纸	4. 61	4. 33	4. 1	4. 65	4. 8	5. 12
93	603838. SH	四通股份	4. 6	5. 32	4. 56	4. 02	4. 38	4. 45
94	002565. SZ	顺灏股份	4. 57	4. 74	4. 23	3. 74	5. 06	4. 69
95	300749. SZ	顶固集创	4. 57	4. 56	4. 48	4. 14	4. 54	4. 95
96	603615. SH	茶花股份	4. 57	5. 16	4. 62	3. 06	5. 11	4. 27
97	002303. SZ	美盈森	4. 56	5. 02	4. 43	3. 09	4. 66	4. 98
98	002969. SZ	嘉美包装	4. 56	4. 86	4. 68	3. 96	4. 6	4. 47
99	002631. SZ	德尔未来	4. 56	4. 79	4. 42	4. 17	4. 6	4. 63
100	603863. SH	松炀资源	4. 55	5. 23	4. 87	3. 9	4. 07	4. 46
101	603499. SH	翔港科技	4. 55	4. 65	4. 55	4. 46	4. 55	4. 51
102	603022. SH	新通联	4. 55	4. 91	4. 47	3. 89	4. 81	4. 37
103	603687. SH	大胜达	4. 53	4. 77	4. 12	5. 34	4. 16	4. 54
104	003003. SZ	天元股份	4. 51	4. 52	4. 76	3. 69	5. 04	4. 24
105	603221. SH	爱丽家居	4. 49	4. 79	4. 84	3. 77	4. 53	4. 27

续表

排名	代码	公司名称	总得分	财务指标	估值与成长性	创值能力	公司治理	创新与研发
106	002235. SZ	安妮股份	4. 48	4. 17	3. 9	5. 75	4. 44	4. 6
107	002853. SZ	皮阿诺	4. 48	3. 94	4. 03	3. 48	5. 58	4. 88
108	603398. SH	沐邦高科	4. 47	4. 53	3. 78	4. 6	4. 82	4. 6
109	002862. SZ	实丰文化	4. 45	4. 59	4. 17	4. 09	4. 83	4. 36
110	000663. SZ	永安林业	4. 41	3. 55	4. 33	6. 48	4. 05	4. 53
111	002348. SZ	高乐股份	4. 39	4. 14	3. 92	4. 44	4. 55	4. 88
112	300329. SZ	海伦钢琴	4. 39	4. 17	4. 36	3. 54	5. 12	4. 38
113	000815. SZ	美利云	4. 33	3. 72	4. 14	5. 8	4. 33	4. 25
114	600793. SH	宜宾纸业	4. 27	3. 79	4. 19	4. 95	4. 4	4. 31
115	002374. SZ	中锐股份	4. 23	3. 63	4. 14	5. 94	4. 17	3. 98
116	603268. SH	松发股份	4. 19	3. 95	3. 96	4. 41	4. 4	4. 3
117	002798. SZ	帝欧家居	4. 18	4. 15	3. 98	2. 48	4. 35	5. 22
118	000695. SZ	滨海能源	4. 01	3. 52	3. 89	4. 48	4. 13	4. 21
119	600076. SH	康欣新材	4	3. 65	4. 37	2. 37	4. 39	4. 58
120	603021. SH	山东华鹏	3. 88	3. 3	3. 74	3. 31	4. 31	4. 49

（二十四）商贸零售

排名	代码	公司名称	总得分	财务指标	估值与成长性	创值能力	公司治理	创新与研发
1	601888. SH	中国中免	5. 88	5. 79	5. 04	6. 75	5. 92	6. 14
2	603613. SH	国联股份	5. 86	5. 3	5. 76	6. 72	5. 53	6. 36
3	002315. SZ	焦点科技	5. 85	5. 71	5. 44	6. 6	5. 89	5. 87
4	300622. SZ	博士眼镜	5. 66	6. 25	5. 4	6. 47	5. 61	4. 88
5	002127. SZ	南极电商	5. 57	6. 4	4. 71	5. 75	5. 3	5. 66
6	002818. SZ	富森美	5. 5	6. 05	4. 95	5. 37	5. 62	5. 37
7	605136. SH	丽人丽妆	5. 44	5. 38	5. 26	5. 85	5. 94	4. 93
8	300792. SZ	壹网壹创	5. 42	6. 07	4. 92	6. 01	5. 22	5. 08
9	600415. SH	小商品城	5. 38	4. 97	5. 33	6. 57	5. 08	5. 47
10	600814. SH	杭州解百	5. 38	5. 83	5. 31	5. 21	5. 73	4. 75
11	002803. SZ	吉宏股份	5. 37	5. 48	5. 17	5. 86	5. 13	5. 41

续表

排名	代码	公司名称	总得分	财务指标	估值与成长性	创值能力	公司治理	创新与研发
12	600058. SH	五矿发展	5. 37	4. 61	5. 41	5. 57	5. 49	5. 88
13	300755. SZ	华致酒行	5. 35	5. 08	5. 57	6. 52	5. 16	4. 93
14	601028. SH	玉龙股份	5. 31	4. 59	5. 64	6. 54	4. 76	5. 57
15	600838. SH	上海九百	5. 29	5. 88	5. 6	5. 43	4. 86	4. 79
16	300892. SZ	品渥食品	5. 27	5. 46	4. 97	5. 68	5. 35	5. 01
17	600113. SH	浙江东日	5. 25	5. 62	5. 03	5. 69	5. 56	4. 53
18	000061. SZ	农产品	5. 25	4. 92	5. 38	5. 41	5. 66	4. 94
19	002697. SZ	红旗连锁	5. 2	5. 31	5. 42	5. 72	5. 1	4. 7
20	000715. SZ	中兴商业	5. 2	5. 89	5. 17	5. 54	4. 96	4. 58
21	600710. SH	苏美达	5. 2	4. 88	5. 83	4. 08	5. 28	5. 52
22	600774. SH	汉商集团	5. 19	5. 03	5. 34	5. 97	4. 87	5. 09
23	002416. SZ	爱施德	5. 16	4. 66	5. 19	5. 9	5. 04	5. 32
24	600821. SH	金开新能	5. 15	3. 98	6. 03	5. 74	4. 89	5. 45
25	600865. SH	百大集团	5. 12	6. 42	4. 5	4. 28	4. 82	5. 15
26	600729. SH	重庆百货	5. 11	5. 06	5. 02	5. 52	5. 32	4. 8
27	601086. SH	国芳集团	5. 1	5. 73	4. 66	5. 13	5. 4	4. 54
28	002187. SZ	广百股份	5. 09	5. 24	5. 06	5. 17	5. 22	4. 8
29	600301. SH	南化股份	5. 09	4. 88	4. 97	6. 51	4. 5	5. 17
30	003010. SZ	若羽臣	5. 09	5. 46	5. 09	4. 83	4. 75	5. 2
31	002561. SZ	徐家汇	5. 09	6. 17	4. 79	4. 8	4. 99	4. 52
32	601116. SH	三江购物	5. 08	5. 53	4. 8	5. 57	5. 02	4. 67
33	002091. SZ	江苏国泰	5. 07	4. 89	5. 32	5. 13	5. 2	4. 88
34	600859. SH	王府井	5. 06	5. 38	4. 58	5. 16	5. 32	4. 81
35	600827. SH	百联股份	5. 05	5. 03	4. 67	4. 68	5. 41	5. 27
36	600278. SH	东方创业	5. 04	4. 84	5. 82	4. 64	5	4. 81
37	600738. SH	丽尚国潮	5. 03	5. 19	4. 81	5. 61	4. 95	4. 8
38	603682. SH	锦和商管	5. 02	5. 64	4. 85	5. 78	4. 71	4. 45
39	603123. SH	翠微股份	5. 01	5. 06	4. 7	5. 97	4. 87	4. 84
40	002419. SZ	天虹股份	5	5. 13	4. 8	5. 43	5. 31	4. 51
41	600857. SH	宁波中百	5	4. 82	5. 17	6. 17	4. 6	4. 77
42	603101. SH	汇嘉时代	4. 98	5. 04	5. 15	5. 82	4. 75	4. 55
43	600824. SH	益民集团	4. 97	5. 53	4. 8	4. 09	5. 39	4. 63
44	603214. SH	爱婴室	4. 96	5. 04	4. 75	5. 12	5. 25	4. 67

续表

排名	代码	公司名称	总得分	财务指标	估值与成长性	创值能力	公司治理	创新与研发
45	600655. SH	豫园股份	4. 95	4. 63	4. 94	3. 21	5. 84	5. 36
46	600790. SH	轻纺城	4. 93	5. 59	5. 07	4. 5	4. 79	4. 54
47	000501. SZ	武商集团	4. 92	5. 34	4. 88	4. 26	5	4. 86
48	600858. SH	银座股份	4. 92	4. 85	4. 79	5. 11	5. 19	4. 73
49	600778. SH	友好集团	4. 92	4. 69	4. 65	6. 1	5. 09	4. 52
50	002280. SZ	联络互动	4. 91	4. 18	4. 94	6. 21	4. 06	5. 71
51	600694. SH	大商股份	4. 9	5. 1	5. 16	3. 67	5. 36	4. 74
52	002344. SZ	海宁皮城	4. 9	5. 41	5. 03	4. 1	4. 92	4. 73
53	601366. SH	利群股份	4. 9	4. 79	5. 04	4. 09	5. 44	4. 81
54	603708. SH	家家悦	4. 89	4. 88	5. 09	4. 89	4. 8	4. 82
55	600785. SH	新华百货	4. 88	4. 86	4. 92	5. 31	4. 86	4. 63
56	000058. SZ	深赛格	4. 88	4. 96	4. 76	6. 11	4. 89	4. 17
57	605188. SH	国光连锁	4. 87	5. 11	4. 64	5. 15	4. 87	4. 65
58	600861. SH	北京城乡	4. 86	5. 02	4. 15	5. 8	5	4. 66
59	000419. SZ	通程控股	4. 86	5. 17	5. 03	4. 51	4. 75	4. 72
60	600280. SH	中央商场	4. 86	4. 5	4. 66	6. 05	4. 91	4. 64
61	601933. SH	永辉超市	4. 85	4. 47	4. 48	4. 41	5. 57	5. 09
62	600828. SH	茂业商业	4. 85	5. 02	4. 78	3. 92	5. 11	5. 02
63	000829. SZ	天音控股	4. 85	4. 26	4. 34	6. 26	4. 48	5. 44
64	300592. SZ	华凯易佰	4. 82	4. 85	5. 01	3. 66	4. 76	5. 34
65	600605. SH	汇通能源	4. 8	4. 63	4. 81	5. 26	4. 53	4. 97
66	000007. SZ	全新好	4. 8	4. 3	4. 85	6. 69	3. 92	5. 03
67	002264. SZ	新华都	4. 78	4. 4	4. 26	6. 11	5. 01	4. 63
68	600628. SH	新世界	4. 78	5. 24	4. 79	3. 04	5. 24	4. 83
69	600712. SH	南宁百货	4. 75	4. 88	4. 22	5. 93	4. 58	4. 6
70	601828. SH	美凯龙	4. 75	5. 08	4. 4	2. 68	5. 31	5. 34
71	601010. SH	文峰股份	4. 74	5. 45	4. 84	2. 81	5. 09	4. 69
72	600981. SH	汇鸿集团	4. 71	4. 62	4. 81	2. 8	5. 04	5. 48
73	002336. SZ	人人乐	4. 7	4. 58	4. 14	5. 99	4. 66	4. 62
74	300022. SZ	吉峰科技	4. 68	4. 22	4. 57	6. 73	4. 17	4. 56
75	000679. SZ	大连友谊	4. 67	4. 21	4. 69	6. 22	4. 54	4. 36
76	600697. SH	欧亚集团	4. 66	5. 05	4. 76	2. 66	5. 19	4. 81
77	600128. SH	弘业股份	4. 66	4. 61	4. 68	4. 47	4. 69	4. 77

续表

排名	代码	公司名称	总得分	财务指标	估值与成长性	创值能力	公司治理	创新与研发
78	000417. SZ	合肥百货	4. 66	4. 95	5. 06	2. 76	5. 07	4. 71
79	000759. SZ	中百集团	4. 64	4. 72	5. 03	3. 69	4. 92	4. 49
80	000882. SZ	华联股份	4. 63	5. 12	4. 66	4. 2	4. 38	4. 6
81	600250. SH	南纺股份	4. 63	4. 44	5. 07	4. 59	4. 62	4. 46
82	600361. SH	华联综超	4. 62	4. 82	4. 54	4. 87	4. 49	4. 48
83	002277. SZ	友阿股份	4. 58	5. 02	4. 82	3. 66	4. 57	4. 48
84	002251. SZ	步步高	4. 58	4. 72	4. 77	4. 17	4. 24	4. 87
85	002356. SZ	赫美集团	4. 58	4. 15	4. 31	6. 61	4. 12	4. 54
86	300464. SZ	星徽股份	4. 56	4. 26	4. 44	4. 17	3. 87	5. 9
87	601113. SH	华鼎股份	4. 56	4. 76	4. 62	3. 12	4. 43	5. 27
88	000861. SZ	海印股份	4. 53	4. 74	4. 06	4. 52	4. 84	4. 4
89	603031. SH	安孚科技	4. 53	4. 71	4. 41	4. 87	4. 29	4. 49
90	000151. SZ	中成股份	4. 52	4. 02	4. 53	4. 75	4. 66	4. 72
91	600693. SH	东百集团	4. 51	4. 7	4. 78	2. 62	5	4. 68
92	600287. SH	江苏舜天	4. 32	4. 39	4. 41	3. 11	4. 61	4. 58

（二十五）社会服务

排名	代码	公司名称	总得分	财务指标	估值与成长性	创值能力	公司治理	创新与研发
1	300012. SZ	华测检测	6. 04	5. 91	5. 74	6. 9	5. 94	6. 02
2	002841. SZ	视源股份	5. 88	5. 57	5. 8	6. 56	5. 96	5. 8
3	300662. SZ	科锐国际	5. 75	4. 89	5. 88	6. 37	6. 17	5. 72
4	603060. SH	国检集团	5. 74	5. 56	5. 54	6. 4	5. 81	5. 66
5	002878. SZ	元隆雅图	5. 56	5. 24	5. 57	6. 46	5. 5	5. 4
6	003008. SZ	开普检测	5. 53	6. 95	4. 55	5. 19	5. 15	5. 54
7	300887. SZ	谱尼测试	5. 49	5. 45	5. 18	6. 64	5. 61	5. 05
8	600880. SH	博瑞传播	5. 44	5. 49	5. 33	5. 55	5. 4	5. 47
9	603183. SH	建研院	5. 42	5. 4	5. 71	5. 34	5. 77	4. 88
10	002967. SZ	广电计量	5. 37	5. 15	5. 15	6. 18	5. 21	5. 49
11	300215. SZ	电科院	5. 36	5. 6	5. 3	5. 93	4. 9	5. 32

续表

排名	代码	公司名称	总得分	财务指标	估值与成长性	创值能力	公司治理	创新与研发
12	605108. SH	同庆楼	5. 34	5. 94	5. 19	5. 74	5. 18	4. 79
13	300688. SZ	创业黑马	5. 34	5. 44	5. 2	5. 63	5. 42	5. 1
14	300651. SZ	金陵体育	5. 25	5. 43	4. 98	5. 36	5. 57	4. 94
15	603199. SH	九华旅游	5. 22	6. 07	5. 14	4. 64	5. 32	4. 65
16	603136. SH	天目湖	5. 2	5. 92	4. 72	5. 53	5. 27	4. 62
17	300144. SZ	宋城演艺	5. 19	5. 62	4. 6	5. 67	4. 99	5. 22
18	300359. SZ	全通教育	5. 11	4. 81	5. 03	6. 43	4. 58	5. 25
19	300859. SZ	西域旅游	5. 09	5. 43	4. 94	6. 05	4. 47	4. 96
20	601007. SH	金陵饭店	5. 09	5. 27	5. 7	3. 96	5. 36	4. 75
21	300860. SZ	锋尚文化	5. 05	5. 3	4. 62	4. 4	5. 27	5. 34
22	002858. SZ	力盛体育	5. 03	5. 34	5. 34	4. 61	4. 87	4. 83
23	600754. SH	锦江酒店	5. 02	4. 86	4. 38	5. 07	5. 6	5. 14
24	002033. SZ	丽江股份	5. 01	6. 15	4. 9	4. 4	4. 69	4. 63
25	603377. SH	东方时尚	4. 97	5. 39	4. 56	5. 02	4. 99	4. 86
26	600661. SH	昂立教育	4. 96	3. 96	4. 34	6. 91	5. 76	4. 58
27	600730. SH	中国高科	4. 95	4. 47	5. 1	5. 22	4. 96	5. 13
28	600258. SH	首旅酒店	4. 95	4. 89	4. 94	4. 62	5. 15	4. 99
29	600054. SH	黄山旅游	4. 95	5. 71	4. 94	4. 26	4. 94	4. 58
30	300010. SZ	豆神教育	4. 93	3. 9	4. 05	7. 17	4. 56	5. 8
31	600749. SH	西藏旅游	4. 93	5. 31	4. 88	5. 61	4. 4	4. 72
32	000888. SZ	峨眉山 A	4. 91	5. 52	5	3. 94	4. 97	4. 74
33	300795. SZ	米奥会展	4. 89	5. 39	4. 27	5. 59	4. 35	5. 07
34	002306. SZ	中科云网	4. 87	3. 52	4. 61	7. 18	4. 99	4. 99
35	600636. SH	国新文化	4. 85	5. 48	4. 23	3. 35	5. 14	5. 34
36	002659. SZ	凯文教育	4. 77	5. 1	4. 85	4. 05	4. 65	4. 91
37	600158. SH	中体产业	4. 74	4. 31	4. 63	4. 41	4. 88	5. 34
38	300192. SZ	科德教育	4. 74	4. 83	4. 5	4. 55	5. 19	4. 52
39	600138. SH	中青旅	4. 73	4. 76	4. 78	3. 08	5	5. 33
40	002621. SZ	美吉姆	4. 67	4. 25	4. 18	3. 98	5. 45	5. 15
41	600826. SH	兰生股份	4. 67	5. 03	5. 06	2. 88	5. 16	4. 51
42	000524. SZ	岭南控股	4. 66	4. 68	3. 9	4. 74	5. 05	4. 85
43	300572. SZ	安车检测	4. 65	4. 79	4. 48	4. 02	4. 67	5
44	600706. SH	曲江文旅	4. 61	4. 48	4. 94	4. 2	4. 77	4. 52

续表

排名	代码	公司名称	总得分	财务指标	估值与成长性	创值能力	公司治理	创新与研发
45	000721. SZ	西安饮食	4. 58	4. 49	4. 43	5. 32	4. 6	4. 37
46	000428. SZ	华天酒店	4. 54	4. 05	4. 48	5. 83	4. 54	4. 33
47	002159. SZ	三特索道	4. 49	4. 94	4. 24	3. 29	4. 98	4. 46
48	002186. SZ	全聚德	4. 46	4. 46	4. 47	3. 99	4. 91	4. 27
49	002638. SZ	勤上股份	4. 4	4. 2	4. 72	4. 44	3. 65	5. 02
50	603099. SH	长白山	4. 38	4. 64	4. 42	4. 25	4. 2	4. 33
51	000526. SZ	学大教育	4. 35	4. 42	3. 67	3. 95	4. 95	4. 5
52	600593. SH	大连圣亚	4. 31	4. 2	3. 91	4. 92	4. 04	4. 68
53	000430. SZ	张家界	4. 28	4. 58	4. 2	4. 26	4. 27	4. 09
54	000978. SZ	桂林旅游	4. 23	4. 14	4. 07	4. 46	4. 46	4. 1
55	000610. SZ	西安旅游	4. 14	4. 15	4. 21	3. 43	4. 27	4. 32
56	002707. SZ	众信旅游	4. 1	3. 83	3. 08	6. 02	4. 02	4. 24

（二十六）石油石化

排名	代码	公司名称	总得分	财务指标	估值与成长性	创值能力	公司治理	创新与研发
1	603798. SH	康普顿	5. 37	6. 2	4. 98	5. 34	5. 29	4. 99
2	601857. SH	中国石油	5. 35	5. 77	4. 5	3. 75	6. 22	5. 73
3	600968. SH	海油发展	5. 31	5. 51	4. 78	4. 77	5. 48	5. 7
4	600028. SH	中国石化	5. 29	5. 39	4. 82	3. 5	6. 29	5. 64
5	002778. SZ	中晟高科	5. 26	4. 91	5. 24	7. 08	5. 1	4. 74
6	002986. SZ	宇新股份	5. 25	5. 76	4. 52	5. 4	5. 36	5. 2
7	600256. SH	广汇能源	5. 24	5. 29	4. 98	5. 9	5. 39	4. 88
8	600346. SH	恒力石化	5. 23	5. 05	5. 09	5. 94	5. 16	5. 22
9	300191. SZ	潜能恒信	5. 23	5. 45	5. 12	4. 19	4. 8	6. 14
10	000819. SZ	岳阳兴长	5. 2	5. 94	4. 72	6. 29	4. 79	4. 66
11	002493. SZ	荣盛石化	5. 2	4. 73	5. 24	5. 9	5. 37	5. 05
12	000985. SZ	大庆华科	5. 2	6. 11	4. 7	5. 81	4. 78	4. 77
13	601808. SH	中海油服	5. 16	5. 56	4. 56	5. 15	5. 21	5. 24

续表

排名	代码	公司名称	总得分	财务指标	估值与成长性	创值能力	公司治理	创新与研发
14	000301. SZ	东方盛虹	5. 16	4. 79	5. 15	6. 61	5. 1	4. 74
15	600688. SH	上海石化	5. 12	5. 41	4. 59	4. 28	6. 17	4. 72
16	002476. SZ	宝莫股份	5. 11	5. 15	4. 74	6. 04	5. 02	4. 97
17	603727. SH	博迈科	5. 07	4. 44	5. 81	4. 56	4. 93	5. 47
18	601233. SH	桐昆股份	5. 06	5. 13	5. 22	4. 76	5. 32	4. 76
19	002408. SZ	齐翔腾达	5. 05	5. 1	5. 37	5. 44	4. 86	4. 67
20	600583. SH	海油工程	5. 01	4. 99	5. 21	3. 99	5. 14	5. 31
21	603353. SH	和顺石油	4. 99	5. 54	4. 36	4. 97	5. 17	4. 82
22	600871. SH	石化油服	4. 98	4. 7	4. 87	6. 06	5. 2	4. 51
23	300839. SZ	博汇股份	4. 97	5	4. 71	5. 15	5. 08	4. 97
24	000703. SZ	恒逸石化	4. 93	4. 6	5. 07	4. 5	5. 26	5. 04
25	002554. SZ	惠博普	4. 92	4. 77	4. 97	5. 45	4. 59	5. 06
26	000968. SZ	蓝焰控股	4. 91	5. 28	4. 72	5. 12	4. 8	4. 68
27	600800. SH	渤海化学	4. 9	4. 03	5. 56	5. 18	4. 6	5. 33
28	000159. SZ	国际实业	4. 84	4. 64	4. 45	5. 05	5. 18	4. 92
29	000096. SZ	广聚能源	4. 82	5. 69	4. 25	3. 76	4. 93	4. 95
30	603619. SH	中曼石油	4. 77	4. 68	4. 89	5. 88	4. 26	4. 61
31	002221. SZ	东华能源	4. 74	4. 7	4. 72	4. 09	5. 28	4. 63
32	600777. SH	新潮能源	4. 72	5. 61	4. 43	5. 03	4. 07	4. 57
33	000554. SZ	泰山石油	4. 71	4. 64	4. 61	5. 6	4. 4	4. 66
34	000059. SZ	华锦股份	4. 68	5. 36	4. 59	2. 15	5. 64	4. 59
35	002207. SZ	准油股份	4. 59	4. 15	4. 36	6. 26	4. 78	4. 07
36	000637. SZ	茂化实华	4. 56	4. 69	5. 07	3. 76	4. 46	4. 54
37	000698. SZ	沈阳化工	4. 53	4. 46	4. 54	4. 1	4. 96	4. 42
38	002828. SZ	贝肯能源	4. 51	4. 32	4. 56	4. 89	4. 48	4. 47
39	600339. SH	中油工程	4. 44	4. 34	4. 21	3. 36	4. 76	5. 03
40	300164. SZ	通源石油	4. 38	4. 28	3. 87	4. 42	4. 37	4. 94
41	300135. SZ	宝利国际	4. 36	4. 62	3. 87	3. 74	4. 28	4. 96
42	002629. SZ	仁智股份	4. 34	3. 67	3. 77	6. 4	4. 04	4. 62
43	300157. SZ	恒泰艾普	4. 1	3. 83	3. 31	4. 65	4. 11	4. 75

（二十七）食品饮料

排名	代码	公司名称	总得分	财务指标	估值与成长性	创值能力	公司治理	创新与研发
1	000858. SZ	五粮液	5. 89	5. 91	5. 18	6. 13	6. 09	6. 15
2	000568. SZ	泸州老窖	5. 76	5. 67	4. 93	6. 42	5. 81	6. 15
3	603288. SH	海天味业	5. 74	5. 94	4. 87	6. 38	5. 76	5. 91
4	600519. SH	贵州茅台	5. 69	6. 1	5. 1	6. 29	5. 51	5. 62
5	002568. SZ	百润股份	5. 61	5. 9	5. 06	6. 7	5. 29	5. 48
6	600809. SH	山西汾酒	5. 58	5. 33	5. 16	6. 73	5. 97	5. 13
7	600132. SH	重庆啤酒	5. 5	4. 99	5. 08	6. 96	5. 38	5. 63
8	000799. SZ	酒鬼酒	5. 47	5. 63	5. 16	6. 92	5. 15	5. 05
9	002304. SZ	洋河股份	5. 46	5. 62	4. 41	5. 85	6. 14	5. 3
10	603369. SH	今世缘	5. 45	5. 46	5. 19	6. 03	5. 56	5. 23
11	300146. SZ	汤臣倍健	5. 42	5. 4	4. 95	5. 53	5. 03	6. 19
12	600779. SH	水井坊	5. 42	5. 28	4. 96	6. 46	5. 63	5. 13
13	600887. SH	伊利股份	5. 36	4. 87	4. 99	5. 74	5. 61	5. 69
14	600702. SH	舍得酒业	5. 33	5. 27	4. 73	6. 73	5. 25	5. 19
15	600600. SH	青岛啤酒	5. 32	5. 16	4. 66	6. 25	5. 89	4. 95
16	000848. SZ	承德露露	5. 31	5. 76	4. 94	5. 63	4. 88	5. 44
17	002507. SZ	涪陵榨菜	5. 31	6. 12	4. 66	5. 41	5. 25	5. 08
18	000596. SZ	古井贡酒	5. 31	5. 25	4. 84	6. 01	5. 39	5. 29
19	603755. SH	日辰股份	5. 29	5. 72	4. 95	5. 77	4. 81	5. 35
20	002732. SZ	燕塘乳业	5. 28	5. 36	5. 28	6. 2	4. 99	4. 95
21	000895. SZ	双汇发展	5. 28	5. 13	4. 84	5. 54	5. 64	5. 31
22	002847. SZ	盐津铺子	5. 24	4. 76	4. 92	6. 54	5. 47	5. 04
23	600298. SH	安琪酵母	5. 24	4. 85	5. 2	5. 89	5. 38	5. 13
24	002557. SZ	洽洽食品	5. 22	4. 97	5. 08	6. 05	5. 36	4. 99
25	603866. SH	桃李面包	5. 21	5. 65	4. 92	5. 57	5. 28	4. 75
26	603517. SH	绝味食品	5. 21	5. 58	4. 86	5. 87	4. 99	4. 98
27	603696. SH	安记食品	5. 2	5. 6	4. 66	5. 73	4. 83	5. 35
28	002461. SZ	珠江啤酒	5. 2	5. 14	4. 91	4. 79	5. 57	5. 35
29	605338. SH	巴比食品	5. 17	5. 51	4. 95	5. 56	5. 29	4. 7
30	603198. SH	迎驾贡酒	5. 17	5. 23	4. 74	6. 18	5. 24	4. 83
31	603027. SH	千禾味业	5. 17	5. 31	4. 52	6. 02	5. 22	5. 05

续表

排名	代码	公司名称	总得分	财务指标	估值与成长性	创值能力	公司治理	创新与研发
32	600882. SH	妙可蓝多	5. 16	5. 02	5. 44	5. 67	4. 98	4. 94
33	002216. SZ	三全食品	5. 14	4. 75	4. 75	7. 17	5. 15	4. 7
34	300915. SZ	海融科技	5. 14	5. 52	4. 81	5. 09	5. 08	5. 14
35	603043. SH	广州酒家	5. 13	5. 39	5. 11	5. 67	4. 97	4. 72
36	000729. SZ	燕京啤酒	5. 13	5. 3	4. 98	4. 37	5. 75	4. 88
37	603919. SH	金徽酒	5. 12	5. 41	4. 53	5. 81	4. 88	5. 17
38	600573. SH	惠泉啤酒	5. 1	5. 65	5. 12	4. 66	5. 37	4. 51
39	603886. SH	元祖股份	5. 09	5. 7	5. 07	5. 07	5. 26	4. 36
40	600559. SH	老白干酒	5. 09	4. 99	4. 87	5. 94	5. 08	4. 89
41	002626. SZ	金达威	5. 09	5. 16	4. 8	5. 45	4. 67	5. 46
42	003000. SZ	劲仔食品	5. 07	5. 45	4. 64	5. 43	5. 21	4. 69
43	300908. SZ	仲景食品	5. 06	5. 59	5. 02	4. 78	4. 66	5. 13
44	300791. SZ	仙乐健康	5. 06	5. 22	5. 2	4. 64	4. 7	5. 38
45	002991. SZ	甘源食品	5. 05	5. 35	4. 61	5. 53	5. 27	4. 65
46	603589. SH	口子窖	5. 04	5. 19	4. 55	5. 54	5. 41	4. 68
47	600873. SH	梅花生物	5. 03	4. 67	5. 25	5. 79	5. 06	4. 72
48	603317. SH	天味食品	5. 02	5. 69	4. 7	4. 82	4. 92	4. 85
49	002495. SZ	佳隆股份	5. 01	5. 91	4. 66	4. 31	4. 65	5. 19
50	002695. SZ	煌上煌	5	5. 26	4. 99	4. 82	4. 83	5. 03
51	600872. SH	中炬高新	4. 99	5. 36	4. 85	6. 01	4. 44	4. 73
52	002946. SZ	新乳业	4. 97	4. 68	5. 15	5. 19	5. 1	4. 86
53	603697. SH	有友食品	4. 97	5. 8	4. 78	4. 42	5. 36	4. 22
54	603345. SH	安井食品	4. 96	4. 74	5. 08	6. 33	4. 78	4. 49
55	600305. SH	恒顺醋业	4. 94	5. 26	4. 31	5. 53	4. 92	4. 84
56	600197. SH	伊力特	4. 93	5. 22	4. 19	5. 25	5. 36	4. 66
57	603156. SH	养元饮品	4. 91	5. 5	4. 02	4. 64	5. 2	4. 95
58	600530. SH	交大昂立	4. 9	4. 77	4. 74	5. 59	5. 02	4. 66
59	605388. SH	均瑶健康	4. 9	5. 81	4. 49	5. 07	4. 35	4. 79
60	002330. SZ	得利斯	4. 89	4. 82	5. 07	5. 6	4. 81	4. 45
61	600597. SH	光明乳业	4. 89	4. 76	5. 28	3. 63	5. 17	5. 11
62	603719. SH	良品铺子	4. 89	4. 54	4. 99	5. 65	4. 81	4. 78
63	300783. SZ	三只松鼠	4. 88	4. 44	4. 4	5. 58	5. 28	4. 94
64	600059. SH	古越龙山	4. 88	5. 08	4. 86	4. 21	5. 12	4. 84

续表

排名	代码	公司名称	总得分	财务指标	估值与成长性	创值能力	公司治理	创新与研发
65	300898. SZ	熊猫乳品	4. 88	5. 33	4. 69	5. 1	4. 52	4. 82
66	603777. SH	来伊份	4. 87	4. 96	4. 61	5. 06	5. 18	4. 58
67	002515. SZ	金字火腿	4. 86	4. 34	5. 2	5. 44	4. 1	5. 53
68	600419. SH	天润乳业	4. 79	4. 86	5. 27	4. 19	4. 86	4. 57
69	600616. SH	金枫酒业	4. 78	4. 87	4. 78	4. 97	4. 77	4. 6
70	601579. SH	会稽山	4. 77	5. 1	4. 58	4. 54	4. 37	5. 12
71	300106. SZ	西部牧业	4. 71	4. 7	4. 26	5. 36	4. 37	5. 08
72	605179. SH	一鸣食品	4. 69	4. 98	4. 7	4. 36	4. 87	4. 42
73	002329. SZ	皇氏集团	4. 67	4. 31	5. 16	5. 29	3. 99	4. 94
74	600186. SH	莲花健康	4. 67	3. 58	5. 27	5. 72	4. 65	4. 67
75	600429. SH	三元股份	4. 65	4. 57	4. 45	3. 69	5. 29	4. 79
76	600084. SH	中葡股份	4. 62	4. 25	4. 38	5. 47	4. 55	4. 79
77	002719. SZ	麦趣尔	4. 6	4. 85	5. 42	3. 95	4. 32	4. 29
78	600300. SH	维维股份	4. 6	4. 44	4. 87	4. 63	4. 6	4. 49
79	002570. SZ	贝因美	4. 56	4. 04	4. 45	5. 33	4. 24	5. 07
80	600238. SH	海南椰岛	4. 55	4. 07	3. 75	6. 14	4. 67	4. 71
81	002956. SZ	西麦食品	4. 55	5. 02	4. 36	4. 59	4. 51	4. 26
82	000869. SZ	张裕 A	4. 54	4. 95	4. 36	3. 36	4. 7	4. 79
83	002820. SZ	桂发祥	4. 52	5. 91	4. 53	2. 65	4. 58	4. 15
84	002646. SZ	天佑德酒	4. 51	4. 69	4. 18	3. 68	4. 93	4. 69
85	603711. SH	香飘飘	4. 5	5	4. 09	3. 78	4. 89	4. 4
86	000860. SZ	顺鑫农业	4. 5	4. 15	4. 02	3. 28	5. 41	5. 05
87	002650. SZ	加加食品	4. 49	5. 05	4. 23	2. 65	4. 79	4. 93
88	002702. SZ	海欣食品	4. 49	4. 35	4. 4	3. 57	4. 93	4. 81
89	603536. SH	惠发食品	4. 46	4. 46	4. 54	3. 28	4. 65	4. 86
90	002910. SZ	庄园牧场	4. 43	4. 75	4. 64	2. 36	5. 09	4. 45
91	600189. SH	泉阳泉	4. 34	3. 98	3. 98	5. 3	4. 51	4. 31
92	600073. SH	上海梅林	4. 33	4. 49	5. 1	1. 67	4. 77	4. 59
93	000929. SZ	兰州黄河	4. 32	4. 37	4. 37	3. 99	4. 73	4. 02
94	002840. SZ	华统股份	4. 32	4. 44	4. 2	3. 87	4. 12	4. 77
95	002726. SZ	龙大美食	4. 31	3. 98	4. 53	3. 47	4. 75	4. 49
96	600199. SH	金种子酒	4. 29	4. 5	3. 45	4. 01	4. 78	4. 49
97	002582. SZ	好想你	4. 29	4. 95	3. 61	2. 26	5. 11	4. 57

续表

排名	代码	公司名称	总得分	财务指标	估值与成长性	创值能力	公司治理	创新与研发
98	000716. SZ	黑芝麻	4. 17	4. 54	3. 97	3. 38	4. 15	4. 44
99	600543. SH	莫高股份	4. 14	4. 41	4	2. 9	4. 69	4. 18
100	600381. SH	青海春天	4. 11	3. 63	3. 63	3. 92	4. 28	4. 97
101	603779. SH	威龙股份	3. 95	3. 99	3. 82	3. 44	4. 22	4. 04

（二十八）通信

排名	代码	公司名称	总得分	财务指标	估值与成长性	创值能力	公司治理	创新与研发
1	300628. SZ	亿联网络	5. 93	6. 87	5. 54	6. 21	5. 35	5. 74
2	000063. SZ	中兴通讯	5. 8	4. 97	5. 3	6. 58	6. 12	6. 31
3	300394. SZ	天孚通信	5. 74	6. 77	5. 63	5. 98	5. 7	4. 69
4	300502. SZ	新易盛	5. 59	5. 78	5. 56	6. 91	5. 46	4. 78
5	002148. SZ	北纬科技	5. 56	6. 22	5. 11	5. 18	5. 58	5. 49
6	002296. SZ	辉煌科技	5. 49	5. 87	5. 83	5. 6	5. 23	5
7	300620. SZ	光库科技	5. 48	5. 95	5. 2	5. 76	5. 71	4. 87
8	300921. SZ	南凌科技	5. 48	6. 52	4. 69	5. 51	5. 31	5. 27
9	600050. SH	中国联通	5. 46	6. 09	5. 36	3. 8	5. 76	5. 57
10	300627. SZ	华测导航	5. 43	5. 62	5. 37	6. 21	5. 02	5. 24
11	300211. SZ	亿通科技	5. 43	6. 33	5. 1	6. 1	4. 64	5. 2
12	000032. SZ	深桑达 A	5. 41	4. 85	5. 64	5. 89	6. 01	4. 91
13	002281. SZ	光迅科技	5. 39	5. 17	5. 58	5. 37	5. 94	4. 92
14	300638. SZ	广和通	5. 38	4. 83	5. 18	6. 3	5. 2	5. 76
15	300590. SZ	移为通信	5. 35	5. 71	4. 8	5. 77	5. 03	5. 54
16	300711. SZ	广哈通信	5. 35	5. 72	5. 39	6. 05	4. 48	5. 4
17	603236. SH	移远通信	5. 33	4. 5	5. 07	6. 26	5. 62	5. 58
18	002194. SZ	武汉凡谷	5. 32	6. 04	5. 18	5. 81	5. 15	4. 59
19	002908. SZ	德生科技	5. 3	5. 35	4. 92	5. 81	5. 72	4. 86
20	002396. SZ	星网锐捷	5. 26	5. 27	5. 04	5. 34	5. 02	5. 62
21	300548. SZ	博创科技	5. 25	4. 95	5. 54	6. 07	5. 42	4. 68
22	603421. SH	鼎信通讯	5. 2	5. 2	5. 02	5. 03	5. 72	4. 94

续表

排名	代码	公司名称	总得分	财务指标	估值与成长性	创值能力	公司治理	创新与研发
23	300563. SZ	神宇股份	5. 2	5. 47	5. 39	5. 3	5. 41	4. 48
24	002544. SZ	普天科技	5. 19	4. 53	5. 05	6. 14	5. 38	5. 24
25	300308. SZ	中际旭创	5. 17	5. 1	5. 28	5. 26	5. 34	4. 94
26	300570. SZ	太辰光	5. 16	5. 96	5. 09	5. 46	5. 22	4. 18
27	300183. SZ	东软载波	5. 13	5. 08	4. 6	5. 15	5. 04	5. 73
28	600498. SH	烽火通信	5. 12	4. 61	5. 08	4. 57	5. 52	5. 58
29	002929. SZ	润建股份	5. 12	4. 89	5. 66	5. 31	4. 97	4. 9
30	300710. SZ	万隆光电	5. 09	4. 86	5. 25	6. 06	4. 9	4. 82
31	300913. SZ	兆龙互连	5. 09	5. 44	5. 3	5. 64	4. 98	4. 34
32	000586. SZ	汇源通信	5. 09	4. 67	5. 39	6. 22	5. 12	4. 56
33	002017. SZ	东信和平	5. 08	5. 56	5	5. 6	4. 85	4. 62
34	600776. SH	东方通信	5. 08	5. 09	4. 59	5. 72	4. 85	5. 36
35	300213. SZ	佳讯飞鸿	5. 07	5. 3	4. 98	4. 77	4. 66	5. 5
36	300504. SZ	天邑股份	5. 01	5. 08	5. 22	5. 42	5. 11	4. 41
37	300353. SZ	东土科技	4. 99	4. 21	4. 44	5. 88	5. 2	5. 51
38	300597. SZ	吉大通信	4. 98	5. 15	5. 06	4. 97	5. 06	4. 68
39	300578. SZ	会畅通讯	4. 98	5. 61	4. 68	3. 15	5. 26	5. 37
40	002467. SZ	二六三	4. 98	6. 12	4. 58	4. 54	4. 16	5. 26
41	603083. SH	剑桥科技	4. 97	4. 23	4. 91	4. 77	5. 52	5. 34
42	603118. SH	共进股份	4. 97	4. 84	5. 33	4. 4	5. 51	4. 57
43	300571. SZ	平治信息	4. 94	4. 16	4. 74	5. 71	4. 89	5. 52
44	300560. SZ	中富通	4. 94	4. 64	5. 22	5. 4	4. 6	5. 05
45	300292. SZ	吴通控股	4. 94	4. 6	4. 91	5. 81	4. 93	4. 8
46	300615. SZ	欣天科技	4. 94	5. 77	4. 95	4. 68	4. 9	4. 28
47	300689. SZ	澄天伟业	4. 92	5. 84	4. 76	4. 89	4. 79	4. 27
48	300310. SZ	宜通世纪	4. 88	5. 23	4. 84	5. 33	4. 48	4. 73
49	600487. SH	亨通光电	4. 88	4. 79	4. 71	4. 84	4. 71	5. 32
50	600522. SH	中天科技	4. 88	4. 87	4. 22	4. 82	5. 46	4. 9
51	002583. SZ	海能达	4. 86	4. 83	4. 48	4. 07	5. 12	5. 41
52	601869. SH	长飞光纤	4. 86	4. 84	4. 47	5. 02	5. 37	4. 62
53	002093. SZ	国脉科技	4. 84	4. 87	4. 52	4. 86	4. 9	5. 03
54	600775. SH	南京熊猫	4. 84	4. 76	4. 39	4. 95	5. 42	4. 68

续表

排名	代码	公司名称	总得分	财务指标	估值与成长性	创值能力	公司治理	创新与研发
55	600345. SH	长江通信	4. 84	4. 96	4. 9	4. 02	5. 15	4. 84
56	300698. SZ	万马科技	4. 83	4. 53	4. 73	5. 96	4. 69	4. 74
57	603220. SH	中贝通信	4. 83	4. 54	5. 09	5. 35	5. 35	4. 07
58	002897. SZ	意华股份	4. 82	4. 37	5. 34	6. 08	4. 5	4. 42
59	002104. SZ	恒宝股份	4. 81	5. 59	4. 28	5. 35	4. 49	4. 52
60	603803. SH	瑞斯康达	4. 8	4. 73	4. 61	3. 81	5. 36	5. 06
61	300414. SZ	中光防雷	4. 8	5. 08	4. 64	5. 32	4. 6	4. 54
62	002115. SZ	三维通信	4. 8	5. 03	4. 52	3. 47	5. 02	5. 33
63	603602. SH	纵横通信	4. 79	4. 68	5. 38	4. 72	4. 65	4. 56
64	002792. SZ	通宇通讯	4. 77	5. 21	5. 22	3. 35	5. 22	4. 31
65	600355. SH	精伦电子	4. 75	4. 44	4. 34	5. 21	4. 75	5. 16
66	300555. SZ	路通视信	4. 67	5. 03	4. 35	4. 52	4. 45	4. 89
67	300513. SZ	恒实科技	4. 64	4. 9	4. 5	3. 42	4. 85	4. 98
68	000851. SZ	高鸿股份	4. 6	4. 03	4. 36	4. 27	4. 59	5. 57
69	603042. SH	华脉科技	4. 56	4. 51	4. 63	4. 82	4. 39	4. 56
70	002123. SZ	梦网科技	4. 51	4. 47	4. 06	4. 19	4. 5	5. 15
71	300134. SZ	大富科技	4. 51	5. 11	4. 13	4. 44	4. 14	4. 66
72	300205. SZ	天喻信息	4. 48	4. 3	3. 81	4. 79	4. 59	4. 95
73	300565. SZ	科信技术	4. 45	4. 24	4. 32	4. 57	4. 33	4. 81
74	300050. SZ	世纪鼎利	4. 43	4. 55	3. 87	3. 58	4. 75	4. 94
75	002902. SZ	铭普光磁	4. 42	4. 47	4. 84	3. 64	4. 86	4. 01
76	600105. SH	永鼎股份	4. 41	4. 26	4. 26	4. 69	4. 53	4. 4
77	603322. SH	超讯通信	4. 4	4. 18	4. 13	4. 66	4. 27	4. 84
78	300025. SZ	华星创业	4. 38	3. 97	4. 07	5. 97	4. 19	4. 32
79	002491. SZ	通鼎互联	4. 36	3. 98	3. 76	4. 41	4. 75	4. 83
80	300081. SZ	恒信东方	4. 35	4. 24	3. 51	3. 47	4. 7	5. 34
81	000836. SZ	富通信息	4. 34	4. 08	4. 14	4. 51	4. 99	4. 04
82	300603. SZ	立昂技术	4. 31	4. 06	4. 21	3. 79	4. 54	4. 7
83	000070. SZ	特发信息	4. 23	4. 03	3. 59	4. 1	4. 43	4. 85
84	603559. SH	中通国脉	3. 93	4. 06	3. 68	3. 55	4. 03	4. 12

（二十九）医药生物

排名	代码	公司名称	总得分	财务指标	估值与成长性	创值能力	公司治理	创新与研发
1	300760. SZ	迈瑞医疗	6. 16	6	5. 29	6. 34	6. 15	6. 54
2	002932. SZ	明德生物	6. 07	6. 5	5. 77	6. 8	5. 88	5. 43
3	300529. SZ	健帆生物	5. 93	6. 69	5. 34	6. 4	5. 84	5. 16
4	600276. SH	恒瑞医药	5. 85	6. 29	4. 91	6. 04	4. 85	5. 94
5	300595. SZ	欧普康视	5. 83	6. 62	4. 87	6. 47	5. 76	5. 08
6	002030. SZ	达安基因	5. 83	5. 37	5. 5	7. 02	5. 6	5. 88
7	300357. SZ	我武生物	5. 8	6. 7	4. 88	6. 28	5. 24	5. 15
8	300832. SZ	新产业	5. 78	6. 6	5. 08	5. 97	5. 17	5. 3
9	603392. SH	万泰生物	5. 77	5. 45	5. 29	6. 88	5. 56	5. 78
10	300122. SZ	智飞生物	5. 73	5. 06	5. 19	6. 6	6. 27	5. 95
11	300841. SZ	康华生物	5. 71	6. 18	5. 02	6. 19	5. 49	5. 31
12	300685. SZ	艾德生物	5. 71	6. 32	5. 14	6. 2	4. 69	5. 39
13	300639. SZ	凯普生物	5. 7	6. 02	5. 83	5. 96	5. 45	5. 29
14	603087. SH	甘李药业	5. 69	6. 52	4. 88	5. 3	5. 26	5. 48
15	600867. SH	通化东宝	5. 67	6. 52	4. 7	5. 59	5. 29	5. 3
16	300653. SZ	正海生物	5. 63	6. 08	4. 99	6. 3	5. 33	5. 14
17	002901. SZ	大博医疗	5. 62	6. 05	5. 25	6. 06	5. 57	5. 11
18	000661. SZ	长春高新	5. 61	5. 47	5. 21	6. 02	5. 55	5. 71
19	605369. SH	拱东医疗	5. 61	6. 13	5. 47	6. 4	5. 5	4. 77
20	300573. SZ	兴齐眼药	5. 57	5. 37	5. 24	7. 02	5. 89	5. 05
21	300558. SZ	贝达药业	5. 55	5. 52	4. 56	5. 95	5. 1	5. 86
22	603882. SH	金域医学	5. 55	5. 13	5. 34	6. 37	6. 36	5. 35
23	300347. SZ	泰格医药	5. 54	5. 91	5. 05	6. 19	5. 29	5. 08
24	603127. SH	昭衍新药	5. 53	5. 5	5. 51	6. 12	5. 44	5. 3
25	300358. SZ	楚天科技	5. 53	4. 99	5. 44	6. 83	4. 82	5. 69
26	300015. SZ	爱尔眼科	5. 52	5. 36	4. 8	6. 45	6. 34	5. 2
27	300677. SZ	英科医疗	5. 52	5. 82	5. 45	5	5. 47	5. 51
28	603658. SH	安图生物	5. 52	5. 63	5. 18	5. 7	5. 59	5. 4
29	300759. SZ	康龙化成	5. 51	5. 4	5. 36	6. 45	5. 52	5. 2
30	300482. SZ	万孚生物	5. 51	5. 6	5. 16	5. 98	5. 17	5. 41
31	002038. SZ	双鹭药业	5. 51	6. 48	4. 45	4. 73	4. 87	5. 49

续表

排名	代码	公司名称	总得分	财务指标	估值与成长性	创值能力	公司治理	创新与研发
32	300206. SZ	理邦仪器	5. 5	5. 77	5. 26	5. 76	5	5. 37
33	300519. SZ	新光药业	5. 5	6. 53	5. 07	5. 57	5. 12	4. 72
34	603259. SH	药明康德	5. 5	5. 09	4. 83	6. 2	5. 72	5. 72
35	300676. SZ	华大基因	5. 5	5. 26	5. 07	5. 74	5. 3	5. 81
36	000915. SZ	华特达因	5. 48	5. 99	5. 04	5. 72	5. 7	4. 92
37	300171. SZ	东富龙	5. 48	5. 19	5. 43	6. 87	4. 92	5. 27
38	002880. SZ	卫光生物	5. 48	6. 14	5. 27	5. 59	5. 17	4. 93
39	600436. SH	片仔癀	5. 47	5. 1	5	6. 4	6. 07	5. 33
40	300485. SZ	赛升药业	5. 47	6. 53	4. 38	4. 89	5. 04	5. 21
41	600161. SH	天坛生物	5. 47	5. 89	5. 07	5. 6	5. 37	5. 14
42	002262. SZ	恩华药业	5. 46	6. 02	5. 05	5. 47	5. 55	5. 02
43	300642. SZ	透景生命	5. 46	6. 2	4. 64	5. 3	5. 4	5. 08
44	300463. SZ	迈克生物	5. 45	5. 3	5. 27	5. 48	5. 91	5. 48
45	603896. SH	寿仙谷	5. 45	6. 21	4. 9	5. 98	4. 66	4. 87
46	002432. SZ	九安医疗	5. 43	4. 97	4. 88	6. 71	4. 69	5. 69
47	002603. SZ	以岭药业	5. 43	5. 04	5. 32	6. 07	5. 52	5. 51
48	002252. SZ	上海莱士	5. 43	6. 39	5. 23	4. 7	4. 77	5. 12
49	002007. SZ	华兰生物	5. 42	5. 68	4. 89	5. 75	5. 16	5. 27
50	300314. SZ	戴维医疗	5. 42	5. 71	5. 12	7. 03	4. 79	4. 64
51	605116. SH	奥锐特	5. 41	6. 15	5. 38	5. 96	4. 69	4. 65
52	002826. SZ	易明医药	5. 4	5. 47	5. 38	6. 9	5. 01	4. 73
53	300003. SZ	乐普医疗	5. 39	5. 11	4. 87	5. 48	5. 56	5. 75
54	300401. SZ	花园生物	5. 38	5. 73	5. 14	5. 75	4. 92	5. 09
55	300705. SZ	九典制药	5. 38	5. 28	4. 99	6. 17	5. 63	5. 13
56	300009. SZ	安科生物	5. 37	5. 6	4. 61	5. 81	5. 8	5. 03
57	600763. SH	通策医疗	5. 37	6	5. 06	6. 38	5. 63	4. 24
58	002294. SZ	信立泰	5. 36	6. 05	4. 12	5. 37	5. 15	5. 15
59	600211. SH	西藏药业	5. 36	5. 75	4. 47	5. 56	4. 82	5. 34
60	000513. SZ	丽珠集团	5. 36	5. 21	5. 29	5. 29	6. 02	5. 35
61	002821. SZ	凯莱英	5. 36	5. 21	4. 92	5. 99	5. 21	5. 37
62	600055. SH	万东医疗	5. 35	5. 4	4. 73	6. 03	5. 31	5. 18
63	603229. SH	奥翔药业	5. 35	5. 38	5. 3	6. 52	4. 82	4. 93
64	000538. SZ	云南白药	5. 34	5. 16	4. 68	5. 2	5. 83	5. 66

续表

排名	代码	公司名称	总得分	财务指标	估值与成长性	创值能力	公司治理	创新与研发
65	600993. SH	马应龙	5. 34	5. 72	5. 15	5. 69	5. 41	4. 82
66	300723. SZ	一品红	5. 34	5. 36	4. 89	5. 74	4. 91	5. 4
67	000963. SZ	华东医药	5. 33	4. 96	4. 54	5. 78	5. 93	5. 54
68	300363. SZ	博腾股份	5. 33	5. 04	5. 31	6. 94	4. 93	4. 96
69	300601. SZ	康泰生物	5. 33	5. 14	5. 31	5. 96	5. 09	5. 28
70	603387. SH	基蛋生物	5. 33	5. 45	4. 98	5. 6	5. 31	5. 19
71	300630. SZ	普利制药	5. 32	4. 92	5. 24	5. 98	4. 84	5. 58
72	300869. SZ	康泰医学	5. 31	5. 13	5. 31	6. 28	5. 02	5. 11
73	000999. SZ	华润三九	5. 3	5. 03	4. 63	5. 32	6. 09	5. 53
74	002107. SZ	沃华医药	5. 3	5. 42	5. 09	6. 02	5. 52	4. 83
75	600521. SH	华海药业	5. 3	4. 76	4. 79	6. 1	6. 03	5. 36
76	300453. SZ	三鑫医疗	5. 3	5. 39	5. 36	6. 35	4. 98	4. 77
77	603676. SH	卫信康	5. 29	5. 28	5. 01	5. 93	5. 3	5. 08
78	600566. SH	济川药业	5. 28	5. 8	4. 6	5. 25	5. 59	4. 91
79	300406. SZ	九强生物	5. 28	5. 38	5. 03	5. 69	5. 19	5. 08
80	600750. SH	江中药业	5. 27	5. 94	5. 06	4. 88	5. 83	4. 69
81	600196. SH	复星医药	5. 27	4. 66	4. 59	5. 51	5. 47	5. 93
82	600285. SH	羚锐制药	5. 27	5. 39	5. 28	5. 56	5. 24	5. 01
83	600062. SH	华润双鹤	5. 27	5. 39	4. 77	5. 33	5. 83	5. 09
84	002773. SZ	康弘药业	5. 26	5. 53	4. 54	5. 15	5. 31	5. 27
85	300298. SZ	三诺生物	5. 26	5. 5	4. 62	5. 74	5. 16	5. 02
86	002223. SZ	鱼跃医疗	5. 25	5. 26	4. 9	5. 69	5. 4	5. 1
87	002287. SZ	奇正藏药	5. 24	5. 54	4. 52	5. 8	5. 53	4. 82
88	600085. SH	同仁堂	5. 24	5. 36	5. 03	5. 69	5. 38	4. 93
89	300765. SZ	新诺威	5. 24	6. 05	4. 96	5. 46	4. 96	4. 52
90	603456. SH	九洲药业	5. 24	4. 78	5. 32	6. 53	5. 03	5. 1
91	000650. SZ	仁和药业	5. 24	6. 05	5. 08	4. 52	5. 61	4. 73
92	300026. SZ	红日药业	5. 24	4. 91	4. 97	5. 84	5	5. 44
93	603590. SH	康辰药业	5. 24	5. 67	4. 81	4. 23	5. 07	5. 51
94	300142. SZ	沃森生物	5. 23	4. 98	4. 35	6. 01	4. 94	5. 5
95	603939. SH	益丰药房	5. 23	4. 82	5. 49	6. 24	5. 2	5. 06
96	300725. SZ	药石科技	5. 23	5. 25	5. 04	6. 23	5. 06	4. 82
97	603811. SH	诚意药业	5. 22	5. 49	5. 09	5. 6	5. 6	4. 69

续表

排名	代码	公司名称	总得分	财务指标	估值与成长性	创值能力	公司治理	创新与研发
98	002001. SZ	新和成	5. 22	5. 06	5. 14	5. 53	5. 3	5. 24
99	603707. SH	健友股份	5. 21	4. 1	5. 49	6. 09	5. 21	5. 79
100	002275. SZ	桂林三金	5. 19	5. 77	4. 92	5. 35	5. 42	4. 55
101	600216. SH	浙江医药	5. 19	5. 09	5. 23	5. 01	6	5. 08
102	603439. SH	贵州三力	5. 18	5. 46	5. 16	5. 88	5. 44	4. 48
103	300049. SZ	福瑞股份	5. 18	5. 48	5. 09	5. 44	4. 77	4. 92
104	300753. SZ	爱朋医疗	5. 18	5. 78	4. 55	5. 14	4. 89	4. 9
105	002422. SZ	科伦药业	5. 18	4. 74	4. 87	5. 02	5. 56	5. 67
106	300039. SZ	上海凯宝	5. 17	6. 03	4. 83	4. 87	4. 76	4. 71
107	600380. SH	健康元	5. 17	5. 23	5. 2	3. 91	5. 84	5. 49
108	003020. SZ	立方制药	5. 14	5. 26	5. 23	5. 49	5. 03	4. 84
109	603233. SH	大参林	5. 13	4. 89	4. 96	5. 93	5. 05	5. 07
110	300633. SZ	开立医疗	5. 13	4. 92	4. 6	5. 97	4. 93	5. 16
111	002737. SZ	葵花药业	5. 13	5. 58	4. 9	5. 27	5. 57	4. 54
112	000403. SZ	派林生物	5. 13	5. 05	5. 06	5. 18	4. 86	5. 29
113	600329. SH	达仁堂	5. 12	5. 07	5. 27	5. 48	5. 3	4. 9
114	603301. SH	振德医疗	5. 12	5	5. 39	5. 42	5. 06	5. 03
115	300584. SZ	海辰药业	5. 12	5. 16	4. 12	5. 78	5. 47	4. 98
116	002550. SZ	千红制药	5. 12	5. 08	4. 8	5. 66	5. 2	4. 98
117	603309. SH	维力医疗	5. 12	5. 32	5. 27	6. 09	4. 99	4. 43
118	603858. SH	步长制药	5. 11	4. 96	4. 68	4. 47	5. 31	5. 66
119	000739. SZ	普洛药业	5. 1	4. 7	5. 04	5. 96	5. 25	5. 05
120	300294. SZ	博雅生物	5. 1	5. 26	4. 5	4. 89	5. 06	5. 26
121	000534. SZ	万泽股份	5. 1	4. 84	4. 79	6. 24	4. 23	5. 17
122	600557. SH	康缘药业	5. 1	5. 48	4. 77	4. 91	5. 19	4. 89
123	300396. SZ	迪瑞医疗	5. 09	5. 55	4. 82	5. 05	4. 66	4. 9
124	603987. SH	康德莱	5. 09	5. 07	5. 25	5. 44	5. 32	4. 81
125	002317. SZ	众生药业	5. 09	4. 91	4. 35	5. 58	5. 02	5. 29
126	300181. SZ	佐力药业	5. 08	5. 13	5. 19	5. 83	5. 33	4. 55
127	002940. SZ	昂利康	5. 08	5. 36	4. 78	5. 36	5. 37	4. 67
128	600511. SH	国药股份	5. 07	4. 64	5. 18	4. 38	5. 45	5. 69
129	002864. SZ	盘龙药业	5. 07	5. 06	5. 29	5. 86	4. 99	4. 64
130	000790. SZ	华神科技	5. 06	4. 75	5	5. 83	4. 92	5. 06

续表

排名	代码	公司名称	总得分	财务指标	估值与成长性	创值能力	公司治理	创新与研发
131	300244. SZ	迪安诊断	5. 06	4. 6	5. 31	5. 64	5. 12	5. 13
132	002923. SZ	润都股份	5. 06	5. 13	5. 15	5. 71	4. 96	4. 68
133	002675. SZ	东诚药业	5. 06	4. 99	5. 06	4. 96	5. 16	5. 14
134	600976. SH	健民集团	5. 06	4. 75	5. 09	6. 3	5. 13	4. 7
135	600535. SH	天士力	5. 05	5. 25	4. 5	4. 06	5. 67	5. 34
136	600332. SH	白云山	5. 05	4. 44	5. 15	4. 61	5. 88	5. 58
137	002332. SZ	仙琚制药	5. 04	5. 03	5. 31	4. 98	5. 66	4. 79
138	430047. BJ	诺思兰德	5. 04	4. 15	5. 01	5. 96	4. 72	5. 59
139	002873. SZ	新天药业	5. 03	4. 85	5. 21	5. 53	5	4. 92
140	600529. SH	山东药玻	5. 02	5. 17	5. 39	5. 75	5. 03	4. 38
141	002653. SZ	海思科	5. 02	4. 7	4. 47	6. 06	4. 65	5. 13
142	002727. SZ	一心堂	5. 01	4. 93	5. 4	5. 33	5. 26	4. 73
143	300030. SZ	阳普医疗	5. 01	4. 86	5. 07	5. 22	4. 6	5. 18
144	300238. SZ	冠昊生物	5. 01	4. 75	4. 23	6. 33	4. 87	4. 92
145	600079. SH	人福医药	5. 01	4. 52	5. 08	5. 19	4. 93	5. 41
146	300452. SZ	山河药辅	5. 01	5. 13	5. 03	5. 75	5. 28	4. 42
147	002817. SZ	黄山胶囊	4. 99	5. 34	5. 39	5. 74	4. 98	4. 12
148	603883. SH	老百姓	4. 98	4. 71	5. 1	5. 77	5. 11	4. 78
149	000989. SZ	九芝堂	4. 98	5. 41	4. 82	4. 98	5. 04	4. 59
150	300404. SZ	博济医药	4. 97	4. 81	5	6. 1	4. 73	4. 65
151	002365. SZ	永安药业	4. 97	5. 32	5. 22	4. 75	5. 06	4. 61
152	002907. SZ	华森制药	4. 97	4. 91	4. 76	5. 64	4. 83	4. 81
153	300246. SZ	宝莱特	4. 97	4. 86	4. 69	5. 35	4. 92	4. 99
154	002382. SZ	蓝帆医疗	4. 97	5. 04	5. 08	3. 99	4. 92	5. 36
155	603520. SH	司太立	4. 97	4. 42	5. 21	5. 97	4. 88	4. 95
156	600645. SH	中源协和	4. 96	5. 08	4. 8	5. 39	4. 74	4. 77
157	600479. SH	千金药业	4. 95	5. 05	5. 49	4. 57	5. 38	4. 73
158	300016. SZ	北陆药业	4. 95	5. 33	4. 46	4. 56	4. 96	4. 94
159	300636. SZ	同和药业	4. 95	4. 44	5. 48	6. 28	5. 02	4. 6
160	002693. SZ	双成药业	4. 95	4. 59	4. 87	5. 7	4. 71	5. 04
161	002950. SZ	奥美医疗	4. 95	4. 89	5. 24	5. 61	5. 18	4. 5
162	300534. SZ	陇神戎发	4. 94	5. 23	4. 35	5. 49	4. 54	4. 7
163	002349. SZ	精华制药	4. 93	5. 04	4. 37	5. 56	4. 98	4. 69

续表

排名	代码	公司名称	总得分	财务指标	估值与成长性	创值能力	公司治理	创新与研发
164	600422. SH	昆药集团	4. 93	4. 66	4. 78	4. 9	5. 71	5. 01
165	002020. SZ	京新药业	4. 93	5. 12	4. 98	4. 7	5. 2	4. 74
166	601607. SH	上海医药	4. 92	4. 32	5. 13	4. 11	5. 51	5. 66
167	600267. SH	海正药业	4. 91	4. 45	4. 34	5. 24	5. 32	5. 26
168	000590. SZ	启迪药业	4. 9	5. 24	4. 83	5. 66	4. 89	4. 22
169	300255. SZ	常山药业	4. 9	4. 49	5. 25	5. 13	4. 09	5. 35
170	300204. SZ	舒泰神	4. 9	4. 51	4. 2	5. 54	4. 53	5. 32
171	603998. SH	方盛制药	4. 9	4. 83	4. 88	5. 09	5. 44	4. 68
172	600513. SH	联环药业	4. 89	4. 59	5. 23	5. 23	5. 13	4. 84
173	605199. SH	葫芦娃	4. 89	4. 64	4. 81	5. 96	4. 89	4. 64
174	300326. SZ	凯利泰	4. 89	5. 17	4. 68	4. 79	4. 84	4. 76
175	603168. SH	莎普爱思	4. 89	5. 4	4. 47	5. 17	4. 7	4. 45
176	000813. SZ	德展健康	4. 88	6. 1	4. 26	3. 32	4. 63	4. 73
177	600673. SH	东阳光	4. 88	4. 43	4. 21	5. 29	4. 87	5. 34
178	000756. SZ	新华制药	4. 87	4. 46	4. 53	5. 89	5. 56	4. 65
179	600594. SH	益佰制药	4. 85	5. 17	5. 07	4. 3	5. 12	4. 64
180	300233. SZ	金城医药	4. 85	4. 86	4. 47	5. 34	4. 64	4. 79
181	002728. SZ	特一药业	4. 85	4. 85	4. 77	5. 15	5. 18	4. 61
182	603538. SH	美诺华	4. 85	4. 72	4. 56	5. 7	4. 79	4. 67
183	300562. SZ	乐心医疗	4. 85	4. 43	4. 88	5. 11	5. 06	5. 05
184	000518. SZ	四环生物	4. 84	4. 62	4. 48	5. 89	3. 68	5. 05
185	300158. SZ	振东制药	4. 84	5. 02	4. 53	3. 95	5. 68	4. 93
186	603351. SH	威尔药业	4. 84	4. 74	4. 89	5. 03	4. 96	4. 79
187	002412. SZ	汉森制药	4. 84	5. 54	5. 12	4. 67	4. 17	4. 35
188	600080. SH	金花股份	4. 83	5. 22	4. 46	4. 76	4. 48	4. 71
189	605266. SH	健之佳	4. 82	4. 71	5. 46	5. 4	4. 62	4. 51
190	600572. SH	康恩贝	4. 81	4. 82	4. 61	4. 69	5. 59	4. 67
191	000423. SZ	东阿阿胶	4. 81	5. 01	4. 64	4. 53	5. 48	4. 59
192	603222. SH	济民医疗	4. 81	4. 72	4. 44	5. 92	4. 95	4. 41
193	000788. SZ	北大医药	4. 81	4. 31	4. 94	5. 6	4. 46	4. 97
194	300199. SZ	翰宇药业	4. 8	4. 3	3. 85	6. 16	4. 18	5. 15
195	600538. SH	国发股份	4. 8	4. 81	4. 81	5. 47	4. 44	4. 58
196	600351. SH	亚宝药业	4. 8	5. 1	4. 58	4. 64	4. 89	4. 62

续表

排名	代码	公司名称	总得分	财务指标	估值与成长性	创值能力	公司治理	创新与研发
197	002581. SZ	未名医药	4. 79	5. 01	3. 99	5. 99	3. 47	4. 69
198	600420. SH	国药现代	4. 78	4. 79	5. 03	3. 47	5. 21	5. 21
199	300702. SZ	天宇股份	4. 76	4. 6	4. 67	5. 3	4. 92	4. 65
200	603976. SH	正川股份	4. 76	4. 96	4. 93	5. 48	4. 9	4. 09
201	300289. SZ	利德曼	4. 75	5. 65	4. 58	3. 3	4. 48	4. 72
202	603669. SH	灵康药业	4. 74	5. 09	4. 26	4. 55	4. 46	4. 74
203	002166. SZ	莱茵生物	4. 74	4. 19	5. 21	6	4. 89	4. 45
204	000623. SZ	吉林敖东	4. 74	5. 39	4. 88	3. 82	4. 58	4. 55
205	002900. SZ	哈三联	4. 73	4. 8	3. 96	5. 01	5. 45	4. 55
206	300439. SZ	美康生物	4. 73	4. 8	4. 23	4. 94	4. 77	4. 72
207	603139. SH	康惠制药	4. 73	5. 12	5. 34	3. 78	4. 73	4. 61
208	002019. SZ	亿帆医药	4. 73	4. 93	4. 44	3. 85	4. 7	5. 07
209	600833. SH	第一医药	4. 72	4. 7	5. 03	4. 49	4. 49	4. 84
210	600587. SH	新华医疗	4. 72	4. 63	4. 11	5. 07	5. 18	4. 7
211	603079. SH	圣达生物	4. 72	4. 88	4. 86	4. 78	4. 71	4. 48
212	002390. SZ	信邦制药	4. 71	4. 71	4. 73	4. 9	4. 82	4. 59
213	002566. SZ	益盛药业	4. 71	5. 18	5. 33	4. 12	4. 49	4. 41
214	000028. SZ	国药一致	4. 71	4. 42	5. 45	3. 37	4. 96	5. 35
215	002004. SZ	华邦健康	4. 71	4. 61	5. 29	3. 4	4. 91	5. 21
216	603963. SH	大理药业	4. 7	4. 94	4. 24	4. 83	5. 07	4. 43
217	603367. SH	辰欣药业	4. 7	5. 05	4. 82	3. 69	4. 83	4. 76
218	300878. SZ	维康药业	4. 69	4. 85	4. 38	5. 12	4. 64	4. 43
219	600200. SH	江苏吴中	4. 68	4. 3	4. 08	5. 58	4. 85	4. 74
220	600222. SH	太龙药业	4. 68	4. 53	4. 45	4. 97	4. 78	4. 72
221	600056. SH	中国医药	4. 67	4. 17	4. 44	4. 07	5. 19	5. 38
222	002524. SZ	光正眼科	4. 67	4. 45	4. 57	6. 25	4. 53	4. 18
223	000952. SZ	广济药业	4. 67	4. 75	5. 02	4. 6	5. 11	4. 35
224	300194. SZ	福安药业	4. 66	4. 85	4. 8	3. 83	4. 55	4. 87
225	002198. SZ	嘉应制药	4. 65	5. 3	4. 26	3. 84	4. 31	4. 65
226	300683. SZ	海特生物	4. 65	4. 95	4. 34	3. 31	4. 53	5. 16
227	002099. SZ	海翔药业	4. 65	4. 91	4. 76	4. 02	4. 95	4. 55
228	300086. SZ	康芝药业	4. 64	4. 51	3. 99	4. 91	4. 8	4. 81
229	603108. SH	润达医疗	4. 64	4. 34	5. 24	4. 33	4. 59	4. 92

续表

排名	代码	公司名称	总得分	财务指标	估值与成长性	创值能力	公司治理	创新与研发
230	000950. SZ	重药控股	4. 63	4. 06	5. 28	3. 73	5. 1	5. 29
231	600682. SH	南京新百	4. 63	5. 22	4. 83	3. 68	4. 21	4. 59
232	300436. SZ	广生堂	4. 63	4. 71	4. 33	4. 73	4. 33	4. 7
233	002750. SZ	龙津药业	4. 62	4. 76	3. 98	4. 11	4. 38	5. 03
234	600488. SH	天药股份	4. 62	4. 74	5. 08	3. 26	4. 61	5. 03
235	300110. SZ	华仁药业	4. 62	4. 21	4. 77	5. 02	4. 61	4. 77
236	600252. SH	中恒集团	4. 61	5. 05	4. 58	2. 85	4. 95	4. 96
237	002424. SZ	贵州百灵	4. 6	4. 68	4. 72	4. 45	4. 73	4. 52
238	300143. SZ	盈康生命	4. 6	4. 5	3. 99	4. 09	5. 2	4. 96
239	002898. SZ	赛隆药业	4. 6	4. 46	4. 47	4. 45	5. 07	4. 71
240	600739. SH	辽宁成大	4. 6	4. 47	4. 43	3. 86	5. 04	5
241	000153. SZ	丰原药业	4. 6	4. 3	5. 02	4. 97	4. 78	4. 5
242	600721. SH	百花医药	4. 59	4. 12	4. 26	5. 75	4. 85	4. 5
243	002462. SZ	嘉事堂	4. 59	4. 35	5. 73	3. 42	5. 01	4. 88
244	300149. SZ	睿智医药	4. 58	4. 63	4. 74	3. 83	4. 44	4. 9
245	002044. SZ	美年健康	4. 58	4. 57	3. 85	4. 22	4. 97	4. 87
246	002399. SZ	海普瑞	4. 57	4. 38	4. 37	3. 82	4. 65	5. 19
247	600998. SH	九州通	4. 57	4. 22	4. 85	2. 43	5. 09	5. 73
248	600713. SH	南京医药	4. 57	3. 91	5. 33	3. 98	4. 85	5. 17
249	603368. SH	柳药集团	4. 57	4. 3	5. 29	3. 81	5. 26	4. 73
250	300434. SZ	金石亚药	4. 55	4. 83	4. 95	3. 66	4. 57	4. 56
251	000919. SZ	金陵药业	4. 54	5. 33	4. 56	2. 99	5. 13	4. 34
252	002393. SZ	力生制药	4. 54	5. 32	4. 7	2. 51	4. 89	4. 61
253	600129. SH	太极集团	4. 53	3. 96	3. 77	4. 67	4. 79	5. 21
254	600851. SH	海欣股份	4. 52	4. 74	5. 06	3. 71	4. 51	4. 53
255	603567. SH	珍宝岛	4. 52	4. 25	4. 56	3. 5	5. 41	4. 98
256	000411. SZ	英特集团	4. 51	4. 18	4. 85	3. 68	5. 23	4. 9
257	300497. SZ	富祥药业	4. 51	4. 72	4. 62	4. 47	4. 56	4. 27
258	600829. SH	人民同泰	4. 5	3. 74	5. 3	4. 53	5. 01	4. 83
259	000710. SZ	贝瑞基因	4. 5	4. 87	4. 16	3. 88	4	4. 72
260	600613. SH	神奇制药	4. 5	4. 83	4. 47	3. 1	4. 65	4. 81
261	002644. SZ	佛慈制药	4. 5	4. 61	4. 75	4. 41	4. 63	4. 29
262	600624. SH	复旦复华	4. 49	4. 27	4. 31	3. 96	4. 82	4. 92

续表

排名	代码	公司名称	总得分	财务指标	估值与成长性	创值能力	公司治理	创新与研发
263	000931. SZ	中关村	4. 49	4. 48	4. 46	3. 53	5. 02	4. 8
264	000597. SZ	东北制药	4. 47	4. 46	4. 62	3. 19	4. 79	4. 96
265	000705. SZ	浙江震元	4. 47	4. 67	4. 93	3. 32	4. 86	4. 55
266	600812. SH	华北制药	4. 47	4. 31	4. 08	3. 82	4. 75	4. 99
267	605177. SH	东亚药业	4. 45	4. 83	4. 75	3. 46	5. 1	4. 26
268	002437. SZ	誉衡药业	4. 43	4. 16	3. 47	5. 48	4. 56	4. 44
269	600664. SH	哈药股份	4. 42	3. 64	3. 99	4. 72	5. 23	4. 94
270	300006. SZ	莱美药业	4. 41	4. 5	4. 21	3. 2	4. 46	4. 98
271	300254. SZ	仟源医药	4. 4	4. 32	4. 08	3. 79	4. 72	4. 78
272	600771. SH	广誉远	4. 39	4. 21	3. 8	4. 83	4. 55	4. 48
273	000504. SZ	南华生物	4. 38	3. 38	4. 74	6. 32	4. 4	4. 3
274	002219. SZ	恒康医疗	4. 38	3. 76	4. 07	6. 16	3. 42	4. 54
275	600272. SH	开开实业	4. 38	4. 35	4. 99	3. 95	4. 64	4. 34
276	000078. SZ	海王生物	4. 38	4. 08	4. 36	3. 13	4. 54	5. 27
277	000516. SZ	国际医学	4. 33	3. 96	3. 59	4. 7	4. 82	4. 62
278	002435. SZ	长江健康	4. 33	4. 79	4. 05	2. 84	4. 26	4. 73
279	300381. SZ	溢多利	4. 32	4. 65	4. 55	3. 09	4. 58	4. 43
280	600789. SH	鲁抗医药	4. 32	4. 24	4. 32	3. 46	4. 78	4. 67
281	300239. SZ	东宝生物	4. 31	4. 35	4. 88	3. 51	4. 53	4. 42
282	002551. SZ	尚荣医疗	4. 3	4. 94	4. 98	2. 42	4. 22	4. 42
283	300267. SZ	尔康制药	4. 3	5. 01	4. 19	2. 63	4. 02	4. 55
284	603880. SH	南卫股份	4. 28	4. 27	4. 69	3. 99	5. 01	4. 07
285	002788. SZ	鹭燕医药	4. 28	3. 82	5. 08	4. 02	4. 39	4. 57
286	000766. SZ	通化金马	4. 28	4. 16	4. 07	4. 05	3. 86	4. 72
287	000908. SZ	景峰医药	4. 26	3. 65	3. 55	4. 79	4. 69	4. 69
288	300583. SZ	赛托生物	4. 23	4. 29	4. 89	3. 42	4. 31	4. 32
289	603716. SH	塞力医疗	4. 22	4. 18	4. 63	2. 98	4. 63	4. 62
290	002173. SZ	创新医疗	4. 19	4. 41	3. 64	4. 75	3. 55	4. 1
291	300318. SZ	博晖创新	4. 19	3. 75	4. 14	4. 04	4. 34	4. 66
292	600227. SH	圣济堂	4. 18	4. 24	4. 44	2. 84	3. 88	4. 81
293	002589. SZ	瑞康医药	4. 13	4. 09	4. 62	2. 25	4. 35	4. 89
294	002370. SZ	亚太药业	4. 11	3. 81	3. 39	4. 54	3. 87	4. 53
295	000566. SZ	海南海药	4. 11	3. 87	3. 97	3. 59	3. 96	4. 72

续表

排名	代码	公司名称	总得分	财务指标	估值与成长性	创值能力	公司治理	创新与研发
296	300147. SZ	香雪制药	4. 09	4. 13	4. 38	2. 43	3. 9	4. 84
297	000509. SZ	华塑控股	4. 03	2. 72	4. 24	6. 35	4. 64	3. 91
298	600896. SH	退市海医	3. 97	4. 17	4. 17	2	3. 69	4. 77
299	002433. SZ	太安堂	3. 87	3. 96	3. 8	1. 92	3. 82	4. 81
300	002118. SZ	紫鑫药业	3. 59	3. 36	3. 77	2. 31	3. 58	4. 42

（三十）有色金属

排名	代码	公司名称	总得分	财务指标	估值与成长性	创值能力	公司治理	创新与研发
1	002978. SZ	安宁股份	5. 82	7. 05	5. 24	5. 62	5. 65	5. 37
2	002738. SZ	中矿资源	5. 78	5. 41	6. 08	7. 61	5. 38	5. 23
3	300855. SZ	图南股份	5. 72	6. 45	5. 47	6. 12	5. 32	5. 36
4	601899. SH	紫金矿业	5. 65	5. 27	5. 24	5. 89	6. 19	5. 72
5	605376. SH	博迁新材	5. 55	6. 42	5. 62	5. 93	4. 9	5. 05
6	300127. SZ	银河磁体	5. 54	6. 51	5. 44	5. 51	5. 22	4. 99
7	000975. SZ	银泰黄金	5. 51	6. 31	5. 15	4. 86	5. 58	5. 34
8	601958. SH	金钼股份	5. 44	6. 27	5. 07	5. 01	5. 86	4. 76
9	002056. SZ	横店东磁	5. 42	5. 49	5. 38	5. 7	5. 3	5. 33
10	600111. SH	北方稀土	5. 38	4. 97	5. 03	6. 67	5. 51	5. 21
11	600980. SH	北矿科技	5. 37	5. 28	5. 79	5. 5	5. 01	5. 37
12	002824. SZ	和胜股份	5. 35	5. 03	5. 28	7. 58	5. 21	4. 59
13	603993. SH	洛阳钼业	5. 34	4. 86	5. 37	4. 99	5. 78	5. 54
14	601069. SH	西部黄金	5. 34	5. 57	5. 01	5. 66	5. 39	5. 14
15	603799. SH	华友钴业	5. 33	4. 83	5. 41	5. 81	5. 52	5. 28
16	300748. SZ	金力永磁	5. 32	4. 76	5. 61	6. 29	5. 44	4. 94
17	600988. SH	赤峰黄金	5. 31	5. 34	5. 67	5. 9	5. 34	4. 61
18	002460. SZ	赣锋锂业	5. 3	5. 11	5. 06	6. 14	5. 46	5. 05
19	000878. SZ	云南铜业	5. 28	5. 19	5. 24	4. 1	5. 5	5. 84
20	300224. SZ	正海磁材	5. 26	5. 13	5. 6	5. 77	4. 88	5. 19
21	601677. SH	明泰铝业	5. 24	5. 16	5. 66	5. 43	5. 1	4. 98

续表

排名	代码	公司名称	总得分	财务指标	估值与成长性	创值能力	公司治理	创新与研发
22	600392. SH	盛和资源	5. 21	5. 01	4. 93	6. 42	5. 07	5. 11
23	002057. SZ	中钢天源	5. 21	5. 09	5. 07	5. 36	5	5. 58
24	600259. SH	广晟有色	5. 19	4. 71	5. 53	5. 96	5. 08	5. 02
25	300835. SZ	龙磁科技	5. 18	5. 42	5. 25	5. 58	5. 11	4. 7
26	002155. SZ	湖南黄金	5. 18	5. 92	5. 12	4. 96	4. 93	4. 85
27	000969. SZ	安泰科技	5. 17	5. 27	5. 22	4. 23	5. 24	5. 52
28	000762. SZ	西藏矿业	5. 16	5. 65	4. 66	6. 07	5. 11	4. 64
29	600110. SH	诺德股份	5. 16	5. 12	4. 82	6. 83	4. 77	4. 93
30	600549. SH	厦门钨业	5. 15	4. 67	5. 21	5. 2	5. 36	5. 35
31	600459. SH	贵研铂业	5. 15	4. 3	5. 23	5. 27	5. 19	5. 83
32	300811. SZ	铂科新材	5. 14	5. 39	4. 85	5. 98	4. 92	4. 89
33	002171. SZ	楚江新材	5. 14	5	4. 91	4. 75	5. 07	5. 78
34	000657. SZ	中钨高新	5. 14	4. 8	5. 29	5. 6	5. 24	4. 99
35	000688. SZ	国城矿业	5. 13	5. 97	4. 65	5. 44	4. 94	4. 73
36	603115. SH	海星股份	5. 12	5. 75	4. 98	5. 02	4. 81	4. 99
37	600338. SH	西藏珠峰	5. 12	6. 02	4. 13	5. 78	5. 27	4. 55
38	000933. SZ	神火股份	5. 11	4. 74	4. 81	5	5. 81	5. 1
39	000970. SZ	中科三环	5. 11	4. 98	5. 19	5. 77	5. 32	4. 57
40	600489. SH	中金黄金	5. 11	5. 27	5. 27	3. 85	5. 76	4. 85
41	601388. SH	怡球资源	5. 1	5. 15	5. 27	5. 49	5. 3	4. 46
42	600456. SH	宝钛股份	5. 08	4. 61	5. 29	6. 32	5. 17	4. 57
43	002540. SZ	亚太科技	5. 07	5. 42	4. 99	4. 31	5. 21	5. 09
44	000960. SZ	锡业股份	5. 07	5. 04	4. 77	4. 66	5. 55	5. 11
45	000630. SZ	铜陵有色	5. 06	5. 03	4. 71	4. 34	5. 53	5. 34
46	000962. SZ	东方钽业	5. 06	5. 05	5. 05	5. 57	4. 53	5. 3
47	000060. SZ	中金岭南	5. 06	5. 31	5. 55	3. 45	5. 45	4. 91
48	603937. SH	丽岛新材	5. 05	5. 51	4. 78	4. 2	5. 49	4. 88
49	002192. SZ	融捷股份	5. 05	4. 42	4. 54	6. 51	4. 96	5. 37
50	600888. SH	新疆众和	5. 02	4. 91	4. 77	5. 03	5. 4	4. 97
51	601702. SH	华峰铝业	5. 02	4. 68	5. 18	5. 91	4. 58	5. 14
52	600219. SH	南山铝业	5. 01	5. 63	5. 09	3. 71	4. 9	5. 18
53	601609. SH	金田股份	5	4. 86	4. 77	4. 13	5. 79	5. 05
54	601168. SH	西部矿业	5	5. 16	4. 86	4. 33	4. 97	5. 36

续表

排名	代码	公司名称	总得分	财务指标	估值与成长性	创值能力	公司治理	创新与研发
55	002203. SZ	海亮股份	5	4. 6	5. 08	4. 29	5. 6	5. 11
56	600362. SH	江西铜业	4. 99	5. 07	4. 92	3. 54	5. 23	5. 57
57	000807. SZ	云铝股份	4. 98	5. 35	4. 66	4. 39	5. 13	5. 09
58	603527. SH	众源新材	4. 98	4. 73	5. 02	5. 38	5. 25	4. 68
59	000603. SZ	盛达资源	4. 97	6. 02	4. 42	4. 84	5	4. 45
60	601600. SH	中国铝业	4. 97	5. 16	4. 56	3. 59	5. 8	5. 08
61	002240. SZ	盛新锂能	4. 97	4. 51	4. 63	7. 16	4. 95	4. 47
62	600497. SH	驰宏锌锗	4. 94	5. 73	4. 5	2. 86	5. 72	4. 93
63	600961. SH	株冶集团	4. 94	4. 78	4. 63	5. 76	5. 26	4. 57
64	000831. SZ	五矿稀土	4. 92	4. 29	4. 43	6. 24	4. 91	5. 25
65	002182. SZ	云海金属	4. 92	4. 93	4. 64	5. 56	4. 91	4. 79
66	600366. SH	宁波韵升	4. 91	4. 49	4. 93	5. 51	4. 94	4. 95
67	000426. SZ	兴业矿业	4. 91	5. 52	4. 45	4. 97	4. 61	4. 95
68	601020. SH	华钰矿业	4. 89	5. 72	4. 42	3. 58	4. 93	5. 19
69	002378. SZ	章源钨业	4. 89	4. 62	5	5. 62	4. 75	4. 78
70	002996. SZ	顺博合金	4. 89	4. 59	4. 7	5. 53	5. 08	4. 79
71	002149. SZ	西部材料	4. 89	4. 26	4. 94	5. 37	4. 76	5. 32
72	002466. SZ	天齐锂业	4. 87	4. 66	3. 27	5. 99	5. 33	5. 36
73	002167. SZ	东方锆业	4. 86	4. 46	4. 85	6	4. 59	4. 86
74	300697. SZ	电工合金	4. 85	4. 94	4. 87	5. 5	4. 61	4. 62
75	000795. SZ	英洛华	4. 84	4. 88	4. 83	5. 18	4. 66	4. 79
76	600711. SH	盛屯矿业	4. 84	5. 17	4. 67	4. 96	4. 8	4. 62
77	601137. SH	博威合金	4. 81	4. 89	4. 78	4. 85	4. 59	4. 96
78	002114. SZ	罗平锌电	4. 77	5. 46	5. 01	4. 28	4. 69	4. 24
79	002578. SZ	闽发铝业	4. 77	4. 96	4. 77	5. 39	4. 63	4. 37
80	600768. SH	宁波富邦	4. 77	5. 2	4. 39	5. 71	4. 64	4. 25
81	603045. SH	福达合金	4. 76	4. 43	4. 88	5	4. 87	4. 72
82	603876. SH	鼎胜新材	4. 76	4. 18	4. 9	5. 98	4. 52	4. 75
83	002428. SZ	云南锗业	4. 75	4. 69	4. 68	5. 53	4. 41	4. 78
84	300618. SZ	寒锐钴业	4. 75	4. 53	4. 3	5. 2	5. 43	4. 44
85	002806. SZ	华锋股份	4. 73	4. 61	3. 96	4. 79	4. 89	5. 31
86	000751. SZ	锌业股份	4. 7	4. 72	5. 09	4. 35	4. 81	4. 44
87	300337. SZ	银邦股份	4. 68	4. 36	4. 63	5. 86	4. 31	4. 72

续表

排名	代码	公司名称	总得分	财务指标	估值与成长性	创值能力	公司治理	创新与研发
88	000612. SZ	焦作万方	4. 68	5. 51	4. 22	4. 1	4. 99	4. 27
89	300328. SZ	宜安科技	4. 67	5. 07	4. 22	3. 99	4. 41	5. 29
90	600531. SH	豫光金铅	4. 65	4. 56	5. 03	3. 94	5. 19	4. 28
91	002988. SZ	豪美新材	4. 65	4. 61	5. 03	4. 14	4. 41	4. 89
92	002160. SZ	常铝股份	4. 65	4. 7	5. 04	3. 83	4. 63	4. 75
93	601212. SH	白银有色	4. 65	4. 99	4. 28	3. 45	5. 09	4. 87
94	600547. SH	山东黄金	4. 65	5. 07	4. 19	3. 27	4. 99	5. 06
95	000633. SZ	合金投资	4. 61	4. 32	4. 02	6. 15	4. 45	4. 71
96	600255. SH	鑫科材料	4. 6	4. 41	4. 85	5. 48	4. 29	4. 39
97	600595. SH	中孚实业	4. 57	4. 58	4. 44	4. 04	4. 73	4. 81
98	300057. SZ	万顺新材	4. 56	4. 82	4. 71	3. 15	4. 79	4. 76
99	603399. SH	吉翔股份	4. 53	4. 7	4. 43	4. 03	4. 85	4. 43
100	002295. SZ	精艺股份	4. 47	5. 03	5. 28	2. 17	4. 3	4. 7
101	300489. SZ	光智科技	4. 46	3. 75	4. 89	5. 92	3. 55	4. 88
102	002237. SZ	恒邦股份	4. 42	4. 88	4. 52	2. 27	4. 8	4. 72
103	600331. SH	宏达股份	4. 41	4. 39	4. 21	6. 2	4. 16	3. 82
104	603978. SH	深圳新星	4. 34	4. 14	3. 85	3. 58	4. 63	5. 13
105	600281. SH	华阳新材	4. 33	3. 78	4. 34	5. 68	4. 22	4. 2
106	000758. SZ	中色股份	4. 32	4. 42	4. 22	3. 27	5. 05	4. 17
107	002379. SZ	宏创控股	4. 31	4. 46	3. 69	3. 58	4. 58	4. 83
108	600490. SH	鹏欣资源	4. 3	5. 71	4. 02	2. 54	4. 35	4. 08
109	002842. SZ	翔鹭钨业	4. 29	4. 47	4. 18	3. 67	4. 07	4. 8
110	002501. SZ	利源精制	4. 07	2. 95	3. 85	5. 7	3. 84	4. 69
111	002716. SZ	金贵银业	3. 68	3. 54	2. 65	3. 5	3. 66	4. 85

（三十一）综合

排名	代码	公司名称	总得分	财务指标	估值与成长性	创值能力	公司治理	创新与研发
1	600647. SH	同达创业	5. 46	5. 24	5. 46	6. 18	5. 27	5. 46
2	600696. SH	岩石股份	5. 43	5. 68	5. 22	6. 64	5. 25	4. 84
3	600783. SH	鲁信创投	5. 36	5. 32	5. 46	6. 52	5. 7	4. 32

续表

排名	代码	公司名称	总得分	财务指标	估值与成长性	创值能力	公司治理	创新与研发
4	000833. SZ	粤桂股份	5. 33	5. 48	4. 87	5. 91	5. 88	4. 7
5	600668. SH	尖峰集团	5. 31	5. 89	5. 21	4. 46	5. 62	4. 98
6	300797. SZ	钢研纳克	5. 31	5. 89	5. 23	5. 87	4. 67	5. 11
7	600770. SH	综艺股份	5. 3	5. 77	4. 87	5. 57	5. 05	5. 3
8	600620. SH	天宸股份	5. 22	5. 32	4. 88	5. 9	5. 36	4. 87
9	600539. SH	狮头股份	5. 2	5. 68	5. 56	5. 86	4. 48	4. 76
10	600784. SH	鲁银投资	5. 14	5	4. 95	6	4. 91	5. 16
11	600212. SH	绿能慧充	5. 02	4. 61	5. 07	6. 25	5. 06	4. 65
12	600051. SH	宁波联合	5. 01	5. 16	4. 79	3. 96	5. 72	4. 92
13	600234. SH	科新发展	4. 95	4. 6	5. 46	4. 42	5. 1	5. 01
14	000753. SZ	漳州发展	4. 93	4. 71	4. 89	5. 18	5. 12	4. 87
15	000652. SZ	泰达股份	4. 81	4. 62	4. 8	4. 64	4. 78	5. 16
16	000622. SZ	恒立实业	4. 77	4. 74	4. 62	5. 71	4. 57	4. 61
17	000409. SZ	云鼎科技	4. 77	4. 49	3. 85	6. 15	4. 62	5. 22
18	002175. SZ	东方网络	4. 7	4. 25	4. 15	6. 29	4. 21	5. 19
19	600070. SH	浙江富润	4. 68	4. 75	4	3. 53	5. 15	5. 4
20	600881. SH	亚泰集团	4. 68	4. 85	4. 02	3. 44	5. 1	5. 37
21	000632. SZ	三木集团	4. 64	4. 37	5. 12	4. 76	4. 28	4. 76
22	600805. SH	悦达投资	4. 56	4. 92	4. 25	3. 3	4. 81	4. 94
23	600676. SH	交运股份	4. 55	5. 32	4. 61	2. 32	5. 05	4. 5
24	300208. SZ	青岛中程	4. 44	4. 3	4. 66	4. 6	4. 35	4. 37
25	600811. SH	东方集团	4. 29	4. 86	4. 29	2. 22	4. 56	4. 65

（三十二）科创板块

排名	代码	公司名称	所属行业	总得分	财务指标	估值与成长性	创值能力	公司治理	创新与研发
1	688188. SH	柏楚电子	计算机	5. 92	6. 79	5. 28	6. 46	5. 42	5. 82
2	688068. SH	热景生物	医药生物	5. 91	6. 23	6. 27	6. 33	5. 99	4. 95
3	688298. SH	东方生物	医药生物	5. 9	5. 89	6. 34	6. 67	5. 53	5. 45
4	688356. SH	键凯科技	医药生物	5. 85	6. 33	5. 26	6. 59	5. 93	5. 36

续表

排名	代码	公司名称	所属行业	总得分	财务指标	估值与成长性	创值能力	公司治理	创新与研发
5	688536. SH	思瑞浦	电子	5. 8	5. 71	5. 16	7. 7	5. 16	6
6	688016. SH	心脉医疗	医药生物	5. 8	6. 53	5. 13	6. 28	5. 85	5. 33
7	688289. SH	圣湘生物	医药生物	5. 76	6. 11	5. 29	6. 54	5. 87	5. 24
8	688050. SH	爱博医疗	医药生物	5. 73	5. 99	5. 05	7. 71	5. 44	5. 23
9	688399. SH	硕世生物	医药生物	5. 72	6. 01	5. 47	6. 27	5. 77	5. 29
10	688169. SH	石头科技	家用电器	5. 7	6. 25	5. 24	5. 7	5. 5	5. 75
11	688202. SH	美迪西	医药生物	5. 68	5. 66	5. 25	6. 81	5. 82	5. 29
12	688200. SH	华峰测控	电子	5. 67	6. 08	5. 23	6. 32	5. 53	5. 41
13	688008. SH	澜起科技	电子	5. 66	6. 51	4. 33	5. 8	5. 63	5. 92
14	688111. SH	金山办公	计算机	5. 64	6. 21	4. 64	6. 3	5. 45	5. 73
15	688699. SH	明微电子	电子	5. 58	5. 11	5. 66	6. 5	6. 02	5. 02
16	688389. SH	普门科技	医药生物	5. 55	6. 09	5. 14	6. 04	5. 71	4. 93
17	688139. SH	海尔生物	医药生物	5. 53	5. 52	4. 88	6. 58	6. 04	5
18	688278. SH	特宝生物	医药生物	5. 53	5. 51	5. 12	6. 88	5. 52	5. 13
19	688363. SH	华熙生物	美容护理	5. 53	5. 81	4. 66	6. 22	5. 56	5. 56
20	688318. SH	财富趋势	计算机	5. 5	6. 81	4. 8	4. 89	5. 04	5. 6
21	688233. SH	神工股份	电子	5. 49	6. 37	5. 19	5. 81	5. 3	4. 88
22	688608. SH	恒玄科技	电子	5. 49	5. 54	4. 99	5. 52	5. 34	6. 01
23	688135. SH	利扬芯片	电子	5. 48	5. 82	5. 2	6. 75	5. 53	4. 6
24	688012. SH	中微公司	电子	5. 47	5. 03	5. 1	6. 15	5. 6	5. 71
25	688196. SH	卓越新能	基础化工	5. 47	5. 98	5. 18	5. 57	5. 77	4. 85
26	688198. SH	佰仁医疗	医药生物	5. 46	6. 69	4. 42	6. 12	5. 12	5. 1
27	688580. SH	伟思医疗	医药生物	5. 45	6. 32	4. 95	5. 18	5. 63	4. 99
28	688357. SH	建龙微纳	基础化工	5. 42	5. 15	5. 49	6. 26	5. 66	4. 91
29	688368. SH	晶丰明源	电子	5. 42	4. 74	5. 17	6. 29	5. 68	5. 55
30	688508. SH	芯朋微	电子	5. 41	5. 48	4. 94	5. 92	5. 13	5. 74
31	688526. SH	科前生物	农林牧渔	5. 41	5. 93	4. 98	5. 35	5. 66	5. 03
32	688013. SH	天臣医疗	医药生物	5. 41	6. 47	4. 91	5. 27	5. 44	4. 82
33	688595. SH	芯海科技	电子	5. 4	5. 12	4. 8	6. 34	5. 37	5. 7
34	688598. SH	金博股份	电力设备	5. 38	4. 91	5. 32	6. 81	5. 46	5
35	688088. SH	虹软科技	计算机	5. 36	5. 71	4. 73	5. 52	5. 32	5. 5
36	688078. SH	龙软科技	计算机	5. 36	4. 91	5. 1	5. 86	5. 34	5. 75
37	688123. SH	聚辰股份	电子	5. 35	5. 9	4. 89	5. 73	5. 03	5. 29

续表

排名	代码	公司名称	所属行业	总得分	财务指标	估值与成长性	创值能力	公司治理	创新与研发
38	688099. SH	晶晨股份	电子	5. 34	5. 37	4. 67	6. 24	5. 04	5. 68
39	688089. SH	嘉必优	基础化工	5. 33	6. 34	4. 78	5. 2	5. 5	4. 71
40	688185. SH	康希诺	医药生物	5. 33	4. 21	5. 67	7. 23	4. 91	5. 49
41	688026. SH	洁特生物	基础化工	5. 33	5. 9	5. 54	6. 23	4. 91	4. 47
42	688036. SH	传音控股	电子	5. 32	5. 03	4. 88	5. 86	5. 35	5. 67
43	688588. SH	凌志软件	计算机	5. 32	6. 3	4. 79	5. 3	5. 38	4. 75
44	688312. SH	燕麦科技	机械设备	5. 32	6. 15	5. 16	4. 41	5. 46	5
45	688686. SH	奥普特	机械设备	5. 31	5. 91	4. 75	6. 04	5. 16	4. 92
46	688018. SH	乐鑫科技	电子	5. 29	5. 32	4. 94	5. 76	5. 08	5. 51
47	688301. SH	奕瑞科技	医药生物	5. 29	5. 29	5. 13	6. 54	4. 94	5. 06
48	688338. SH	赛科希德	医药生物	5. 28	6. 44	5. 08	4. 13	5. 27	4. 98
49	688300. SH	联瑞新材	基础化工	5. 28	5. 57	5. 13	6. 03	5. 21	4. 75
50	688179. SH	阿拉丁	基础化工	5. 27	5. 74	4. 9	5. 94	5. 08	4. 94
51	688029. SH	南微医学	医药生物	5. 27	5. 46	4. 95	5. 7	5. 56	4. 82
52	688093. SH	世华科技	电子	5. 26	5. 87	4. 98	5. 48	5. 33	4. 69
53	835670. BJ	数字人	医药生物	5. 26	5. 98	4. 63	5. 23	4. 84	5. 52
54	688516. SH	奥特维	电力设备	5. 25	4. 34	5. 39	6. 87	5. 5	4. 86
55	688166. SH	博瑞医药	医药生物	5. 24	5. 07	5. 38	5. 95	5. 21	4. 93
56	688599. SH	天合光能	电力设备	5. 24	4. 32	4. 8	7. 55	5. 26	5. 17
57	688116. SH	天奈科技	电力设备	5. 24	4. 97	4. 9	6. 73	4. 97	5. 2
58	688208. SH	道通科技	计算机	5. 23	5. 04	4. 69	5. 74	5. 23	5. 61
59	688505. SH	复旦张江	医药生物	5. 22	5. 12	4. 9	5. 8	5. 43	5. 07
60	688396. SH	华润微	电子	5. 21	5. 05	4. 97	5. 85	5. 46	4. 95
61	688568. SH	中科星图	计算机	5. 21	4. 67	4. 83	6. 27	5. 01	5. 65
62	688100. SH	威胜信息	通信	5. 2	4. 9	4. 96	5. 75	5. 01	5. 59
63	688589. SH	力合微	电子	5. 19	4. 74	4. 89	5. 64	5. 28	5. 57
64	688085. SH	三友医疗	医药生物	5. 19	5. 53	5. 01	5. 34	5. 14	4. 96
65	688002. SH	睿创微纳	国防军工	5. 19	5. 21	5. 01	6. 04	4. 5	5. 53
66	688028. SH	沃尔德	机械设备	5. 18	6. 11	4. 76	5. 01	5. 46	4. 41
67	688058. SH	宝兰德	计算机	5. 17	5. 54	4. 68	4. 83	5. 4	5. 21
68	688388. SH	嘉元科技	有色金属	5. 15	5. 3	4. 98	5. 93	5. 21	4. 63
69	688981. SH	中芯国际	电子	5. 14	5	5. 13	5. 36	4. 88	5. 41
70	688157. SH	松井股份	基础化工	5. 14	5. 36	5. 07	5. 88	4. 79	4. 89

续表

排名	代码	公司名称	所属行业	总得分	财务指标	估值与成长性	创值能力	公司治理	创新与研发
71	688513. SH	苑东生物	医药生物	5. 13	5. 43	4. 7	5. 18	5. 3	5
72	688777. SH	中控技术	机械设备	5. 13	4. 46	4. 65	6. 04	5. 54	5. 27
73	688017. SH	绿的谐波	机械设备	5. 13	5. 18	4. 95	6. 34	5. 16	4. 48
74	688019. SH	安集科技	电子	5. 12	5. 17	4. 63	6. 35	4. 77	5. 16
75	688056. SH	莱伯泰科	机械设备	5. 12	5. 48	4. 95	5. 04	5. 32	4. 74
76	688358. SH	祥生医疗	医药生物	5. 11	5. 56	4. 95	4. 89	5. 25	4. 78
77	688390. SH	固德威	电力设备	5. 11	4. 72	5. 15	6. 75	5. 01	4. 6
78	688080. SH	映翰通	通信	5. 1	5. 29	4. 55	5. 21	5. 17	5. 28
79	688122. SH	西部超导	国防军工	5. 1	4. 13	4. 81	6. 84	4. 91	5. 52
80	688579. SH	山大地纬	计算机	5. 1	5. 01	4. 84	5	5. 17	5. 41
81	688098. SH	申联生物	农林牧渔	5. 1	5. 31	4. 64	4. 56	5. 46	5. 24
82	688366. SH	昊海生科	医药生物	5. 1	5. 63	4. 55	4. 71	5. 57	4. 79
83	689009. SH	九号公司-WD	汽车	5. 08	4. 52	4. 5	6. 2	5. 2	5. 38
84	831445. BJ	龙竹科技	轻工制造	5. 08	5. 8	5. 26	5. 23	4. 94	4. 24
85	688063. SH	派能科技	电力设备	5. 08	4. 64	4. 98	6. 78	4. 87	4. 82
86	688004. SH	博汇科技	计算机	5. 07	5. 24	5. 1	4. 21	5. 39	5. 07
87	830946. BJ	森萱医药	医药生物	5. 07	5. 67	4. 68	5. 75	4. 91	4. 61
88	688181. SH	八亿时空	电子	5. 07	5. 52	4. 99	4. 67	5. 08	4. 89
89	688155. SH	先惠技术	电力设备	5. 06	4. 65	5. 29	5. 95	4. 92	4. 88
90	688369. SH	致远互联	计算机	5. 05	5. 41	5. 03	5. 14	5. 07	4. 65
91	688299. SH	长阳科技	电子	5. 05	5. 03	5. 47	5. 05	5. 05	4. 71
92	688386. SH	泛亚微透	基础化工	5. 04	4. 99	4. 86	5. 93	5. 21	4. 56
93	688558. SH	国盛智科	机械设备	5. 03	4. 87	4. 73	5. 37	5. 63	4. 64
94	688055. SH	龙腾光电	电子	5. 02	4. 74	5. 08	5. 8	4. 91	4. 93
95	688003. SH	天准科技	机械设备	5. 02	4. 48	4. 79	5. 61	5. 15	5. 29
96	831961. BJ	创远信科	通信	5. 02	4. 84	4. 9	5. 19	4. 26	5. 97
97	688168. SH	安博通	计算机	5. 02	5. 33	4. 76	4. 74	4. 81	5. 29
98	688001. SH	华兴源创	机械设备	5. 01	4. 81	4. 97	5. 4	5	5. 03
99	688321. SH	微芯生物	医药生物	5. 01	4. 92	4. 25	5. 76	5. 12	5. 2
100	688258. SH	卓易信息	计算机	5	5. 3	4. 66	4. 94	5. 12	4. 93
101	688308. SH	欧科亿	机械设备	5	4. 94	4. 97	5. 89	5. 08	4. 51
102	688330. SH	宏力达	电力设备	5	4. 97	4. 74	5. 27	5. 03	5. 05
103	688618. SH	三旺通信	通信	4. 99	5. 18	4. 8	5. 11	4. 79	5. 12

续表

排名	代码	公司名称	所属行业	总得分	财务指标	估值与成长性	创值能力	公司治理	创新与研发
104	688658. SH	悦康药业	医药生物	4. 99	4. 95	4. 69	4. 55	5. 38	5. 17
105	688566. SH	吉贝尔	医药生物	4. 99	6. 12	4. 59	4. 38	5. 07	4. 49
106	688311. SH	盟升电子	国防军工	4. 99	4. 63	5. 1	5. 6	4. 74	5. 16
107	688127. SH	蓝特光学	电子	4. 99	5. 74	4. 41	5. 59	4. 88	4. 49
108	688668. SH	鼎通科技	通信	4. 98	4. 93	5. 05	6. 18	4. 91	4. 37
109	688378. SH	奥来德	机械设备	4. 98	4. 99	4. 74	4. 6	5. 16	5. 22
110	688039. SH	当虹科技	计算机	4. 98	4. 99	4. 44	4. 11	5. 22	5. 7
111	688066. SH	航天宏图	计算机	4. 97	4. 28	4. 92	6. 04	4. 91	5. 16
112	688310. SH	迈得医疗	机械设备	4. 97	5. 26	4. 91	4. 71	5. 15	4. 71
113	688015. SH	交控科技	机械设备	4. 97	4. 59	5. 27	4. 73	5. 07	5. 12
114	688033. SH	天宜上佳	机械设备	4. 97	5. 36	4. 38	5. 18	5. 2	4. 73
115	688160. SH	步科股份	机械设备	4. 97	4. 99	4. 96	5. 35	4. 98	4. 72
116	688551. SH	科威尔	电力设备	4. 95	5. 04	4. 7	5. 05	5. 17	4. 82
117	688156. SH	路德环境	环保	4. 95	5	4. 9	5. 29	5. 14	4. 55
118	688222. SH	成都先导	医药生物	4. 95	4. 94	4. 3	5. 33	4. 92	5. 33
119	688057. SH	金达莱	环保	4. 94	5. 28	4. 46	3. 88	5. 2	5. 39
120	688398. SH	赛特新材	基础化工	4. 94	4. 98	5. 39	5. 03	4. 99	4. 41
121	688007. SH	光峰科技	电子	4. 93	4. 71	4. 1	5. 31	5. 51	5. 09
122	688556. SH	高测股份	电力设备	4. 93	4. 08	5. 12	6. 34	5. 26	4. 49
123	688268. SH	华特气体	电子	4. 92	4. 98	4. 9	5. 84	4. 8	4. 47
124	830799. BJ	艾融软件	计算机	4. 91	4. 84	4. 82	5. 47	5. 01	4. 65
125	688698. SH	伟创电气	机械设备	4. 9	4. 54	4. 92	5. 89	4. 89	4. 7
126	688060. SH	云涌科技	计算机	4. 9	4. 63	4. 36	5. 13	5. 02	5. 39
127	839729. BJ	永顺生物	农林牧渔	4. 9	5. 69	4. 47	5. 02	4. 72	4. 59
128	835185. BJ	贝特瑞	电力设备	4. 9	4. 15	4. 54	6. 14	5. 18	4. 95
129	688550. SH	瑞联新材	电子	4. 89	4. 89	5. 34	4. 84	4. 92	4. 52
130	688128. SH	中国电研	机械设备	4. 89	4. 63	4. 73	5. 32	5. 13	4. 82
131	688586. SH	江航装备	国防军工	4. 89	4. 73	4. 75	6. 05	4. 69	4. 7
132	688106. SH	金宏气体	电子	4. 89	5. 16	4. 36	4. 93	5. 31	4. 62
133	688065. SH	凯赛生物	基础化工	4. 89	5. 42	5. 11	3. 76	4. 84	4. 85
134	688133. SH	泰坦科技	基础化工	4. 88	4. 28	4. 64	6. 04	4. 68	5. 23
135	688288. SH	鸿泉物联	计算机	4. 88	4. 96	4. 58	4. 74	4. 82	5. 2
136	688037. SH	芯源微	电子	4. 87	4. 11	4. 73	6. 36	4. 82	4. 96

续表

排名	代码	公司名称	所属行业	总得分	财务指标	估值与成长性	创值能力	公司治理	创新与研发
137	688095. SH	福昕软件	计算机	4. 87	5. 83	4. 66	2. 39	5. 16	5. 23
138	688129. SH	东来技术	基础化工	4. 85	5. 62	4. 52	4. 33	5	4. 54
139	688393. SH	安必平	医药生物	4. 85	5. 69	4. 41	4. 13	5. 06	4. 61
140	688557. SH	兰剑智能	机械设备	4. 85	4. 71	4. 9	4. 88	4. 96	4. 79
141	688286. SH	敏芯股份	电子	4. 84	5. 57	4. 19	4. 24	5. 05	4. 82
142	688077. SH	大地熊	有色金属	4. 84	4. 13	5. 04	6. 17	5. 06	4. 39
143	834021. BJ	流金岁月	传媒	4. 84	4. 76	4. 93	4. 05	4. 81	5. 31
144	688023. SH	安恒信息	计算机	4. 83	4. 84	3. 84	5. 25	4. 92	5. 34
145	688025. SH	杰普特	机械设备	4. 83	4. 51	4. 46	5. 06	5. 36	4. 81
146	831010. BJ	凯添燃气	公用事业	4. 83	5. 06	5. 36	4. 05	4. 74	4. 66
147	835640. BJ	富士达	通信	4. 82	4. 4	5. 18	6	4. 71	4. 38
148	688005. SH	容百科技	电力设备	4. 82	4. 25	4. 86	6. 59	4. 33	4. 82
149	688335. SH	复洁环保	环保	4. 81	4. 54	4. 74	4. 12	5. 17	5. 16
150	688118. SH	普元信息	计算机	4. 8	5. 16	4. 44	3. 93	5. 47	4. 6
151	688138. SH	清溢光电	电子	4. 8	5. 31	4. 69	4. 91	4. 64	4. 46
152	688030. SH	山石网科	计算机	4. 79	4. 72	4. 53	4. 9	4. 77	5. 06
153	688006. SH	杭可科技	电力设备	4. 78	4. 57	4. 26	5. 74	5. 02	4. 66
154	688596. SH	正帆科技	机械设备	4. 77	4. 25	4. 84	5. 18	5. 07	4. 7
155	688678. SH	福立旺	电子	4. 77	4. 85	5. 17	5. 24	4. 55	4. 27
156	688177. SH	百奥泰	医药生物	4. 76	4. 2	4. 34	5. 93	4. 75	5. 04
157	688021. SH	奥福环保	汽车	4. 76	4. 59	5. 2	4. 52	5. 08	4. 36
158	688009. SH	中国通号	机械设备	4. 76	4. 46	4. 12	3. 24	5. 34	5. 91
159	688136. SH	科兴制药	医药生物	4. 75	4. 87	4. 47	4. 81	4. 99	4. 62
160	688569. SH	铁科轨道	机械设备	4. 74	4. 81	5. 08	3. 73	4. 81	4. 89
161	688313. SH	仕佳光子	通信	4. 74	4. 34	4. 83	5. 88	4. 83	4. 32
162	688788. SH	科思科技	国防军工	4. 73	4. 52	4. 33	3. 69	5. 22	5. 42
163	688559. SH	海目星	机械设备	4. 73	4. 49	4. 69	5. 88	4. 32	4. 74
164	835508. BJ	殷图网联	机械设备	4. 72	5. 01	4. 82	3. 6	4. 71	5
165	688488. SH	艾迪药业	医药生物	4. 71	4. 98	4. 73	3. 7	4. 7	5. 02
166	836433. BJ	大唐药业	医药生物	4. 7	4. 91	4. 85	4. 06	4. 79	4. 65
167	837242. BJ	建邦科技	汽车	4. 7	5	5. 19	3. 14	4. 92	4. 65
168	688518. SH	联赢激光	机械设备	4. 7	4. 22	4. 71	5. 74	4. 68	4. 59
169	688228. SH	开普云	计算机	4. 69	4. 95	4. 11	3. 9	4. 99	5. 09

续表

排名	代码	公司名称	所属行业	总得分	财务指标	估值与成长性	创值能力	公司治理	创新与研发
170	688571. SH	杭华股份	基础化工	4. 68	4. 96	4. 73	4. 08	4. 89	4. 51
171	688022. SH	瀚川智能	机械设备	4. 68	3. 9	4. 37	5. 65	4. 96	4. 89
172	688577. SH	浙海德曼	机械设备	4. 68	4. 43	4. 78	4. 92	4. 87	4. 51
173	688510. SH	航亚科技	国防军工	4. 68	4. 78	4. 62	3. 98	5. 02	4. 69
174	688590. SH	新致软件	计算机	4. 68	4. 29	4. 42	4. 66	5. 2	4. 77
175	688020. SH	方邦股份	电子	4. 67	5. 58	4. 36	4. 07	4. 49	4. 58
176	688600. SH	皖仪科技	环保	4. 66	4. 62	4. 33	4. 5	4. 98	4. 75
177	688519. SH	南亚新材	电子	4. 65	4. 16	4. 83	4. 97	4. 85	4. 61
178	688365. SH	光云科技	计算机	4. 65	5	4. 23	3. 85	5. 03	4. 75
179	833994. BJ	翰博高新	电子	4. 65	4. 62	4. 82	4. 91	4. 64	4. 4
180	688560. SH	明冠新材	电力设备	4. 65	4. 38	4. 78	5. 2	4. 67	4. 46
181	838163. BJ	方大股份	轻工制造	4. 63	5. 31	4. 71	4. 22	4. 57	4. 19
182	839167. BJ	同享科技	电力设备	4. 62	4. 14	5. 12	5. 83	3. 87	4. 71
183	688101. SH	三达膜	环保	4. 61	4. 76	4. 81	3. 5	4. 65	4. 88
184	688229. SH	博睿数据	计算机	4. 6	5. 19	4. 3	2. 93	4. 92	4. 91
185	832278. BJ	鹿得医疗	医药生物	4. 6	5. 13	4. 85	4. 87	4. 22	4. 08
186	688027. SH	国盾量子	通信	4. 6	4. 72	3. 92	3. 88	4. 61	5. 47
187	834475. BJ	三友科技	机械设备	4. 6	4. 73	4. 89	4. 37	4. 57	4. 36
188	688199. SH	久日新材	基础化工	4. 59	4. 78	4. 86	3. 59	4. 77	4. 56
189	688360. SH	德马科技	机械设备	4. 59	4. 21	4. 73	4. 94	4. 47	4. 75
190	688069. SH	德林海	环保	4. 58	4. 5	4. 49	4. 15	5. 01	4. 55
191	688215. SH	瑞晟智能	机械设备	4. 57	4. 55	4. 54	4. 47	4. 75	4. 5
192	688336. SH	三生国健	医药生物	4. 56	4. 58	3. 88	4. 19	4. 87	5. 02
193	836675. BJ	秉扬科技	基础化工	4. 55	4. 71	4. 83	4. 1	4. 63	4. 35
194	835368. BJ	连城数控	电力设备	4. 54	4. 26	4. 32	5. 8	4. 16	4. 68
195	688158. SH	优刻得-W	计算机	4. 53	4. 62	3. 91	3. 08	5. 11	5. 25
196	688528. SH	秦川物联	机械设备	4. 53	4. 46	4. 27	4. 29	4. 78	4. 71
197	688333. SH	铂力特	机械设备	4. 52	4. 33	4. 35	4. 36	4. 73	4. 74
198	688096. SH	京源环保	环保	4. 52	4. 11	4. 52	4. 16	4. 87	4. 79
199	688218. SH	江苏北人	机械设备	4. 52	4. 33	4. 69	3. 94	4. 86	4. 56
200	688377. SH	迪威尔	机械设备	4. 5	4. 76	4. 82	3. 77	4. 48	4. 4
201	688219. SH	会通股份	基础化工	4. 49	4. 09	4. 56	5. 21	4. 09	4. 82
202	871396. BJ	常辅股份	机械设备	4. 49	4. 59	4. 37	4. 14	4. 61	4. 56

续表

排名	代码	公司名称	所属行业	总得分	财务指标	估值与成长性	创值能力	公司治理	创新与研发
203	832000. BJ	安徽凤凰	汽车	4. 48	4. 91	4. 61	3. 25	4. 74	4. 38
204	836149. BJ	旭杰科技	建筑装饰	4. 46	3. 89	4. 86	5. 38	4. 37	4. 26
205	830964. BJ	润农节水	农林牧渔	4. 46	4. 48	4. 96	3. 28	4. 52	4. 62
206	830839. BJ	万通液压	机械设备	4. 46	4. 73	4. 56	4. 02	4. 52	4. 28
207	688108. SH	赛诺医疗	医药生物	4. 45	5. 09	4	3. 27	4. 53	4. 79
208	838030. BJ	德众汽车	汽车	4. 45	4. 62	5. 1	3. 41	4. 23	4. 51
209	833266. BJ	生物谷	医药生物	4. 44	4. 86	4. 78	3. 23	4. 28	4. 56
210	688466. SH	金科环境	环保	4. 43	4. 22	4. 47	3. 55	4. 43	5. 1
211	688081. SH	兴图新科	国防军工	4. 42	4. 39	4. 28	3. 05	4. 48	5. 32
212	688555. SH	泽达易盛	计算机	4. 42	4. 92	4. 36	3. 23	3. 9	5. 19
213	688408. SH	中信博	电力设备	4. 4	4. 2	4. 24	4	4. 79	4. 59
214	833819. BJ	颖泰生物	基础化工	4. 4	4. 31	4. 47	3. 43	4. 66	4. 72
215	688189. SH	南新制药	医药生物	4. 4	4. 11	4. 32	3. 5	4. 42	5. 26
216	688529. SH	豪森股份	机械设备	4. 39	3. 88	4. 28	5. 31	4. 05	4. 82
217	835184. BJ	国源科技	计算机	4. 38	4. 75	4. 22	3. 06	4. 74	4. 52
218	834415. BJ	恒拓开源	计算机	4. 37	4. 7	4. 81	2. 28	4. 54	4. 66
219	688186. SH	广大特材	钢铁	4. 36	3. 72	4. 42	4. 38	4. 71	4. 6
220	688178. SH	万德斯	环保	4. 35	4. 24	4. 19	3. 11	4. 83	4. 83
221	831856. BJ	浩淼科技	机械设备	4. 34	3. 91	4. 64	3. 35	4. 75	4. 66
222	688011. SH	新光光电	国防军工	4. 34	4. 73	4. 02	2. 72	4. 75	4. 74
223	688500. SH	慧辰股份	计算机	4. 33	4. 87	4. 37	1. 77	4. 59	4. 95
224	688379. SH	华光新材	机械设备	4. 31	3. 54	4. 65	3. 82	4. 86	4. 51
225	688090. SH	瑞松科技	机械设备	4. 3	4. 2	4	3. 2	4. 63	4. 95
226	688010. SH	福光股份	电子	4. 29	4. 66	4. 51	2. 91	4. 57	4. 24
227	688159. SH	有方科技	通信	4. 28	3. 81	4. 12	3. 32	4. 15	5. 57
228	688418. SH	震有科技	通信	4. 26	3. 9	4. 41	2. 23	4. 64	5. 29
229	688585. SH	上纬新材	基础化工	4. 26	3. 92	4. 43	3. 66	4. 33	4. 71
230	688679. SH	通源环境	环保	4. 24	4. 2	4. 12	3. 04	4. 72	4. 58
231	688051. SH	佳华科技	计算机	4. 23	4. 41	4. 2	2. 2	4. 03	5. 42
232	834682. BJ	球冠电缆	电力设备	4. 2	4. 14	4. 27	3. 39	4. 28	4. 58
233	688567. SH	孚能科技	电力设备	4. 19	4. 08	4. 13	3. 56	4. 51	4. 42
234	831370. BJ	新安洁	环保	4. 07	4. 77	4. 46	2. 03	4. 4	3. 85
235	836263. BJ	中航泰达	环保	4. 02	3. 77	3. 94	3. 12	4. 21	4. 67

Abstract

The general report points out that the new crown pneumonia epidemic and international geopolitical conflicts have greatly weakened the fragile global economy, the economies of various countries are showing differentiation, and the asynchrony of the global economic cycle has intensified. We believe that if the epidemic prevention and control situation is generally stable in the second half of the year, China's GDP growth rate may exceed 5% in the second half of 2022, and the annual GDP growth rate may be around 4%. The operating performance of A-share listed companies is more consistent with the trend of GDP. The operating performance of companies in the upstream of the industrial chain is better than that of the midstream, and the midstream is better than the downstream. In terms of future capital market reform, China's capital market should continue to deepen reform and opening up in an all-round way, and should continue to promote the reform of the stock issuance registration system; continue to strengthen the legal supply of the capital market; continue to steadily advance the high-level two-way opening of the capital market. The sub-report of this book further evaluates the high-quality development of Chinese listed companies. We believe that under the unprecedented changes in a century caused by the impact of the epidemic and changes in the internal and external environment, the high-quality development of listed companies is reflected in their resilience. Based on the value evaluation model over the years, this report has further refined, added and updated multi-dimensional measurement indicators, evaluated and comprehensively ranked the listed companies in China's A-share industries, and screened out the listed companies with higher value by industry. , which constitutes the "Nice 100" investment portfolio. This portfolio has a good back-testing effect, and the portfolio has a higher return after risk adjustment. This also suggests that the portfolio gathers relatively high-quality micro-subjects in various industries in China, and is a micro-economic situation in China's macroeconomic situation reflected above. This book is divided into two reports to study and evaluate the development of China's digital economy listing. We comprehensively use the digital economy industry data, the annual report disclosure data of listed companies in the digital core industry, and the high-frequency and fine-grained digital transformation data of listed companies obtained by crawler technology to conduct a detailed analysis of the operations of listed companies in China's digital economy industry, and based on risk control The four-factor system of , operational performance, innovation capability and valuation level evaluates the digital economy listed companies and builds a digital economy investment portfolio. In general, although China's digital transformation faces limited space challenges, after necessary policy adjustments, the development of the digital economy still has potential to be tapped and can create favorable conditions for digital economy investment. The special report of this book still conducts special research on the bond market, real estate market and ESG investment that the market is more concerned about, based on the detailed data and literature, the development trend of the bond market, real estate market and ESG investment is reviewed and summarized, and the future development is forecasted.

Keywords: Listed Companies; Digital Economy; Real Estate Market; Bond Market; ESG

Contents

Ⅰ General Report

Abstract: At present, the momentum of global economic growth has been greatly weakened by the new crown pneumonia epidemic and international geopolitical conflicts. After the world economy rebounds in 2021, the growth rate will tend to decline this year and next. After the Ukraine crisis in 2022, the prices of energy and agricultural products have surged, and geopolitical conflicts have once again hit the fragile global economy. The slowdown of globalization and the shift of globalization to regional alliances continue to strengthen, which has begun to significantly affect the global economy, causing economic differentiation among countries. , the asynchrony of the global economic cycle has strengthened. Taking into account my country's economic growth rate in the first half of the year and the possible changes in domestic and foreign demand in the second half of the year, we expect that if the epidemic prevention and control situation is generally stable in the second half of the year, China's GDP growth rate may exceed 5% in the second half of 2022, and the annual GDP growth rate may be 20% . 4% or so. Judging from the operating performance of representative Chinese A-share listed companies, from the first quarter of 2021 to the first quarter of 2022, the cumulative year-on-year trend of total operating income and net profit attributable to the parent company of all A-share listed companies is relatively consistent with the cumulative year-on-year trend of GDP. With the base increasing quarter by quarter in the same period in 2020, from the first quarter to the fourth quarter of 2021, the operating performance and GDP growth rate of my country's listed companies generally showed a trend of rising rapidly and then gradually falling; has declined. There are obvious differences in the profit distribution of enterprises belonging to the upper, middle and lower reaches of the industrial chain. The upstream is better than the middle, and the middle is better than the downstream. This profit distribution pattern is also clearly reflected in the relevant stock price indices. At the same time, the profit growth of listed companies belonging to different industries also showed obvious differentiation. On the basis of adhering to marketization and legalization, in recent years, China's capital market has continued to comprehensively deepen reform and opening up, and achieved positive results in many fields. In the next step, we should continue to promote the reform of the stock issuance registration system; continue to strengthen the supply of the rule of law in the capital market; continue to steadily advance the high-level two-way opening of the capital market.

Keywords: Economic Growth; The Economic Cycle is Not Synchronized; The Value-creating Ability of Listed Companies; Profit Differentiation; Capital Market

Ⅱ Topical Reports

Abstract: Under the situation of unprecedented changes in a century caused by the impact of the epidemic and changes in the internal and external environment, the high-quality development of listed companies is reflected in the transformation of micro-subjects reflected by their resilience, and the foundation and upgrade power to turn crisis into safety and turn crisis into opportunity. This report finds that the performance resilience of listed companies has been continuously enhanced on a micro level, and the compatibility between corporate growth and quality has been improved, realizing the unification of corporate safety and efficiency, risk resistance and promotion of transformation; on the medium level, listed companies have achieved the convergence and differentiation of scale resilience and quality resilience. The potential trend of industry rotation is conducive to further clarifying the characteristics of the industry track and future investment priorities; macroscopically, the reform and opening up of China's multi-level capital market system has steadily promoted the building of resilience capabilities of different enterprises in the whole life cycle, providing more resilience It lays the foundation for the high-quality micro-subjects with sufficient and strong competitiveness to stand out. Based on this background, on the basis of the value evaluation model over the years, this report has further refined, added and updated multi-dimensional measurement indicators, and finally formed financial status, valuation and growth, value creation capability, corporate governance, innovation and R&D, etc. The five-dimensional value evaluation model fully takes into account the characteristics of industry differences and company heterogeneity, and uses the public data of annual reports from 2019 to 2021 to evaluate and comprehensively rank listed companies in China's A-share industries. Listed companies with high value in different industries constitute the "Nice 100" investment portfolio. The portfolio has a good backtesting effect, and the portfolio has higher returns after risk adjustment, which also indicates that the portfolio gathers relatively high-quality micro-subjects from various industries in China. , is a microscopic reflection of China's macroeconomic situation.

Keywords: High-quality; Corporate Resilience; Digitalize; Evaluation Model

Abstract: The existing digital transformation of advanced economies and its promotion of the second economic globalization digests the high employment costs of industrialization and realizes low-cost global innovation. However, this has also brought about a series of problems such as the polarization effect of the labor market weakening the incentive of human capital accumulation, the pursuit of monopoly rent by centralized platform companies to suppress network effects and collaborative innovation, and the rise of offshore production that damages the integrity of the local innovation ecosystem. Ultimately, the ability to create new industries and new markets in advanced economies is weakened. It is precisely because of the failure to realize the improvement of knowledge productivity that the existing digital transformation of advanced economies and their promotion of the second economic globalization failed to successfully meet the Jones challenge, that is, to reconstruct the growth momentum under the condition of the disappearance of the demographic dividend, so that the creation of new industries. In the face of such unsustainable digital transformation and globalization, developed economies have begun to carry out a series of domestic and foreign policy adjustments such as advocating the construction of the metaverse, promoting the web 3.0 revolution in the second half of the Internet, and regaining a growth-oriented trade strategy for the digital transformation of productivity. This report comprehensively uses the digital economy industry data, the annual report disclosure data of listed companies in the digital core industry, and the high-frequency and fine-grained digital transformation data of listed companies obtained by crawler technology. With policy adjustments, the development of the digital economy still has potential to be tapped, and good conditions can be created for investment in the digital economy.

Keywords: Digital Economy; Digital Transformation; Centralized Platform Enterprise; Metaverse; Web3.0

Ⅲ Special Reports

B.4 Evaluation of Real Estate Listed Companies in 2021

Du Lihong / 107

Abstract: 2021 is a year of frequent thunderstorms in the real estate industry. Although the debt ratio of real estate companies is generally reduced under the policy guidance of the central bank's three red lines, due to the strict supervision of pre-sale funds, the short-term debt pressure of major listed real estate companies is relatively high. Under the financial pressure, the industry as a whole is highly dependent on debt renewal. In terms of operation, the stock asset turnover rate of major listed real estate companies has risen sharply, but the overall profit margin of the industry has fallen sharply, and both endogenous and exogenous growth potentials have been further weakened. Comprehensive anti-risk ability, financing cost, operational efficiency, profitability, growth potential, and sales scale factors, China Overseas, China Resources Land, Vanke, Poly Real Estate, Country Garden, Longfor Group, Yuexiu Real Estate, OCT, Yanlord Land, Shenzhen Holdings entered TOP 10 in the 2021 comprehensive strength rankings of listed real estate companies. Further, if we take the anti-risk ability and financing cost as the horizontal axis, and take the current return on invested capital and future growth potential score as the vertical axis, in the survival matrix of major listed real estate companies, 19% of the companies are currently Faced with the pressure of survival; 34% of the enterprises have great short-term financial pressure, but there is still room for transformation; 14% of the enterprises have little short-term financial pressure, but are restricted by the level of efficiency and growth space, and can only pass Cooperative development to expand living space; the remaining companies with sustainable development potential only account for 32%, of which only 10% have integration potential. Obviously, at the time of the industry reshuffle, facing up to its own shortcomings and accurately positioning the living space in the industry is the key for real estate companies to adapt to the new environment and achieve sustainable growth.

Keywords: Real Estate; Listed Companies; Financial Analysis; Survival Matrix

Abstract: In 2021, in the face of multiple internal and external challenges, including a complex international environment and the COVID－19 pandemic, China's economy continued to recover and become more resilient. China's bond market experienced double weather, the bond market interest rate shock down throughout the year, 10－year Treasury bond yield down 40.26BP, showing a stage bull market pattern; At the same time, the default risk keeps rising, the scale of default remains historically high, and presents new default characteristics.

From the perspective of bond default risk, the scale of bond default in 2021 continues to remain high, mainly showing the following characteristics: Among the subjects of bond default, the proportion of defaults of highly rated state-owned enterprises continues to rise; In the industry, the real estate industry bond defaults the highest; Bond defaults of listed companies hit a new high; As the linkage between domestic and foreign risks intensifies, the default risk of Chinese DOLLAR bonds intensifies. The potential credit risk of enterprises is increasing.

From the bond market interest rate trend, 2021 bond market interest rate shock down, domestic economy inverted "V" type trend to promote bond market strength. In the first half of 2022, the policy of stabilizing growth was strengthened, local government bonds were issued ahead, and interest rates in the bond market showed a narrow range and fluctuated.

Looking ahead to the second half of the year, bond market interest rates may be range-bound on the background of increasing economic resilience and prudent monetary policy. However, the risk level of bond default is still high, which needs to be focused on prevention. First, the maturity scale of credit bonds in the second half of the year is still at a high level, and liquidity risks need to be focused on. Second, private enterprises still need to focus on, although the regulatory authorities issued a series of relevant policies to expand financing channels for private enterprises, but the resources are mainly concentrated in the head of private enterprises. Third, the real estate industry within the year domestic and foreign bond maturity repayment pressure is still large, on the one hand, the early local actively introduced policies to help the property market, from the implementation of the policy to the effect, restore market confidence still need a certain amount of time; On the other hand, under the background of continued real estate regulation, the default risk of small and medium-sized real estate enterprises in the second half of the year is still large. Fourth, as the correlation between the Chinese DOLLAR bond market and the domestic market becomes increasingly stronger, joint monitoring and risk prevention and control at home and abroad should be strengthened in the future, especially for credit subjects such as asset freeze and overseas bond extension in the early stage.

Keywords: Bond Default Risk; Chinese Dollar Bonds; Green Bonds; Convertible Bond

Abstract: ESG investment is responsible investment that incorporates the three factors of environment, society and governance into the investment logic. Promote the gradual maturity of ESG investment concepts. At present, my country's ESG-themed products are dominated by pan-ESG public funds. The development practice of pan-ESG public funds is an important manifestation of the application of ESG investment strategies in the A-share market. See, it is mainly distributed in the three major industries of information technology, industry and materials, and the industry concentration has gradually increased, while the proportion of daily consumption, optional consumption and financial industry has dropped significantly, especially in the financial industry. Further through the effectiveness test of ESG investment strategies in the A-share market, it is found that the average ESG score of the stocks with heavy positions in the pan-ESG fund has a better performance in the A-share market, and it has performed well in sustainable development, indicating that the pan-ESG cemetery fund does have Investment decisions made in accordance with ESG concepts reflect higher ESG attributes. Finally, in order to objectively evaluate the risk-return characteristics of ESG investment in the A-share market, this paper uses the frequency of A-share stocks being heavily held by pan-ESG funds as the weight to construct an observation index (hereinafter referred to as the pan-ESG index) that can represent the fund's ESG investment philosophy. , the pan-ESG index represents the definition and practice of ESG investment by investment institutions in the A-share market. The backtest results show that the risk-adjusted rate of return of the pan-ESG index is outstanding, reflecting the attribute of excess return, and has strong risk resistance in the economic downturn; Compared with ESG themed indices such as the CSI 300 ESG Benchmark, China Securities ESG Leading, and CSI ESG 120 Strategy, the Pan-ESG Index reflects the "win-win" characteristics of ESG investment's commercial value and social value. In addition, the static investment strategy of ESG investment is difficult to ensure the continuity of risk-return performance. Dynamic ESG investment strategies should be adopted under the premise of fully considering the external environment and company operating conditions in different periods.

Keywords: ESG Investment; A-share Market; Risk-return

皮 书

智库成果出版与传播平台

皮书定义

皮书是对中国与世界发展状况和热点问题进行年度监测，以专业的角度、专家的视野和实证研究方法，针对某一领域或区域现状与发展态势展开分析和预测，具备前沿性、原创性、实证性、连续性、时效性等特点的公开出版物，由一系列权威研究报告组成。

皮书作者

皮书系列报告作者以国内外一流研究机构、知名高校等重点智库的研究人员为主，多为相关领域一流专家学者，他们的观点代表了当下学界对中国与世界的现实和未来最高水平的解读与分析。截至 2021 年底，皮书研创机构逾千家，报告作者累计超过 10 万人。

皮书荣誉

皮书作为中国社会科学院基础理论研究与应用对策研究融合发展的代表性成果，不仅是哲学社会科学工作者服务中国特色社会主义现代化建设的重要成果，更是助力中国特色新型智库建设、构建中国特色哲学社会科学“三大体系”的重要平台。皮书系列先后被列入“十二五”“十三五”“十四五”时期国家重点出版物出版专项规划项目；2013~2022 年，重点皮书列入中国社会科学院国家哲学社会科学创新工程项目。

S 基本子库
UB DATABASE

中国社会发展数据库（下设 12 个专题子库）

紧扣人口、政治、外交、法律、教育、医疗卫生、资源环境等 12 个社会发展领域的前沿和热点，全面整合专业著作、智库报告、学术资讯、调研数据等类型资源，帮助用户追踪中国社会发展动态、研究社会发展战略与政策、了解社会热点问题、分析社会发展趋势。

中国经济发展数据库（下设 12 专题子库）

内容涵盖宏观经济、产业经济、工业经济、农业经济、财政金融、房地产经济、城市经济、商业贸易等12个重点经济领域，为把握经济运行态势、洞察经济发展规律、研判经济发展趋势、进行经济调控决策提供参考和依据。

中国行业发展数据库（下设 17 个专题子库）

以中国国民经济行业分类为依据，覆盖金融业、旅游业、交通运输业、能源矿产业、制造业等 100 多个行业，跟踪分析国民经济相关行业市场运行状况和政策导向，汇集行业发展前沿资讯，为投资、从业及各种经济决策提供理论支撑和实践指导。

中国区域发展数据库（下设 4 个专题子库）

对中国特定区域内的经济、社会、文化等领域现状与发展情况进行深度分析和预测，涉及省级行政区、城市群、城市、农村等不同维度，研究层级至县及县以下行政区，为学者研究地方经济社会宏观态势、经验模式、发展案例提供支撑，为地方政府决策提供参考。

中国文化传媒数据库（下设 18 个专题子库）

内容覆盖文化产业、新闻传播、电影娱乐、文学艺术、群众文化、图书情报等 18 个重点研究领域，聚焦文化传媒领域发展前沿、热点话题、行业实践，服务用户的教学科研、文化投资、企业规划等需要。

世界经济与国际关系数据库（下设 6 个专题子库）

整合世界经济、国际政治、世界文化与科技、全球性问题、国际组织与国际法、区域研究 6 大领域研究成果，对世界经济形势、国际形势进行连续性深度分析，对年度热点问题进行专题解读，为研判全球发展趋势提供事实和数据支持。

法律声明